U0940959

扬州统计年鉴

YANGZHOU STATISTICAL YEARBOOK

2015

扬 州 市 统 计 局
国家统计局扬州调查队 编

中国统计出版社
China Statistics Press

（京）新登字041号

图书在版编目（CIP）数据

扬州统计年鉴. 2015/扬州市统计局，国家统计局扬州调查队 编.
北京：中国统计出版社，2015.9
ISBN 978-7-5037-7607-6

Ⅰ. ①扬… Ⅱ. ①扬… ②国… Ⅲ. ①统计资料－扬州市－2015－年鉴 Ⅳ. ①C832.533-54
中国版本图书馆CIP数据核字(2015)第211214号
中国版本图书馆CIP数据核字（2011）第146701号

扬州统计年鉴-2015

作　　者/ 扬州市统计局　国家统计局扬州调查队
责任编辑/ 陈越月
装帧设计/ 刘　静
出版发行/ 中国统计出版社
地　　址/ 北京市丰台区西三环南路甲6号　邮政编码/100073
电　　话/ 邮购（010）63376909　书店（010）68783171
网　　址/ http://csp.stats.gov.cn
印　　刷/ 扬州南洋印刷有限公司
经　　销/ 新华书店
开　　本/ 890mm×1240mm　1/16
字　　数/ 113万字
印　　张/ 28.5
版　　别/ 2015年9月第1版
版　　次/ 2015年9月第1次印刷
定　　价/ 300元

中国统计版图书，如有印装错误，本社发行部负责调换。

编　者　说　明

1、《扬州统计年鉴—— 2015》是一部内容丰富、信息密集的综合性统计资料汇编。本年鉴汇集了建国以来主要年份和2014年扬州市及各县(市)区国民经济和社会发展的统计资料,全面、系统地反映了改革开放中扬州经济、社会、科技等各方面的发展变化。

2、本年鉴收录了《统计法》、《江苏省统计条例》,以供社会各界参考。

3、本年鉴的内容包括:综合、人口与劳动力、固定资产投资与建筑业、人民生活、居民消费价格指数、农业、工业、交通运输和邮电、国内贸易、对外经济贸易和旅游、财政金融、能源电力、科技、教育文化卫生、其他社会事业、城市建设和环境保护、乡镇资料、全省市县及长三角资料十九个部分。

4、按年鉴出版惯例,本年鉴标明年份采用出版年的年份。

5、2011年区划调整,市区历史数据资料已作相应调整。

6、有关表中使用的符号,作如下说明:空白栏表示未掌握该项资料或该项数字小,不足计量单位的百分之一。“#”表示其中的主要指标。

《扬州统计年鉴》编辑部

二〇一五年九月

《扬州统计年鉴——2015》编辑委员会

《扬州统计年鉴——2015》编辑部

目　　录

一、综合

二、人口与劳动力

三、固定资产投资与建筑业

四、人民生活

五、居民消费价格指数

六、农业

七、工业

八、交通、邮电

九、国内贸易

十、重点服务业

十一、对外经济贸易和旅游

十二、财政金融

十三、能源、电力

十四、科学技术

十五、教育文化卫生

十六、其他社会事业（民政就业司法）

十七、城市建设与环境保护

十八、乡镇资料

十九、全省县市及长三角资料

附录

2014年扬州市国民经济和社会发展统计公报

2015年3月

2014年，扬州认真落实省委“八项工程”和省政府“十项举措”的部署，积极应对复杂的国内外宏观经济环境和下行压力，全力以赴稳增长、促改革、调结构、惠民生，全市经济呈现稳中有进的发展态势。

一、综合

初步核算，全市实现地区生产总值3697.91亿元，可比价增长11%。人均GDP 82654元，超省均780元。产业结构不断优化，其中，第一产业增加值227.36亿元，增长3.6%；第二产业增加值1885.75亿元，增长11%；第三产业增加值1584.80亿元，增长12%。三次产业结构由上年的6.4:51.7:41.9调整为6.1:51.0:42.9。

年末全市有各类法人单位62401家，产业活动单位7942家。全市新登记企业21222户，增长30.4%；新增注册资本767.96亿元，增长40.5%。新登记民营企业20313户，新增注册资本513.11亿元，分别增长31%、55.2%。新登记个体工商户44592户，增长45.1%。

全市新增城镇就业70756人，新增转移农村劳动力53126人，期末城镇登记失业率2.08%。城镇失业人员再就业49394人，就业困难人员再就业7384人。

市场物价基本稳定，市区居民消费品价格指数为102.1。其中，消费品价格上涨1.9%，服务项目价格上涨2.5%。构成CPI的八大类指数分别是：食品类102.0、居住类103.0、医疗保健和个人用品类102.9、烟酒及用品类98.7、衣着类103.3、家庭设备用品及维修服务类103.2、交通和通信类100.0、娱乐教育文化用品及服务类101.4。商品零售价格总指数为101.5。

二、农业

粮食生产连续十一年实现丰收，全年粮食总产314.1万吨，比上年增产1.9万吨，增长0.6%。生猪出栏137.22万头,较上年增加1.22万头,增长0.9%。家禽出栏4334万只,较上年减少95万只,下降2.2%。年末生猪存栏73.87万头,较上年减少0.35万头,下降0.5%。家禽存栏1491.41万只,较上年减少63万只,下降4%。肉类总产量18.44万吨,与上年基本持平。全市实现农林牧渔业总产值432.3亿元,增长6.9%。

全市水产养殖面积117万亩,比上年扩大1万亩。特种水产养殖面积104万亩,扩大2万亩。实现水产品产量39.6万吨,同比增加0.2万吨。渔业专业合作组织发展到311家,增加33家。

全市种植面积在100亩以上的家庭农场1703个,其中列入市级名录的家庭农场有277个,经营面积6.5万亩,列入省名录合作社985个。全市各级农业龙头企业达361家,其中国家级4家,省级39家,市级142家,县级176家。全市超万亩农业产业园区(基地)17个,超千亩园区(基地)406个,市级以上农(渔)业园区39家,其中:省级8家、市级31家。全市农业园区总面积达152.8万亩,园区化率达35.8%。

三、工业和建筑业

全市2681家规模以上工业完成总产值9457.17亿元,增长11.5%,增加值增长12%。产值过亿元的工业企业1444家,比上年增加88家,占全部规上企业的53.9%。亿元企业完成产值8839.7亿元,占全市规模以上工业的93.5%。其中完成产值100亿元以上的企业6家,50-100亿元的19家,30-50亿元的17家,10-30亿元的118家,5-10亿元的204家,1-5亿元的1080家。

新兴产业完成产值2808.5亿元,增长14.2%。“三新”产业完成产值1145.1亿元,占全市的12.1%,增长15.5%,其中,71家新材料企业完成产值449.6亿元,增长10.2%;76家新光源企业完成产值396.2亿元,增长11.7%;43家新能源企业完成产值299.2亿元,增长30.8%。

五大千亿级产业累计完成产值6951.6亿元,增长11.2%,其中,汽车产业1135.8亿元,增长19.4%;机械装备产业3054.1亿元,增长12.1%;新能源和新光源产业695.4亿元,增长19.2%;石化产业1595.5亿元,增长7.3%;船舶产业520.2亿元,下降5.4%。

规模以上工业企业实现主营业务收入9083.47亿元,增长11.1%;实现利税1066.57亿元,增长12.7%;利润616.95亿元,增长14.7%。

全社会用电量204.36亿千瓦时,增长3.5%。第一产业用电量3.66亿千瓦时,增长38.4%;第二产业150.41亿千瓦时,增长6.6%,其中,工业用电147.88亿千瓦时,增长6.3%;第三产业22.26亿千瓦时,下降

4.2%;城乡居民生活用电28.03亿千瓦时,下降7.6%。

全市实现建筑业总产值2944.3亿元,增长12.1%;建筑业增加值251.78亿元,增长7%。房屋建筑施工面积24684.6万平方米,增长16.4%;竣工产值2382.1亿元,增长12.2%;竣工面积9332.7万平方米,增长7.6%。

四、固定资产投资

全市完成固定资产投资2416.66亿元,增长19.3%,其中,建设项目投资2056.22亿元,增长20.3%;房地产开发投资360.44亿元,增长14.1%。从产业来看,第一产业投资15.15亿元,增长1.2%;第二产业投资1330.68亿元,增长15.0%;第三产业投资1070.83亿元,增长25.0%。一、二、三产业投资占投资的比重为0.63:55.06:44.31。

全市房地产开发投资360.44亿元,增长14.1%,其中,住宅投资287亿元,增长17.7%;商业营业用房投资38.3亿元,下降4.3%;办公楼投资11亿元,增长10%。商品房施工面积2625.39万平方米,增长18%,其中,新开工面积804.71万平方米,下降13.9%;商品房竣工面积606.39万平方米,增长2.5%;商品房销售面积635.1万平方米,下降9.2%。

全市确定的重大项目424个,完成投资1365.9亿元,占全市投资比重56.5%。其中,工业项目153个,完成投资639.4亿元;服务业项目129个,完成投资495.3亿元。

连淮扬镇铁路扬州段率先开工,宁启铁路复线及电气化改造扬州段基本建成。宿扬高速公路、环邵伯湖大道开工建设,S203扬州段、S125仪征段建成通车,文昌路西延全线贯通。当年建成和在建干线公路总里程288公里、总投资23.6亿元,创历史新高。西部交通客运枢纽主体完工。高邮运东船闸、江都芒稻船闸扩建工程加快实施。淮河入江水道整治主体工程基本完成。完成古运河等中小河流整治。仪征套闸除险加固等工程完工。

五、邮电通讯和交通运输

全市邮政通讯业务收入50.43亿元,增长5.3%。其中,通讯业务收入44.88亿元,增长5.0%;邮政业务收入5.55亿元,增长7.4%。年末电话用户613.62万户,下降3.2%,其中移动电话用户477.67万户,增长1.2%。互联网宽带接入用户102.15万户,增长14.3%。

全市货运总量和货运周转量分别完成1.16亿吨和306.27亿吨公里,分别增长10.1%、9.8%。客运量和旅客周转量完成4804万人和36.4亿人公里,分别增长1%、0.7%。全年港口货物吞吐量12138万吨,增长21.3%;集装箱吞吐量56.2万标箱,增长8.6%。

年末全市公路里程10525.44公里,新增110.84公里。年末高速公路里程311.82公里。

年末全市机动车拥有量83.63万辆,私人汽车拥有量41.97万辆,其中私人轿车29.67万辆。

六、国内贸易

全市社会消费品零售总额1128.1亿元,增长12.1%,其中,批发业149.60亿元,增长10.8%;零售业867.06亿元,增长15.3%;住宿业13.05亿元,增长15.9%;餐饮业98.4亿元,增长18.8%。城镇消费品零售额1046.16亿元,增长12.0%;乡村消费品零售额81.94亿元,增长13.3%。

限额以上批发和零售企业中,粮油、食品、饮料、烟酒类零售额38.59亿元,下降0.5%;服装、鞋帽、针纺织品类零售额34.71亿元,增长6.1%;日用品类零售额9.89亿元,下降1.1%;化妆品类零售额5.82亿元,增长14.9%;金银珠宝类零售额14.65亿元,下降3%;家用电器和音像器材类零售额31.55亿元,下降3%;汽车类零售额132.29亿元,下降8.2%。

七、财政金融

全市财政总收入468.46亿元,增长11.9%。公共财政预算收入295.19亿元,增长13.9%,其中,税收收入242.22亿元,增长13.9%。主体税种中,增值税、营业税、企业所得税、个人所得税合计完成160.06亿元,增长18%。其中,增值税39.82亿元,增长13%;营业税84.7亿元,增长20.5%;企业所得税25.3亿元,增长14.7%;个人所得税10.24亿元,下降16.7%。社保基金收入47.87亿元,下降37.1%。

全市公共财政预算支出374.67亿元,增长17.3%,其中一般公共服务支出50.96亿元,增长20%;教育支出67.63亿元,增长18.7%;科学技术支出9.81亿元,下降6.2%;社会保障和就业支出28.5亿元,增长15.4%;医疗卫生支出25.05亿元,增长6.6%;节能环保支出6.9亿元,下降5.5%。

年末人民币存款余额4269.75亿元,增长11.3%,其中,储蓄存款余额2117.09亿元,比年初增加186.07

亿元，增长9.6%。人民币贷款余额2732.42亿元，比年初增加390.57亿元，增长16.7%，其中，短期贷款余额1314.22亿元，比年初增加83.67亿元；中长期贷款余额1288.44亿元，比年初增加261.61亿元。个人消费贷款556.25亿元，比年初增加61.37亿元。

全市各类保险机构实现保费收入96.67亿元，增长10%。其中，财产险保费收入27.47亿元，增长14.9%；人身险保费收入69.2亿元，增长8.2%。保险赔款总支出17.11亿元，增长8.4%，其中财产险支出14.34亿元，增长8%；人身险支出2.76亿元，增长10.4%。

全市证券公司营业部累计开户35.18万户，增加0.59万户。证券交易额6167.05亿元，增加2385.44亿元，其中股票交易额4516.46亿元，增加1657.79亿元，占交易额的73.24%；基金交易完成额91.8亿元，增加2.93亿元，占交易额的1.49%。

八、对外经济和旅游业

全市实际利用外资到账15.02亿美元，新批项目101个，协议外资19.85亿美元。全市完成外经营业额6.35亿美元，增长20%；新签合同额3.96亿美元，增长15%；期末在外人数7405人，下降14%；新批境外投资项目29个，中方协议投资额2.9亿美元，增长84%。

全市进出口总额100.12亿美元，增长5.3%，其中，出口76.82亿美元，增长1.7%；进口23.30亿美元，增长19.1%。从贸易结构看，一般贸易出口55.44亿美元，增长9.6%；加工贸易出口19.61亿美元，下降15.3%。主要出口贸易伙伴中，欧盟出口16.95亿美元，增长6.9%；美国出口16.07亿美元，增长8.1%；香港出口5.76亿美元，增长4.1%；拉丁美洲出口6.36亿美元，增长0.5%。

进出口贸易方式

单位：万美元

指标名称	出口	同比%	进口	同比%
贸易方式	768186	1.8	233049	19.1
一般贸易	554380	9.6	124506	15.4
加工贸易	196068	-15.3	88548	31.5
来料加工装配贸易	10344	-46.5	19061	56.4
进料加工贸易	185724	-12.5	69487	26.0
其他贸易	17918	1.3	20750	2.0

全市旅游总收入560.3亿元，增长17.7%。全年接待入境过夜游客53539人次，增长12%。旅游外汇收入4919.06万美元，增长12.6%。主要封闭式景区接待游客811.82万人次，增长29.2%。全市拥有国家A级景区36家，其中5A级1家、4A级7家、3A级14家。省星级乡村旅游区(点)27家，其中四星级10家。共有星级饭店63家，其中五星级4家、四星级12家。星级饭店客房出租率67.48%，同比提高2.03个百分点。旅行社126家，其中出境游组团社4家。

九、科学技术和教育

“科教合作新长征”计划深入推进，签订校企产学研合作协议496项，新引进高校院所或知名企业研发中心、创新中心54家。全年新增国家级重点新产品8个，省级高新技术产品954个。全市共有国家、省级工程技术研究中心181家，省级公共技术服务平台16家，国家、省级高技术研究重点实验室3家，省级产业研究院1家。全年专利申请量22709件，其中发明专利4907件；专利授权量11843件，其中发明专利467件。全年获批高新技术企业92家，高新技术产业产值4268亿元，占规上工业总产值的比重45.1%。引进高层次领军人才160名、专业技术人才1435名，引进培养企业高层次人才1516名。入选省创新团队5个和省“双创计划”、“博士计划”人才85名。

新(改扩)建公办园6所，创成省优质园8所，80所学校创成省义务教育现代化学校。全市共有幼儿园283所，小学208所，普通中学168所，普通高校7所。在园幼儿96092人，小学在校生人数218829人，普通中学在校生人数184175人，普通高校在校生人数75289人。全市幼儿园毛入学率为98.7%，义务教育入学率和高中阶段教育毛入学率达100%，全市高考本二以上达线率为58.4%。

十、文化、卫生和体育

大运河申遗取得成功，扬州10个遗产点和6段河道列入《世界遗产名录》。新增3项国家级非物质文化遗产名录。扬剧《衣冠风流》获省“五个一工程”奖。组织文化惠民演出241场。年末全市共有文化馆、群众艺术馆7个，公共图书馆7个。共有广播电台6座，中短波广播发射台和转播台13座，广播综合人口覆盖率和电视综合人口覆盖率均达100%，有线电视用户124.24万户。生产故事影剧片1部。

新建省示范社区卫生服务中心(乡镇卫生院)7个，全市社区卫生服务中心(乡镇卫生院)标准化率达到100%。新农合保障水平持续提升，全市新农合人均筹资达400元，参保率达99.8%。年末共有各类卫生机构1782个，其中医院、卫生院136个。各类卫生机构拥有病床19765张，其中医院、卫生院病床17475张。共有卫生技术人员25559人，其中执业(助理)医师9491人，注册护士9382人。

全面完成城市社区“10分钟健身圈”建设。完成十八届省运会目标任务，金牌、总分均列全省第八名。扬州马拉松三度蝉联国际田联金标赛事。

十一、城乡建设和生态环境

9个乡镇入选全国重点镇，10个村创成新农村建设“优美乡村”。新建成污水处理厂2座，污水集中处理率已达87%以上，铺设污水管网43.9公里。疏浚县乡河道238条，村庄河塘6129条(面)，改造小型灌排泵站220座。更新改造区域供水支管网623.2公里。重点考核断面水质达到或优于Ⅲ类水质标准。新改建农村公路223公里、桥梁186座。镇村公交覆盖率达65.6%，开通公交旅游专线，新购339辆新能源公交车；公共自行车租赁系统建成310个租赁点，投放公共自行车1万辆。

创成国家生态文明建设示范区。入围全国首批新能源示范市。出台《大气污染防治行动计划实施细则》。政府投入3亿元，淘汰小型燃煤锅炉162台(套)、淘汰报废老旧汽车18880辆，购置新能源公交车355辆，全部完成省下达的年度任务。实施节能技术改造项目120项、循环经济项目20项，实现节能20万吨标煤。新增成片造林面积2.9万亩、城市绿地102.5万平方米，顺利完成“绿杨城郭新扬州”建设任务。邗江、广陵创成省年度“国土资源节约集约模范区”。单位GDP能耗下降、PM2.5平均浓度下降、主要污染物减排完成省定目标。

十二、人口、人民生活和社会保障

年末全市户籍总人口461.34万人，比上年末增加14919人，增长0.32%。全市登记出生人口4.10万人，出生率8.91‰；死亡人口3.06万人，死亡率6.65‰。人口自然增长率为2.26‰。市区户籍总人口为231.84万人，增长0.42%。年末全市常住人口447.79万人，常住人口城镇化率为61.2%，比上年提高1.22个百分点。

全体居民人均可支配收入24157元，增长9.8%，其中，城镇常住居民人均可支配收入30322元，增长9.5%；农村常住居民人均可支配收入15284元，增长11%。全体居民人均生活消费支出15485元，增长8.6%，其中，城镇常住居民人均生活消费支出18417元，增长7.6%；农村常住居民人均生活消费支出11266元，增长11.1%。

城乡基本养老保险、基本医疗保险参保率均达98%，年末企业职工基本养老保险、城镇职工基本医疗保险、失业保险参保人数分别达103.64万人、116.2万人和62.81万人。年末城乡居民基本养老保险参保人数98.77万人，基础养老金发放率达100%。年末城镇基本医疗保险参保人数为197.11万人。全面实施城镇居民大病保险制度，推进全市社会保险“一卡通”。连续10年提高全市企业退休人员基本养老金水平，人均每月已达到1955元。

社会福利事业不断提升,城乡居民最低生活保障对象74424人,累计资金支出17288.54万元;临时救助16289户,支出864万元;城乡医疗救助346031人次,累计支出6078.24万元。市区城乡低保标准统一提高至每月535元。

市区新建和筹集公共租赁住房2036套(间)。发放经济适用房货币化补贴571户,租赁补贴417户。

注:1、本公报数为初步统计数,人均GDP按常住人口计算。

2、公报中地区生产总值、各产业增加值绝对数按当年价格计算,增长速度按可比价格计算。

综　合

GENERAL SURVEY

1

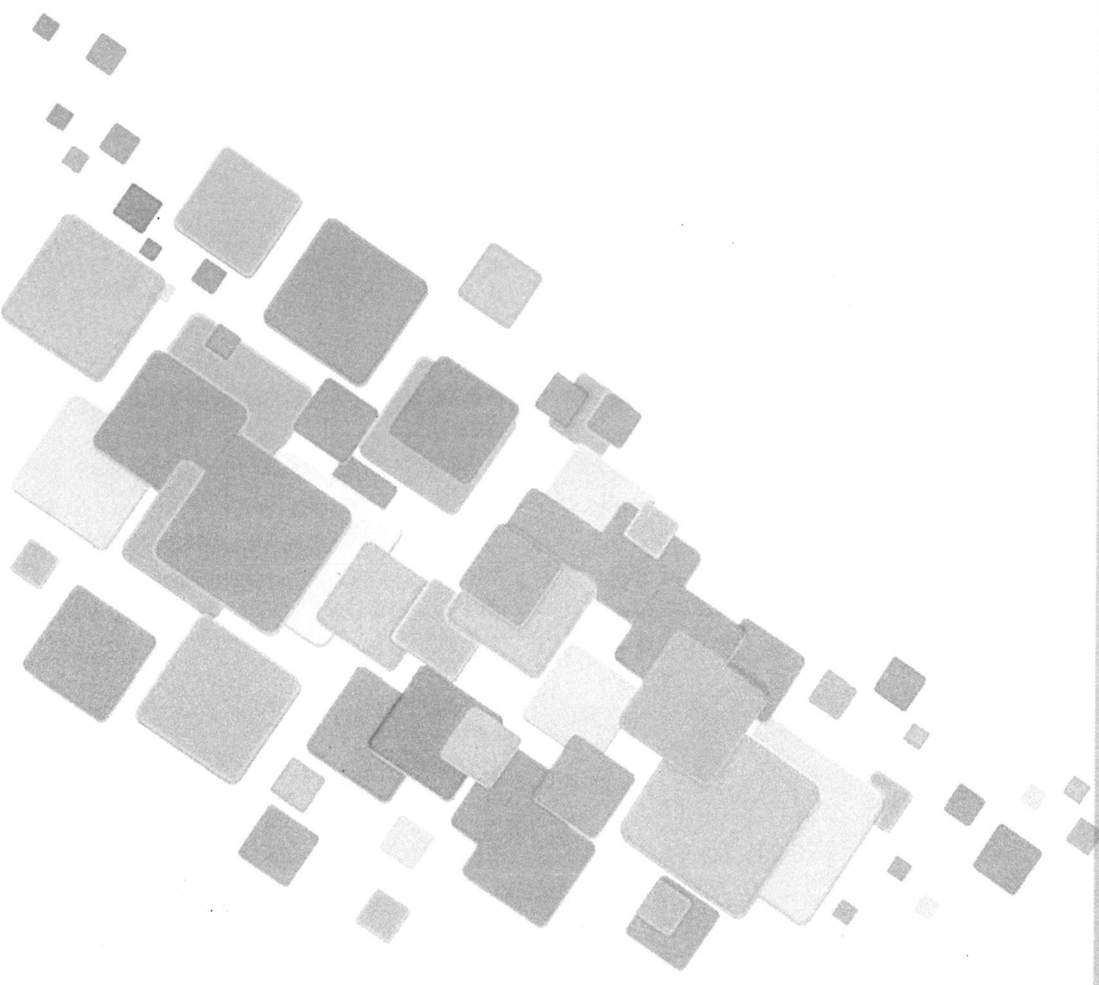

编辑：殷璐 钱坤 项月

1－1　行政区划和土地面积

（2014 年）

地　区	镇（个）	乡（个）	街道（个）	居民委员会（个）	村民委员会（个）	土地面积（平方公里）	#建成区面积
全　市	**62**	**5**	**15**	**351**	**1014**	**6591**	**232.1**
市　区	29	4	13	203	473	2306	135.6
开发区	3		2	26	28	88	
广陵	6	1	4	54	83	335	
邗江	7	3	7	58	99	553	
江都	13			65	263	1330	35.0
宝　应	14			46	236	1462	31.5
仪　征	9			50	130	902	39.2
高　邮	10	1	2	52	175	1922	25.8

1－1　续表

（2014 年）

地　区	乡（镇）、街道名称
开发区	文汇街道　扬子津街道　八里镇　施桥镇　朴席镇
广陵区	东关街道　汶河街道　曲江街道　文峰街道　湾头镇　李典镇　杭集镇　泰安镇　沙头镇　头桥镇　汤汪乡
邗江区	邗上街道　蒋王街道　汊河街道　新盛街道　梅岭街道　瘦西湖街道　甘泉街道　瓜洲镇　公道镇　槐泗镇　方巷镇　杨寿镇　杨庙镇　西湖镇　平山乡　城北乡　双桥乡
江都区	仙女镇　邵伯镇　大桥镇　丁伙镇　小纪镇　樊川镇　真武镇　丁沟镇　宜陵镇　郭村镇　吴桥镇　浦头镇　武坚镇
宝应县	安宜镇　范水镇　山阳镇　曹甸镇　鲁垛镇　西安丰镇　望直港镇　小官庄镇　夏集镇　射阳湖镇　广洋湖镇　柳堡镇　黄塍镇　泾河镇
仪征市	真州镇　青山镇　新城镇　新集镇　大仪镇　陈集镇　马集镇　刘集镇　月塘镇
高邮市	高邮街道　马棚街道　三垛镇　界首镇　临泽镇　送桥镇　车逻镇　卸甲镇　汤庄镇　龙虬镇　甘垛镇　周山镇　菱塘乡

1－2　扬州气象

（2014 年）

月　份	气　温(°C)					日　照		降雨量	
	平均气温	最　高		最　低		合计小时	占可照时数（%）	雨　日（天）	雨量总量（毫米）
		度	日　期	度	日　期				
全年	**16.1**	**37.0**	**2 个月**	**－5.6**	**11/2**	**1868.7**	**42**	**146**	**1195.6**
1 月	5.1	20.3	24	－4.9	22	169.7	53	4	23.5
2 月	4.4	20.7	1	－5.6	11	97.5	31	14	130.9
3 月	11.2	24.8	17	0.0	9	182.8	49	9	87.6
4 月	16.1	26.5	10	5.5	4	173.2	44	15	129.5
5 月	22.6	36.0	30	7.9	5	236.7	55	11	65.3
6 月	24.3	33.8	14	18.7	3	129.0	30	12	91.2
7 月	27.1	37.0	22	19.6	5	131.9	31	15	235.6
8 月	25.3	37.0	5	17.7	17	103.7	25	23	251.0
9 月	23.0	30.9	2 天	15.6	20	96.6	26	19	85.0
10 月	18.3	28.1	26	7.8	15	211.1	61	5	22.6
11 月	11.8	22.0	21	1.0	18	140.2	45	14	71.1
12 月	3.5	16.7	30	－5.3	18	196.3	63	5	2.3

1－2　续表　　（2014 年）

月　份	日最大降雨量		最小相对湿度		降　雪		雾　日（天）	露　日（天）	霜　日（天）
	日　期	毫　米	日　期	%	雪　日（天）	积　雪（天）			
全年	**8 月 23 日**	**63.5**	**1 月 24 日**	**13**	**9**	**3**	**49**	**222**	**79**
1 月	8	11.5	24	13			9	9	23
2 月	7	25.8	15	26	8	3	3	5	12
3 月	19	39.4	21	20			3	19	9
4 月	19	37.2	6	19			4	25	
5 月	11	58.4	26	16			0	19	
6 月	1	37.6	3 天	34			4	22	
7 月	27	61.1	22	43			4	27	
8 月	23	63.5	5	41			5	21	
9 月	12	47.2	24	46			3	18	
10 月	31	8.4	18	27			5	28	
11 月	24	31.1	13	18			7	24	8
12 月	10	1.1	6	17	1		2	5	27

1－3　扬州的一天

项　　目	单位	1985 年	1990 年	1995 年	2000 年	2005 年	2010 年	2013 年	2014 年
地区生产总值	万元	1125	2440	8197	12935	26909	61082	90959	101313
第一产业	万元	353	596	1266	1751	2596	4421	5830	6229
第二产业	万元	568	1301	4681	6855	14892	33681	47049	51664
第三产业	万元	204	543	2250	4329	9420	22980	38080	43419
粮食产量	吨	6808	6538	6084	6169	6204	7865	8553	8605
棉花产量	吨	46	50	73	28	19	15	13	7
油料产量	吨	145	132	201	341	336	220	207	202
水产品产量	吨	88	158	338	621	977	1042	1079	1074
社会消费品零售额	万元	596	1128	2772	4165	8408	19894	30325	30907
出口总额	万美元				166	522	1659	2069	2105
固定资产投资完成额	万元	320	552	2723	3514	11235	36489	55484	66210
财政收入	万元	98	182	515	931	3206	10983	11436	12835
公共财政预算收入	万元	98	182	243	447	1357	4597	7103	8087
客运量	万人	19.53	15.80	13.59	17.01	22.31	19.93	13.07	13.16
货运量	万吨	5.85	5.44	15.67	12.84	16.04	25.57	28.84	31.77
城乡居民储蓄	万元	159	764	3071	7563	16566	34312	52905	58003

1－4　扬州国民经济占全省的比重

（2014 年）

项　　目	单位	江　苏	扬　州	扬州占全省的比重(%)
年末总人口	万人	7960.06	461.34	5.80
地区生产总值(当年价格)	亿元	65088.32	3697.91	5.68
第一产业	亿元	3634.33	227.36	6.26
第二产业	亿元	31057.47	1885.75	6.07
第三产业	亿元	30396.52	1584.80	5.21
固定资产投资	亿元	41938.65	2416.66	5.76
社会消费品零售总额	亿元	23458.07	1128.10	4.81
出口总额	亿美元	3418.69	76.82	2.25
注册外资实际到帐额	亿美元	281.74	15.02	5.33
公共财政预算收入	亿元	7233.14	295.19	4.08
公共财政预算支出	亿元	8466.48	367.73	4.34
普通高等学校在校学生数	万人	169.86	7.53	4.43
医院、卫生院病床数	万张	39.23	1.98	5.04
卫生技术人员	万人	45.85	2.33	5.09
#执业(助理)医师	万人	17.86	0.95	5.31
在岗职工平均工资	元	61783	58510	
农村常住居民人均可支配收入	元	14958	15284	
城镇常住居民人均可支配收入	元	34346	30322	
城乡居民人均储蓄存款	元	46291	47279	
工农业主要产品产量				
粮 食	万吨	3490.62	314.10	9
棉 花	万吨	15.95	0.25	1.56
油 料	万吨	146.60	7.39	5.04
原 煤	万吨	2019.20	39.57	1.96
发 电 量	亿千瓦时	4347.07	215.57	4.96
水 泥	万吨	19360.55	1130.15	5.84
化学纤维	万吨	1312.17	118.63	9.04

1-5 国民经济主要指标

项目	单位	1985年	1990年	1995年	2000年	2005年	2010年	2013年	2014年
一、人口									
年末人口	万人	417.95	436.50	443.87	450.62	456.31	459.12	459.84	461.34
二、职工人数	万人	51	58	63	45.25	34.73	38.16	84.39	89.42
#国有单位	万人	29	33	37	27.24	18.10	16.94	16.95	17.19
城镇集体单位	万人	22	25	22	9.61	2.87	2.75	2.02	2.49
三、地区生产总值(当年价)	亿元	41.06	89.05	299.20	472.12	982.17	2229.49	3320	3697.91
第一产业	亿元	12.87	21.75	46.22	63.91	94.77	161.37	212.79	227.36
第二产业	亿元	20.74	47.48	170.87	250.19	543.56	1229.34	1717.29	1885.75
第三产业	亿元	7.45	19.82	82.11	158.02	343.84	838.78	1389.92	1584.80
人均地区生产总值	元	984	2048	6749	10515	21719	49786	74297	82654
五、固定资产投资									
固定资产投资	亿元	11.68	20.16	99.38	128.25	410.07	1331.85	2025.18	2416.66
六、财政									
公共财政预算收入	亿元	3.56	6.66	8.87	16.34	49.55	167.78	259.26	295.19
公共财政预算支出	亿元	2.01	4.93	12.62	23	62.22	201.68	302.65	367.73
七、物价									
市区商品零售价格指数	%	109.20	103.80	112.50	98.20	100.60	102.70	101.30	101.50
市区居民消费价格指数	%	108.80	104.80	116.10	100.40	101.90	103.40	102.20	102.10
八、人民生活									
职工工资总额	亿元	4.53	11.45	36.86	44.83	62.48	134.36	405.97	501.70

1-5 续表

项目	单位	1985年	1990年	1995年	2000年	2005年	2010年	2013年	2014年
在岗职工平均工资	元	906	1976	5945	9732	18165	35429	52661	58510
农村常住居民人均可支配收入	元		941	2390	3464	5215	9462	14214	15284
城镇常住居民人均可支配收入	元	813	1750	5378	6734	11379	21766	30690	30322
城乡居民年末储蓄存款余额	亿元	5.82	27.87	112.10	276.05	604.65	1252.39	1931.02	2117.09
九、运输									
客运量	万人	7127	5763	4961	6207	8144	7276	4769	4804
货运量	万吨	2134	1985	5718	4686	5855	9333	10528	11596
十、国内外贸易									
社会消费品零售总额	亿元	21.74	41.12	101.18	152.04	306.89	726.12	1106.88	1128.10
注册外资实际到帐额	万美元		1330	13347	8264	52580	205645	182788	150208
出口总额	万美元				60583	190532	605680	755133	768186
十一、教育									
高等学校在校学生	万人	1.05	1.34	1.81	3.07	5.91	7.33	7.64	7.53
普通中学在校学生	万人	21.46	19.48	19.12	19.99	26.41	22.25	19.02	18.42
小学在校学生	万人	45.02	37.62	32.31	37.51	26.57	22.74	22.06	21.88
十二、卫生									
卫生机构数	个	731	805	788	756	1208	2028	1815	1782
医院、卫生院病床	张	8469	10010	10937	10506	11765	14685	19202	19765
卫生技术人员数	人	11827	13707	16204	16347	15269	22826	22464	23338
#医生	人	5104	6309	7335	7595	7003	7881	9276	9491

1－6　全市人均国民经济主要指标

项　　目	单位	1985 年	1990 年	1995 年	2000 年	2005 年	2010 年	2013 年	2014 年
地区生产总值	元	984	2048	6749	10515	21719	49786	74297	82654
粮 食	公斤	596	548	502	501	497	626	680	702
棉 花	公斤	4	4	6	2	1.50	1.20	1	0.60
油 料	公斤	13	11	17	28	27	17	16	17
水产品	公斤	8	14	28	50	78	83	86	88
固定资产投资	元	280	464	2242	2856	9007	29019	44109	54016
公共财政预算收入	元	85	153	200	364	1088	3656	5647	6598
公共财政预算支出	元	48	113	285	512	1366	4394	6592	8219
社会消费品零售额	元	520	943	2282	3386	6740	15821	24108	25215
出口总额	美元				135	418	1320	1645	1717
城乡居民储蓄存款余额	元	139	638	2528	6148	13280	27288	42058	47320
高等学校在校学生	人/万人	25	31	54	68	130	160	166	168
医院、卫生院病床数	张/万人	20	23	25	23	26	32	42	44
卫生技术人员数	人/万人	28	31	37	36	34	50	49	52
#医生	人/万人	12	14	17	17	15	17	20	21
农村常住居民人均可支配收入	元		941	2390	3464	5215	9462	14214	15284
城镇常住居民人均可支配收入	元	813	1750	5378	6734	11379	21766	30690	30322

1－7　历年地区生产总值

（按当年价格计算）　　单位：亿元

年份	地区生产总值	第一产业	第二产业			第三产业	人均地区生产总值（元）
				工业	建筑业		
1978	14.38	6.24	5.83	5.27	0.56	2.31	363
1979	15.85	6.98	6.32	5.57	0.75	2.55	396
1980	17.56	6.99	7.64	6.53	1.11	2.93	434
1981	19.84	8.21	8.18	7.22	0.96	3.45	487
1982	22.77	9.16	9.59	8.02	1.57	4.02	554
1983	26.21	9.78	11.40	9.07	2.33	5.03	633
1984	33.18	12.98	13.80	11.46	2.34	6.40	798
1985	41.06	12.87	20.74	17.81	2.93	7.45	984
1986	47.83	13.96	25.02	21.81	3.21	8.85	1141
1987	56.28	15	30.15	26.56	3.59	11.13	1332
1988	73	18.80	38.93	35.02	3.91	15.27	1711
1989	78.39	19.14	41.55	37.61	3.94	17.70	1819
1990	89.05	21.75	47.48	43.18	4.30	19.82	2048
1991	101.42	18.31	60.24	55.46	4.78	22.87	2318
1992	130.67	22.26	77.62	71.41	6.21	30.79	2975
1993	174.57	27.27	103.80	94.28	9.53	43.50	3961
1994	241.33	39.22	139.08	124	15.08	63.02	5457
1995	299.20	46.22	170.87	153.94	16.93	82.11	6749
1996	351.15	55.09	195.42	173.60	21.82	100.64	7903
1997	376.68	57.75	202.24	178.68	23.56	116.69	8455
1998	401.60	59.41	210.35	184.19	26.16	131.84	8997
1999	426.98	61.65	221.90	199.36	22.54	143.43	9552
2000	472.12	63.91	250.19	225.01	25.18	158.02	10515
2001	500.31	66.83	263.20	233.23	29.97	170.28	11091
2002	544.28	69.29	286.04	248.05	37.99	188.95	12044
2003	631.77	73.32	347.16	301.38	45.78	211.29	13949
2004	760.33	83.51	431.22	372.39	58.83	245.60	16747
2005	982.17	94.77	543.56	469.91	73.65	343.84	21719
2006	1125.23	100.99	629.81	554.62	75.19	394.43	25102
2007	1357.21	111.48	764.92	682.03	82.90	480.81	30435
2008	1645.89	134.10	924.70	821.50	103.20	587.09	36859
2009	1856.39	144.88	1042.03	913.61	128.42	669.48	41406
2010	2229.49	161.37	1229.34	1074.61	154.73	838.78	49786
2011	2630.30	184.54	1427.87	1240.87	187	1017.89	58950
2012	2933.20	205.19	1554.46	1344.66	209.80	1173.55	65692
2013	3320	212.79	1717.29	1486.46	231.29	1389.92	74297
2014	3697.91	227.36	1885.75	1634.48	251.78	1584.80	82654

1－8 历年地区生产总值指数

（按可比价计算，以 1978 年为 100）　　单位：%

年份	地区生产总值	第一产业	第二产业	工业	建筑业	第三产业	人均地区生产总值
1978	100.0	100.0	100.0	100.0	100.0	100.0	100.0
1979	103.9	98.9	107.2	105.3	125.9	109.2	102.7
1980	110.5	89.7	129.7	123.0	191.8	118.2	108.1
1981	123.1	102.5	139.4	136.7	166.2	137.3	119.4
1982	139.0	107.4	165.2	154.2	267.9	158.7	133.8
1983	160.3	110.4	198.6	176.9	401.6	198.6	153.1
1984	196.8	139.0	239.2	222.0	398.3	246.5	187.2
1985	236.7	125.0	346.5	331.1	490.5	262.1	224.5
1986	267.0	125.0	409.8	397.2	527.5	290.7	251.9
1987	299.1	121.2	475.8	465.3	573.8	334.3	280.1
1988	345.0	123.6	570.3	569.4	578.3	375.0	320.1
1989	345.8	120.4	572.5	576.1	538.7	383.4	317.6
1990	373.2	126.1	624.4	629.5	577.0	407.4	339.6
1991	425.9	108.8	801.5	822.3	608.8	450.3	385.1
1992	526.5	127.6	992.4	1026.8	697.6	578.7	474.3
1993	603.5	130.4	1145.0	1189.2	740.8	708.1	541.8
1994	687.0	136.4	1350.5	1375.1	1064.9	775.1	614.8
1995	766.4	152.0	1483.2	1524.5	1107.5	901.5	683.9
1996	858.3	168.3	1625.8	1653.0	1380.0	1071.8	764.2
1997	935.2	185.1	1722.8	1749.0	1485.8	1229.4	830.4
1998	1028.3	197.7	1875.2	1899.7	1652.6	1397.3	911.3
1999	1133.2	211.5	2070.2	2141.5	1433.1	1558.0	1003.2
2000	1251.7	222.2	2308.1	2390.6	1571.1	1728.6	1103.1
2001	1352.8	235.7	2506.1	2589.3	1739.2	1869.7	1186.7
2002	1503.0	250.1	2819.4	2879.3	2130.5	2079.1	1316.1
2003	1704.4	255.3	3298.7	3391.8	2377.6	2330.7	1488.5
2004	1954.9	270.6	3869.4	4002.3	2662.9	2645.3	1704.3
2005	2249.0	286.8	4534.1	4713.8	3001.7	3023.9	1968.5
2006	2591.6	300.6	5301.7	5567.3	3284.5	3490.2	2288.3
2007	2997.6	315.7	6202.2	6634.6	3347.9	4056.4	2661.3
2008	3398.6	331.5	7077.7	7629.9	3585.6	4646.5	3013.5
2009	3868.1	348.5	8102.6	8759.0	4008.3	5343.0	3429.4
2010	4390.1	364.2	9285.5	10056.7	4517.4	6083.6	3864.9
2011	4924.5	378.8	10451.5	11364.1	4945.2	6885.7	4351.9
2012	5498.3	398.3	11718.0	12702.0	5667.1	7720.4	4855.5
2013	6157.9	420.7	13164.0	14378.2	6027.0	8683.8	5433.7
2014	6834.1	435.7	14611.8	16036.1	6451.2	9728.5	6023.1

1-9 历年地区生产总值构成

（按当年价格计算）

单位:%

年 份	地区生产总值	第一产业	第二产业	工业	建筑业	第三产业
1978	100.00	43.42	40.53	36.61	3.91	16.05
1979	100.00	44.03	39.86	35.13	4.72	16.11
1980	100.00	39.80	43.52	37.20	6.32	16.68
1981	100.00	41.39	41.25	36.39	4.86	17.36
1982	100.00	40.24	42.11	35.20	6.91	17.64
1983	100.00	37.32	43.48	34.58	8.90	19.20
1984	100.00	39.13	41.57	34.53	7.04	19.30
1985	100.00	31.34	50.51	43.39	7.13	18.15
1986	100.00	29.18	52.31	45.60	6.72	18.50
1987	100.00	26.66	53.57	47.19	6.38	19.77
1988	100.00	25.75	53.33	47.98	5.36	20.92
1989	100.00	24.41	53.01	47.98	5.03	22.58
1990	100.00	24.42	53.32	48.50	4.83	22.25
1991	100.00	18.06	59.40	54.68	4.72	22.55
1992	100.00	17.04	59.40	54.65	4.75	23.56
1993	100.00	15.62	59.46	54.00	5.46	24.92
1994	100.00	16.25	57.63	51.38	6.25	26.12
1995	100.00	15.45	57.11	51.45	5.66	27.44
1996	100.00	15.69	55.65	49.44	6.21	28.66
1997	100.00	15.33	53.69	47.44	6.25	30.98
1998	100.00	14.79	52.38	45.86	6.51	32.83
1999	100.00	14.44	51.97	46.69	5.28	33.59
2000	100.00	13.54	52.99	47.66	5.33	33.47
2001	100.00	13.36	52.61	46.62	5.99	34.03
2002	100.00	12.73	52.55	45.57	6.98	34.72
2003	100.00	11.61	54.95	47.70	7.25	33.44
2004	100.00	10.98	56.71	48.98	7.74	32.30
2005	100.00	9.65	55.34	47.84	7.50	35.01
2006	100.00	8.98	55.97	49.29	6.68	35.05
2007	100.00	8.21	56.36	50.25	6.11	35.43
2008	100.00	8.15	56.18	49.91	6.27	35.67
2009	100.00	7.80	56.13	49.21	6.92	36.06
2010	100.00	7.24	55.14	48.20	6.94	37.62
2011	100.00	7.02	54.28	47.17	7.11	38.70
2012	100.00	7.00	53.00	45.84	7.15	40.00
2013	100.00	6.41	51.73	44.77	6.97	41.86
2014	100.00	6.14	51.00	44.20	6.81	42.86

1－10　扬州市生产总值要素构成(2014 年)

单位:亿元

指　　标	地区生产总　　值	劳动者报　酬	生产税净　额	固定资产折　　旧	营业盈余
地区生产总值	**3697.91**	**1398.72**	**585.67**	**651.50**	**1062.01**
按三次产业分					
第一产业	227.36	167.81	－3.73	5.53	57.75
第二产业	1885.75	607.14	423.95	255.06	599.60
第三产业	1584.80	623.78	165.45	390.91	404.67
按行业分					
农、林、牧、渔业	240.02	177.15	－3.93	5.84	60.96
农业	130.10	96.03	－2.13	3.17	33.04
林业	5.06	3.73	－0.08	0.12	1.29
牧业	29.58	21.83	－0.48	0.72	7.51
渔业	62.61	46.21	－1.03	1.52	15.90
农、林、牧、渔服务业	12.66	9.35	－0.21	0.31	3.22
工业	1634.48	434.82	394.88	247.77	557.01
采矿业	55.54	9.58	22.48	11.63	11.86
制造业	1539.81	420.09	366.01	228.33	525.39
电力、燃气及水的生产和供应	39.13	5.15	6.39	7.82	19.77
建筑业	251.78	172.46	29.19	7.37	42.76
交通运输、仓储和邮政业	139.84	63.41	11.48	35.88	29.07
信息传输、计算机服务和软件业	67.17	18.18	5.38	20.99	22.62
批发和零售业	278.49	85.56	54.81	40.08	98.05
批发业	154.61	41.72	30.49	23.08	59.32
零售业	123.88	43.84	24.32	17	38.73
住宿和餐饮业	60.47	36.18	9.35	14.19	0.75
住宿业	13.77	7.21	1.86	4.16	0.54
餐饮业	46.70	28.97	7.49	10.03	0.21
金融业	184.97	48.21	17.42	12.91	106.42
房地产业	238.55	31.23	33.10	93.68	80.55
租赁和商务服务业	167.86	53.79	19.55	50.33	44.19
科学研究、技术服务和地质勘查业	50.84	23.01	7.47	9.76	10.60
水利、环境和公共设施管理业	27.37	9.08	0.54	17.58	0.16
居民服务和其他服务业	38.54	23.29	4.87	6.10	4.27
教育	101.15	72.06	0.33	26.39	2.37
卫生、社会保障和社会福利业	53.90	40.69	0.09	12.49	0.64
文化、体育和娱乐业	18.68	11.40	1.16	4.62	1.49
公共管理和社会组织	143.82	98.20		45.52	0.09

1－11 扬州市生产总值要素构成(2013年)

单位:亿元

指 标	地区生产总值	劳动者报酬	生产税净额	固定资产折旧	营业盈余
地区生产总值	**3320**	**1249.71**	**530.52**	**577.75**	**962.02**
按三次产业分					
第一产业	212.79	156.70	-3.46	5.22	54.32
第二产业	1717.29	553.74	385.82	232.03	545.69
第三产业	1389.92	539.27	148.15	340.50	362
按行业分					
农、林、牧、渔业	224.45	165.31	-3.65	5.51	57.28
农业	121.29	89.36	-1.98	2.98	30.93
林业	4.69	3.45	-0.07	0.12	1.20
牧业	28.77	21.15	-0.47	0.71	7.38
渔业	58.03	42.74	-0.95	1.42	14.81
农、林、牧、渔服务业	11.66	8.61	-0.19	0.29	2.95
工业	1486.46	395.44	359.12	225.33	506.57
采矿业	50.51	8.71	20.44	10.57	10.78
制造业	1400.36	382.05	332.86	207.65	477.81
电力、燃气及水的生产和供应	35.59	4.68	5.82	7.11	17.98
建筑业	231.29	158.43	26.81	6.77	39.28
交通运输、仓储和邮政业	126	57.14	10.35	32.33	26.19
信息传输、计算机服务和软件业	52.74	14.28	4.22	16.48	17.76
批发和零售业	250.62	77.09	49.32	36.05	88.15
批发业	138.02	37.25	27.22	20.60	52.95
零售业	112.60	39.84	22.10	15.45	35.20
住宿和餐饮业	54.39	32.53	8.40	12.78	0.68
住宿业	12.56	6.58	1.69	3.79	0.49
餐饮业	41.84	25.95	6.71	8.99	0.19
金融业	163.44	42.60	15.39	11.41	94.04
房地产业	234.29	31.44	33.32	88.44	81.09
租赁和商务服务业	131.80	42.23	15.35	39.52	34.70
科学研究、技术服务和地质勘查业	43.09	19.50	6.33	8.27	8.99
水利、环境和公共设施管理业	23.20	7.70	0.46	14.90	0.14
居民服务和其他服务业	30.26	18.29	3.82	4.79	3.35
教育	85.73	61.07	0.28	22.37	2.01
卫生、社会保障和社会福利业	45.68	34.48	0.07	10.58	0.54
文化、体育和娱乐业	14.67	8.95	0.91	3.63	1.17
公共管理和社会组织	121.89	83.23		38.58	0.08

1－12 扬州市按支出法计算地区生产总值

单位:亿元,%

指标	按当年价格计算		按可比价格计算绝对数			
			绝对数		以上年为100的速度	
	2014年	2013年	2014年	2013年	2014年	2013年
支出法地区生产总值	3697.91	3320	3470.68	3127.28	111.0	112.0
一、最终消费支出	1470.87	1316.96	1415.66	1253.07	113.0	114.3
居民消费支出	1030.86	921.92	1031.78	908.97	113.5	115.2
农村居民	762.40	680.89	759.56	669.99	113.4	114.7
城镇居民	268.46	241.03	272.22	238.98	113.9	116.3
政府消费支出	440.01	395.04	383.88	344.10	111.6	112.1
二、资本形成总额	2194.06	1973.43	2027.15	1846.40	109.8	110.9
固定资本形成总额	2117.66	1904.84	1960	1781.39	110.0	110.9
存货增加	76.40	68.59	67.15	65.01	103.3	112.4
三、货物和服务净流出	32.98	29.61	27.87	27.81	100.2	88.7

1－13　分地区生产总值(2014 年)

单位:亿元

指　标	全市	市区				宝应	仪征	高邮
			广陵	邗江	江都			
地区生产总值	3697.91	2432.28	564.64	602.74	792.61	418.30	465.06	445.20
第一产业	227.36	81.33	9.27	17.10	52.80	61.60	21.13	62.72
第二产业	1885.75	1251.27	277.12	256.19	397.59	189.80	255.76	201.13
工业	1634.48	1106.27	254.41	206.53	335.51	154.29	226.38	166.28
建筑业	251.78	140.10	22.71	49.66	62.26	35.51	29.38	34.85
第三产业	1584.80	1099.68	278.25	329.45	342.22	166.90	188.17	181.35
交通运输、仓储和邮政业	139.84	78.65	12.62	13.63	50.35	11.95	9.69	23.13
批发和零售业	278.49	188.26	73.91	52.91	50.27	24.81	54.45	19.62
住宿和餐饮业	60.47	43.54	10.44	14.21	15.53	8.32	7.31	10.46
金融业	184.97	106.53	29.45	26.35	33.19	15.63	16.22	14.09
房地产业	238.55	171.65	43.62	67.46	46.71	23.89	35.20	26.27
其他服务业	669.32	462.55	107.63	153.35	144.38	79.69	63.50	83.49
营利性服务业	292.24	220.02	54.25	85.87	46.82	24.42	16.62	27.98
非营利性服务业	377.08	242.53	53.38	67.48	97.56	55.27	46.88	55.51
人均地区生产总值(元)	82654	100661	113382	87728	78616	55525	82633	60203

1－14　分地区生产总值发展速度(2014 年)

(按可比价计算,以 1978＝100)　　单位:%

指　标	全市	市区				宝应	仪征	高邮
			广陵	邗江	江都			
地区生产总值	111.0	111.5	111.3	112.0	111.1	111.2	111.4	111.0
第一产业	103.6	103.4	103.7	103.4	103.4	103.7	103.4	103.6
第二产业	111.0	110.9	109.5	111.4	110.9	111.4	111.3	110.6
工业	111.5	111.2	109.7	111.7	111.5	112.2	111.4	111.6
建筑业	107.0	108.1	107.6	109.6	107.1	107.6	110.5	105.3
第三产业	112.0	113.0	113.7	113.1	112.5	113.9	112.4	114.3
交通运输、仓储和邮政业	109.9	109.5	106.1	108.8	110.8	110.8	105.8	109.4
批发和零售业	109.3	108.7	106.0	109.9	112.4	112.9	114.9	112.9
住宿和餐饮业	108.5	107.3	107.0	107.6	107.4	112.4	105.3	109.5
金融业	111.3	113.4	111.8	113.1	117.0	118.1	115.1	115.5
房地产业	99.0	101.2	100.4	99.9	103.0	106.8	111.1	111.3
其他服务业	119.6	120.8	128.2	122.5	116.4	118.8	113.9	116.2
营利性服务业	125.0	122.9	135.5	119.6	122.6	124.0	114.1	117.0
非营利性服务业	115.5	119.0	122.1	126.2	113.7	116.7	113.8	115.8
人均地区生产总值(元)	110.8	109.5	112.0	112.0	111.0	111.0	111.3	112.5

1－15　市区2010－2014年地区生产总值

单位:亿元

年　份	地　区 生产总值	第一产业	第二产业	工　业	建筑业	第三产业	人均地区 生产总值 (元)
2010	989.48	21.98	562.68	510.13	52.55	404.82	71684
2011	1745.70	68.26	970.80	859.90	110.90	706.64	72574
2012	1949.19	73.17	1069.10	944.57	124.53	806.92	80824
2013	2182.33	80.50	1158.72	1025.21	133.51	943.11	90352
2014	2432.28	81.33	1251.27	1106.27	140.10	1099.68	100661

1－16　市区2010－2014年地区生产总值发展速度

(按可比价计算,以1978＝100)

单位:%

年　份	地　区 生产总值	第一产业	第二产业	工　业	建筑业	第三产业	人均地区 生产总值
2010	114.8	104.4	115.4	115.9	110.3	114.6	113.3
2011	112.6	102.9	113.0	113.4	109.1	113.1	112.3
2012	112.0	104.5	112.4	111.9	115.9	112.3	111.7
2013	112.1	104.8	111.6	112.2	107.0	113.5	111.9
2014	111.5	101.0	108.0	107.9	104.9	116.6	111.4

1－17　江都区 2010－2014 年地区生产总值

单位:亿元

年　份	地　区 生产总值	第一产业	第二产业			第三产业	人均地区 生产总值 (元)
				工　业	建筑业		
2010	488.88	36.72	275.86	236.34	39.52	176.30	48559
2011	578.02	42.10	318.90	271.40	47.50	217.02	57414
2012	639.06	46.25	341.35	288	53.35	251.46	63499
2013	713.06	50.90	369.06	311.88	57.18	293.10	70827
2014	792.61	52.80	397.59	335.51	62.26	342.22	78616

1－18　江都区 2010－2014 年地区生产总值发展速度

(按可比价计算,以 1978＝100)

单位:%

年　份	地　区 生产总值	第一产业	第二产业			第三产业	人均地区 生产总值
				工　业	建筑业		
2010	114.9	104.0	116.5	117.1	111.8	115.0	114.6
2011	112.6	104.1	112.4	113.0	108.9	114.6	112.2
2012	111.9	104.6	112.4	112.1	114.7	112.5	111.9
2013	112.0	105.0	111.5	112.4	106.3	114.1	111.9
2014	111.1	103.4	110.9	111.5	107.1	112.5	111.0

1－19 宝应县2010－2014年地区生产总值

单位:亿元

年 份	地 区 生产总值	第一产业	第二产业			第三产业	人均地区生产总值（元）
				工 业	建筑业		
2010	242.86	43.17	116.58	94.76	21.82	83.11	30924
2011	291.53	49.75	139.45	112.35	27.10	102.33	38754
2012	323.03	55.43	151.85	121.50	30.35	115.75	42982
2013	364.42	59.94	168.76	136.31	32.45	135.72	48483
2014	418.30	61.60	189.80	154.29	31.51	166.90	55525

1－20 宝应县2010－2014年地区生产总值发展速度

（按可比价计算，以1978＝100）

单位:%

年 份	地 区 生产总值	第一产业	第二产业			第三产业	人均地区生产总值
				工 业	建筑业		
2010	113.2	105.5	115.7	116.6	111.4	113.6	113.0
2011	112.0	105.0	113.9	114.2	112.5	113.1	113.2
2012	110.5	104.6	111.9	111.4	114.5	111.4	110.6
2013	112.4	104.2	112.8	112.7	112.8	115.6	112.4
2014	111.2	103.7	111.4	112.2	107.6	113.9	111.0

1－21　仪征市2010－2014年地区生产总值

单位:亿元

年　份	地　区 生产总值	第一产业	第二产业	工　业	建筑业	第三产业	人均地区 生产总值 (元)
2010	280.70	15.13	168.63	149.83	18.80	96.94	50278
2011	333.41	17.71	196.19	173.69	22.50	119.51	59215
2012	370.27	19.30	212.86	187.73	25.13	138.11	65843
2013	410.16	21.23	231.75	204.87	26.88	157.18	72965
2014	465.06	21.13	255.76	226.38	29.38	118.17	82633

1－22　仪征市2010－2014年地区生产总值发展速度

(按可比价计算,以1978＝100)　　单位:%

年　份	地　区 生产总值	第一产业	第二产业	工　业	建筑业	第三产业	人均地区 生产总值
2010	114.8	102.4	115.8	116.3	111.0	115.0	114.0
2011	112.9	105.2	112.5	113.0	108.4	114.9	113.6
2012	111.7	104.6	112.2	111.8	115.6	112.0	111.9
2013	112.1	104.1	112.7	113.0	110.4	112.2	112.1
2014	111.4	103.4	111.3	111.4	110.5	112.4	111.3

1－23　高邮市 2010－2014 年地区生产总值

单位:亿元

年　份	地　区 生产总值	第一产业	第二产业	工　业	建筑业	第三产业	人均地区 生产总值 (元)
2010	255.81	44.38	127.54	105.50	22.04	83.89	34227
2011	302.50	50.47	145.63	119.13	26.50	106.40	40746
2012	336	55.96	156.05	126.29	29.76	123.99	45436
2013	381.50	62.79	173.31	141.24	32.07	145.40	51592
2014	445.20	62.72	201.13	166.28	34.85	181.35	60203

1－24　高邮市 2010－2014 年地区生产总值发展速度

(按可比价计算,以 1978＝100)

单位:%

年　份	地　区 生产总值	第一产业	第二产业	工　业	建筑业	第三产业	人均地区 生产总值
2010	113.8	104.1	117.1	119.3	104.6	114.1	113.5
2011	112.3	104.1	113.6	114.6	108.9	114.5	114.5
2012	110.4	104.7	111.6	110.9	114.7	111.5	110.9
2013	112.5	105.0	114.1	115.4	107.8	113.5	112.5
2014	111.0	103.6	110.6	111.6	105.3	114.3	111.0

1－25　法人单位和产业活动单位数

（2014 年）　　单位:个

项　　目	法人单位数			产业活动单位数
		单产业法人	多产业法人	
合计	66283	64556	1727	74311
一、按行业分组				
农、林、牧、渔业	2243	2231	12	2261
采矿业	21	16	5	36
制造业	22025	21705	320	22206
电力、热力、燃气及水生产和供应业	187	174	13	236
建筑业	3301	3142	159	3528
批发和零售业	14980	14576	404	17912
交通运输、仓储和邮政业	1507	1468	39	1959
住宿和餐饮业	781	729	52	1097
信息传输、软件和信息技术服务业	1002	985	17	1577
金融业	266	224	42	1166
房地产业	1732	1603	129	2106
租赁和商务服务业	5683	5583	100	6050
科学研究和技术服务业	2262	2211	51	2364
水利、环境和公共设施管理业	507	496	11	542
居民服务、修理和其他服务业	1118	1092	26	1221
教育	1345	1246	99	1492
卫生和社会工作	1282	1194	88	1942
文化、体育和娱乐业	1106	1090	16	1139
公共管理、社会保障和社会组织	4935	4791	144	5477
二、按地区分组	66283	64556	1727	74311
广陵区	12525	12112	413	13793
邗江区	13933	13550	383	15305
江都区	12184	12000	184	13131
宝应县	7708	7527	181	9079
仪征市	8042	7920	122	8857
高邮市	8621	8267	354	10440
开发区	3270	3180	90	3706

人口与劳动力 2

POPULATION AND LABOR

编辑：王华国　熊庆全

2-1 主要年份分地区总人口

单位:万人

年 份	全 市	市 区	#江 都	宝 应	仪 征	高 邮
1949	262.03	126.46	71.63	53.64	30.39	51.54
1950	265.24	127.68	72.82	54.40	30.84	52.32
1951	274.95	134.92	74.05	55.66	31.14	53.23
1952	278.49	135.07	75.37	57.76	31.47	54.19
1953	283.39	137.08	77.20	58.47	32.57	55.27
1954	288.09	137.74	78.40	59.85	33.73	56.77
1955	297.56	141.73	79.79	61.69	34.73	59.41
1956	305.47	144.39	81.45	64.38	35.51	61.19
1957	308.92	146.64	83.05	65.55	36.10	60.63
1958	307.63	143.48	79.51	65.22	36.24	62.69
1959	307.83	142.76	77.27	65.76	36.61	62.70
1960	291.27	138.69	72.37	59.97	34.71	57.90
1961	288.67	138.62	72.65	58.11	34.07	57.87
1962	292.70	141.15	74.56	59.15	34.66	57.74
1963	292.30	141.15	73.45	59.48	35.31	56.36
1964	294.83	142.76	74.08	60.08	35.87	56.12
1965	304.27	146.85	76.15	61.97	37.06	58.39
1966	313.68	150.89	78.58	64.06	38.42	60.31
1967	324.76	155.98	81.64	65.90	39.90	62.98
1968	335.66	160.11	84.38	68.95	41.32	65.28
1969	345.37	163.19	87.12	71.86	42.75	67.57
1970	356.37	167.57	90.02	74.54	43.83	70.43
1971	362.99	170.68	91.69	76.05	44.64	71.62
1972	369.10	173.10	93.05	77.28	45.45	73.27
1973	374.38	175.41	94.39	78.31	46.03	74.63
1974	379.07	177.69	95.57	79.24	46.56	75.58
1975	384.32	180.41	97.31	80.27	47.14	76.50
1976	388.85	182.73	98.69	81.20	47.65	77.27
1977	393.44	185	99.84	82.20	48.14	78.10
1978	398.43	187.50	100.90	83.24	48.84	78.85
1979	402.27	189.87	101.23	83.90	49.34	79.16
1980	406	191.38	101.93	84.32	50.80	79.50
1981	409.10	192.89	102.66	84.86	51.59	79.76

2-1 续表

单位:万人

年份	全市	市区	#江都	宝应	仪征	高邮
1982	413.18	194.91	103.57	85.57	52.51	80.19
1983	415.12	195.93	103.81	85.84	52.96	80.39
1984	416.56	196.67	103.91	85.99	53.35	80.55
1985	417.95	197.68	103.98	86	53.78	80.49
1986	420.56	198.97	104.22	86.41	54.48	80.70
1987	424.46	200.89	105.04	87.12	55.24	81.21
1988	428.60	202.91	105.83	87.93	55.99	81.77
1989	433.16	204.92	106.49	89.04	56.71	82.49
1990	436.50	206.58	107.26	89.81	57.15	82.96
1991	438.60	207.43	107.52	90.12	57.77	83.28
1992	439.91	208.06	107.11	90.62	58.06	83.17
1993	441.58	208.94	107	91	58.39	83.25
1994	442.83	210.03	106.81	91.15	58.57	83.08
1995	443.87	210.95	106.93	91.03	58.74	83.15
1996	444.87	211.94	106.94	90.66	59.09	83.18
1997	446.14	212.84	106.91	90.86	59.10	83.34
1998	446.59	213.35	106.92	90.89	59.13	83.22
1999	447.39	213.62	106.76	91.07	59.46	83.24
2000	450.62	216.12	107.56	91.56	59.55	83.39
2001	451.59	217.14	107.48	91.88	59.55	83.02
2002	452.22	217.98	107.22	91.73	59.35	83.16
2003	453.61	219.20	106.69	91.99	59.36	83.06
2004	454.29	220.31	106.46	91.99	59.28	82.71
2005	456.31	222.18	106.53	92.10	59.32	82.71
2006	458.64	223.66	106.85	92.54	59.71	82.73
2007	459.25	224.96	106.90	91.86	59.71	82.72
2008	459.79	228.63	106.84	91.97	56.80	82.40
2009	458.79	225.35	106.59	91.61	59.82	82.01
2010	459.12	229.14	106.65	91.38	56.52	82.08
2011	460.05	229.94	106.86	91.42	56.62	82.06
2012	458.42	230.13	106.88	90.31	56.24	81.74
2013	459.84	230.88	106.93	90.72	56.42	81.82
2014	461.34	231.84	106.90	91.13	56.56	81.81

2-2　主要年份分地区女性人口

单位:万人

年份	全市	市区	#江都	宝应	仪征	高邮
1949	133.57	65.43	37.21	27.23	15.17	25.74
1950	135.55	66.25	38.14	27.64	15.46	26.20
1951	141.77	70.96	39.16	28.34	15.62	26.85
1952	143.18	70.72	40.05	29.51	15.95	27
1953	149.10	73.83	42.41	30.53	16.67	28.07
1954	147.59	72.02	41.37	30.38	16.84	28.35
1955	152.06	73.56	41.79	31.34	17.41	29.75
1956	157.36	75.88	43.07	32.80	17.81	30.87
1957	158.85	76.90	44.13	33.49	18.25	30.21
1958	160.58	76.13	42.66	34.06	18.55	31.84
1959	158.74	74.38	41.17	33.87	18.53	31.96
1960	150.95	72.74	38.91	30.84	17.62	29.75
1961	149.98	73.08	39.05	29.99	17.25	29.66
1962	151.62	74.03	39.63	30.61	17.39	29.59
1963	151.37	74.46	39.60	30.60	17.70	28.61
1964	148.84	72.70	38.01	30.39	17.72	28.03
1965	153.85	74.86	39.21	31.39	18.41	29.19
1966	158.60	76.96	40.46	32.34	19.05	30.25
1967	163.69	79.25	41.81	33.19	19.83	31.42
1968	169.01	81.27	43.11	34.66	20.54	32.54
1969	174.04	82.95	44.41	36.17	21.26	33.66
1970	179.48	85.08	45.80	37.49	21.76	35.15
1971	182.76	86.67	46.73	38.23	22.13	35.73
1972	185.59	87.78	47.40	38.79	22.50	36.52
1973	188.13	88.88	48	39.21	22.87	37.17
1974	190.28	89.82	48.59	39.65	23.12	37.69
1975	192.38	90.78	49.18	40.08	23.38	38.14
1976	191.43	88.90	46.79	40.49	23.57	38.47
1977	196.34	92.73	50.16	40.91	23.81	38.89
1978	198.63	93.91	50.75	41.43	24.10	39.19
1979	200.11	94.80	50.67	41.69	24.28	39.34
1980	202.02	95.69	51.28	42.01	24.81	39.51
1981	202.63	96.02	51.22	42.17	25.04	39.40

2-2 续表 单位:万人

年 份	全 市	市 区	#江 都	宝 应	仪 征	高 邮
1982	204.08	96.77	51.70	42.36	25.43	39.52
1983	204.91	97.26	51.82	42.40	25.64	39.61
1984	205.54	97.53	51.86	42.45	25.84	39.72
1985	206.06	97.90	51.83	42.48	26	39.68
1986	207.10	98.41	51.96	42.64	26.33	39.72
1987	208.84	99.25	52.29	42.97	26.64	39.98
1988	210.78	100.15	52.69	43.39	27.12	40.12
1989	212.72	100.89	52.79	43.88	27.40	40.55
1990	214.56	101.83	53.24	44.24	27.61	40.88
1991	215.40	102.10	53.29	44.31	27.92	41.07
1992	216.01	102.32	52.94	44.52	28.05	41.12
1993	216.28	102.50	52.75	44.62	28.15	41.01
1994	197.27	83.22	52.68	44.77	28.27	41.01
1995	218.30	103.78	52.70	45.02	28.42	41.08
1996	219.21	104.44	52.82	44.89	28.63	41.25
1997	219.62	105.03	52.90	44.60	28.60	41.39
1998	220.09	105.43	52.93	44.68	28.61	41.37
1999	220.48	105.72	52.83	44.72	28.84	41.20
2000	222.45	106.83	53.14	45.11	28.94	41.57
2001	222.95	107.40	53.12	45.28	29.01	41.26
2002	223.77	108.25	53.14	45.20	28.89	41.42
2003	224.61	108.85	52.83	45.38	28.99	41.39
2004	224.97	109.43	52.73	45.45	28.96	41.13
2005	225.95	110.37	52.75	45.52	29.03	41.03
2006	227.52	111.24	53.02	45.69	29.28	41.31
2007	228.38	112.20	53.14	45.46	29.35	41.37
2008	228.79	114.11	53.11	45.51	27.92	41.26
2009	228.53	112.58	53.04	45.34	29.51	41.10
2010	228.91	114.68	53.15	45.20	27.89	41.15
2011	229.60	115.26	53.31	45.20	27.98	41.16
2012	228.40	115.47	53.36	44.44	27.78	40.71
2013	229.56	115.96	53.43	44.66	27.93	41.02
2014	230.53	116.58	53.45	44.88	28.04	41.04

2－3　主要年份人口出生率

单位:‰

年　份	全　市	市　区	#江　都	宝　应	仪　征	高　邮
1954	41.45	41.08	50.43	40	40.81	34.79
1955	33.31	30.77	33.69	32.62	33.24	33.55
1956	36.81	33.46	36.13	38.75	41.19	37
1957	36.27	34.28	35.41	40.33	34.39	36.73
1958	23.86	23.87	23.48	27.01	23.74	20.92
1959	22.58	21.82	23.42	26.76	19.07	20.12
1960	13.86	18.35	16.43	10.01	12.55	12.80
1961	12.84	14.57	12	12.35	11.69	13.16
1962	28.55	25.49	24.15	36.63	30.88	25.18
1963	34.28	35.09	30.90	36.50	41.20	28.70
1964	39.36	34.48	39	38.60	39.20	43.80
1965	41.39	33.96	41.90	44.10	40.20	45.20
1966	38.45	31.51	39.98	42.23	40.64	39.30
1967	38.42	30.06	40.19	41.36	38.70	41.49
1968	38.89	32.14	39.20	46.48	37.91	39.63
1969	37.10	31.13	38.35	42.11	37.22	38.01
1970	31.65	28.02	32.20	37.50	29.60	32.60
1971	27.02	23.41	27.24	29.28	25.06	29.86
1972	24.25	17.73	23.86	26.26	24.46	28.85
1973	20.11	16.19	21.10	20.73	19.92	21.91
1974	18.52	15.84	19.83	20	18.63	18.17
1975	18.34	16.93	19.75	19.60	17.54	17.24
1976	17.33	16.28	18.81	18.84	15.30	15.95
1977	17.42	15.61	17.91	19.18	16.47	16.74
1978	17.42	14.94	17.01	20.11	18.13	15.65
1979	16.31	14.93	16.67	18.34	17.59	14.45
1980	14.04	13.66	15.41	13.08	16.26	12.33
1981	13.78	14.97	14.35	13.26	15.03	10.75
1982	13.18	14.51	13.20	12.44	16.25	10.38
1983	10.05	11.30	9.50	10.19	11.11	8.49
1984	9.07	9.39	8.32	8.13	10.43	8.54

2-3 续表 单位:‰

年份	全市	市区	#江都	宝应	仪征	高邮
1985	9.48	9.99	8.52	8.42	10.92	8.74
1986	11.87	11.90	10.77	11.26	12.54	11.32
1987	13.85	13.48	13.65	13.99	14.29	13.36
1988	13.16	13.55	12.94	13.70	13.39	12.11
1989	15.23	14.54	14.55	16.06	16.17	14.44
1990	14.93	13.76	15.24	16.25	15.56	14.48
1991	12.75	11.23	11.99	14.63	14.27	13.01
1992	11.18	10.30	10.40	11.83	12.31	11.30
1993	10.47	9.84	9.66	11.04	12.81	9.87
1994	9.72	9.85	9.29	9.90	11.35	9.31
1995	9.84	9.96	10.10	9.54	10.01	10.40
1996	9.22	10.10	9.65	8.30	10.55	9.13
1997	9.23	9.90	9.14	9.77	8.52	8.84
1998	9.05	9.51	9.24	8.91	10.41	8.37
1999	8.47	8.81	8.53	8.52	9.19	8.20
2000	9.63	10.09	10.06	11.38	9.39	8.14
2001	7.86	8.03	8.42	8.15	7.93	7.03
2002	8.36	8.29	8.73	8.08	7.45	9.47
2003	7.53	8.85	9.09	3.88	6.49	8.84
2004	8.93	9.17	9.71	9.73	7.51	8.43
2005	10.19	9.77	9.66	11.02	10.94	9.77
2006	6.92	6.84	6.86	7.09	6.78	7.08
2007	8.07	7.69	7.29	8.77	7.90	8.45
2008	7.58	7.63	6.54	8.01	7.17	7.28
2009	7.18	7.49	7.02	8.25	7.26	5.08
2010	7.72	8.05	7.52	9.09	7.23	5.79
2011	7.87	8.28	7.14	8.78	8.10	6.31
2012	8.79	8.86	7.96	9.26	8.96	7.97
2013	8.74	8.76	7.59	9.64	9.43	7.22
2014	8.91	8.89	7.66	9.43	9.75	7.75

2-4 主要年份人口死亡率

单位:‰

年份	全市	市区	#江都	宝应	仪征	高邮
1954	16.94	16.55	21.70	17.56	13.26	14.06
1955	15.13	13.88	16.45	15.17	11.04	15.56
1956	13.59	12.56	14.96	13.77	13.67	12.84
1957	13.42	12.58	14.67	13.76	7.19	14.91
1958	12.84	11.92	13.91	14.39	8.39	13.48
1959	21.32	23.49	27.61	16.07	21.96	19.53
1960	40.06	28.84	36.95	53.38	35.27	40.99
1961	19.98	19.47	22.87	17.61	20.53	20.20
1962	13.06	12.37	12.89	15.52	9.19	13.57
1963	10.77	10.02	10.40	13.60	8.30	11.20
1964	10.52	9.58	10.40	12.30	8.30	10.10
1965	10	8.68	9.50	12.40	7.10	9.90
1966	7.67	7.22	7.29	9.62	6.05	7.09
1967	8.13	7.11	7.77	10.24	6.15	7.82
1968	8.99	7.72	8.90	9.27	7.08	8.91
1969	6.54	6.80	6.18	7.98	5.28	5.94
1970	6.54	6.97	6.60	7.60	5.90	5.60
1971	7.12	6.95	7.09	8.70	5.87	6.36
1972	6.88	6.71	6.58	8.47	6.04	6.58
1973	6.46	6.18	6.30	7.47	5.80	5.96
1974	6.51	6.49	6.37	7.49	5.96	6.04
1975	6.34	6.49	6.39	7.28	5.73	5.79
1976	6.33	6.64	6.46	7.04	5.59	5.80
1977	6.33	6.48	6.04	7.17	5.69	5.92
1978	6.07	6.26	5.93	6.91	5.40	5.74
1979	5.86	5.71	5.64	6.90	5.24	5.48
1980	6.75	6.41	6.68	7.09	6.95	6.27
1981	6.19	6.10	6.14	6.52	5.71	6.11
1982	5.67	5.72	5.69	6.05	5.32	5.42
1983	6	5.94	6.02	6.54	5.45	5.93
1984	6.13	5.93	6.09	6.34	5.51	6

单位:‰

年份	全市	市区	#江都	宝应	仪征	高邮
1985	6.22	5.98	6.19	6.66	5.53	6.21
1986	6.24	6.02	6.33	6.31	5.85	6.27
1987	6.20	5.86	6.31	6.36	6.13	6.03
1988	6.74	6.42	6.67	7.06	6.36	6.93
1989	6.13	5.64	6.15	6.44	5.81	6.21
1990	6.71	6.09	6.69	6.90	6.20	7.12
1991	6.45	6.06	6.51	6.72	5.72	6.71
1992	6.86	6.49	7.17	7.34	6.06	7.05
1993	6.51	6.02	6.61	6.81	6.12	6.57
1994	6.73	6.22	7.08	7.20	6.07	6.84
1995	6.82	6.18	7.17	7.08	5.89	7.43
1996	6.95	6.29	7.34	7.20	6.77	7.39
1997	6.66	6	6.96	6.87	5.93	6.90
1998	7.14	6.85	7.39	7.04	6.84	7.43
1999	6.44	6.06	7.12	6.58	4.99	6.68
2000	7.56	6.89	7.53	7.79	8.22	7.40
2001	6.43	6.79	7.39	6.40	5.08	6.47
2002	6.23	6.81	7.48	5.24	4.92	6.73
2003	6.40	7.54	8.08	4.10	4.55	7.26
2004	8.43	7.49	8.41	10.96	8.78	7.84
2005	6.39	7.10	7.69	4.46	3.67	8.50
2006	5.55	6.37	6.64	4.05	3.55	6.39
2007	8.92	6.76	7.30	13.82	9.82	8.70
2008	6.39	7.02	7.61	5.37	4.42	7.12
2009	8.86	7.97	9	10.34	10.49	8.53
2010	9.35	8.08	9.77	12.97	9.37	8.36
2011	7.62	6.83	7.55	8.72	7.44	8.22
2012	10.15	8.76	10.07	13.20	11.50	9.72
2013	7.07	7.47	8.29	5.48	7.36	7.50
2014	6.65	6.98	7.74	4.13	7.96	7.55

2-5 主要年份人口自然增长率

单位:‰

年份	全市	市区	#江都	宝应	仪征	高邮
1954	24.28	24.54	28.73	22.44	27.55	19.73
1955	18.38	16.89	17.24	17.45	22.20	18.99
1956	23.22	20.90	21.17	24.98	27.52	24.16
1957	22.84	21.70	20.74	26.57	27.20	21.82
1958	11.02	11.95	9.57	12.62	15.35	7.44
1959	1.26	-1.67	-4.19	10.69	-2.89	0.59
1960	-26.21	-10.48	-20.52	-43.37	-22.72	-28.19
1961	-7.14	-4.90	-10.87	-5.26	-8.84	-7.04
1962	15.49	13.11	11.26	21.11	21.69	11.61
1963	23.51	25.07	20.50	22.90	32.90	17.50
1964	28.84	24.90	28.60	26.30	30.90	33.70
1965	31.39	25.28	32.40	31.70	33.10	35.30
1966	30.78	24.28	32.69	32.61	34.59	32.21
1967	30.29	22.95	32.42	31.12	32.55	33.67
1968	29.90	24.43	30.30	37.21	30.83	30.72
1969	30.56	24.34	32.17	34.13	31.94	32.07
1970	25.10	21.05	25.60	29.90	23.70	27
1971	19.90	16.46	20.15	20.58	19.19	23.50
1972	17.37	11.03	17.28	17.79	18.42	22.27
1973	13.65	10.02	14.80	13.26	14.12	15.95
1974	12.01	9.36	13.46	12.51	12.67	12.13
1975	12	10.44	13.36	12.32	11.81	11.45
1976	11	9.63	12.35	11.80	9.71	10.15
1977	11.09	9.14	11.87	12.01	10.78	10.82
1978	11.36	8.67	11.08	13.20	12.73	9.91
1979	10.45	9.22	11.03	11.44	12.35	8.97
1980	7.29	7.25	8.73	5.99	9.31	6.06
1981	7.59	8.87	8.21	6.74	9.32	4.64
1982	7.51	8.79	7.51	6.39	10.93	4.96
1983	4.05	5.36	3.48	3.65	5.66	2.56
1984	2.94	3.46	2.23	1.79	4.92	2.54

2-5 续表

单位:‰

年份	全市	市区	#江都	宝应	仪征	高邮
1985	3.27	4	2.33	1.76	5.39	2.53
1986	5.62	5.88	4.44	4.95	6.69	5.05
1987	7.66	7.63	7.34	7.63	8.16	7.33
1988	6.42	7.13	6.27	6.64	7.03	5.18
1989	9.10	8.90	8.40	9.62	10.36	8.23
1990	8.22	7.67	8.55	9.35	9.36	7.36
1991	6.30	5.18	5.48	7.91	8.55	6.30
1992	4.32	3.81	3.23	4.49	6.25	4.25
1993	3.95	3.82	3.05	4.23	6.69	3.30
1994	2.99	3.63	2.21	2.70	5.28	2.47
1995	3.02	3.78	2.93	2.46	4.12	2.97
1996	2.27	3.81	2.31	1.10	3.78	1.74
1997	2.57	3.91	2.18	2.90	2.59	1.94
1998	1.91	2.66	1.85	1.87	3.57	0.94
1999	2.03	2.75	1.41	1.94	4.20	1.52
2000	2.07	3.20	2.53	3.59	1.18	0.73
2001	1.43	1.25	1.04	1.75	2.84	0.55
2002	2.13	1.48	1.25	2.84	2.53	2.74
2003	1.13	1.31	1.01	-0.23	1.94	1.59
2004	0.50	1.68	1.30	-1.23	-1.27	0.59
2005	3.81	2.66	1.97	6.56	7.27	1.27
2006	1.37	0.47	0.21	3.03	3.23	0.69
2007	-0.85	0.93	-0.01	-5.05	-1.92	-0.25
2008	1.19	0.61	-1.08	2.64	2.74	0.16
2009	-1.68	-0.49	-1.98	-2.09	-3.23	-3.45
2010	-1.63	-0.04	-2.25	-3.89	-2.14	-2.56
2011	0.25	1.45	-0.41	0.07	0.66	-1.91
2012	-1.36	0.10	-2.11	-3.93	-2.54	-1.75
2013	1.67	1.29	-0.69	4.16	2.06	-0.28
2014	2.26	1.91	-0.08	5.30	1.80	0.20

2-6　分地区人口数及构成

（2014 年）　　单位:人

地　区	总人口			性别比
	合计	男	女	
全　市	**4613367**	**2308034**	**2305333**	**100.12**
市　区	2318428	1152661	1165767	98.88
广陵	497528	246121	251407	97.90
邗江	582739	288448	294291	98.01
江都	1068982	534532	534450	100.02
宝　应	911253	462437	448816	103.03
仪　征	565568	285198	280370	101.72
高　邮	818118	407738	410380	99.36

2-7　分地区人口自然变动

（2014 年）　　单位:人

地　区	出　生		死　亡		自然增长	
	人　数	‰	人　数	‰	人　数	‰
全　市	**41036**	**8.91**	**30612**	**6.65**	**10424**	**2.26**
市　区	20612	8.89	16186	6.98	4426	1.91
广陵	4233	8.50	3433	6.90	800	1.61
邗江	6556	11.38	3459	6.01	3097	5.38
江都	8191	7.66	8276	7.74	-85	-0.08
宝　应	8575	9.43	3758	4.13	4817	5.30
仪　征	5508	9.75	4494	7.96	1014	1.80
高　邮	6341	7.75	6174	7.55	167	0.20

2-8 分地区户数、平均人口及人口密度

（2014年）

地区	户数（户）	平均每户人数（人）	年平均人口（人）	人口密度（人/平方公里）
全市	**1500773**	**3.07**	**4605908**	**699**
市区	771537	3	2313610	1003
广陵	170637	2.92	497858	1486
邗江	183312	3.18	575945	1041
江都	359190	2.98	1069134	804
宝应	281946	3.23	909245	622
仪征	188887	2.99	564904	626
高邮	258403	3.17	818149	426

2-9 分地区计划生育情况

(2014 年)　　单位:人

地区	女性初婚情况			育龄妇女人数	已婚育龄妇女人数	家庭有一孩的妇女人数	独生子女累积率(%)
	人数	23 周岁及以上	晚婚率(%)				
全市	**23171**	**16806**	**72.53**	**1153923**	**884945**	**727020**	**82.15**
市区	11138	8490	76.23	567868	447498	371106	82.93
广陵	1998	1609	80.53	116754	92381	75873	82.13
邗江	3316	2702	81.48	190042	153220	125764	82.08
江都	5824	4179	71.75	261072	201897	169469	83.94
宝应	4639	3120	67.26	239626	175294	138421	78.97
仪征	3433	2421	70.52	144449	105339	84386	80.11
高邮	3961	2775	70.06	201980	156814	133107	84.88

2-9 续表　　(2014 年)　　单位:人

地区	应落实措施的妇女人数	采取各种措施人数			
		合计	其中		
			结扎	上环	药具
全市	**789839**	**788991**	**18709**	**568590**	**201692**
市区	405163	404784	5317	256911	142556
广陵	83160	83160	615	51437	31108
邗江	137105	136819	1978	84238	50603
江都	184898	184805	2724	121236	60845
宝应	157168	156992	7297	127999	21696
仪征	91377	91158	1411	75160	14587
高邮	136131	136057	4684	108520	22853

2-10 主要年份从业人员

单位:万人

年份	农村劳动力	在岗职工人数	国有	集体	其它所有制	城镇个体
1978	142.37	37.72	19.09	18.63		
1979	138.17	36.92	20.83	16.09		0.09
1980	139.43	40.04	23.02	17.02		0.18
1981	141.08	42.49	24.89	17.60		0.41
1982	147.82	44.96	27.25	17.71		0.37
1983	151.51	46.12	28.26	17.86		0.57
1984	158.78	48.55	27.47	21.02	0.06	0.51
1985	166.74	51.39	29.31	22.02	0.06	0.72
1986	169.18	54.16	30.95	23.14	0.07	0.57
1987	171.22	55.93	31.84	23.67	0.42	0.75
1988	174.25	58.20	33.52	24.19	0.49	0.92
1989	176.86	57.63	32.94	24.15	0.54	1.46
1990	182.66	58.28	33.11	24.52	0.65	3.38
1991	182.05	59.65	34.03	24.75	0.87	1.79
1992	179.06	60.14	35.27	23.82	1.05	1.31
1993	179.67	60.95	37.35	21.50	2.10	1.59
1994	185.17	61.14	35.68	21.08	4.38	1.35
1995	184.14	63	37	22	4	1.66
1996	182.22	61.67	36.17	20.06	5.43	1.44
1997	182.49	60.36	36.23	18.65	5.48	1.64
1998	178.68	51.91	31.26	13.74	6.91	2.69
1999	172.27	48.28	29.27	11.99	7.03	4.16
2000	166.67	45.25	27.24	9.61	8.40	4.53
2001	162.77	41.04	24.02	7.41	9.61	6.36
2002	160.26	38.31	20.96	5.21	12.15	8.87
2003	163.16	35.65	19.76	3.99	11.90	9.15
2004	164.62	33.48	18.43	3.20	11.85	10.58
2005	165.31	34.73	18.10	2.87	13.75	11.06
2006	166.05	34.73	17.72	2.71	14.30	11.37
2007	167.27	35.73	17.79	2.58	15.36	12.99
2008	166.90	35.88	16.78	2.86	16.24	13.33
2009	169.20	37.14	16.94	2.74	17.46	16.80
2010	177.14	38.16	16.94	2.75	17.47	17.30
2011	181.05	40.68	18.95	2.89	18.84	20.32
2012	180.62	41.33	18.35	2.96	20.02	22.51
2013	180.78	84.39	16.94	2.02	65.43	24.90
2014	182.48	89.42	17.19	2.49	69.74	30.05

2－11　分行业在岗职工人数

（2014 年）　　　　单位：人

项　　目	合　计	国有经济	集体经济	其他经济
总　计	**894187**	**171912**	**24917**	**697358**
(一)农、林、牧、渔业	674	470	90	114
(二)、采矿业	8230	8224		6
(三)、制造业	273056	2741	8042	262273
(四)、电力、热力、燃气及水生产和供应业	7295	3369		3926
(五)、建筑业	372166	8807	2897	360462
(六)、批发和零售业	17058	2498	697	13863
(七)、交通运输、仓储和邮政业	20006	9097	2123	8786
(八)、住宿和餐饮业	8526	1329	47	7150
(九)、信息传输、软件和信息技术服务业	9733	2370	213	7150
(十)、金融业	12455	6512	2084	3859
(十一)、房地产业	8089	655	255	7179
(十二)、租赁和商务服务业	11714	4933	1609	5172
(十三)、科学研究、技术服务业	14401	5383	115	8903
(十四)、水利、环境和公共设施管理业	6799	4949	826	1024
(十五)、居民服务、修理和其他服务业	1425	353	176	896
(十六)、教育	58040	53026	385	4629
(十七)、卫生和社会工作	23989	17928	4804	1257
(十八)、文化、体育和娱乐业	3036	1898	538	600
(十九)、公共管理、社会保障和社会组织	37495	37370	16	109

2－12　在岗职工工资总额

（2014 年）　　单位：千元

项　　目	合　计	国有经济	集体经济	其他经济
总　计	**50170009**	**11469025**	**1253518**	**37447466**
(一)农、林、牧、渔业	20394	13312	3519	3563
(二)、采矿业	601705	601423		282
(三)、制造业	15413263	259404	385794	14768065
(四)、电力、热力、燃气及水生产和供应业	659027	367900		291127
(五)、建筑业	19013561	380099	152177	18481285
(六)、批发和零售业	748149	175361	19044	553744
(七)、交通运输、仓储和邮政业	911149	476736	75220	359193
(八)、住宿和餐饮业	315923	60814	1743	253366
(九)、信息传输、软件和信息技术服务业	659301	136463	8003	514835
(十)、金融业	1112737	556477	140790	415470
(十一)、房地产业	498319	36961	11626	449732
(十二)、租赁和商务服务业	445824	163964	44972	236888
(十三)、科学研究、技术服务业	984910	348328	8845	627737
(十四)、水利、环境和公共设施管理业	372343	285883	36068	50392
(十五)、居民服务、修理和其他服务业	84883	18412	11242	55229
(十六)、教育	4003432	3707870	18631	276931
(十七)、卫生和社会工作	1666780	1275663	311020	80097
(十八)、文化、体育和娱乐业	146534	96484	24335	25715
(十九)、公共管理、社会保障和社会组织	2511775	2507471	489	3815

2－13　在岗职工平均工资

（2014 年）　　单位:元

项　　目	合　计	国有经济	集体经济	其他经济
总　计	**58510**	**63713**	**49772**	**57592**
(一)农、林、牧、渔业	30668	28567	39100	32688
(二)、采矿业	69601	69681		37320
(三)、制造业	57273	90943	48291	57156
(四)、电力、热力、燃气及水生产和供应业	90302	108943		74248
(五)、建筑业	57561	42844	48624	58172
(六)、批发和零售业	44125	69481	26192	40836
(七)、交通运输、仓储和邮政业	46255	52739	36191	40929
(八)、住宿和餐饮业	38598	45740	37085	37198
(九)、信息传输、软件和信息技术服务业	68230	55799	37929	73160
(十)、金融业	88196	84280	67752	105295
(十一)、房地产业	62603	56515	45592	63744
(十二)、租赁和商务服务业	43772	38158	29833	48855
(十三)、科学研究、技术服务业	65410	65899	75622	65078
(十四)、水利、环境和公共设施管理业	52272	55194	43772	44093
(十五)、居民服务、修理和其他服务业	59569	51891	63875	61843
(十六)、教育	65935	66538	48280	60124
(十七)、卫生和社会工作	69187	70786	64614	63670
(十八)、文化、体育和娱乐业	44993	45528	45065	42787
(十九)、公共管理、社会保障和社会组织	64951	65047	30562	35000

2－14 从业人员平均工资

单位:元

项目	合计	国有经济	集体经济	其他经济
总计	**58190**	**61942**	**48503**	**57615**
(一)农、林、牧、渔业	30653	28567	39100	32582
(二)、采矿业	69589	69669		37320
(三)、制造业	57279	90432	47892	57185
(四)、电力、热力、燃气及水生产和供应业	89573	108943		73846
(五)、建筑业	57621	43793	46829	58306
(六)、批发和零售业	43306	68978	26291	39990
(七)、交通运输、仓储和邮政业	46297	52385	36124	41613
(八)、住宿和餐饮业	38250	46240	37085	36720
(九)、信息传输、软件和信息技术服务业	67673	55799	37929	72227
(十)、金融业	78365	69572	67059	104457
(十一)、房地产业	60303	56186	41238	61369
(十二)、租赁和商务服务业	43648	38204	29833	48509
(十三)、科学研究、技术服务业	63618	61451	75622	64649
(十四)、水利、环境和公共设施管理业	51277	54794	39425	44093
(十五)、居民服务、修理和其他服务业	59018	51891	63875	60904
(十六)、教育	64861	65410	47338	59828
(十七)、卫生和社会工作	66488	68943	59597	60395
(十八)、文化、体育和娱乐业	44270	44522	45129	42502
(十九)、公共管理、社会保障和社会组织	62799	62891	30562	33632

固定资产投资与建筑业 3

FIXED ASSETS INVESTMENT AND CONSTRUCTION

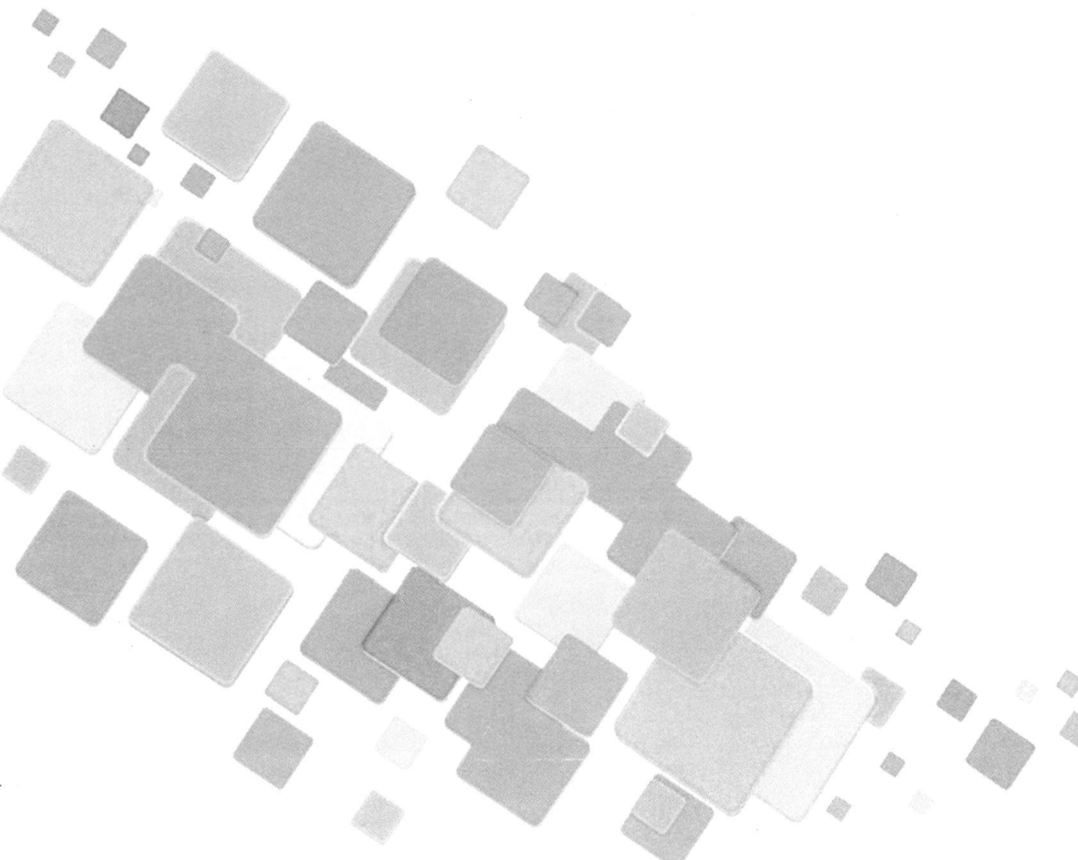

编辑：顾鸿浩 高鹏

3－1　主要年份固定资产投资

项　　目	1990 年	1995 年	2000 年	2005 年	2010 年	2013 年	2014 年
一、投资总额（万元）	**201599**	**993795**	**1282460**	**4100713**	**13318491**	**20251768**	**24166627**
#住宅	79956	241224	335099	678131	1643997	3046509	3291533
（一）按投资种类分							
#项目投资	128639	761376	823190	3369356	10703868	17092703	20562230
#房地产开发投资	9007	86718	154303	731357	1651593	3159065	3604397
（二）按产业分							
第一产业	3382	7823	4881	22449	146400	265486	151546
第二产业	97137	501407	549055	2330528	8952570	11468991	13306826
第三产业	101080	484565	728524	1747736	4219521	8517291	10708255
二、资金来源（万元）	**253686**	**1043425**	**1241259**	**4118448**	**14182296**	**24076951**	**27291525**
国家预算内资金	4037	5029	21547	16651	195474	183979	334369
国内贷款	29524	145837	239442	429680	462118	990443	1175676
利用外资	7048	52160	10971	221591	418745	511201	288547
自筹投资	206904	335315	862320	2874506	5083887	19441348	22647568
其他投资	6173	505084	106979	576020	1541272	2949980	2845365
三、房屋建筑面积（万平方米）							
施工面积	668	902	808	1532	2450	5079	4983
竣工面积	594	723	654	931	1122	2394	2440
#住宅	449	574	492	492	453	692	554

3-2 主要年份固定资产投资主要指标

年 份	投资完成额（万元）	新增固定资产（万元）	房屋竣工面积（万平方米）	#住宅竣工面积（万平方米）
1978	9949	8361	94	50
1979	13810	10836	117	67
1980	30952	20362	161	90
1981	28865	21059	168	103
1982	51711	29460	200	127
1983	80002	36225	224	138
1984	99805	70826	716	538
1985	116846	157602	831	729
1986	143645	122987	759	600
1987	177791	144108	553	445
1988	180311	206409	510	384
1989	196723	177115	630	500
1990	201599	237967	594	449
1991	239019	217142	592	503
1992	300805	256541	438	353
1993	529710	380596	1056	666
1994	901319	599771	670	517
1995	993795	986553	723	574
1996	1111856	1013317	630	479
1997	1157795	836102	655	496
1998	1277511	1053328	692	517
1999	1147879	1317980	663	513
2000	1282460	1456053	654	492
2001	1440853	1222919	649	470
2002	1802203	1388907	649	445
2003	2470087	1773005	656	466
2004	3300495	2657714	801	502
2005	4100713	3358916	931	492
2006	5332998	3516037	729	353
2007	7178802	4804865	776	358
2008	9499801	6077985	652	386
2009	10639197	7623905	974	502
2010	13318491	10455786	1122	453
2011	14754285	11815222	913	435
2012	17836452	16321316	1998	681
2013	20251768	12729428	2394	692
2014	24166627	17319654	2440	554

3－3 固定资产投资

（2014 年）

项 目	总 计	#项目投资	#房地产开发投资
一、投资总额(万元)	**24166627**	**20562230**	**3604397**
#住宅	3291533	421658	2869875
1、按经济类型分			
国有经济	4636071	4417017	219054
集体经济	1085786	1085786	
有限责任公司	718084	718084	
其它有限责任公司	1191810		1191810
联营企业	70900	70900	
股份合作	11082	4500	6582
股份有限公司	351723	315720	36003
私营个体	13148648	11838112	1310536
港澳台商投资	1190500	467077	723423
外商投资	874218	757229	116989
其他经济	887805	887805	
2、按构成分			
建筑工程	14695089	12381288	2313801
安装工程	1137558	906462	231096
设备工器具购置	5284692	5222801	61891
其中:用于更新的设备	2535278	2535278	
其他费用	3049288	2051679	997609
3、按产业分			
第一产业	151546	151546	
第二产业	13306826	13306826	
第三产业	10708255	7103858	3604397
二、本年资金来源(万元)	**27291525**	**22126282**	**5165243**
国家预算内资金	334369	334369	
国内贷款	1175676	293412	882264
利用外资	288547	278146	10401
自筹投资	22647568	20683733	1963835
其他投资	2845365	536622	2308743
三、房屋建筑面积(万平方米)			
施工面积	4983	2357	2625
竣工面积	2440	1834	606
#住宅	554	73	481

3－4 1978－2014年分地区固定资产投资完成额

单位:万元

年 份	全 市	市 区	开发区	广 陵	邗 江	江 都	宝 应	仪 征	高 邮
1978	9949	5077			331	325	302	755	231
1979	13810	7378			557	706	837	549	506
1980	30952	12749			903	1622	740	8715	945
1981	28865	11891			283	1059	533	6603	727
1982	51711	16226			611	1950	1190	19514	1461
1983	80002	18170			765	1836	1725	42309	1137
1984	99805	15455			557	2506	1615	29509	1596
1985	116846	22218			1109	3663	4384	21683	3523
1986	143645	63181			9637	33788	5012	36377	4874
1987	177791	81149			14924	31501	7852	52089	6354
1988	180311	95626			17034	39420	10262	45782	7239
1989	196723	106034			18245	54923	6967	51080	3380
1990	201599	100569			15391	52449	13964	57795	5708
1991	239019	136535			21649	69536	19052	48590	6187
1992	300805	174434			30386	62668	24169	53790	12469
1993	529710	286788			62709	77382	35951	102333	36844
1994	901319	427176			72625	144712	50687	316262	44569
1995	993795	525523			96630	152170	65745	301909	37305
1996	1111856	697295			82934	139562	76175	173659	81784
1997	1157795	868517			117172	126508	74600	125634	89044
1998	1277511	913938			115726	158512	83581	173233	106759
1999	1147879	842950			136242	189954	95584	95093	114252
2000	1282460	916935		37963	155069	215382	105086	130870	129569
2001	1440853	978775		45449	177343	238428	115950	200328	145800
2002	1802203	1201193		78018	214953	287136	134193	291697	175120
2003	2470087	1718239		119000	307158	405133	171644	345824	234380
2004	3300495	2254275		173000	463900	609812	251403	466427	328390
2005	4100713	2572602		246490	607300	850991	410505	653552	464054
2006	5332998	3385663		320900	751153	1061359	568782	785920	592633
2007	7178802	4427564	543026	455061	1053000	1551035	781077	1118546	851615
2008	9499801	5769516	883658	678040	1366625	2101400	1017588	1506869	1205828
2009	10639197	6493062	1000987	780760	1521972	2364886	1121058	1657498	1360929
2010	13318491	8231149	1271482	984600	1930474	3000058	1417918	1936410	1727019
2011	14761785	9139136	1440072	1882747	2466396	3349921	1601539	2057436	1963674
2012	17836452	11037120	1728015	2284764	2970949	4053392	1931892	2489524	2377916
2013	20251768	12411892	1923615	2805477	3239852	4442948	2241412	2813682	2784782
2014	24166627	14720997	2017708	3215631	4255894	5231764	2712108	3389270	3344252

3－5　分地区项目投资完成情况

（2014 年）

项　　　目	全　市	市　区	开发区	广　陵	邗　江	江　都
一、计划总投资（万元）						
1、建设项目计划总投资	29016570	17232333	2751891	3251158	4567512	6661772
其中：本年新开工项目	20556145	11539788	1518592	2318668	3468434	4234094
2、自开始建设至本年底累计完成投资	25653734	15507175	2250489	3050074	4103303	6103309
二、自年初累计完成投资（万元）	**20562230**	**12244957**	**1706003**	**2470561**	**3378097**	**4690296**
其中：本月完成投资	1833976	1146229	192486	201650	275183	476910
其中：本年新开工	17332883	9910868	1253867	2097912	2897372	3661717
其中：国有经济控股	4712644	3137931	839592	715959	1004889	577491
其中：住宅	421658	81338			81338	
其中：基础设施投资	3353976	2256438	266014	476861	1066677	446886
其中：民间投资	14719374	8289690	487454	1520453	2168978	4112805
其中：技术改造投资	7898493	3462215	624405	1126563		1711247
1、按构成分						
建筑工程	12381288	8817341	941213	1439938	2867034	3569156
安装工程	906462	328006	207586	48343	56411	15666
设备工器具购置	5222801	2463689	338163	828679	245498	1051349
其中：用于更新的设备	2535278	1289080	9561	168854	59316	1051349
其他费用	2051679	635921	219041	153601	209154	54125
其中：建设用地费	1374043	233397	52787	82461	44024	54125
2、按建设性质分						
其中：（1）新建	7904974	3905593	691564	994777	1907634	311618
其中：（2）扩建	7973828	6075801	428419	945654	878773	3822955
其中：（3）改建	4195957	1402497	354318	492456		555723
3、按登记注册类型分						
内资企业	19323607	11329816	1252498	2220155	3166867	4690296
国有企业	4417017	2941204	746454	715959	901300	577491
集体企业	1085786	751586	60095	32201	659290	
股份合作企业	4500					
联营企业	70900					
国有联营企业	55400					
其他联营企业	15500					
有限责任公司	718084	539462	111033	85450	342979	
国有独资公司	38465					

项　　目	全　市	市　区	开发区	广　陵	邗　江	江　都
其他有限责任公司	679619	500997	111033	85450	304514	
股份有限公司	315720	113820	75893		37927	
私营企业	11823795	6687019	61848	1300145	1212221	4112805
私营独资企业	5424491	4170341	2879	85657		4081805
私营合伙企业	29749					
私营有限责任公司	6129245	2101391	58819	1209843	801729	31000
私营股份有限公司	240310	150	150			
其他企业	887805	197175	197175			
港、澳、台商投资企业	467077	386871	138126	53015	195730	
合资经营企业(港或澳、台资)	200603	195057	85427		109630	
合作经营企业(港或澳、台资)	500					
港、澳、台商独资经营企业	265974	52699	52699			
港、澳、台商投资股份有限公司						
其他港、澳、台商投资企业						
外商投资企业	757229	315379	315379			
中外合资经营企业	234258	130553	130553			
外资企业	447940	184826	184826			
外商投资股份有限公司	75031					
个体经营	14317					
个体户	5737					
个人合伙	8580					
4、按产业分						
①第一产业	151546	23631				23631
②第二产业	13306826	5845139	1162103	1421873		3261163
工业	13306826	5845139	1162103	1421873		3261163
其中:能源工业	852221	537029	537029			
原材料工业	2319436	728742	10150	105650		612942
机电工业	7982768	3575816	452129	982813		2140874
轻纺工业	3111428	1188629	330798	337878		519953
③第三产业	7103858	5110696	543900	1044043	2117251	1405502
5、按国民经济行业分						
农、林、牧、渔业	215926	60211	1175			59036
农业	95135	1920				1920

3－5　续表2　　　　　　　　　　　　　（2014年）

项　　目	全　市	市　区	开发区	广　陵	邗　江	江　都
畜牧业	7200					
渔业	49211	21711				21711
农、林、牧、渔服务业	64380	36580	1175			35405
采矿业	366520	366520	352520			14000
石油和天然气开采业	352520	352520	352520			
黑色金属矿采选业	14000	14000				14000
制造业	12411340	5255795	590325	1431773		3233697
农副食品加工业	142127	20711				20711
食品制造业	138050					
酒、饮料和精制茶制造业	10000					
烟草制品业	13000					
纺织业	318562	71382		46138		25244
纺织服装、服饰业	114731	37185				37185
皮革、毛皮、羽毛及其制品和制鞋业	93100	22000				22000
木材加工和木、竹、藤、棕、草制品业	137572	96322	1000			95322
家具制造业	63653	15518	12428			3090
造纸和纸制品业	74894	44294	39294			5000
印刷和记录媒介复制业	64510	60510		34910		25600
文教、工美、体育和娱乐用品制造业	177186	59467		6945		52522
石油加工、炼焦和核燃料加工业	13800					
化学原料和化学制品制造业	1224658	390882	5500	84410		300972
医药制造业	273737	139490	57324			82166
化学纤维制造业	26600	8950				8950
橡胶和塑料制品业	278014	80919				80919
非金属矿物制品业	463191	150696	4650			146046
黑色金属冶炼和压延加工业	275301	30001				30001
有色金属冶炼和压延加工业	311526	118263				118263
金属制品业	901817	294009	1308			292701
通用设备制造业	1256686	787943	92869	219127		475947
专用设备制造业	1158047	475924	16737			459187
汽车制造业	1234365	449633	49755			399878
铁路、船舶、航空航天和其他运输设备制造业	236382	92232	21426			70806
电气机械和器材制造业	2552120	563304	153549			409755

3－5　续表3　　　　　　　　　　　(2014年)

项　　　目	全　市	市　区	开发区	广　陵	邗　江	江　都
计算机、通信和其他电子设备制造业	346112	140262	112662			27600
仪器仪表制造业	297239	8823	3823			5000
其他制造业	142410	76172	18000	23000		35172
废弃资源综合利用业	30760	3660				3660
金属制品、机械和设备修理业	41190					
电力、热力、燃气及水生产和供应业	570156	232724	219258			13466
电力、热力生产和供应业	482321	184509	184509			
燃气生产和供应业	3580					
水的生产和供应业	84255	48215	34749			13466
批发和零售业	801239	559061	150		362828	196083
批发业	292104	174182			51530	122652
零售业	509135	384879	150		311298	73431
交通运输、仓储和邮政业	1104065	743981	64940		290057	388984
道路运输业	738508	587404			277057	310347
水上运输业	80700	9000				9000
装卸搬运和运输代理业	18311	5311				5311
仓储业	266546	129266	64940			64326
住宿和餐饮业	463544	434353		28310	141849	264194
住宿业	411515	389624		21010	112420	256194
餐饮业	52029	37429			29429	8000
信息传输、软件和信息技术服务业	228270	33811	33811			
电信、广播电视和卫星传输服务	88270	33811	33811			
软件和信息技术服务业	140000					
金融业	107200					
货币金融服务	53200					
资本市场服务	1000					
其他金融业	53000					
房地产业	885146	379001	21620			357381
房地产业	885146	379001	21620			357381
租赁和商务服务业	564226	437510	196000	110130	109180	22200
租赁业	24500	21000				21000
商务服务业	539726	416510	196000	110130	109180	1200
科学研究和技术服务业	125358					

项　　目	全　市	市　区	开发区	广　陵	邗　江	江　都
研究和试验发展	53861					
专业技术服务业	23382					
科技推广和应用服务业	48115					
水利、环境和公共设施管理业	1858031	1253380	12945	476861	654812	108762
水利管理业	255411	149542	12945	5005	22830	108762
生态保护和环境治理业	92983					
公共设施管理业	1509637	1026938		421856	605082	
居民服务、修理和其他服务业	32988					
居民服务业	12788					
其他服务业	20200					
教育	206551	112790	1750		98040	13000
教育	206551	112790	1750		98040	13000
卫生和社会工作	47932	1993				1993
卫生	40832	1993				1993
社会工作	7100					
文化、体育和娱乐业	337439	128399			110899	17500
广播、电视、电影和影视录音制作业	47400					
文化艺术业	115739	20899			12899	8000
体育	18000					
娱乐业	156300	9500				9500
公共管理、社会保障和社会组织	236299	223629	211509		12120	
国家机构	223479	211509	211509			
群众团体、社会团体和其他成员组织	1500					
基层群众自治组织	11320					
三、本年新增固定资产(万元)	**17319654**	**10306841**	**647441**	**2127457**	**2868013**	**4663930**
四、项目个数(个)						
1、施工项目个数	1931	1071	96	161	264	550
其中:本年新开工	1601	855	68	130	227	430
2、本年投产项目个数	1641	892	63	128	206	495
五、房屋建筑面积(平方米)						
1、本年施工房屋面积	23574223	14707458	365430	7451292	2304870	4585866
其中:住宅	1101708	416448			416448	
2、本年竣工房屋面积	18335050	11741909	308777	6975518	1302694	3154920
其中:住宅	726865	49555			49555	

3－5　续表5　　　　　　　　　　(2014年)

项　　　目	宝　应	仪　征	高　邮
一、计划总投资(万元)			
1、建设项目计划总投资	2981675	4001239	4801323
其中:本年新开工项目	2328060	3286585	3401712
2、自开始建设至本年底累计完成投资	2780071	3590857	3775631
二、自年初累计完成投资(万元)	**2373946**	**3141374**	**2801953**
其中:本月完成投资	225192	158138	304417
其中:本年新开工	2106922	2876173	2438920
其中:国有经济控股	595718	880971	98024
其中:住宅	25860	314460	
其中:基础设施投资	372063	356615	368860
其中:民间投资	1756712	1985843	2687129
其中:技术改造投资	908520	1376020	1079410
1、按构成分			
建筑工程	1114547	980010	1469390
安装工程	136303	211604	230549
设备工器具购置	822198	1041305	895609
其中:用于更新的设备	124060	905045	217093
其他费用	300898	908455	206405
其中:建设用地费	88102	874537	178007
2、按建设性质分			
其中:(1)新建	1239411	1347254	1412716
其中:(2)扩建	572380	592800	732847
其中:(3)改建	562155	1176320	631890
3、按登记注册类型分			
内资企业	2347370	2866814	2779607
国有企业	595718	782071	98024
集体企业	94200	49000	191000
股份合作企业	4500		
联营企业	8500	7000	
国有联营企业			
其他联营企业	8500	7000	
有限责任公司	49100	26900	102622
国有独资公司			

项　　目	宝　应	仪　征	高　邮
其他有限责任公司	49100	26900	102622
股份有限公司	15500	141400	20000
私营企业	1513152	1860443	1763181
私营独资企业	468561	7200	375896
私营合伙企业	11450		10300
私营有限责任公司	1008226	1843243	1176385
私营股份有限公司	24915	10000	200600
其他企业	66700		604780
港、澳、台商投资企业		63560	16646
合资经营企业(港或澳、台资)			5546
合作经营企业(港或澳、台资)			
港、澳、台商独资经营企业		63560	11100
港、澳、台商投资股份有限公司			
其他港、澳、台商投资企业			
外商投资企业	21516	211000	5700
中外合资经营企业		54000	
外资企业	21516	106000	5700
外商投资股份有限公司		51000	
个体经营	5060		
个体户	1460		
个人合伙	3600		
4、按产业分			
①第一产业	22670	67300	33300
②第二产业	1771005	2125798	2304038
工业	1771005	2125798	2304038
其中:能源工业	98380	4000	145463
原材料工业	196256	914048	319100
机电工业	1140728	951950	1546509
轻纺工业	342301	402350	914276
③第三产业	580271	948276	464615
5、按国民经济行业分			
农、林、牧、渔业	22670	77300	38800
农业	8470	59000	21100

项　　　目	宝　应	仪　征	高　邮
畜牧业			7200
渔业	14200	8300	5000
农、林、牧、渔服务业		10000	5500
采矿业			
石油和天然气开采业			
黑色金属矿采选业			
制造业	1659885	2125798	2163005
农副食品加工业	33626		24500
食品制造业	41870		
酒、饮料和精制茶制造业	500		5000
烟草制品业			13000
纺织业	31960	137900	21500
纺织服装、服饰业	9900	9500	48346
皮革、毛皮、羽毛及其制品和制鞋业	20450	5000	17150
木材加工和木、竹、藤、棕、草制品业	34950		6300
家具制造业		8000	14000
造纸和纸制品业	3200	9300	4100
印刷和记录媒介复制业			4000
文教、工美、体育和娱乐用品制造业	79600	8800	21000
石油加工、炼焦和核燃料加工业	4800	4000	5000
化学原料和化学制品制造业	21500	678248	35300
医药制造业			15100
化学纤维制造业	9150		
橡胶和塑料制品业	52895	77300	37400
非金属矿物制品业	113956	120800	14900
黑色金属冶炼和压延加工业		48000	197300
有色金属冶炼和压延加工业	58200	49000	65100
金属制品业	66510	113200	117344
通用设备制造业	106328	38500	165605
专用设备制造业	102150	95800	139628
汽车制造业	197250	323000	60492
铁路、船舶、航空航天和其他运输设备制造业	30550	96000	10600
电气机械和器材制造业	581090	232950	973140

3－5　续表8　　(2014年)

项　　目	宝　应	仪　征	高　邮
计算机、通信和其他电子设备制造业	50250	48000	19000
仪器仪表制造业	6600	4500	60700
其他制造业			43070
废弃资源综合利用业	2600	18000	6500
金属制品、机械和设备修理业			17930
电力、热力、燃气及水生产和供应业	111120		158963
电力、热力生产和供应业	90000		140463
燃气生产和供应业	3580		
水的生产和供应业	17540		18500
批发和零售业	77282	76364	37600
批发业	49058	52264	16600
零售业	28224	24100	21000
交通运输、仓储和邮政业	151804	113500	67780
道路运输业	95104	40000	16000
水上运输业	56700	15000	
装卸搬运和运输代理业			
仓储业		58500	51780
住宿和餐饮业	24600	3891	700
住宿业	18000	3891	
餐饮业	6600		700
信息传输、软件和信息技术服务业	16500		60000
电信、广播电视和卫星传输服务			
软件和信息技术服务业	16500		60000
金融业	18200		
货币金融服务	17200		
资本市场服务	1000		
其他金融业			
房地产业	26000	314460	300
房地产业	26000	314460	300
租赁和商务服务业	26416	82800	17500
租赁业	3500		
商务服务业	22916	82800	17500
科学研究和技术服务业	18315		18708

项　　目	宝　应	仪　征	高　邮
研究和试验发展	9000		10000
专业技术服务业	2100		8708
科技推广和应用服务业	7215		
水利、环境和公共设施管理业	109139	301615	193897
水利管理业	4622	38000	63247
生态保护和环境治理业	16083		
公共设施管理业	88434	263615	130650
居民服务、修理和其他服务业	22600		
居民服务业	2400		
其他服务业	20200		
教育	36615	43646	12000
教育	36615	43646	12000
卫生和社会工作	13600		17700
卫生	6500		17700
社会工作	7100		
文化、体育和娱乐业	37700	2000	15000
广播、电视、电影和影视录音制作业	8000		
文化艺术业	20500		
体育	1600		
娱乐业	7600	2000	15000
公共管理、社会保障和社会组织	1500		
国家机构			
群众团体、社会团体和其他成员组织	1500		
基层群众自治组织			
三、本年新增固定资产(万元)	**2189131**	**2941784**	**1881898**
四、项目个数(个)			
1、施工项目个数	368	175	317
其中:本年新开工	333	157	256
2、本年投产项目个数	343	143	263
五、房屋建筑面积(平方米)			
1、本年施工房屋面积	1870088	3418931	3577746
其中:住宅	245483	439777	
2、本年竣工房屋面积	1268109	3160330	2164702
其中:住宅	237533	439777	

3－6 分地区固定资产投资

（2014 年） 单位：万元

地 区	总 计	#项目投资	#房地产开发投资
全 市	**24166627**	**20562230**	**3604397**
开发区	2017708	1706003	311705
广 陵	3215631	2470561	745070
邗 江	4255894	3378097	877797
江 都	5231764	4690296	541468
宝 应	2712108	2373946	338162
仪 征	3389270	3141374	247896
高 邮	3344252	2801953	542299

3－7　房地产开发投资完成额

（2014 年）　　　　单位：万元

项　　目	全　市	市　区	开发区	广　陵	邗　江	江　都
本年完成投资	**3604397**	**2476040**	**311705**	**745070**	**877797**	**541468**
一、按登记注册类型分						
内资企业	2763985	1818680	152848	595273	591682	478877
国有企业	219054	211684	244	139529	26633	45278
集体企业						
股份合作企业	6582					
有限责任公司	1191810	1032084	139020	299763	398140	195161
股份有限公司	36003	24680	8140		2467	14073
私营企业	1310536	550232	5444	155981	164442	224365
港、澳、台商投资企业	723423	551209	144357	146797	197612	62443
与港澳台商合资经营企业	461869	305271	73967	90000	128042	13262
港澳台商独资经营企业	247034	231418	70390	56797	69570	34661
其他港澳台投资企业	14520	14520				14520
外商投资企业	116989	106151	14500	3000	88503	148
中外合资经营企业	85111	77953	1700		76253	
外资企业	31878	28198	12800	3000	12250	148
二、按资质等级分						
一级	87248	83598			77398	6200
二级	998728	746955	120584	290353	262169	73849
三级	96624	50650	989		5479	44182
四级	2300	2300				2300
暂定	1951628	1128453	190132	267401	445507	225413
其他	467869	464084		187316	87244	189524
三、按构成分						
建筑工程	2313801	1642865	140799	504930	565613	431523
安装工程	231096	157406	16048	58780	74872	7706
设备工器具购置	61891	37817	7259	16241	13877	440
其他费用	997609	637952	147599	165119	223435	101799
旧建筑物购置费						
土地购置费	820509	499692	142277	97292	166682	93441
四、按工程用途分						
住宅	2869875	1942165	250454	549199	668546	473966
90 平方米及以下	594506	432717	36712	249684	113998	32323
144 平方米以上	278460	215513	39993	46483	123960	5077
别墅、高档公寓	171570	104255	22431	100	81624	100
办公楼	110380	106955	3300	78805	22219	2631
商业营业用房	383352	231821	38584	65969	76822	50446
其他	240790	195099	19367	51097	110210	14425

3－7 续表 (2014年) 单位:万元

项目	宝应	仪征	高邮
本年完成投资	**338162**	**247896**	**542299**
一、按登记注册类型分			
内资企业	338162	247296	359847
国有企业		3650	3720
集体企业			
股份合作企业		6582	
有限责任公司	90549	49411	19766
股份有限公司	10100		1223
私营企业	237513	187653	335138
港、澳、台商投资企业			172214
与港澳台商合资经营企业			156598
港澳台商独资经营企业			15616
其他港澳台投资企业			
外商投资企业		600	10238
中外合资经营企业		600	6558
外资企业			3680
二、按资质等级分			
一级		3650	
二级	128933	68299	54541
三级	14427	19142	12405
四级			
暂定	194802	156805	471568
其他			3785
三、按构成分			
建筑工程	162787	133296	374853
安装工程	14594	17132	41964
设备工器具购置	2594	15450	6030
其他费用	158187	82018	119452
旧建筑物购置费			
土地购置费	145490	79298	96029
四、按工程用途分			
住宅	309078	215165	403467
90平方米及以下	53829	58880	49080
144平方米以上	13148	30528	19271
别墅、高档公寓	33	12003	55279
办公楼	30	750	2645
商业营业用房	24941	28822	97768
其他	4113	3159	38419

3-8 房地产开发企业资金和土地情况

（2014 年） 单位：万元、平方米

项　　目	全　市	市　区	开发区	广　陵	邗　江	江　都
本年资金来源合计	6538167	4719475	399090	1222275	2199771	898339
上年末结余资金	1372924	1127687	66061	242991	677206	141429
本年资金来源小计	5165243	3591788	333029	979284	1522565	756910
国内贷款	882264	735443	62900	201400	383043	88100
银行贷款	809834	663013	57500	181400	336513	87600
非银行金融机构贷款	72430	72430	5400	20000	46530	500
利用外资	10401	10401	10000		401	
外商直接投资	10400	10400	10000		400	
自筹资金	1963835	1361362	112674	409926	461017	377745
自有资金	661785	272631	22793	53036	132136	64666
股东投入资金	233861	157892	54035	14056	82499	7302
借入资金	401687	310602	9630	120046	166621	14305
其他资金来源	2308743	1484582	147455	367958	678104	291065
定金及预收款	1339884	872615	97172	282534	378936	113973
个人按揭贷款	741820	398171	50283	73565	214932	59391
各项应付款合计	1292228	1002894	133592	350125	410029	109148
工程款	880758	650531	69185	279812	209596	91938
待开发土地面积	2732821	1746927	371057	128250	842027	405593
购置土地面积	2178231	675733		60000	476130	139603
土地成交价款	441249	122790		1454	108376	12960
拆迁补偿费	218					
土地使用权出让金	409407	108779		1454	94365	12960
契税	10214	692			461	231

项　　目	宝　应	仪　征	高　邮
本年资金来源合计	638864	492695	687133
上年末结余资金	62942	80648	101647
本年资金来源小计	575922	412047	585486
国内贷款	51400	64521	30900
银行贷款	51400	64521	30900
非银行金融机构贷款			
利用外资			
外商直接投资			
自筹资金	184805	98110	319558
自有资金	108960	85901	194293
股东投入资金	10800	5000	60169
借入资金	34545	2209	54331
其他资金来源	339717	249416	235028
定金及预收款	181052	159661	126556
个人按揭贷款	152905	85191	105553
各项应付款合计	58146	62400	168788
工程款	50674	48146	131407
待开发土地面积	240993	484882	260019
购置土地面积	732912	352678	416908
土地成交价款	168940	56977	92542
拆迁补偿费		157	61
土地使用权出让金	168940	43220	88468
契税	4846	1671	3005

3-9 房地产开发销售情况

（2014 年）　　单位：万元、平方米

项　　目	全 市	市 区	开发区	广 陵	邗 江	江 都
商品房销售面积	**6350681**	**3557893**	**324090**	**582880**	**1665367**	**985556**
住宅	5697508	3104076	277872	495200	1362617	968387
#90 平方米及以下	687335	492164	56554	180359	237009	18242
144 平方米以上	560571	278963	41060	44877	178987	14039
#别墅、高档公寓	309421	82312	22521	3900	55891	
办公楼	135247	135247	19473	35732	78830	1212
商业营业用房	427781	239589	15684	29379	179206	15320
其他	90145	78981	11061	22569	44714	637
现房销售面积	**1304539**	**900286**	**95060**	**60938**	**730002**	**14286**
住宅	1020122	652685	70606	49341	519937	12801
#90 平方米及以下	246604	189651	15193	1240	172260	958
144 平方米以上	107242	96317	21929	5707	67499	1182
#别墅、高档公寓	18317	10814	3989		6825	
办公楼	91179	91179	7371	9961	73847	
商业营业用房	179070	142416	13748	135	127048	1485
其他	14168	14006	3335	1501	9170	
期房销售面积	**5046142**	**2657607**	**229030**	**521942**	**935365**	**971270**
住宅	4677386	2451391	207266	445859	842680	955586
#90 平方米及以下	440731	302513	41361	179119	64749	17284
144 平方米以上	453329	182646	19131	39170	111488	12857
#别墅、高档公寓	291104	71498	18532	3900	49066	
办公楼	44068	44068	12102	25771	4983	1212
商业营业用房	248711	97173	1936	29244	52158	13835
其他	75977	64975	7726	21068	35544	637
待售面积	**2550412**	**1899742**	**358861**	**433931**	**985095**	**121855**
住宅	1590569	1105814	222064	149966	624883	108901
#90 平方米及以下	176211	119547	15973	22621	73816	7137
144 平方米以上	427816	316686	43219	24228	242412	6827

3－9 续表1 (2014年) 单位:万元、平方米

项目	全市	市区	开发区	广陵	邗江	江都
#别墅、高档公寓	206267	97090	36791		60299	
办公楼	155701	155701	27193	7444	118823	2241
商业营业用房	688411	523066	59898	271467	182894	8807
其他	115731	115161	49706	5054	58495	1906
商品房销售额	**4289335**	**2778005**	**247349**	**510398**	**1398516**	**621742**
住宅	3687465	2316718	214058	406844	1092096	603720
#90平方米及以下	445678	339496	39987	134069	154379	11061
144平方米以上	443233	289301	44244	33499	200936	10622
#别墅、高档公寓	226517	102459	26029	3900	72530	
办公楼	106588	106588	16623	34838	54327	800
商业营业用房	435627	302392	10402	58118	216987	16885
其他	59655	52307	6266	10598	35106	337
现房销售额	**913040**	**711469**	**72441**	**68688**	**560968**	**9372**
住宅	657337	477755	54955	59432	354990	8378
#90平方米及以下	144372	118206	10644	957	105952	653
144平方米以上	103524	97930	20829	4368	71964	769
#别墅、高档公寓	16092	11246	3191		8055	
办公楼	61406	61406	4939	8589	47878	
商业营业用房	185730	163790	8402	161	154233	994
其他	8567	8518	4145	506	3867	
期房销售额	**3376295**	**2066536**	**174908**	**441710**	**837548**	**612370**
住宅	3030128	1838963	159103	347412	737106	595342
#90平方米及以下	301306	221290	29343	133112	48427	10408
144平方米以上	339709	191371	23415	29131	128972	9853
#别墅、高档公寓	210425	91213	22838	3900	64475	
办公楼	45182	45182	11684	26249	6449	800
商业营业用房	249897	138602	2000	57957	62754	15891
其他	51088	43789	2121	10092	31239	337

项　　目	宝　应	仪　征	高　邮
商品房销售面积	**1125852**	**608320**	**1058616**
住宅	1073828	553963	965641
#90平方米及以下	82213	56698	56260
144平方米以上	16674	67373	197561
#别墅、高档公寓	1406	45611	180092
办公楼			
商业营业用房	51862	54357	81973
其他	162		11002
现房销售面积	**80890**	**151441**	**171922**
住宅	71618	143354	152465
#90平方米及以下	249	40652	16052
144平方米以上	1406	4290	5229
#别墅、高档公寓	1406	556	5541
办公楼			
商业营业用房	9110	8087	19457
其他	162		
期房销售面积	**1044962**	**456879**	**886694**
住宅	1002210	410609	813176
#90平方米及以下	81964	16046	40208
144平方米以上	15268	63083	192332
#别墅、高档公寓		45055	174551
办公楼			
商业营业用房	42752	46270	62516
其他			11002
待售面积	**54890**	**130078**	**465702**
住宅	21474	109685	353596
#90平方米及以下	438	12538	43688
144平方米以上		47697	63433

项　　目	宝　应	仪　征	高　邮
#别墅、高档公寓		37712	71465
办公楼			
商业营业用房	33416	20393	111536
其他			570
商品房销售额	**611273**	**397454**	**502603**
住宅	573824	349730	447193
#90平方米及以下	48714	32568	24900
144平方米以上	11015	51529	91388
#别墅、高档公寓	731	39204	84123
办公楼			
商业营业用房	37400	47724	48111
其他	49		7299
现房销售额	**45545**	**85004**	**71022**
住宅	37724	79795	62063
#90平方米及以下	120	21286	4760
144平方米以上	731	2191	2672
#别墅、高档公寓	731	500	3615
办公楼			
商业营业用房	7772	5209	8959
其他	49		
期房销售额	**565728**	**312450**	**431581**
住宅	536100	269935	385130
#90平方米及以下	48594	11282	20140
144平方米以上	10284	49338	88716
#别墅、高档公寓		38704	80508
办公楼			
商业营业用房	29628	42515	39152
其他			7299

3－10　房地产开发施工、竣工情况

（2014 年）　　　　单位:平方米

项　　目	全　市	市　区	开发区	广　陵	邗　江	江　都
房屋施工面积	**26253927**	**17623378**	**1317005**	**4526331**	**7205719**	**4574323**
住宅	19927898	12589410	938688	3354332	4617739	3678651
#90 平方米及以下	3160707	2213514	110224	1123676	591011	388603
144 平方米以上	1616426	1246841	105727	173802	777135	190177
#别墅、高档公寓	988287	461961	79728	6960	350773	24500
办公楼	1083778	1064466	60724	484022	451104	68616
商业营业用房	2774722	1826044	118157	174835	1016870	516182
其他	2467529	2143458	199436	513142	1120006	310874
房屋新开工面积	**8047079**	**4634924**	**515570**	**913384**	**2006158**	**1199812**
住宅	6530969	3603185	432994	810151	1300857	1059183
#90 平方米及以下	1041037	695648	68584	397165	219981	9918
144 平方米以上	487087	387462	65627	71000	250835	
#别墅、高档公寓	360908	86813	28943	6960	50910	
办公楼	70427	58427			58427	
商业营业用房	901544	554156	23051	2233	439390	89482
其他	544139	419156	59525	101000	207484	51147
房屋竣工面积	**6063904**	**4580814**	**528709**	**1583006**	**1775290**	**693809**
住宅	4812023	3471259	332212	1412215	1159073	567759
#90 平方米及以下	939865	870791	27391	720581	93369	29450
144 平方米以上	536108	419805	4839	56727	329703	28536
#别墅、高档公寓	178537	121083	21245		99838	
办公楼	121035	117435	30271	6266	75351	5547
商业营业用房	602157	473452	67980	89836	268198	47438
其他	528689	518668	98246	74689	272668	73065

（2014 年） 单位:平方米

项目	宝应	仪征	高邮
房屋施工面积	**2972569**	**1721485**	**3936495**
住宅	2674243	1582164	3082081
#90 平方米及以下	244071	349701	353421
144 平方米以上	29619	225453	114513
#别墅、高档公寓	540	145852	379934
办公楼	3600	750	14962
商业营业用房	270689	119144	558845
其他	24037	19427	280607
房屋新开工面积	**1451279**	**469441**	**1491435**
住宅	1299947	412883	1214954
#90 平方米及以下	143741	133849	67799
144 平方米以上	18918	78671	2036
#别墅、高档公寓		14354	259741
办公楼			12000
商业营业用房	146981	55813	144594
其他	4351	745	119887
房屋竣工面积	**602100**	**299751**	**581239**
住宅	555114	282568	503082
#90 平方米及以下	3069	4200	61805
144 平方米以上	2658	79591	34054
#别墅、高档公寓	540		56914
办公楼	3600		
商业营业用房	36142	16438	76125
其他	7244	745	2032

3－11 房地产开发企业财务情况

（2014年）　　单位：万元

项　　目	全　市	市　区	开发区	广　陵	邗　江	江　都
企业个数	399	256	33	33	109	81
一、年初存货	**7548426**	**5920335**	**861040**	**1212077**	**3179716**	**667503**
二、资产负债						
流动资产合计	15174552	11991512	1389666	2353680	6167865	2080301
固定资产合计	547892	498417	17723	52982	340785	86928
固定资产原价	561663	497419	24766	51265	372097	49290
累计折旧	94457	76922	7065	5406	52426	12025
#本年折旧	25217	20687	1260	1609	16220	1598
在建工程	909130	836601		25880	762799	47922
资产总计	18310647	14887250	1465582	2458194	8161158	2802317
流动负债合计	10994250	8445809	1008823	1501561	4266654	1668770
非流动负债合计	2942537	2772014	59722	441494	1800105	470693
负债合计	13933860	11217823	1068546	1943056	6066759	2139462
所有者权益合计	4376787	3669427	397036	515138	2094399	662854
#实收资本	3407466	2856485	359435	427071	1542179	527801
三、损益及分配						
营业收入	3889508	2461284	394165	465320	1097556	504243
主营业务收入	3873330	2448634	393065	464516	1091203	499850
土地转让收入	2547	2547		650	1897	
商品房销售收入	3749404	2340651	391789	425665	1039258	483938
房屋出租收入	9719	9496	1131	296	7686	383
其他主营业务收入	111659	95941	145	37905	42362	15529
营业成本	2812251	1775211	244224	357925	795714	377349
主营业务成本	2798990	1761961	240791	357924	792691	370555
营业税金及附加	323124	212813	34723	28637	110022	39432
主营业务税金及附加	319380	209203	34706	28637	106785	39075
其他业务利润	9072	5845	1100	3	4249	493
销售费用	115310	82551	13970	19375	39400	9807
管理费用	157897	111788	10769	15478	62852	22687
财务费用	76788	63152	3178	－890	33933	26931
投资收益	24155	21987	3758	287	16767	1176
营业利润	424768	229551	94471	44504	65055	25521
营业外收入	33886	33577	175	74	7898	25431
营业外支出	11439	9371	1462	494	5801	1615
利润总额	447030	253572	93184	44084	68829	47474
应交所得税	66408	32110	1007	6571	14829	9703
四、人工成本						
应付职工薪酬	76563	51516	6772	6945	24807	12991

3-11　续表　　(2014年)　　单位:万元

项　　目	宝　应	仪　征	高　邮
企业个数	44	35	64
一、年初存货	**403373**	**540038**	**684680**
二、资产负债			
流动资产合计	1152800	813275	1216965
固定资产合计	25819	9718	13939
固定资产原价	29509	13804	20931
累计折旧	5594	4412	7529
#本年折旧	1611	1384	1535
在建工程		57505	15024
资产总计	1256341	886493	1280563
流动负债合计	994528	683320	870594
非流动负债合计	65990	33846	70687
负债合计	1060518	714238	941281
所有者权益合计	195823	172255	339282
#实收资本	138080	127215	285686
三、损益及分配			
营业收入	740921	302817	384486
主营业务收入	740434	300754	383508
土地转让收入			
商品房销售收入	740434	285729	382591
房屋出租收入		224	
其他主营业务收入		14801	917
营业成本	544361	213660	279019
主营业务成本	544361	213649	279019
营业税金及附加	57879	22566	29866
主营业务税金及附加	57879	22566	29732
其他业务利润		2249	978
销售费用	6720	14654	11385
管理费用	16739	15647	13723
财务费用	8629	3381	1626
投资收益		1198	971
营业利润	106593	38786	49838
营业外收入	187	30	92
营业外支出	1034	456	578
利润总额	105746	38359	49352
应交所得税	20103	5099	9096
四、人工成本			
应付职工薪酬	6279	11384	7384

3－12　分地区建筑业生产经营情况

（2014 年）

项　　目	全　市	市　区	开发区	广　陵	邗　江	江　都
单位个数（个）	734	484	39	125	169	151
一、建筑业合同情况（万元）						
签订的建筑合同额	41312051	25474923	315768	7595199	5247092	12316865
上年结转建筑合同额	15205184	10319978	76784	3063580	1464905	5714710
本年新签建筑合同额	26106866	15154945	238984	4531619	3782187	6602155
二、承包工程完成情况（万元）						
直接从建设单位承揽工程完成的产值	26690180	16313052	215491	4359241	3790282	7948038
自行完成施工产值	26681217	16308835	214994	4355577	3790237	7948026
分包出去工程的产值	8963	4217	496	3664	45	12
从建设单位以外承揽工程完成的产值	2762277	1458429	7396	116155	263286	1071592
三、建筑业总产值（万元）	**29443494**	**17767263**	**222390**	**4471732**	**4053523**	**9019618**
其中：装饰装修产值	982669	699644	13574	172488	402844	110738
在外省完成的产值	15630627	10317249	13539	2833775	1545572	5924363
建筑工程产值	27516983	15945821	181953	4332140	3477373	7954355
安装工程产值	1821346	1755993	40435	134756	574470	1006332
其他建筑业产值	105165	65450	2	4836	1680	58932
四、竣工产值（万元）	**23821299**	**13984359**	**201078**	**3223585**	**3400328**	**7159368**
五、房屋施工面积（万平方米）	**24685**	**12588**	**85**	**3673**	**2080**	**6750**
其中：房屋新开工面积	11855	5689	51	1484	1227	2928

(2014 年)

项　　目	宝　应	仪　征	高　邮
单位个数(个)	77	78	95
一、建筑业合同情况(万元)			
签订的建筑合同额	5320284	2846135	7670709
上年结转建筑合同额	1445811	971987	2467408
本年新签建筑合同额	3874472	1874148	5203301
二、承包工程完成情况(万元)			
直接从建设单位承揽工程完成的产值	3193824	1914034	5269271
自行完成施工产值	3193824	1910708	5267851
分包出去工程的产值		3326	1420
从建设单位以外承揽工程完成的产值	760207	198714	344928
三、建筑业总产值(万元)	**3954031**	**2109421**	**5612779**
其中:装饰装修产值	69601	64141	149284
在外省完成的产值	2483753	1022425	1807200
建筑工程产值	3925283	2045044	5600836
安装工程产值	22839	36540	5974
其他建筑业产值	5909	27837	5969
四、竣工产值(万元)	**3356886**	**1622134**	**4857921**
五、房屋施工面积(万平方米)	**5419**	**1624**	**5054**
其中:房屋新开工面积	2805	840	2520

3-13 分地区建筑业财务情况

（2014年） 单位：万元

项 目	全 市	市 区	开发区	广 陵	邗 江	江 都
一、资产负债						
流动资产合计	9887519	6844698	371567	1663972	2212906	2596253
应收工程款	3224881	2095367	91070	437887	938798	627612
固定资产合计	1570188	1004657	17926	168634	193257	624841
固定资产原价	1945527	1217895	29032	238451	224147	726265
固定资产累计折旧	579481	378702	15547	107054	86009	170092
固定资产本年折旧	93466	54354	1698	18829	10057	23770
在建工程	117292	93302	579	23139	42444	27140
资产合计	12116114	8374560	399136	1950618	2502270	3522537
流动负债合计	6273404	4538398	241175	1098840	1662655	1535727
应付账款	2008467	1678567	56700	616631	695408	309828
非流动负债合计	351371	233420	23410	111389	28609	70012
负债合计	6690235	4826193	264748	1252275	1693726	1615444
所有者权益	5425878	3548367	134388	698342	808544	1907093
实收资本	2575232	1681382	90159	300165	343123	947936
国家资本	151613	135998	44900	76784	4600	9714
集体资本	70154	50179	6395	6214	5944	31626
法人资本	1102406	802526	3986	119802	113282	565457
个人资本	1233962	675583	28031	97365	209566	340620
港澳台资本	7356	7356	6837			519

3－13　续表1　　(2014年)　　单位:万元

项　　目	全　市	市　区	开发区	广　陵	邗　江	江　都
外商资本	9741	9741	10		9731	
二、损益及分配						
营业收入	22501507	15081686	199026	3821452	3316655	7744553
主营业务收入	22279963	14972334	198355	3783205	3300414	7690361
营业成本	19759067	13317612	165428	3395332	2962432	6794420
主营业务成本	19585454	13223127	165205	3364014	2948624	6745284
营业税金及附加	799657	536650	7005	133899	114908	280838
主营业务税金及附加	791536	531566	6988	131925	113464	279189
其他业务利润	8855	7884	15	1680	3787	2401
销售费用	90640	48131	2127	4270	12924	28810
管理费用	620091	411169	14208	101512	69170	226279
财务费用	156379	78199	1755	20395	22040	34010
投资收益	5148	3524	539	1766	1121	97
营业利润	1083650	696514	8784	167845	136230	383656
营业外收入	12544	8337	12	3325	152	4848
营业外支出	15175	11730	210	3168	841	7511
利润总额	1156509	692218	8586	167998	135541	380093
应交所得税	253780	172307	1561	40616	32672	97458
三、人工成本						
本年应付职工薪酬	5080804	3065863	36977	658846	644121	1698534

3－13　续表2　　（2014年）　　单位：万元

项　　目	宝　应	仪　征	高　邮
一、资产负债			
流动资产合计	950851	810574	1281395
应收工程款	312584	347444	469486
固定资产合计	237268	145334	182928
固定资产原价	305555	194098	227980
固定资产累计折旧	71457	68918	60404
固定资产本年折旧	16554	13607	8952
在建工程	3042	7851	13097
资产合计	1223953	999689	1517911
流动负债合计	500430	470357	764220
应付账款	76712	124813	128375
非流动负债合计	29317	79260	9375
负债合计	529747	560444	773851
所有者权益	694207	439245	744060
实收资本	332829	230619	330402
国家资本	2080	10278	3257
集体资本	6829	9902	3244
法人资本	71131	91558	137191
个人资本	252789	118881	186709
港澳台资本			

项　　　目	宝　应	仪　征	高　邮
外商资本			
二、损益及分配			
营业收入	2631596	1512373	3275852
主营业务收入	2558232	1505891	3243506
营业成本	2275728	1304901	2860826
主营业务成本	2227751	1298742	2835834
营业税金及附加	101764	47441	113802
主营业务税金及附加	100706	47332	111932
其他业务利润	58	787	127
销售费用	18617	9197	14695
管理费用	47532	54776	106613
财务费用	21635	22309	34236
投资收益	1114	510	
营业利润	167419	74047	145670
营业外收入	36	451	3719
营业外支出	701	385	2360
利润总额	166754	152232	145305
应交所得税	39430	10690	31354
三、人工成本			
本年应付职工薪酬	801090	450234	726641

3－14　分资质等级建筑业企业生产经营情况

（2014 年）

项　　目	施工总承包	特　级	一　级	二　级	三　级
一、建筑业合同情况（万元）					
签订的建筑合同额	39437094	11670906	17677442	6010755	4077990
上年结转建筑合同额	14736267	5318679	6783719	1626271	1007598
本年新签建筑合同额	24700827	6352227	10893723	4384484	3070392
二、承包工程完成情况（万元）					
直接从建设单位承揽工程完成的产值	25289662	6914605	11012845	4288324	3073888
自行完成施工产值	25282328	6914605	11012845	4281497	3073380
分包出去工程的产值	7334			6826	508
从建设单位以外承揽工程完成的产值	2206226	327173	485513	713855	679686
三、建筑业总产值（万元）	**27488553**	**7241778**	**11498358**	**4995352**	**3753066**
其中：装饰装修产值	369354	30864	297649	29839	11003
在外省完成的产值	14765150	5274835	6665009	1539977	1285330
建筑工程产值	26210121	7133967	10565491	4822681	3687981
安装工程产值	1178675	81691	898898	161637	36448
其他建筑业产值	99758	26120	33968	11034	28636
四、竣工产值（万元）	**22356404**	**5545749**	**9326784**	**4388416**	**3095456**
五、房屋施工面积（万平方米）	**24665**	**6403**	**10411**	**4426**	**3425**
其中：房屋新开工面积	11845	2736	4809	2421	1879

(2014年)

项目	专业承包	一级	二级	三级	不分等级
一、建筑业合同情况(万元)					
签订的建筑合同额	1874957	1049599	431883	386380	7096
上年结转建筑合同额	468917	339626	100820	28472	
本年新签建筑合同额	1406040	709974	331063	357908	7096
二、承包工程完成情况(万元)					
直接从建设单位承揽工程完成的产值	1400518	672790	355963	364598	7167
自行完成施工产值	1398889	672745	355428	363549	7167
分包出去工程的产值	1629	45	535	1049	
从建设单位以外承揽工程完成的产值	556051	256439	188854	110758	
三、建筑业总产值(万元)	**1954940**	**929185**	**544282**	**474307**	**7167**
其中:装饰装修产值	613315	465702	49747	97845	20
在外省完成的产值	865477	480042	250313	135007	116
建筑工程产值	1306863	704494	297458	297814	7097
安装工程产值	642671	224691	246672	171239	70
其他建筑业产值	5407		152	5255	
四、竣工产值(万元)	**1464895**	**590551**	**514562**	**353456**	**6327**
五、房屋施工面积(万平方米)	**20**	**7**		**13**	
其中:房屋新开工面积	10			10	

3－15　分登记注册类型建筑业企业生产经营情况

（2014 年）

项　　目	内资企业	港、澳、台商投资企业	外商投资企业
一、建筑业合同情况（万元）			
签订的建筑合同额	41249355	59015	3680
上年结转建筑合同额	15194933	10249	2
本年新签建筑合同额	26054422	48766	3678
二、承包工程完成情况（万元）			
直接从建设单位承揽工程完成的产值	26632200	55469	2510
自行完成施工产值	26623237	55469	2510
分包出去工程的产值	8963		
从建设单位以外承揽工程完成的产值	2762277		
三、建筑业总产值（万元）	**29385514**	**55469**	**2510**
其中：装饰装修产值	982669		
在外省完成的产值	15590996	39631	
建筑工程产值	27466663	47810	2510
安装工程产值	1813687	7659	
其他建筑业产值	105165		
四、竣工产值（万元）	**23750442**	**60011**	**10847**
五、房屋施工面积（万平方米）	**24676**		**9**
其中：房屋新开工面积	11853		2

3－16　分行业建筑业企业生产经营情况

（2014 年）

项　　目	建筑业	房屋建筑业	土木工程建筑业	建筑安装业	建筑装饰和其他建筑业
一、建筑业合同情况（万元）					
签订的建筑合同额	41312051	36091913	2425261	1597989	1196887
上年结转建筑合同额	15205184	13730945	799491	509461	165289
本年新签建筑合同额	26106866	22360968	1625770	1088529	1031599
二、承包工程完成情况（万元）					
直接从建设单位承揽工程完成的产值	26690180	22997259	1589713	1134186	969021
自行完成施工产值	26681217	22991451	1586802	1134136	968827
分包出去工程的产值	8963	5808	2911	50	194
从建设单位以外承揽工程完成的产值	2762277	1813082	181476	660204	107515
三、建筑业总产值（万元）	**29443494**	**24804533**	**1768278**	**1794340**	**1076342**
其中:装饰装修产值	982669	357763	105	20774	604027
在外省完成的产值	15630627	13996063	326725	1008274	299564
建筑工程产值	27516983	24078061	1743994	699229	995700
安装工程产值	1821346	630541	21326	1093912	75567
其他建筑业产值	105165	95931	2959	1200	5075
四、竣工产值（万元）	**23821299**	**19980704**	**1557272**	**1511683**	**771641**
五、房屋施工面积（万平方米）	**24685**	**24100**	**116**	**421**	**47**
其中:房屋新开工面积	11855	11578	56	210	10

3－17　分地区劳务分包建筑业企业生产经营情况

（2014年）　　单位：万元

项　　目	全　市	市　区	开发区	广　陵	邗　江	江　都
单位个数	101	62	5	16	16	25
一、资产负债						
固定资产原价	18710	9140	228	1958	1088	5866
本年折旧	2231	1242	26	291	67	858
资产总计	146635	49368	913	13490	6250	28714
负债总计	69135	22582	476	4792	3233	14082
实收资本	30281	18960	368	7868	2138	8586
二、损益及分配						
营业收入	205581	84870	1401	24532	14481	44455
主营业务收入	205581	84870	1401	24532	14481	44455
营业成本	186247	73624	1176	22499	12359	37590
主营业务成本	185054	73624	1176	22499	12359	37590
营业税金及附加	5678	3133	44	855	497	1738
主营业务税金及附加	5675	3133	44	855	497	1738
销售费用	629	128	2	22	6	99
管理费用	5877	3687	102	617	748	2220
财务费用	819	545		19	23	503
营业利润	7609	3858	89	493	880	2396
利润总额	7406	3687	89	462	849	2288
三、人工成本						
应付职工薪酬	153963	53051	102	24673	12858	14961

3－17 续表 (2014年) 单位:万元

项目	宝应	仪征	高邮
单位个数	8	20	11
一、资产负债			
固定资产原价	6963	831	1776
本年折旧	369	122	498
资产总计	74048	4837	18383
负债总计	37915	1790	6848
实收资本	2974	1975	6372
二、损益及分配			
营业收入	32267	74425	14020
主营业务收入	32267	74425	14020
营业成本	27259	73471	11893
主营业务成本	27259	72279	11893
营业税金及附加	1347	606	591
主营业务税金及附加	1347	603	591
销售费用	284	11	205
管理费用	890	995	306
财务费用	190	15	69
营业利润	2207	526	1019
利润总额	2207	525	988
三、人工成本			
应付职工薪酬	21236	75742	3934

3－18　全市建筑企业总产值前50名

（2014年）　　单位：万元

单位名称	地区	建筑业总产值	位次
江苏江都建设集团有限公司	江都区	2800110	1
江苏省华建建设股份有限公司	广陵区	2552019	2
江苏弘盛建设工程集团有限公司	高邮市	1889650	3
江苏邗建集团有限公司	邗江区	1301546	4
江苏天宇建设集团有限公司	宝应县	1180392	5
江苏省江建集团有限公司	江都区	1010953	6
江苏扬建集团有限公司	广陵区	854207	7
江苏兴厦建设工程集团有限公司	高邮市	740994	8
安宜建设集团有限公司	宝应县	721170	9
江苏华江建设集团有限公司	江都区	416000	10
江苏龙坤集团有限公司	江都区	380823	11
江苏扬州建工建设集团有限公司	江都区	368446	12
江苏华轩建设工程有限公司	宝应县	356098	13
江苏润扬建设工程集团有限公司	高邮市	310094	14
江苏扬安机电设备工程有限公司	邗江区	307800	15
扬州市第五建筑安装工程有限公司	江都区	285001	16
江苏沪武建设集团有限公司	江都区	276233	17
江苏鼎鑫建设工程有限公司	江都区	270868	18
江苏仪征建设工程有限公司	仪征市	270087	19
江苏天宁建设工程有限公司	仪征市	270009	20
中机环建建设工程有限公司	邗江区	265407	21
扬州市江都第六建设工程有限公司	江都区	265209	22
仪征市新城建设工程有限公司	仪征市	264838	23
江苏建宇建设集团有限公司	高邮市	255774	24
扬州市瑞沃交通工程有限公司	高邮市	236293	25

单位名称	地区	建筑业总产值	位次
江苏省天地人建设集团有限公司	邗江区	215807	26
江苏江都安装工程有限公司	江都区	192780	27
江苏弘发建设工程有限公司	高邮市	185220	28
江苏伟业安装集团有限公司	邗江区	150901	29
江苏华宇装饰工程有限公司	邗江区	144780	30
江苏润扬交通工程集团有限公司	广陵区	137303	31
扬州市港宇建筑安装有限公司	宝应县	133168	32
高邮市金厦建筑安装工程有限公司	高邮市	128658	33
江苏省水利建设工程有限公司	邗江区	127632	34
江苏润柳建设工程有限公司	宝应县	125148	35
江苏亚鹏建设工程有限公司	宝应县	123053	36
仪征市苏中建设工程有限公司	仪征市	121417	37
宝应县万达建筑工程有限公司	宝应县	121285	38
扬州裕元建设有限公司	邗江区	120202	39
扬州市天成建筑安装工程有限公司	高邮市	119496	40
扬州首裕建设工程有限公司	高邮市	114845	41
扬州市秦邮建筑安装工程有限公司	高邮市	114102	42
江苏金氾水建设有限公司	宝应县	110833	43
江苏银河建筑安装有限公司	宝应县	106536	44
扬州市宝祥建设工程有限公司	江都区	106390	45
江苏弘扬建设工程有限公司	广陵区	103143	46
江苏苏商建设总承包有限公司	邗江区	101030	47
扬州市兴成建设工程有限公司	宝应县	98573	48
中核华誉工程有限责任公司	仪征市	95000	49
仪征市张集建设工程有限公司	仪征市	93458	50

人民生活

PEOPLE'S LIVELIHOOD

4

编辑：陈丽华 丁超

4-1 历年居民家庭人均收入和支出

单位:元

年份	城镇居民		农村居民	
	可支配收入	消费支出	可支配收入	消费支出
1985	813	725	500	432
1986	1021	893	556	504
1987	1127	958	619	568
1988	1423	1474	717	665
1989	1604	1414	805	745
1990	1750	1555	941	798
1991	2012	1790	903	841
1992	2562	2268	1012	885
1993	3294	2937	1276	993
1994	4423	3687	1660	1432
1995	5378	4636	2390	2020
1996	5535	4352	2937	2307
1997	5892	4686	3126	2590
1998	6101	4432	3257	2307
1999	6389	4663	3364	2245
2000	6734	4990	3464	2312
2001	7205	5416	3690	2396
2002	7833	5575	3926	2391
2003	8705	5910	4172	2648
2004	9851	6509	4677	3034
2005	11379	7388	5215	3710
2006	12945	8273	5813	4314
2007	15057	9696	6586	4945
2008	17398	11562	7450	5447
2009	19416	12888	8295	5930
2010	21766	13679	9462	6782
2011	24780	16003	11217	7791
2012	28001	17550	12686	8714
2013	30690/27700	19153/17116	14214/13775	9725/10140
2014	30322	18417	15284	11266

注:1.2013 年前城乡居民收支数据为老口径数据,城镇为市辖区的老口径居民可支配收入和消费支出,农村为农民人均纯收入和消费支出;

2.2013 年试行城乡居民一体化抽样调查,斜线前为老口径数据,斜线后为新口径数据,城镇调查范围由市辖区扩大到全市;

3.2014 年起为一体化调查新口径数据。

4－2 居民家庭基本情况

（2014 年）

项目	单位	全体居民	城镇居民	农村居民
一、调查户数	户	1089	590	499
二、平均每户家庭人口	人	3.18	3.10	3.28
三、平均每户就业人口	人	2	1.80	2.22
四、平均每一就业人口负担人数	人	1.59	1.72	1.48
五、平均每户就业面	%	62.70	58.18	67.75
六、平均每人现住房建筑面积	平方米	47.59	42.08	53.74
七、人均可支配收入	元	24156.52	30322.30	15283.80
八、人均非收入所得	元	893.47	981.28	795.31
#非经常性转移所得	元	806.58	863.67	743.39
九、人均借贷性所得	元	1348.76	1614.43	1051.78
#提取储蓄存款	元	1177.75	1398.09	931.44
十、人均总支出	元	24532.71	27421.44	20410.37
#消费支出	元	15484.71	18416.61	11265.70
转移性支出	元	1129.33	1579.29	481.83
生产经营费用支出	元	1418.18	817.83	2282.11
借贷性支出	元	3505.32	3190.04	3857.75
十一、人均通过互联网购买的商品和服务	元	217.98	333.07	89.33
十二、恩格尔系数	%	31.1	30.9	31.5
十三、百户接入有线电视的彩色电视机	台	146	155	134
十四、百户接入互联网的移动电话	部	132	138	126
十五、百户接入互联网的计算机	台	59	80	35

4－3 居民家庭居住情况

(2014 年)　　单位:%

项　　目	全体居民	城镇居民	农村居民
一、按住宅建筑式样分	100.0	100.0	100.0
1. 单栋住宅	71.4	48.5	99.2
2. 四居室及以上单元房	2.7	4.7	
3. 三居室单元房	12.2	22.1	
4. 二居室单元房	11.8	21.9	
5. 一居室单元房	0.2	0.3	
6. 其他	1.7	2.5	0.8
二、按主要建筑材料分	100.0	100.0	100.0
1. 钢筋混凝土	17.1	21.9	11.3
2. 砖混材料	61.9	68.3	54.3
3. 砖瓦砖木	21.0	9.8	34.4
三、按房屋来源分	100.00	100.00	100.00
1. 租赁房	3.30	5.90	0.20
2. 自建住房	67.30	41.50	97.70
3. 购买商品房	19.40	35.40	
4. 购买房改住房	6.90	11.80	
5. 其他来源	3.10	5.40	2.10
四、按建筑面积分	100.0	100.0	100.0
1. 30 平方米以内	0.5	0.7	0.2
2. 30－60 平方米	3.9	5.6	1.9
3. 60－90 平方米	18.0	28.6	5.5
4. 90－120 平方米	21.2	22.2	20.1
5. 120－200 平方米	33.4	27.4	40.5
6. 200 平方米以上	23.0	15.5	31.8

4－4 居民家庭主要收支情况

（2014 年） 单位:元/人

项　　目	全体居民	城镇居民	农村居民
可支配收入	**24156.52**	**30322.30**	**15283.80**
一、工资性收入	14670.91	18731.70	8824.87
1.工资	13980.03	17992.30	8203.86
2.实物福利	29.45	37.11	18.42
3.其他	661.43	702.31	602.59
二、经营净收入	4413.25	4652.32	4069.22
1.第一产业经营净收入	1162.65	462.03	2170.85
2.第二产业经营净收入	832.27	800.57	877.90
3.第三产业经营净收入	2418.32	3389.71	1020.47
三、财产净收入	1715.13	2688.07	315.04
#1.利息净收入	243.81	363.26	71.91
2.红利收入	140.14	206.93	44.02
3.出租房屋财产性收入	224.76	350.66	43.60
四、转移净收入	3358.02	4249.84	2074.67
1.转移性收入	4487.35	5829.13	2556.50
#养老金或离退休金	2707.27	4302.53	411.66
2.转移性支出	1129.33	1579.29	481.83
消费支出	**15484.71**	**18416.61**	**11265.70**
一、食品烟酒	4811.90	5692	3543.57
1.食品	3339.96	3935	2481.72
2.烟酒	727.06	790.73	635.55
3.饮料	78.16	84.33	69.28
4.饮食服务	666.72	881.93	357.01
二、衣着	1208.34	1524.27	754.46
1.衣类	968.81	1221.20	606.36

4-4 续表　　(2014年)　　单位:元/人

项　　目	全体居民	城镇居民	农村居民
2. 鞋类	239.53	303.07	148.10
三、居住	2977.59	3558.79	2141.23
1. 租赁房房租	93.63	92.81	94.82
2. 住房维修及管理	432.10	439.94	420.83
3. 水电燃料及其他	654.65	718.40	562.92
4. 自有住房折算租金	1797.21	2307.65	1062.66
四、生活用品及服务	879.07	1002.59	701.33
1. 家具及室内装饰品	125.76	130.96	118.28
2. 家用器具	257.76	266.98	244.48
3. 家用纺织品	89.33	109.56	60.21
4. 家庭日用杂品	250.14	292.10	189.76
5. 个人用品	104.32	136.44	58.11
6. 家庭服务	51.77	66.55	30.49
五、交通通信	1790.48	2066	1394
1. 交通	1028.03	1199.90	780.70
2. 通信	762.45	866.09	613.31
六、教育文化娱乐	2416.32	2969	1621
1. 教育	1234.71	1330.94	1096.24
2. 文化娱乐	1181.61	1638.06	524.76
七、医疗保健	930.63	1028.69	788.56
1. 医疗器具及药品	289.44	350.05	201.99
2. 医疗服务	641.19	678.64	586.57
八、其他用品和服务	471.28	575.46	322.33
1. 其他用品	276.87	345.05	179.24
2. 其他服务	194.41	230.41	143.10

4－5　居民家庭全年人均主要食品消费量

（2014 年）　　　　单位:公斤

项　　目	全体居民	城镇居民	农村居民
粮食	139.59	118.33	163.35
#谷物	128.65	106.82	153.06
豆类	10.55	11.03	10.03
油脂类	20.37	17.46	23.63
#植物油	20.21	17.22	23.56
蔬菜及菜制品	114.46	119.22	109.15
#鲜菜	111.71	115.69	107.26
肉类	28.45	31.07	25.53
#猪肉	23.11	24.62	21.42
禽类	13.31	14.48	11.99
#鸡	7.62	8.12	7.07
水产品	18.67	18.79	18.53
#鱼类	13.27	14.55	11.84
蛋类及蛋制品	8.90	10.07	7.60
#鲜蛋	8.13	9.10	7.04
奶和奶制品	21.04	23.74	18.04
#鲜奶	13.32	16.27	10.02
干鲜瓜果类	32.09	39.55	23.74
#鲜瓜果	28.35	35.06	20.85
糖果糕点类	6.20	7.74	4.47
烟叶	39.05	30.22	48.92
酒	9.40	7.84	11.14
#白酒	5.18	4.26	6.21

4-6 居民家庭年末平均每百户耐用消费品拥有量

（2014年）

项　　目	单位	全体居民	城镇居民	农村居民
家用汽车	辆	19	24	13
摩托车	辆	45	36	55
助力车	台	136	134	138
洗衣机	台	99	100	98
电冰箱(柜)	台	102	102	102
微波炉	台	86	94	78
彩色电视机	台	174	177	170
#接入有线电视	台	146	155	134
空调	台	149	169	125
热水器	台	106	111	100
#太阳能热水器	台	89	90	89
消毒碗柜	台	2	3	1
洗碗机	台	1	2	1
排油烟机	台	61	80	38
固定电话	线	92	88	97
移动电话	部	238	240	236
#接入互联网	部	132	138	126
计算机	台	70	87	50
#接入互联网	台	59	80	35
摄像机	台	7	10	2
照相机	台	28	42	12
中高档乐器	架	3	5	1
健身器材	台	3	4	1
组合音响	套	10	10	9

4－7　分地区全体居民人均收入和支出

（2014年）　　单位:元/人

项　　目	全市	广陵	邗江	江都	宝应	仪征	高邮
可支配收入	**24157**	**31443**	**30768**	**25039**	**18021**	**22776**	**20085**
一、工资性收入	14671	19677	19285	14624	10541	15333	12102
二、经营净收入	4413	4203	4333	4618	3618	4373	3943
三、财产净收入	1715	2786	2869	2285	1192	622	1261
四、转移净收入	3358	4777	4281	3512	2670	2448	2779
消费支出	**15485**	**25244**	**22605**	**17557**	**11747**	**15694**	**14230**
一、食品烟酒	4812	7157	6796	5829	4071	4947	4430
二、衣着	1208	1628	1388	1578	879	1489	1086
三、居住	2978	3825	3032	3657	1904	2812	2731
四、生活用品及服务	879	1381	1184	845	609	1128	820
五、交通通信	1790	2639	2395	1982	1479	1515	1663
六、教育文化娱乐	2416	4504	4061	2248	1711	2901	2194
七、医疗保健	931	2209	2081	871	694	591	877
八、其他用品和服务	471	1901	1669	547	400	311	429

4－8 分地区城镇居民人均收入和支出

（2014 年）　　单位:元/人

项　　目	全市	广陵	邗江	江都	宝应	仪征	高邮
可支配收入	**30322**	**32343**	**34376**	**31035**	**22739**	**31123**	**26632**
一、工资性收入	18732	20165	21657	18541	13316	21776	16452
二、经营净收入	4652	4216	4375	4881	3468	5621	4086
三、财产净收入	2688	2979	3502	3508	2325	1016	2361
四、转移净收入	4250	4983	4842	4105	3630	2710	3733
消费支出	**18417**	**25771**	**25026**	**20052**	**14026**	**18125**	**18024**
一、食品烟酒	5692	7350	7485	6182	5011	5813	5570
二、衣着	1524	1690	1526	2014	1136	1995	1492
三、居住	3559	3792	3369	4355	2014	2878	3483
四、生活用品及服务	1003	1451	1308	948	664	1310	981
五、交通通信	2066	2568	2685	2285	1792	1590	2022
六、教育文化娱乐	2969	4671	4486	2571	2168	3326	2906
七、医疗保健	1029	2243	2268	1089	701	797	1007
八、其他用品和服务	575	2006	1899	608	540	416	563

4－9　分地区农村居民人均收入和支出

（2014 年）　　　　单位:元/人

项　　目	全市	广陵	邗江	江都	宝应	仪征	高邮
可支配收入	**15284**	**20789**	**17203**	**16430**	**14246**	**14860**	**14335**
一、工资性收入	8825	13912	10367	9051	8320	9223	8281
二、经营净收入	4069	4043	4182	4244	3738	3189	3817
三、财产净收入	315	498	486	466	286	248	295
四、转移净收入	2075	2336	2168	2669	1902	2200	1942
消费支出	**11266**	**19003**	**13507**	**13976**	**9923**	**13389**	**10898**
一、食品烟酒	3544	4886	4210	5329	3318	4127	3428
二、衣着	754	898	868	958	673	1009	730
三、居住	2141	4215	1766	2631	1816	2749	2071
四、生活用品及服务	701	545	718	697	566	956	678
五、交通通信	1394	3469	1304	1551	1228	1444	1348
六、教育文化娱乐	1621	2532	2460	1788	1345	2498	1568
七、医疗保健	789	1800	1378	562	689	395	763
八、其他用品和服务	322	658	803	460	288	211	312

价格指数 5

PRICE INDICS

编辑：解国元 张曼曼

5－1　历年居民消费价格指数

（以上年价格为100）

项　　目	2008年	2009年	2010年	2011年	2012年	2013年	2014年
居民消费价格总指数	**104.8**	**99.9**	**103.4**	**105.1**	**102.6**	**102.2**	**102.1**
非食品价格指数	100.5	99.0	101.9	103.0	101.3	101.8	102.1
服务项目价格指数	100.2	100.2	103.3	103.8	101.3	102.3	102.5
扣除鲜菜鲜果总指数	104.6	99.0	102.6	105.1	102.5	102.2	102.0
消费品价格指数	106.5	99.8	103.5	105.7	103.2	102.1	101.9
按类别分							
一、食品	112.4	102.1	106.9	110.4	105.5	103.1	102.0
#1、粮食	110.0	102.6	112.2	108.7	101.5	103.8	101.3
2、油脂	128.9	70.7	102.4	117.1	103.2	97.4	92.2
3、肉禽及其制品	119.2	97.1	104.3	118.7	103.4	99.8	98.9
4、蛋	106.4	99.0	101.2	108.7	96.6	104.1	110.8
5、水产品	116.3	107.5	103.7	113.5	108.0	104.6	97.5
6、菜	110.1	121.5	121.7	102.5	106.3	102.5	102.4
二、烟酒及用品	102.4	101.6	102.7	104.2	103.2	96.9	98.7
三、衣着	98.2	95.8	100.0	102.8	103.7	102.8	103.3
四、家庭设备及维修服务	102.7	99.8	99.2	102.1	103.1	103.5	103.2
五、医疗保健和个人用品	101.9	100.7	102.7	105.0	100.8	101.2	102.9
六、交通和通讯	99.2	98.4	100.1	101.5	100.3	100.1	100.0
七、娱乐教育文化用品及服务	99.3	101.1	100.5	100.5	100.1	103.8	101.4
八、居住	102.6	97.0	106.0	105.2	101.2	101.1	103.0
商品零售价格总指数	**104.6**	**99.9**	**102.7**	**103.7**	**102.2**	**101.3**	**101.5**

5－2 居民消费价格分类指数

（2014年）

项　　目	以2013年价格为100
居民消费价格总指数	**102.1**
非食品价格指数	**102.1**
服务项目价格指数	**102.5**
扣除鲜菜鲜果总指数	**102.0**
消费品价格指数	**101.9**
一、食品	**102.0**
1.粮食	101.3
#大米	99.7
2.淀粉及制品	104.0
3.干豆类及豆制品	100.4
4.油脂	92.2
5.肉禽及其制品	98.9
（1）食用畜肉及副产品	97.5
#猪肉	97.0
（2）禽	100.5
#鸡	100.7
（3）加工肉禽	100.9
6.蛋	110.8
#鲜蛋	113.3
7.水产品	97.5
（1）鱼	96.7
#淡水鱼	94.5
（2）其他水产品	99.1
8.菜	102.4
#鲜菜	101.4
9.调 味 品	103.8
10.糖	103.0
11.茶及饮料	102.1
（1）茶叶	100.3
（2）饮料	104.0
12.干鲜瓜果	111.0

5－2　续表1　　(2014年)

项　　目	以2013年价格为100
13. 糕点饼干面包	102.4
14. 液体乳及乳制品	113.2
15. 在外用膳食品	103.8
16. 其他食品	95.5
二、烟酒	**98.7**
1. 烟草	100.0
2. 酒	96.7
三、衣着	**103.3**
1. 服 装	103.8
(1)男式服装	104.0
(2)女式服装	103.5
(3)儿童服装	104.1
2. 衣着材料	104.2
3. 鞋袜帽	101.8
(1)鞋	102.0
(2)袜子	99.6
(3)帽子	102.5
4. 衣着加工服务费	108.9
四、家庭设备用品及维修服务	**103.2**
1. 耐用消费品	102.2
(1)家 具	103.3
(2)家庭设备	101.9
2. 室内装饰品	101.5
3. 床上用品	104.8
4. 家庭日用杂品	102.1
5. 家庭服务及加工维修服务	109.7
五、医疗保健和个人用品	**102.9**
1. 医疗保健	104.7
(1)医疗器具及用品	99.4
(2)中药材及中成药	105.8
(3)西药	98.3

项　　目	以2013年价格为100
(4)保健器具及用品	115.0
(5)医疗保健服务	100.0
2.个人用品及服务	99.4
(1)化妆美容用品	102.9
(2)清洁类化妆品	99.9
(3)个人饰品	94.2
(4)个人服务	100.1
六、交通和通信	**100.0**
1.交通	99.7
(1)交通工具	99.5
(2)车用燃料及零配件	97.7
(3)车辆使用及维修费	103.1
(4)市区公共交通费	100.0
(5)城市间交通费	100.7
2.通信	100.5
(1)通信工具	99.7
(2)通信服务	100.6
七、娱乐教育文化用品及服务	**101.4**
1.文娱用耐用消费品及服务	98.4
2.教育	101.3
(1)教材及参考书	99.9
(2)教育服务	101.3
3.文化娱乐类	101.4
(1)文化娱乐用品	101.6
(2)书报杂志	103.3
(3)文娱费	100.9
4.旅游	105.1
八、居住	**103.0**
1.建房及装修材料	101.2
2.住房租金	103.7
3.自有住房	103.8
4.水、电、燃料	101.7

5-3 分月份居民消费价格指数

（以2013年同月价格为100）

项目	1月	2月	3月	4月	5月	6月
居民消费价格总指数	**101.6**	**102.1**	**102.3**	**101.9**	**102.8**	**102.3**
非食品价格指数	**101.8**	**102.2**	**102.3**	**102.3**	**102.7**	**102.3**
服务项目价格指数	**102.3**	**102.6**	**102.6**	**102.7**	**102.6**	**102.2**
扣除鲜菜鲜果总指数	**101.6**	**101.8**	**101.8**	**101.7**	**102.4**	**102.1**
消费品价格指数	**101.2**	**101.8**	**102.1**	**101.5**	**102.9**	**102.3**
一、食品	101.2	101.8	102.1	100.9	102.9	102.3
1.粮食	100.4	100.6	101.7	101.7	101.9	101.9
2.淀粉及制品	104.9	104.9	105.0	105.0	106.0	106.0
3.干豆类及豆制品	99.9	99.9	100.0	100.1	100.3	100.5
4.油脂	95.0	95.3	92.1	90.8	94.8	97.6
5.肉禽及其制品	97.8	96.5	95.9	95.5	100.0	100.7
6.蛋	99.8	99.2	102.7	106.0	112.7	113.3
7.水产品	100.9	100.1	99.5	96.2	96.4	96.0
8.菜	100.2	105.9	113.1	104.6	108.4	103.5
9.调 味 品	105.0	103.8	103.4	102.8	104.7	103.2
10.糖	102.5	103.0	105.0	105.2	103.6	101.9
11.茶及饮料	102.3	102.7	102.9	102.4	102.5	103.7
12.干鲜瓜果	109.2	109.6	109.8	110.2	114.2	111.0
13.糕点饼干面包	103.0	104.0	104.3	105.5	104.1	103.3
14.液体乳及乳制品	116.2	120.3	114.5	112.1	113.3	113.7
15.在外用膳食品	101.3	101.4	101.7	101.7	101.6	101.5
16.其他食品	102.8	104.3	100.5	103.3	100.3	95.6
二、烟酒	96.0	96.7	97.4	97.4	98.3	100.0

5-3 续表1 （以2013年同月价格为100）

项 目	1月	2月	3月	4月	5月	6月
三、衣着	103.8	103.3	103.3	102.9	104.9	103.9
四、家庭设备用品及维修服务	104.3	104.6	105.0	104.5	105.2	103.8
五、医疗保健和个人用品	101.1	103.8	103.9	103.8	103.6	103.7
六、交通和通信	99.4	99.2	99.1	99.9	100.9	100.6
七、娱乐教育文化用品及服务	101.5	101.3	101.7	101.4	101.5	102.1
八、居住	102.4	103.3	103.2	103.4	103.2	101.9
商品零售价格总指数	**101.0**	**101.7**	**101.9**	**101.6**	**102.6**	**102.1**
一、食品	101.5	102.2	102.5	101.3	103.0	102.3
二、饮料、烟酒	97.6	98.2	98.8	98.6	99.3	100.8
三、服装、鞋帽	103.8	103.3	103.3	102.9	104.8	103.9
四、纺织品	102.4	103.5	104.2	104.5	105.5	105.3
五、家用电器及音像器材	100.3	100.9	101.6	101.0	101.9	99.5
六、文化办公用品	99.8	99.7	99.7	99.2	98.9	99.1
七、日用品	102.6	102.7	102.6	103.6	103.4	103.3
八、体育娱乐用品	100.8	100.8	100.6	101.1	101.5	101.3
九、交通、通信用品	99.3	99.7	99.6	99.4	100.7	99.1
十、家具	104.2	104.2	104.2	104.2	104.7	104.7
十一、化妆品	101.6	101.8	101.7	100.7	100.8	101.1
十二、金银珠宝	88.1	89.8	92.9	94.0	93.2	93.7
十三、中西药品及医疗保健用品	103.1	107.9	107.7	107.7	107.6	107.6
十四、书报杂志及电子出版物	102.0	102.0	102.8	102.8	102.8	102.8
十五、燃料	102.8	105.9	105.8	106.6	107.8	108.1
十六、建筑材料及五金电料	102.2	102.2	102.5	102.4	102.4	101.9

5－3　续表2　（以2013年同月价格为100）

项　　目	7月	8月	9月	10月	11月	12月
居民消费价格总指数	**101.7**	**102.4**	**102.7**	**102.0**	**101.7**	**101.7**
非食品价格指数	**102.2**	**102.4**	**102.4**	**101.9**	**101.8**	**101.2**
服务项目价格指数	**102.7**	**103.4**	**103.1**	**102.2**	**102.1**	**102.1**
扣除鲜菜鲜果总指数	**102.0**	**102.4**	**102.4**	**102.0**	**101.9**	**101.5**
消费品价格指数	**101.3**	**102.0**	**102.6**	**101.9**	**101.6**	**101.5**
一、食品	100.6	102.5	103.5	102.3	101.6	102.8
1.粮食	101.0	100.7	101.5	100.6	100.6	103.3
2.淀粉及制品	102.1	100.3	101.5	103.9	105.5	103.2
3.干豆类及豆制品	100.9	100.6	100.7	100.7	100.7	100.7
4.油脂	91.8	91.5	91.4	91.3	89.4	85.8
5.肉禽及其制品	98.5	99.9	100.3	100.2	100.5	100.5
6.蛋	114.3	117.2	114.9	115.2	117.7	116.6
7.水产品	95.3	96.8	98.4	97.9	96.6	96.7
8.菜	93.1	99.7	105.8	98.8	93.7	105.0
9.调 味 品	104.3	105.3	101.3	103.7	103.8	103.9
10.糖	102.1	101.7	102.5	104.0	103.3	101.2
11.茶及饮料	103.6	100.6	100.4	101.5	101.5	101.5
12.干鲜瓜果	106.5	114.1	114.6	112.6	111.6	108.7
13.糕点饼干面包	101.2	100.5	100.3	100.6	101.2	101.8
14.液体乳及乳制品	113.4	113.2	112.5	111.2	111.6	107.9
15.在外用膳食品	105.7	106.2	106.2	106.4	105.9	105.8
16.其他食品	87.5	92.4	90.9	87.4	89.9	92.4
二、烟酒	100.1	100.4	100.4	99.7	99.2	98.9

5－3　续表3　　　　　　　　　（以2013年同月价格为100）

项　　目	7月	8月	9月	10月	11月	12月
三、衣着	102.5	102.4	103.4	103.3	103.9	102.7
四、家庭设备用品及维修服务	103.3	101.8	101.9	101.6	101.8	101.6
五、医疗保健和个人用品	103.3	103.1	103.0	102.0	101.2	101.6
六、交通和通信	101.2	100.5	100.1	100.3	99.9	99.1
七、娱乐教育文化用品及服务	100.8	100.7	101.7	101.2	101.8	101.2
八、居住	103.3	104.8	103.7	102.9	102.1	101.6
商品零售价格总指数	**101.4**	**101.6**	**101.8**	**101.4**	**101.1**	**100.4**
一、食品	100.5	102.4	103.4	102.1	101.5	102.6
二、饮料、烟酒	100.8	100.4	100.4	100.1	99.8	99.6
三、服装、鞋帽	102.4	102.3	103.3	103.2	103.8	102.6
四、纺织品	105.2	104.6	103.8	101.7	101.2	100.8
五、家用电器及音像器材	99.4	99.1	100.0	101.0	101.9	101.9
六、文化办公用品	98.2	98.2	99.5	99.6	99.6	99.5
七、日用品	102.3	101.9	101.6	101.7	101.9	100.8
八、体育娱乐用品	101.3	101.3	101.4	101.0	101.0	100.5
九、交通、通信用品	99.5	98.8	99.2	100.1	100.9	100.7
十、家具	102.3	102.3	102.3	102.3	102.3	102.3
十一、化妆品	100.7	100.3	100.8	101.4	101.4	101.1
十二、金银珠宝	97.9	96.7	94.6	95.0	97.2	98.7
十三、中西药品及医疗保健用品	106.7	106.7	106.5	104.1	102.2	102.7
十四、书报杂志及电子出版物	102.8	102.8	102.4	102.4	102.4	101.9
十五、燃料	108.0	106.7	103.5	103.2	99.6	87.4
十六、建筑材料及五金电料	101.5	101.5	100.8	100.1	99.9	99.6

农　业

AGRICULTURE

6

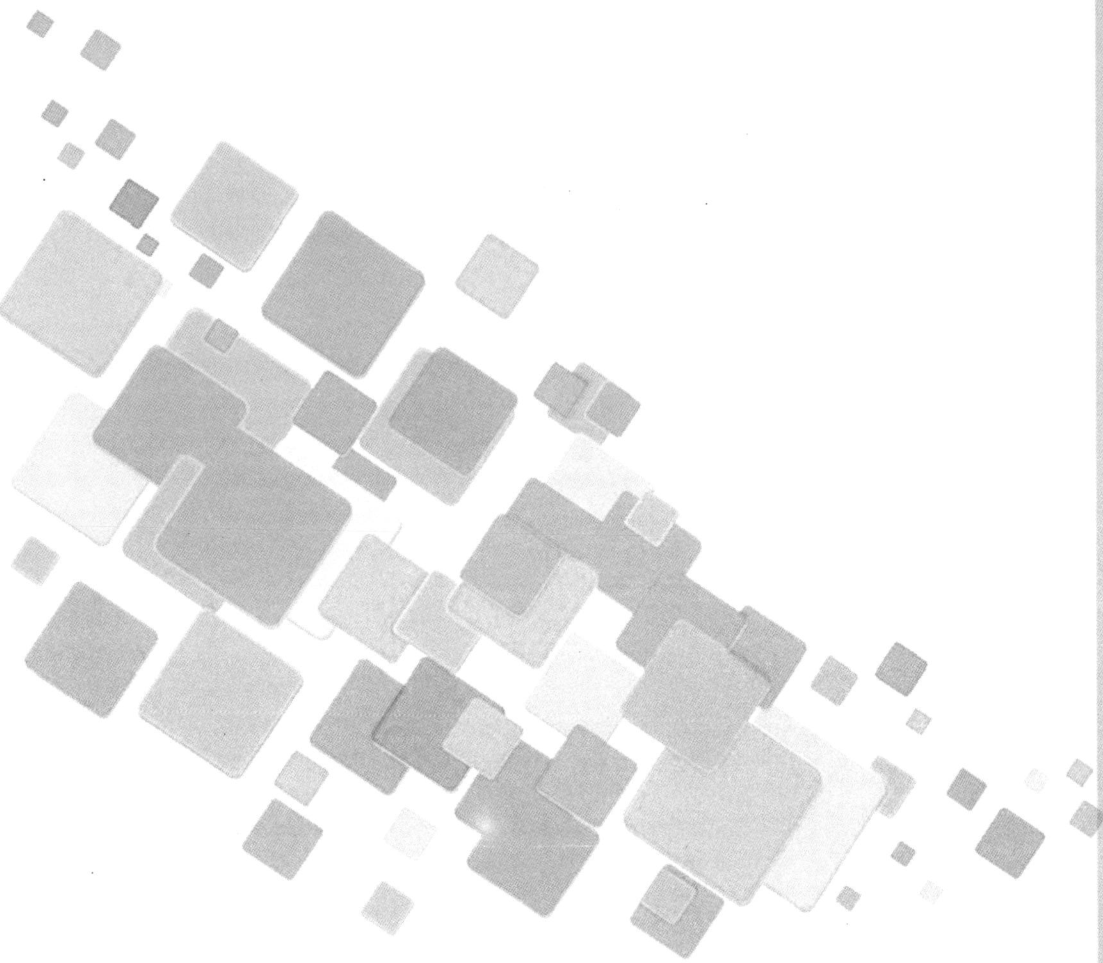

编辑：苏正明　丁超

6－1 农村基层组织情况

项 目	单 位	1990 年	1995 年	2000 年	2005 年	2010 年	2013 年	2014 年
一、农村组织情况								
乡个数	个	125	87	16	7	7	5	5
镇个数	个	32	71	87	70	70	63	61
村委会个数	个	2419	2354	1511	1200	1130	1026	1021
村民小组个数	个	25133	24897	18836	18062	18061	18110	18083
二、乡村户数、人口								
乡村户数	万户	103.46	100.43	97.79	100.32	102.07	102.72	101.81
乡村人口	万人	359.33	344.40	325.34	315.17	329.28	331.53	330.75
三、乡村劳动力合计	**万人**	**182.66**	**184.14**	**166.67**	**165.31**	**177.14**	**180.78**	**182.48**
（一）按性别分								
1. 男劳动力	万人	94.08	93.60	85.42	87.27	93.34	95.84	95.91
2. 女劳动力	万人	88.58	90.54	81.25	78.04	83.80	84.94	86.57
（二）按行业分								
1. 农林牧渔业劳动力	万人	104.38	95.02	79.35	49.79	38.32	34.48	34.09
#种植业劳动力	万人	95.76	84.64	69.44	42.28	30.62	27.19	26.57
2. 工业劳动力	万人	35.20	34.58	28.58	39.67	56.51	62.80	65.25
3. 建筑业劳动力	万人	19.07	19.98	21.29	29.68	32.57	34.03	34.40
4. 交通运输、仓储和邮电通讯业劳动力	万人	4.20	5.90	6.15	6.86	7.92	7.68	7.48
5. 批发零售贸易、餐饮业劳动力	万人	3.49	5.59	7.55	11.32	15.66	16.93	16.69
6. 金融、保险业劳动力	万人	0.09	0.13	0.14	0.46	0.61	0.78	0.84
7. 其它非农行业劳动力	万人	16.23	22.94	23.61	27.53	25.55	24.08	23.73

6-2 分地区农村基层组织情况

（2014年）

项目	单位	全市	市直	广陵	邗江
一、农村组织情况					
乡个数	个	5	2	1	1
镇个数	个	61	5	4	7
村委会个数	个	1021	59	60	102
村民小组个数	个	18083	1207	1287	2276
二、乡村户数、人口					
乡村户数	万户	101.81	5.53	5.84	10.41
乡村人口	万人	330.75	18.46	19.18	34.92
三、乡村劳动力合计	**万人**	**182.48**	**10.86**	**11.09**	**18.88**
（一）按性别分					
1.男劳动力	万人	95.91	5.65	6	9.86
2.女劳动力	万人	86.57	5.21	5.09	9.02
（二）按行业分					
1.农林牧渔业劳动力	万人	34.09	1.23	1.13	2.28
#种植业劳动力	万人	26.57	0.89	0.68	1.61
2.工业劳动力	万人	65.25	5.09	5.98	7.24
3.建筑业劳动力	万人	34.40	0.74	0.53	2.97
4.交通运输、仓储和邮电通讯业劳动力	万人	7.48	0.34	0.44	0.89
5.批发零售贸易、餐饮业劳动力	万人	16.69	1.06	1.52	2.30
6.金融、保险业劳动力	万人	0.84	0.05	0.05	0.17
7.其它非农行业劳动力	万人	23.73	2.35	1.44	3.03

6－2　续表　　　　　　　　　(2014年)

项　　　　目	单　位	江　都	宝　应	仪　征	高　邮
一、农村组织情况					
乡个数	个				1
镇个数	个	13	14	9	9
村委会个数	个	263	225	137	175
村民小组个数	个	4283	2789	3515	2726
二、乡村户数、人口					
乡村户数	万户	28.19	20.59	11.89	19.36
乡村人口	万人	82.38	70.76	39.12	65.93
三、乡村劳动力合计	**万人**	**40.74**	**41.88**	**22.78**	**36.25**
(一)按性别分					
1.男劳动力	万人	21.49	22.07	12	18.84
2.女劳动力	万人	19.25	19.81	10.78	17.41
(二)按行业分					
1.农林牧渔业劳动力	万人	7.14	9.94	3.38	8.99
#种植业劳动力	万人	6.12	7.80	2.96	6.51
2.工业劳动力	万人	13.59	11.97	7.60	13.78
3.建筑业劳动力	万人	8.30	10.11	5.07	6.68
4.交通运输、仓储和邮电通讯业劳动力	万人	1.74	1.90	0.86	1.31
5.批发零售贸易、餐饮业劳动力	万人	3.08	4.21	1.86	2.66
6.金融、保险业劳动力	万人	0.20	0.09	0.14	0.14
7.其它非农行业劳动力	万人	6.69	3.66	3.87	2.69

6-3　主要年份年末耕地面积

单位:公顷

年　份	全　市	市　区	#邗　江	#江　都	宝　应	仪　征	高　邮
1949	372000	55333	50000	90667	73333	57333	95333
1950	373333	55333	50000	90667	74667	57333	95333
1951	374667	55333	50000	90667	75333	57333	96000
1952	376000	55333	50000	90667	76000	57333	96667
1953	378000	55333	50000	92000	76000	57333	97333
1954	375333	54667	49333	91333	76000	56667	96667
1955	374000	53333	48000	91333	77333	56667	95333
1956	376000	53333	48000	91333	79333	56000	96000
1957	370667	53333	48000	91333	77333	54000	94667
1958	342667	47333	42667	84000	72000	50000	89333
1959	328667	44000	40000	79333	70000	47333	88000
1960	324000	44667	40667	78000	69333	46000	86000
1961	320667	44667	40667	78000	68000	45333	84667
1962	312667	40000	40000	77333	68000	44000	83333
1963	317333	44667	40667	76000	68000	45333	83333
1964	314667	44000	41333	76000	66000	46000	82667
1965	311333	44000	41333	75333	66000	44667	81333
1966	308000	43333	40667	74000	65333	44667	80667
1967	307333	43333	40667	74000	66000	44000	80000
1968	304000	42000	39333	73333	65333	44000	79333
1969	303333	42667	40000	73333	64667	44000	78667
1970	303333	42667	40000	73333	66000	43333	78000
1971	302000	42667	40000	72667	66000	42667	78000
1972	301333	42000	39333	72667	66000	42667	78000
1973	299333	42000	39333	72000	65333	42667	77333
1974	296000	40667	38000	72000	64000	42000	77333
1975	295333	40667	38000	72000	64000	42000	76667
1976	292000	40667	37333	71333	63333	41333	75333
1977	292000	40667	37333	71333	63333	41333	75333
1978	290000	40667	34000	70667	62667	41333	74667
1979	288667	40000	34000	70667	62667	40667	74667
1980	288667	40000	34000	70667	62667	40667	74667
1981	287333	39333	33333	71333	62000	40000	74667
1982	287333	40000	34000	70667	62000	40000	74667
1983	286000	39333	33333	70667	62000	40000	74000
1984	285333	39333	33333	70667	61333	40000	74000
1985	282667	38667	32667	70000	61333	39333	73333
1986	282000	38667	32667	70000	60667	39333	73333
1987	280667	38667	32667	70000	60667	38667	72667
1988	280000	38667	32667	70000	60667	38667	72000
1989	279333	38667	32667	70000	60000	38667	72000
1990	278667	38667	32667	70000	60000	38000	72000
1991	276000	38000	32667	70000	59333	38000	70667
1992	273333	38000	32667	70000	59333	37333	68667

6－3 续表　　　　　　　　　　　　　　　　　　　　　　　　　　　单位:公顷

年 份	全 市	市 区	#邗 江	#江 都	宝 应	仪 征	高 邮
1993	268667	37333	32000	70000	58667	36667	66000
1994	263333	37333	32000	69333	57333	36667	62667
1995	262667	37333	32000	69333	57333	36667	62000
1996	262000	37333	32000	69333	56667	36667	62000
1997	322667	43333	38000	72000	77333	50667	79333
1998	319333	42000	36667	70000	77333	50667	79333
1999	318667	42000	36667	70000	77333	50000	79333
2000	316667	41333	36000	70000	76667	50000	78667
2001	316667	42000	36000	69333	76667	50000	78667
2002	312667	38667	32000	69333	76667	50000	78000
2003	309558	36076	31891	69365	76255	50154	77708
2004	307781	35403	31519	68648	76440	49851	77439
2005	307704	35140	31424	69182	76629	49611	77142
2006	306410	34844	31373	69190	76487	49018	76871
2007	306722	35364	31285	68755	76718	49076	76809
2008	305455	37283	29102	67954	76782	46711	76725
2009	292832	32232	24247	67968	76722	39255	76655
2010	294681	32134	24365	68176	76833	40997	76541
2011	293134	98697	16113	68186	74862	43287	76288
2012	290909	98699	16072	68373	75018	40809	76383
2013	290987	98390	15643	68255	75552	40727	76318
2014	293477	100418	15563	68199	75925	40604	76530

6－4　分地区耕地面积

(2014 年)　　　　　　　　　　　　　　　　　　　　　　单位:公顷

地 区	年末实有耕地面积	其中:常用耕　地	其中:水田	水浇地	当年减少耕地面积
全 市	**293477**	**292422**	**275108**	**7038**	**845**
市 区	100418	99396	92842	4609	436
市直	5985	5882	5539	343	25
广陵	10671	10671	8424	301	119
邗江	15563	15091	14595	497	191
江都	68199	67752	64284	3468	101
宝 应	75925	75925	69501	114	98
仪 征	40604	40604	38574	15	202
高 邮	76530	76497	74191	2300	109

6－5　农林牧渔业分项产值

（2014 年）

单位：万元

项　　　　目	当 年 价 格
农林牧渔业总产值	**4319837**
一、农业产值	**2018056**
1. 谷物及其他作物	992391
#谷物	882050
棉花	6951
油料	42996
2. 蔬菜园艺作物	939907
#蔬菜（含菜用瓜）	701469
花卉	11471
3. 水果、坚果、饮料和香料作物	80192
#水果坚果（含果用瓜）	62857
茶及其他饮料	17335
4. 中药材	5566
二、林业产值	**101251**
1. 林木的培养种植	43447
2. 竹木采运	52962
3. 林产品	4842
三、牧业产值	**734242**
1. 牲畜饲养	17504
#牛的饲养	3937
羊的饲养	9686
奶产品	3881
#牛奶	3881
2. 猪的饲养	230835
3. 家禽	465002
4. 狩猎和捕捉动物	
5. 其他畜牧业	20901
四、渔业产值	**1251006**
1. 海水产品	
2. 淡水产品	1251006
(1)鱼类	449200
(2)甲壳类	673000
(3)贝类	9565
(4)其它	119241
五、农林牧渔服务业	**215282**

6-6 农林牧渔业总产值、中间消耗及增加值构成

(2014年)

项目	绝对数 (万元)	构成 (%)
一、农林牧渔业总产值	**4319837**	**100**
农业产值	2018056	46.72
林业产值	101251	2.34
牧业产值	734242	17
渔业产值	1251006	28.96
农林牧渔服务业产值	215282	4.98
二、农林牧渔业中间消耗	**1919619**	**100**
农业中间消耗	717011	37.35
林业中间消耗	50649	2.64
牧业中间消耗	438409	22.84
渔业中间消耗	624888	32.55
农林牧渔服务业中间消耗	88662	4.62
三、农林牧渔业增加值	**2400218**	**100**
农业增加值	1301045	54.21
林业增加值	50602	2.11
牧业增加值	295833	12.33
渔业增加值	626118	26.09
农林牧渔服务业增加值	126620	5.28

6－7　主要年份主要农产品产量

单位:吨

年份	粮食（万吨）	棉花	油料	麻类	蚕茧	水果
1949	64.49	161	7624	70	19	4
1950	79.19	201	8310	90	26	4
1951	81.12	301	7078	85	76	4
1952	83.73	286	8507	60	166	13
1953	92.12	644	8274	170	189	19
1954	84.23	179	6897	5	217	13
1955	107.64	468	9251	155	251	33
1956	88.55	72	9537	140	293	99
1957	92.98	62	8967	200	294	122
1958	97.82	73	12097	90	306	136
1959	69.14	187	8209	110	334	198
1960	65.35	139	4549	170	244	225
1961	65.20	54	2400	15	143	311
1962	57.06	17	2033	20	167	622
1963	87.78	40	2980	55	299	399
1964	96.57	195	6105	200	346	181
1965	113.97	664	5218	975	451	609
1966	110.75	3464	7052	3225	522	591
1967	114.61	4643	8890	2530	767	735
1968	125.66	3616	6371	1660	1326	1174
1969	114.81	3735	8033	900	1467	1398
1970	128.97	5834	7045	1025	1717	1319
1971	150.39	6336	11333	1115	1745	1455
1972	148.75	7095	14873	1345	2058	1683
1973	162.55	12118	18316	3040	2033	2202
1974	163.57	12180	13163	2615	2003	2651
1975	163.06	10457	16994	2450	1861	2475
1976	171.53	13479	11811	3430	1706	2796
1977	151.44	11049	8760	4085	1685	2538
1978	202.49	13275	21848	3880	1525	3076
1979	211.86	15537	35304	2680	1855	3276
1980	197.13	13450	22957	1455	2208	4254
1981	206.69	21709	42129	2203	2318	4395

6-7　续表　　单位:吨

年 份	粮 食（万吨）	棉 花	油 料	麻 类	蚕 茧	水 果
1982	226.53	18523	51809	2405	2765	6368
1983	240.61	20735	43722	1545	2650	5543
1984	261.82	20180	36514	2075	3341	6494
1985	248.51	16658	52797	5873	3607	7577
1986	258.94	11467	53482	4109	4168	8096
1987	255.57	17414	57667	2038	4040	8410
1988	250.78	18433	29214	1816	4661	9876
1989	255.12	17199	43238	1160	6312	8362
1990	238.65	18141	48296	1068	6165	7923
1991	188.07	14440	49551	698	6313	6685
1992	228.44	19626	60848	709	7418	8541
1993	220.05	18332	57216	726	9373	10528
1994	208.25	21745	55337	568	11217	12650
1995	222.07	26676	73444	401	10784	16370
1996	244.93	26188	85088	436	2218	16873
1997	243.01	23253	76786	223	3948	20575
1998	231.51	24681	51808	209	4922	21999
1999	252.57	8645	88924	105	4888	23869
2000	225.16	10376	124631	55	4431	26861
2001	205.88	16065	140020	65	5537	38532
2002	212.87	10958	117104	37	5100	33862
2003	180.13	10495	125656	31	4511	35831
2004	204.97	10444	137062	19	3956	37646
2005	226.43	6897	122751		3132	39114
2006	245.08	8372	114675		3510	41812
2007	240.63	6225	76137		2628	39376
2008	269.42	6024	79533		2344	45816
2009	282.36	4488	82899		1038	40508
2010	287.09	5378	80124		687	38445
2011	305.68	4523	70279		638	46856
2012	308.35	4695	74122		527	51866
2013	312.19	4637	75724		364	71420
2014	314.10	2482	73855		358	67130

6-8 主要农作物播种面积和产量

(2014 年)

项目	播种面积(千公顷)	单产(公斤/公顷)	总产量(吨)
农作物总播种面积	**510.93**		
一、粮食作物总计	**422.36**	**7437**	**3140987**
1. 夏粮	192.79	5946	1146406
小麦	187.40	6008	1125872
大麦	2.30	4723	10864
蚕豌豆	3.09	3129	9670
2. 秋粮	229.57	8688	1994581
稻谷	208.72	9163	1912533
中稻	208.72	9163	1912533
单季晚稻			
双季后作稻			
玉米	2.03	5444	11051
其它谷物	0.03	3800	114
豆类	16.73	3377	56499
薯类	2.06	6983	14384
二、经济作物	**82.08**		
1. 棉花	1.68	1477	2482
2. 油料	27.09	2726	73855
#花生	1.07	2865	3066
油菜籽	24.97	2762	68966
芝麻	1.05	1736	1823
3. 麻类			
#黄麻			
红麻			
苎麻			
4. 糖类	0.02	46700	934
#甘蔗	0.02	46700	934
甜菜			
5. 药材	2.34		
6. 蔬菜瓜类	50.95	38747	1974177
(1)蔬菜	48.62	38887	1890666
(2)瓜类	2.33	35842	83511
三、其它农作物	**6.49**		
#青饲料	2.76		
绿肥	1.10		

6－9　分地区主要农产品播种面积

(2014 年)　　　　单位:千公顷

地　区	粮　食	夏　粮	秋　粮	棉　花	油　料	#油菜籽
全　市	**422.36**	**192.79**	**229.57**	**1.68**	**27.09**	**24.97**
市　区	136.44	59.88	76.56	0.67	9.04	7.72
市直	10.10	4.73	5.37		0.39	0.31
广陵	11.60	5.51	6.09		0.64	0.61
邗江	25.30	10.60	14.70	0.29	1.24	0.75
江都	89.44	39.04	50.40	0.38	6.77	6.05
宝　应	120.36	57.34	63.02		5.62	5.60
仪　征	48.41	19.73	28.68	0.02	4.21	3.65
高　邮	117.15	55.84	61.31	0.99	8.22	8

6－10　分地区主要农产品产量

(2014 年)　　　　单位:吨

地　区	粮　食	夏　粮	秋　粮	棉　花	油　料	#油菜籽
全　市	**3140987**	**1146406**	**1994581**	**2482**	**73855**	**68966**
市　区	987265	340060	647205	1177	25082	21643
市直	65273	22199	43074		954	785
广陵	83819	31829	51990		1561	1497
邗江	176203	52459	123744	635	2822	1665
江都	661970	233573	428397	542	19745	17696
宝　应	930935	357317	573618		15604	15540
仪　征	336875	103255	233620	28	10233	9079
高　邮	885912	345774	540138	1277	22936	22704

6－11　水产品生产情况

（2014 年）　　　　单位：公顷、吨

项　　目	全　市	开发区	广陵区	邗江区	江都区	宝应县	仪征市	高邮市
淡水养殖面积合计	**77972**	**196**	**1995**	**4899**	**10919**	**28249**	**2300**	**29414**
池塘	50710	150	1254	3274	7862	17861	1051	19258
湖泊	15069			700	538	5183		8648
水库	1523		101	277			1125	20
河沟	8713	46	640	621	2518	3276	124	1488
其它	1957			27	1	1929		
稻田（不纳入总面积）	1769		85		682	658		344
淡水养殖产量合计	**361388**	**1034**	**5207**	**18282**	**46125**	**133523**	**5515**	**151702**
池塘	298267	653	4759	13808	40888	95477	3357	139325
湖泊	32987			3263	1015	19532		9177
水库	2033		15	602			1396	20
河沟	16725	381	365	573	4012	8336	554	2504
其它	7667			36	10	6881	104	636
稻田	985		52		200	693		40
水产品产量按生产性质分								
1、养殖产量	361388	1034	5207	18282	46125	133523	5515	151702
2、捕捞产量	30703	399	1913	2887	2980	16669	791	5061
水产品产量按类别分								
1、鱼类	268028	1323	6010	16224	25609	103750	5845	109267
2、甲壳类	106274	60	839	3833	21213	33346	177	46806
3、贝类	12652	30	247	316	1929	9323	274	533
4、藻类	35				35			
5、其它	5102	20	24	796	319	3773	10	160

6－12 主要农作物种植结构

单位:%

项　　目	2010 年	2011 年	2012 年	2013 年	2014 年
农作物总播种面积	**100**	**100**	**100**	**100**	**100**
粮食作物	82.04	82.36	82.57	82.27	82.66
#稻谷	41.63	41.22	41.02	40.84	40.85
小麦	35.28	36.15	36.60	36.46	36.68
豆类	3.67	3.68	3.69	3.65	3.88
薯类	0.44	0.42	0.42	0.44	0.40
油料作物	6.26	5.86	5.49	5.50	5.30
#油菜籽	5.85	5.42	5.07	5.04	4.89
花生	0.19	0.21	0.20	0.24	0.21
棉花	0.75	0.69	0.64	0.63	0.33
糖料	0.01	0.01	0.01		
药材		0.04	0.05	0.44	0.46
蔬菜	9.11	9.28	9.45	9.41	9.52
瓜果类	0.46	0.37	0.38	0.40	0.46
其他农作物	1.36	1.38	1.42	1.35	1.27

6－13　农业主要经济效益指标

项　　目	2010 年	2011 年	2012 年	2013 年	2014 年
每个农林牧渔业劳动力创造的					
农林牧渔业总产值(元)	74605	89105	103588	117148	126719
粮食产量(公斤)	7492	8246	8654	9054	9214
棉花产量(公斤)	14.03	12.20	13.18	13.45	7.28
油料产量(公斤)	209	190	208	220	217
每亩耕地创造的					
农林牧渔业总产值(元)	6468	7512	8458	9254	9813
农林牧渔业增加值(元)	3617	4197	4702	5142	5452

6－14　茶叶、水果生产情况

(2014 年)　　单位:公顷、吨

地　区	面　　积		产　　量	
	茶　园	果　园	茶　叶	水　果
全　市	**2263.46**	**4486.32**	**756.99**	**67196.94**
市　区	70.33	1964.88	125	27048.41
市直	5.33	75.20	20	2241.41
广陵		803.01		3673
邗江	65	270	105	5985
江都		816.67		15149
宝　应		438.75		10081.25
仪　征	2158.13	867.69	593.79	8967.28
高　邮	35	1215	38.20	21100

6－15　分地区农机拥有量

（2014 年）

地　区	农业机械总动力（千瓦）	农用大中型拖拉机（台）	农用小型手扶拖拉机（台）	农用排灌动力机械（千瓦）	农用水泵（套）	节水灌溉类机械（套）
全　市	**2523296**	**8019**	**50573**	**558183**	**41944**	**582**
市　区	967655	3665	14249	208046	13334	314
#市直	35667	113	913	10212	2009	
广陵	90967	314	900	15000	400	10
邗江	198100	453	4010	43475	4971	55
江都	642921	2785	8426	139359	5954	249
宝　应	505957	1693	7682	125334	8256	149
仪　征	359200	996	11700	69320	8900	14
高　邮	690484	1665	16942	155483	11454	105

6－15　续表

（2014 年）

地　区	联合收割机（台）	机动脱粒机（台）	机动喷雾（粉）器（台）	饲草料加工机械（台、套）	农用运输车（台）	渔业机械（台）
全　市	**7185**	**11165**	**29558**	**3893**	**3004**	**75687**
市　区	3179	4765	10672	1911	1327	21517
#市直	42		339	49	3	39
广陵	150	113	1700	38	200	350
邗江	292	460	4267	512	215	2062
江都	2695	4192	4366	1312	909	19066
宝　应	1500	2260	8809	655	870	14065
仪　征	716	1360	2200	398		466
高　邮	1790	2780	7877	929	807	39639

6－16　农业机械化作业情况

（2014 年）　　　　单位：公顷

项　　目	全　市	市直	开发区	广陵区	邗江区	江都区	宝应县	仪征市	高邮市
一、机耕面积	413006	3467	3845	11873	23200	96687	113804	48130	112000
其中：小麦机耕面积	191741	1684	1500	5833	10000	44667	54057	18000	56000
水稻机耕面积	207097	1783	2290	6040	13200	46020	55934	25830	56000
油菜机耕面积	12967					6000	3667	3300	
二、机播面积	265247	980	1643	8290	17333	78644	71104	16520	70733
其中：小麦机播面积	97204	150	500	1620	6000	35734	21000	6800	25400
水稻机械种植面积	159535	830	1143	3140	11333	40732	47504	9520	45333
其中：水稻机播面积	11267		610	614	1000	4066	3250	460	1267
水稻机插面积	148268	830	533	2526	10333	36666	44254	9060	44066
三、机电灌面积	254957		2825	5936	16000	62826	61170	50200	56000
四、机械植保面积	392255		4692	3385	23200	96658	104320	48000	112000
五、机收面积	406687	3467	4735	11840	23200	91195	116420	43830	112000
其中：小麦机收面积	195625	1684	2407	5800	10000	44667	57067	18000	56000
水稻机收面积	209696	1783	2290	6040	13200	46020	58533	25830	56000
六、机械铺膜面积	179							150	29
七、农田机械节水灌溉面积	2063			600			590	290	583
八、机械化秸秆还田面积	322521		2050	9498	17867	79533	87353	39300	86920

6－17　畜牧业生产情况

指标名称	计量单位	2014 年
当年出栏量		
一、大牲畜	万头	0.41
#牛	万头	0.41
二、猪	万头	135.72
三、羊	万只	11.81
四、家禽	万只	4118.11
五、兔	万只	11.09
期末存栏量		
一、大牲畜	万头	0.49
其中:从事农事劳役	万头	0.02
#牛	万头	0.49
二、猪	万头	73.87
其中:能繁母猪	万头	5.12
三、羊	万只	6.26
四、家禽	万只	1491.41
五、兔	万只	3.81
肉类及其其他产量		
一、肉类总产量	吨	182182
(一)大牲畜	吨	729
1、牛肉	吨	729
(二)猪	吨	104577
(三)羊	吨	1769
(四)禽肉	吨	72553
(五)兔肉	吨	199
(六)其他肉产量	吨	2355
二、奶类产量	吨	12232
其中:牛奶产量	吨	12232
三、羊毛产量	公斤	
四、羊绒产量	公斤	
五、蜂蜜产量	吨	723
六、禽蛋产量	吨	135936
1、鸡蛋	吨	75508
2、鸭蛋、鹅蛋	吨	59819
3、其他禽蛋	吨	609

6－18　生猪、家禽、羊数

（2014 年）

单位：万只、万头

地区	生猪			家禽		羊	
	出栏	存栏	能繁母猪	出栏	存栏	出栏	存栏
全　市	**135.72**	**73.87**	**5.12**	**4118.11**	**1491.41**	**11.81**	**6.26**
市　区	47.59	24.47	1.51	1626.75	537.60	3.66	2.44
#市直	3.91	1.59	0.10	59.42	33.95	0.03	0.01
广陵	7.5	2.47	0.09	136.73	45.15	1.69	1
邗江	12.40	7.10	0.35	230.60	82.50	0.49	0.30
江都	23.78	13.31	0.97	1200	376	1.45	1.13
宝　应	39.49	16.95	1.73	1098.46	416.10	2.32	1.29
仪　征	17.22	10.40	0.65	299.90	150.20	0.91	0.20
高　邮	31.42	22.05	1.23	1093	387.51	4.92	2.33

6－19　分地区劳动力转移情况

（2014 年）

地区	农村劳动力总量（万人）	转移劳动力总量（万人）	转移比重（%）	劳务输出（万人）	劳务输出比重（%）
全　市	**180.72**	**130.26**	**72.08**	**61.79**	**34.19**
市　直	21.49	13.17	61.28	2.43	11.31
邗　江	18.41	14.51	78.80	5.86	31.85
江　都	39.91	30	75.17	15.57	39.01
宝　应	42.01	29.87	71.10	17.71	42.16
仪　征	22.75	17.16	75.41	8.25	36.27
高　邮	36.15	25.55	70.69	11.97	33.11

7 工业

INDUSTRY

编辑：张汉翔

7－1　规模以上工业企业主要经济指标

单位:万元

年　份	企业个数（个）	工业总产值（当年价）	工业销售产值（当年价）	应收账款	产成品	资产合计	负债合计
1998	1262	4966325	4683014	755563	339447	5949495	3476856
1999	1257	5208087	4948775	791300	355939	6798967	4118466
2000	1223	5963440	5736221	890182	359767	7128786	4222558
2001	1264	6099831	5842897	832577	337528	7060570	4061362
2002	1341	6738321	6540781	834434	340853	7368103	4199464
2003	1535	8372354	8148050	953996	341656	7716959	4381731
2004	1773	11295556	10960513	1165485	426177	8624021	4961427
2005	2045	14488231	14107947	1381156	495880	9283795	5268869
2006	2252	18918803	18461774	1711454	562431	11415458	6501558
2007	2682	25909142	25314191	2332194	655722	14796270	8537590
2008	3023	35175602	34396723	2640228	900530	18474841	10581438
2009	3446	44602290	43666181	3196342	1128534	21056688	11752967
2010	3728	58728466	57628105	3993491	1120822	27882601	14987027
2011	2525	69378714	67683641	4709978	1285042	32443720	17629555
2012	2600	73423786	71881843	5337560	1386049	34749457	18754861
2013	2589	84993942	83159218	6364377	1501058	40372773	21299212
2014	2681	94571727	92466477	6783266	1622997	43414150	22785995

7－1　续表

单位:万元

年　份	主营业务收　入	亏损企业亏损总额	亏损企业个　数（个）	利润总额	利税总额	本年应交增值税	全部职工年平均人数（人）
1998	4319233	72389	271	25367	227516	174447	408871
1999	4568492	41873	278	423327	157752	230203	389691
2000	5201612	33019	219	254590	548968	259447	372205
2001	5463947	34812	196	176972	465463	248934	362237
2002	6086760	28129	197	211009	510757	259393	354282
2003	7726188	31017	171	295068	650091	306710	366765
2004	10464590	37782	152	404150	833680	369212	386859
2005	13700858	148027	177	508328	1023822	447321	404500
2006	18060169	44619	144	844442	1547513	570372	439746
2007	24696167	42185	158	1235826	2278657	842363	518270
2008	33337077	252570	198	1420045	2709743	987125	535573
2009	42402550	55362	189	1864775	3254328	1154606	589618
2010	56483006	39942	112	3694567	6354496	2302209	753606
2011	66162240	85774	80	4869888	8045747	2659426	758850
2012	69806852	148138	136	4719087	8150857	2797284	752542
2013	81895333	283004	142	5405265	9516982	3302705	753778
2014	90834693	411820	158	6169466	10665737	3604265	752140

7－2　独立核算工业企业单位数

（规模以上工业企业）　　单位:个

项　　目	全市	市区	开发区	广陵	邗江	江都
总　　计	**2681**	**1484**	**135**	**324**	**407**	**618**
一、按企业登记注册类型分组						
内资企业	2269	1223	71	272	329	551
国有企业	12	7	3	1	1	2
中央企业	3	3	1	1		1
地方企业	9	4	2		1	1
集体企业	59	30		6	4	20
股份合作企业	5	3			2	1
联营企业	1	1				1
集体联营企业						
其他联营企业	1	1				1
有限责任公司	280	157	19	33	40	65
国有独资公司	11	8	3	4	1	
其他有限责任公司	269	149	16	29	39	65
股份有限公司	77	55	7	12	12	24
私营企业	1823	958	41	218	268	431
私营独资企业	178	116	2	39	17	58
私营合作企业	2	1			1	
私营有限责任公司	1576	798	36	164	247	351
私营股份有限公司	67	43	3	15	3	22
其他企业	12	12	1	2	2	7
港、澳、台商投资企业	203	124	27	22	41	34
合资经营企业(港或澳、台资)	113	64	12	16	20	16
合作经营企业(港或澳、台资)	6	3	2		1	
港澳台商独资经营企业	80	53	13	6	19	15
港澳台商投资股份有限公司	4	4			1	3

7－2　续表1　　单位:个

项　　目	全市	市区	开发区	广陵	邗江	江都
其他港澳台商投资企业						
外商投资企业	209	137	37	30	37	33
中外合资经营企业	123	73	11	16	19	27
中外合作经营企业	2	2		1		1
外资企业	82	61	26	13	17	5
外商投资股份有限公司	2	1			1	
二、在总计中:亏损企业	158	86	25	18	23	20
三、在总计中:国有控股企业	75	51	19	17	6	9
四、在总计中:轻工业	943	487	36	140	150	161
重工业	1738	997	99	184	257	457
五、在总计中:大型企业	89	72	17	21	19	15
中型企业	480	339	25	100	103	111
小型企业	2067	1059	92	197	281	489
微型企业	45	14	1	6	4	3
六、按行业分组						
采矿业	5	4	1		1	2
煤炭开采和洗选业	2	1			1	
石油和天然气开采业	1	1	1			
黑色金属矿采选业	2	2				2
制造业	2652	1464	129	322	403	610
农副食品加工业	60	11	1	1	1	8
食品制造业	16	14	3	8	2	1
酒、饮料和精制茶制造业	4	2		1	1	
纺织业	125	51	2	12	18	19
纺织服装、服饰业	149	86	6	23	37	20
皮革、毛皮、羽毛及其制品和制鞋业	131	77	6	18	30	23

7－2　续表2　　　　单位:个

项　　目	全市	市区	开发区	广陵	邗江	江都
木材加工和木、竹、藤、棕、草制品业	16	5	1	1		3
家具制造业	6	6	2		3	1
造纸和纸制品业	24	10	3	3	2	2
印刷和记录媒介复制业	10	8	1	2	3	2
文教、工美、体育和娱乐用品制造业	115	57		6	26	25
石油加工、炼焦和核燃料加工业	5	4	1			3
化学原料和化学制品制造业	174	94	6	15	15	58
医药制造业	33	22	2	5	7	8
化学纤维制造业	25	3			2	1
橡胶和塑料制品业	107	60	2	22	12	24
非金属矿物制品业	105	56	6	8	23	19
黑色金属冶炼和压延加工业	83	33		3	4	26
有色金属冶炼和压延加工业	82	35		2	5	28
金属制品业	158	93	7	23	23	40
通用设备制造业	224	141	14	27	39	61
专用设备制造业	181	142	10	22	27	83
汽车制造业	154	92	6	19	32	35
铁路、船舶、航空航天和其他运输设备制造业	64	33	1	7	3	22
电气机械和器材制造业	391	182	23	47	34	78
计算机、通信和其他电子设备制造业	105	56	19	12	17	8
仪器仪表制造业	63	53	5	7	36	5
其他制造业	38	36	1	28	1	6
废弃资源综合利用业	4	2	1			1
电力、热力和水的生产和供应业	24	16	5	2	3	6
电力、热力生产和供应业	10	6	3		3	
燃气生产和供应业	7	5	1	1		3
水的生产和供应业	7	5	1	1		3

7－2　续表3　　单位:个

项目	宝应	仪征	高邮
总　　计	**354**	**340**	**503**
一、按企业登记注册类型分组			
内资企业	312	279	455
国有企业	2	3	
中央企业			
地方企业	2	3	
集体企业	6	5	18
股份合作企业			2
联营企业			
集体联营企业			
其他联营企业			
有限责任公司	34	39	50
国有独资公司	2	1	
其他有限责任公司	32	38	50
股份有限公司	4	9	9
私营企业	266	223	376
私营独资企业	16	19	27
私营合作企业			1
私营有限责任公司	246	198	334
私营股份有限公司	4	6	14
其他企业			
港、澳、台商投资企业	20	30	29
合资经营企业(港或澳、台资)	11	21	17
合作经营企业(港或澳、台资)		1	2
港澳台商独资经营企业	9	8	10
港澳台商投资股份有限公司			

7－2　续表4　　单位：个

项　　目	宝应	仪征	高邮
其他港澳台商投资企业			
外商投资企业	22	31	19
中外合资经营企业	14	19	17
中外合作经营企业			
外资企业	8	11	2
外商投资股份有限公司		1	
二、在总计中：亏损企业	35	32	5
三、在总计中：国有控股企业	4	20	
四、在总计中：轻工业	129	120	207
重工业	225	220	296
五、在总计中：大型企业	3	9	5
中型企业	52	30	59
小型企业	293	283	432
微型企业	6	18	7
六、按行业分组			
采矿业	1		
煤炭开采和洗选业	1		
石油和天然气开采业			
黑色金属矿采选业			
制造业	350	336	502
农副食品加工业	19	4	26
食品制造业			2
酒、饮料和精制茶制造业	2		
纺织业	28	36	10
纺织服装、服饰业	12	7	44
皮革、毛皮、羽毛及其制品和制鞋业	12	6	36

7－2　续表5　　　　单位:个

项　　目	宝应	仪征	高邮
木材加工和木、竹、藤、棕、草制品业	7	1	3
家具制造业			
造纸和纸制品业	4	4	6
印刷和记录媒介复制业			2
文教、工美、体育和娱乐用品制造业	25	27	6
石油加工、炼焦和核燃料加工业			1
化学原料和化学制品制造业	9	25	46
医药制造业	2	1	8
化学纤维制造业	1	20	1
橡胶和塑料制品业	6	15	26
非金属矿物制品业	20	21	8
黑色金属冶炼和压延加工业	15	11	24
有色金属冶炼和压延加工业	29	4	14
金属制品业	25	19	21
通用设备制造业	21	26	36
专用设备制造业	8	12	19
汽车制造业	18	33	11
铁路、船舶、航空航天和其他运输设备制造业	6	17	8
电气机械和器材制造业	62	28	119
计算机、通信和其他电子设备制造业	13	14	22
仪器仪表制造业	4	3	3
其他制造业	2		
废弃资源综合利用业		2	
电力、热力和水的生产和供应业	3	4	1
电力、热力生产和供应业	2	2	
燃气生产和供应业	1	1	
水的生产和供应业		1	1

7－3　分地区工业总产值

（规模以上工业企业）　　单位：万元

地　区	工业总产值（现行价）	工业销售产值（现行价）	工业增加值（现行价）
全　市	**94571727**	**92466477**	**21456849**
市　区	61543553	60202897	13575842
开发区	13623157	13266750	2978391
广 陵	12442625	12311168	2831492
邗 江	12659894	12118857	3056646
江 都	22817877	22506122	4709314
宝　应	8863323	8623221	2072086
仪　征	13961121	13657919	3096950
高　邮	10203730	9982440	2500723

7－4　分类型、分行业工业总产值

（规模以上工业企业）　　单位：万元

项　目	工业总产值（现行价）	工业销售产值（现行价）	工业增加值（现行价）
总　计	**94571727**	**92466477**	**21456849**
一、按企业登记注册类型分组			
内资企业	68507670	66943670	15543321
国有企业	1584805	1584026	359568
中央企业	1076520	1075814	244246
地方企业	508285	508212	115322
集体企业	822565	795996	186627
股份合作企业	247788	240030	56219
联营企业	24310	23963	5516
集体联营企业			
其他联营企业	24310	23963	5516
有限责任公司	13465727	13300497	3055163
国有独资公司	2648282	2626123	600854
其他有限责任公司、	10817446	10674374	2454310
股份有限公司	6414336	6131108	1455313
私营企业	45530173	44457923	10330086
私营独资企业	4378343	4288216	993378
私营合作企业	10040	9663	2278
私营有限责任公司	38964832	38032890	8840512

7－4　续表1　　　　　　　　　　　　　　　　　　　　　　　　单位:万元

项　　　　目	工业总产值 (现行价)	工业销售产值 (现行价)	工业增加值 (现行价)
私营股份有限公司	2176957	2127153	493918
其他企业	417966	410128	94830
港、澳、台商投资企业	11597520	11099875	2631296
合资经营企业(港或澳、台资)	6267138	5963048	1421916
合作经营企业(港或澳、台资)	54198	53696	12297
港澳台商独资经营企业	5072682	4880995	1150912
港澳台商投资股份有限公司	203502	202137	46171
其他港澳台商投资企业			
外商投资企业	14466537	14422932	3282231
中外合资经营企业	8761079	8752950	1987752
中外合作经营企业	326766	326152	74138
外资企业	5146984	5116653	1167770
外商投资股份有限公司	231708	227178	52571
二、在总计中:亏损企业	4365819	4205746	990536
三、在总计中:国有控股企业	15838050	15639799	3593406
四、在总计中:轻工业	21378032	20882827	4850342
重工业	73193695	71583650	16606507
五、在总计中:大型企业	32238038	31427707	7314308
中型企业	29880480	29279893	6779415
小型企业	32333198	31640649	7335898
微型企业	120013	118228	27229
六、按行业分组			
采矿业	993141	993009	721018
煤炭开采和洗选业	16438	16365	11818
石油和天然气开采业	723479	723496	662551
黑色金属矿采选业	253224	253147	46650
制造业	92611072	90511750	20320311
农副食品加工业	1578063	1549131	355993
食品制造业	153268	144633	42891

7－4　续表2

单位：万元

项　　目	工业总产值（现行价）	工业销售产值（现行价）	工业增加值（现行价）
酒、饮料和精制茶制造业	238932	237586	54020
纺织业	2437873	2354532	549633
纺织服装、服饰业	3564975	3434931	967275
皮革、毛皮、羽毛及其制品和制鞋业	1988715	1932485	477063
木材加工和木、竹、藤、棕、草制品业	281577	281065	48629
家具制造业	57005	56524	12863
造纸和纸制品业	903528	899164	237538
印刷和记录媒介复制业	229000	226501	59798
文教、工美、体育和娱乐用品制造业	1511943	1476586	334413
石油加工、炼焦和核燃料加工业	351356	352490	106628
化学原料和化学制品制造业	10918963	10676192	2239977
医药制造业	1152894	1137141	233639
化学纤维制造业	597240	582153	242584
橡胶和塑料制品业	1459106	1436207	314466
非金属矿物制品业	2262466	2233511	477462
黑色金属冶炼和压延加工业	3390196	3314364	729054
有色金属冶炼和压延加工业	2039392	1941334	604903
金属制品业	3335051	3284664	737183
通用设备制造业	4199844	4053677	925509
专用设备制造业	5419530	5363541	1188085
汽车制造业	8970165	8709896	1950423
铁路、船舶、航空航天和其他运输设备制造业	4642185	4576350	1163671
电气机械和器材制造业	18762425	18493310	3863996
计算机、通信和其他电子设备制造业	5078944	4933286	1112791
仪器仪表制造业	5223798	5000590	952368
其他制造业	1750339	1718199	318882
废弃资源综合利用业	112298	111706	18574
电力、热力和水的生产和供应业	967515	961718	415520
电力、热力生产和供应业	789061	783764	327825
燃气生产和供应业	110633	110231	48546
水的生产和供应业	67821	67724	39149

7-5 主要工业产品产量

（规模以上工业企业）

产品名称	计量单位	2014年	2013年
原煤	万吨	39.57	39.07
天然原油	万吨	171	171.20
天然气	万立方米	5238	5123
发电量	亿千瓦小时	215.57	239.89
塑料制品	万吨	12.83	8.49
化学纤维	万吨	118.63	93.24
纱	万吨	16.27	14.74
布	万米	62317.60	59090.59
呢绒	万米	289.82	159.02
服装	万件	24676.53	23422.35
皮革鞋靴	万双	3861.47	3899.53
机制纸及纸板	万吨	6.83	8.03
原油加工量	万吨	90.71	76.74
烧碱(折100%)	万吨	28.33	27.52
农用氮、磷、钾化学肥料总计(折纯)	万吨	0.44	0.39
化学农药原药	吨	62086.59	54576.91
合成纤维聚合物	万吨	192.21	195.03
化学药品原药	吨	4231.09	3031.22
水泥	万吨	1130.15	990.79
钢材	万吨	349.42	298.28
附:用外购国产钢材再加工生产的钢材	万吨	158.94	193.86
金属切削机床	台	33145	27186
金属成形机床	台	44342	43622
汽车	辆	4345	4095
金属集装箱	万立方米	430.23	381.80
电力电缆	万千米	119.43	99.93
通信及电子网络用电缆	对千米	3674707	2765065
铅酸蓄电池	千伏安时	1766731	1862575
交流电动机	万千瓦	1088.60	1047.04
电动手提式工具	万台	128.99	197.06
民用钢质船舶	载重吨	3392967	2766917

7－6　独立核算工业企业主要财务指标

（规模以上工业企业）　　　　单位：万元

项　　目	主营业务收　入	主营业务成　本	利税总额	#利润总额	亏损企业亏损额	本年应交增值税
总　　计	**90834693**	**79113693**	**10665737**	**6169466**	**411820**	**3604265**
一、按企业登记注册类型分组						
内资企业	65586794	56936898	7389760	4096606	321238	2675370
国有企业	1695620	1201633	430024	149540	58253	106429
中央企业	1160675	827102	257218	17183	57218	71329
地方企业	534946	374531	172806	132357	1035	35100
集体企业	783740	667267	93230	51790	34	36358
股份合作企业	241109	204634	24692	14365		9139
联营企业	23362	20750	2897	1542		1168
集体联营企业						
其他联营企业	23362	20750	2897	1542		1168
有限责任公司	12914676	11112925	1414518	863921	20123	450620
国有独资公司	2252583	1955632	71287	32684	13894	35963
其他有限责任公司	10662093	9157293	1343231	831237	6229	414658
股份有限公司	6122049	5476315	353847	141787	226559	188739
私营企业	43398949	37899295	5023866	2848924	16270	1864255
私营独资企业	4147693	3676695	453912	240001	91	184057
私营合作企业	9663	8482	544	217		282
私营有限责任公司	37164816	32392779	4322054	2484438	15825	1573974
私营股份有限公司	2076778	1821340	247356	124269	355	105943
其他企业	407290	354078	46686	24738		18661
港、澳、台商投资企业	10875062	9582799	1391976	938672	63121	400208
合资经营企业（港或澳、台资）	5875310	5053401	854993	608610	17984	220513
合作经营企业（港或澳、台资）	51031	41387	6899	4545		2150
港澳台商独资经营企业	4755285	4319615	500686	309313	45138	166654
港澳台商投资股份有限公司	193437	168396	29398	16203		10891

7－6　续表1　　单位：万元

项　　目	主营业务收　入	主营业务成　本	利税总额	#利润总额	亏损企业亏损额	本年应交增值税
其他港澳台商投资企业						
外商投资企业	14372837	12593996	1884000	1134189	27460	528688
中外合资经营企业	8815715	7513853	1465251	835202	14334	429179
中外合作经营企业	315592	283741	36975	17762		15317
外资企业	5016965	4596451	362651	269587	13126	77971
外商投资股份有限公司	224565	199951	19124	11637		6221
二、在总计中：亏损企业	4097079	4050811	－355426	－411820	411820	18013
三、在总计中：国有控股企业	15619602	13316776	1887568	947944	307960	547368
四、在总计中：轻工业	20384951	17680457	2430396	1461598	12943	841007
重工业	70449743	61433236	8235341	4707869	398877	2763259
五、在总计中：大型企业	31229104	27396395	3689807	1985644	246709	1257921
中型企业	28539909	24548449	3716687	2259539	119977	1210267
小型企业	30946841	27057638	3254705	1921580	45110	1134498
微型企业	118840	111211	4538	2703	24	1581
六、按行业分组						
采矿业	1141451	761952	345428	93394	1063	82891
煤炭开采和洗选业	18652	14458	728	－1035	1035	1358
石油和天然气开采业	876162	522971	311241	73579		69149
黑色金属矿采选业	246638	224524	33459	20850	29	12384
制造业	88690513	77614104	10060605	5872303	410756	3473514
农副食品加工业	1566749	1342519	209272	160667	27	45848
食品制造业	142323	116076	18150	10533	374	6600
酒、饮料和精制茶制造业	181986	148892	9834	－107	776	7147
纺织业	2302140	2035884	233544	133219	2626	88492
纺织服装、服饰业	3389108	2976938	442761	274779	2218	146661
皮革、毛皮、羽毛及其制品和制鞋业	1883018	1650086	193742	102831	3311	76351

7－6　续表2　　单位:万元

项　　目	主营业务收　入	主营业务成　本	利税总额	#利润总额	亏损企业亏损额	本年应交增值税
木材加工和木、竹、藤、棕、草制品业	293735	265137	23927	12803		10136
家具制造业	53423	46789	2989	1866		914
造纸和纸制品业	829214	765392	43953	29807	265	11694
印刷和记录媒介复制业	222738	191845	29272	18468		9358
文教、工美、体育和娱乐用品制造业	1436995	1218161	165547	101881	261	55251
石油加工、炼焦和核燃料加工业	352370	307454	44218	9510		8763
化学原料和化学制品制造业	10850951	9335116	1280154	836339	228116	389122
医药制造业	1128084	925323	149997	83956	982	55616
化学纤维制造业	563874	492716	72264	43733		26598
橡胶和塑料制品业	1406612	1239851	143371	78896	992	54570
非金属矿物制品业	2176789	1922920	248474	131154	2160	104357
黑色金属冶炼和压延加工业	3271949	2927787	369565	246777	6389	106865
有色金属冶炼和压延加工业	1933528	1740884	186832	93496	870	83114
金属制品业	3241889	2853131	310001	177187	4657	114887
通用设备制造业	4056565	3411194	514388	305005	3027	181895
专用设备制造业	5250996	4549244	698778	383793	14264	265490
汽车制造业	8661632	7386848	1313953	726244	22574	397877
铁路、船舶、航空航天和其他运输设备制造业	4182773	3889792	358741	169713	74347	151435
电气机械和器材制造业	17869109	15727915	1844263	1073400	4764	653828
计算机、通信和其他电子设备制造业	4805791	4265723	498458	302502	37319	164400
仪器仪表制造业	4930932	4352299	471175	266216	289	179765
其他制造业	1647761	1478021	175913	93479		74051
废弃资源综合利用业	57483	50171	7071	4158	148	2430
电力、热力和水的生产和供应业	1002729	737637	259704	203770		47861
电力、热力生产和供应业	824815	615391	222321	171656		43976
燃气生产和供应业	113633	77287	25854	23187		1529
水的生产和供应业	64282	44960	11529	8927		2356

7－6 续表3 单位:万元

项目	资产总计	负债总计	流动资产合计	应收帐款净额	产成品	从业人员年平均人数（人）
总计	**43414150**	**22785995**	**21825557**	**6783266**	**1622997**	**752140**
一、按企业登记注册类型分组						
内资企业	31204047	16279274	16190633	5168321	1242993	570053
国有企业	3463035	1918031	771814	113472	11445	11239
中央企业	2295198	1244315	400871	61916	11156	8466
地方企业	1167837	673717	370943	51556	289	2773
集体企业	214996	111990	148723	51555	15435	8385
股份合作企业	68672	29365	47631	13480	4495	1370
联营企业	2628	858	902	504	65	280
集体联营企业						
其他联营企业	2628	858	902	504	65	280
有限责任公司	8234433	4673815	4703930	1541497	300414	95945
国有独资公司	1771022	1227846	1217948	531696	11297	10351
其他有限责任公司	6463411	3445969	3485982	1009801	289116	85594
股份有限公司	3540009	1427550	1767738	453421	194643	38046
私营企业	15624244	8087293	8713374	2976271	712220	410444
私营独资企业	1133213	524111	647218	235621	55585	35085
私营合作企业	11038	1481	10607	1338	564	134
私营有限责任公司	13861295	7275786	7688342	2596829	629150	357385
私营股份有限公司	618699	285914	367207	142484	26922	17840
其他企业	56031	30372	36522	18121	4279	4344
港、澳、台商投资企业	6203986	3402412	3107870	651133	218201	93494
合资经营企业(港或澳、台资)	3574788	2088371	1982992	381133	130933	46477
合作经营企业(港或澳、台资)	97025	57728	45288	7825	459	1094
港澳台商独资经营企业	2499921	1247013	1059623	255442	86414	45013
港澳台商投资股份有限公司	32252	9299	19966	6734	394	910

7－6　续表4　　单位:万元

项　　目	资产总计	负债总计	流动资产合　计	应收帐款净　额	产成品	从业人员年平均人数（人）
其他港澳台商投资企业						
外商投资企业	6006117	3104310	2527055	963812	161804	88593
中外合资经营企业	2834818	1524545	1125857	306665	66815	44538
中外合作经营企业	56697	25058	35406	2382	976	1863
外资企业	2975624	1487512	1315355	647855	86364	39737
外商投资股份有限公司	138978	67194	50438	6910	7648	2455
二、在总计中:亏损企业	5681715	3379093	2873249	654340	174809	52944
三、在总计中:国有控股企业	11573225	6595449	4815494	1135562	214755	71557
四、在总计中:轻工业	8613101	4366978	4358964	1227707	386333	257147
重工业	34801049	18419017	17466594	5555559	1236665	494993
五、在总计中:大型企业	15738925	8230925	7248035	2046200	509857	221585
中型企业	14444075	7856171	6981158	2038461	578160	263375
小型企业	13176507	6670298	7559852	2683282	532993	266752
微型企业	54643	28602	36513	15323	1988	428
六、按行业分组						
采矿业	1451852	629313	81780	4902	7269	9208
煤炭开采和洗选业	20759	10101	3806	714	289	1365
石油和天然气开采业	1406347	597588	66624	4188	6811	7275
黑色金属矿采选业	24747	21624	11351		169	568
制造业	39950082	21025774	21206666	6695128	1615702	737393
农副食品加工业	521135	275706	244081	57813	35030	8991
食品制造业	127555	43125	59578	14450	4191	3089
酒、饮料和精制茶制造业	191394	137235	44896	15603	5663	2094
纺织业	1099404	555858	547210	148548	63606	31932
纺织服装、服饰业	1138463	646503	609034	132789	54968	57626
皮革、毛皮、羽毛及其制品和制鞋业	643818	341206	431389	126225	38144	43516

7－6　续表5　　　　单位:万元

项　　　目	资产总计	负债总计	流动资产合　计	应收帐款净　额	产成品	从业人员年平均人数（人）
木材加工和木、竹、藤、棕、草制品业	111996	66639	64223	22325	10226	3399
家具制造业	28113	14522	22232	7971	286	608
造纸和纸制品业	458851	284266	191581	53825	14863	4924
印刷和记录媒介复制业	203008	62983	59243	20064	2760	2319
文教、工美、体育和娱乐用品制造业	373757	180958	207416	62463	21105	25921
石油加工、炼焦和核燃料加工业	58124	19950	33449	6647	3312	990
化学原料和化学制品制造业	5042111	2471729	2633926	484555	231729	47763
医药制造业	502953	233171	223691	66133	26698	7110
化学纤维制造业	284137	104786	118485	23451	8520	5362
橡胶和塑料制品业	503817	244298	266452	107959	24989	16680
非金属矿物制品业	992566	552575	519023	214655	18668	18225
黑色金属冶炼和压延加工业	1818615	870063	915881	274962	93469	17621
有色金属冶炼和压延加工业	654129	330940	399472	130599	28168	11186
金属制品业	1308331	667561	777491	324974	59916	33268
通用设备制造业	1873257	873346	1039155	363779	104620	44274
专用设备制造业	1679340	962751	969258	342663	73152	44502
汽车制造业	4096218	2471696	2024050	616160	152156	53632
铁路、船舶、航空航天和其他运输设备制造业	3335974	2261896	1779055	188535	14462	45387
电气机械和器材制造业	7108294	3749048	4043001	1878120	276132	98843
计算机、通信和其他电子设备制造业	3121688	1419359	1441229	561677	106861	53706
仪器仪表制造业	2046741	945686	1229736	328807	108372	33443
其他制造业	580056	213227	282311	110588	33142	20680
废弃资源综合利用业	46238	24694	30120	8789	496	302
电力、热力和水的生产和供应业	2012217	1130908	537112	83235	27	5539
电力、热力生产和供应业	1279573	713430	183012	64454		2252
燃气生产和供应业	185323	63876	73252	14635	27	1503
水的生产和供应业	547321	353603	280848	4146		1784

7－7　分地区独立核算工业企业主要财务指标

（规模以上工业企业）　　单位：万元

地　区	主营业务收　入	利税总额	#利润总额	亏损企业亏损额	资产总计	负债总计	从业人员年平均人数（人）
全　市	**90834693**	**10665737**	**6169466**	**411820**	**43414150**	**22785995**	**752140**
市　区	58999298	7083588	3967972	167791	27995630	14603610	502636
开发区	13187522	1503500	888593	51177	8762540	4643774	78466
广 陵	12311397	1290305	719549	16163	5571988	2530022	119985
邗 江	11560536	1294208	710737	14255	5890319	3055120	146208
江 都	21939842	2995575	1649092	86196	7770783	4374694	157977
宝　应	8235477	737839	442489	6446	4437492	2347829	74918
仪　征	13645246	1748584	1063742	235985	6527406	3762632	78688
高　邮	9954673	1095725	695263	1598	4453623	2071924	95898

7－8　大中型工业企业名录

（2014 年）

单　位　名　称	地　区	序　号
大型企业：		
上海大众汽车有限公司仪征公司	仪征市	1
晶澳（扬州）太阳能科技有限公司	开发区	2
宝胜集团有限公司	宝应县	3
中国石化仪征化纤股份有限公司	仪征市	4
扬州市环洲船用材料有限公司	广陵区	5
川奇光电科技（扬州）有限公司	开发区	6
立奇光电科技（扬州）有限公司	开发区	7
海信容声（扬州）冰箱有限公司	开发区	8
中国石化集团江苏石油勘探局	开发区	9
扬州市秦邮特种金属材料有限公司	高邮市	10
扬州中集通华专用车有限公司	开发区	11
亚普汽车部件有限公司	开发区	12
江苏波司登制衣有限公司	高邮市	13
扬州市江城船用重工有限公司	广陵区	14
江苏牧羊集团有限公司	邗江区	15
扬州龙川钢管有限公司	江都区	16
江苏华伦化工有限公司	江都区	17
江苏三笑集团	生态科技新城	18
扬州海川船业有限公司	生态科技新城	19

单位名称	地区	序号
扬州北辰电气设备有限公司	开发区	20
江苏扬农化工集团有限公司	广陵区	21
江苏恒远国际工程有限公司	江都区	22
江苏琼花集团有限公司	生态科技新城	23
扬州科进船业有限公司	江都区	24
江苏捷凯电力器材有限公司	江都区	25
江苏双汇电力发展股份有限公司	江都区	26
江苏虎豹集团有限公司	邗江区	27
扬州虹扬科技发展有限公司	邗江区	28
扬州润扬物流装备有限公司	开发区	29
江苏帝一集团有限公司	广陵区	30
江苏扬力集团有限公司	邗江区	31
同扬光电(江苏)有限公司	开发区	32
玛切嘉利(中国)有限责任公司	广陵区	33
扬州保来得科技实业有限公司	开发区	34
扬州大洋造船有限公司	广陵区	35
英泰集团有限公司	江都区	36
江苏金鑫电器有限公司	江都区	37
江苏诚德钢管股份有限公司	江都区	38
扬州中材机器制造有限公司	江都区	39
江苏琴曼集团有限公司	邗江区	40
江苏亚星汽车集团有限公司	开发区	41
江苏长青农化股份有限公司	江都区	42
江苏金陵船舶有限责任公司	仪征市	43
扬州神舟汽车内饰件有限公司	江都区	44
扬州通利冷藏集装箱有限公司	开发区	45
扬州万福压力容器有限公司	生态科技新城	46
扬州市邗江扬子汽车内饰件有限公司	邗江区	47
川岳科技扬州有限公司	开发区	48

单位名称	地区	序号
扬州顶津食品有限公司	邗江区	49
扬州庆松化工设备有限公司	瘦西湖景区	50
扬州市希林光源器材制造有限公司	江都区	51
森萨塔科技（宝应）有限公司	宝应县	52
西门子电机（中国）有限公司	仪征市	53
江苏帝诚线缆有限公司	广陵区	54
高露洁三笑有限公司	生态科技新城	55
舜天造船（扬州）有限公司	仪征市	56
扬州市扬子钣金制造有限公司	邗江区	57
江苏快乐木业集团有限公司	江都区	58
江苏美迪制衣集团有限公司	邗江区	59
扬州三星塑胶有限公司	生态科技新城	60
江苏扬力坚城锻压机床有限公司	开发区	61
扬州明星牙刷有限公司	生态科技新城	62
江苏华电扬州发电有限公司	邗江区	63
潍柴动力扬州柴油机有限责任公司	开发区	64
江苏远洋东泽电缆股份有限公司	邗江区	65
扬州万达羽绒制品股份有限公司	邗江区	66
江苏金飞达电动工具有限公司	高邮市	67
明岐铝轮毂仪征有限公司	仪征市	68
江苏亚威机床股份有限公司	江都区	69
扬州真牛机械有限公司	生态科技新城	70
江苏柏泰集团公司	邗江区	71
骏升科技（扬州）有限公司	宝应县	72
扬州永新制衣有限公司	广陵区	73
扬州市邗江万鑫印染辅料制衣厂	邗江区	74
扬州强凌有限公司	邗江区	75
天威新能源（扬州）有限公司	开发区	76
扬州国裕船舶制造有限公司	仪征市	77

单位名称	地区	序号
扬州中燃城市燃气发展有限公司	广陵区	78
江苏传艺科技有限公司	高邮市	79
仪征亚新科双环活塞环有限公司	仪征市	80
扬州苏美达长江制衣有限公司	广陵区	81
扬州兴峰新材料有限公司	邗江区	82
扬州五亭桥缸套有限公司	邗江区	83
江苏中兴化工设备有限公司	瘦西湖景区	84
高邮市经纬纺织有限公司	高邮市	85
扬州市联扬汽车装饰件有限公司	广陵区	86
飞利浦照明工业(中国)有限公司	仪征市	87
扬州天浩压力容器有限公司	生态科技新城	88
扬州苏豪帅美斯服饰有限公司	广陵区	89
中型企业:		
江苏迅达电磁线有限公司	宝应县	1
大连化工(江苏)有限公司	化工园	2
江苏优士化学有限公司	化工园	3
实友化工(扬州)有限公司	化工园	4
扬州第二发电有限责任公司	开发区	5
江苏瑞祥化工有限公司	化工园	6
永丰余造纸(扬州)有限公司	开发区	7
江苏中惠医疗科技股份有限公司	江都区	8
江苏仲元实业有限公司	仪征市	9
可瑞尔科技(扬州)有限公司	开发区	10
扬州石化有限责任公司	江都区	11
江苏扬子江电缆厂	江都区	12
中海工业(江苏)有限公司	江都区	13
扬州首泰矿产工贸有限公司	江都区	14
扬州亚东水泥有限公司	开发区	15
艾诺斯(江苏)华达电源系统有限公司	江都区	16

单位名称	地区	序号
扬州市三药制药有限公司	江都区	17
江苏万顺机电集团有限公司	江都区	18
扬州龙和造船有限公司	江都区	19
江苏华伦富特化工有限公司	江都区	20
江苏江扬电缆有限公司	邗江区	21
江苏联环药业集团有限公司	广陵区	22
扬州江淮宏运客车有限公司	江都区	23
扬州市奥克发电设备有限公司	江都区	24
江苏长宏铝业有限公司	邗江区	25
江苏荣能集团有限公司	邗江区	26
江苏晶鑫高温材料有限公司	江都区	27
扬州东东布业有限公司	邗江区	28
扬州完美日用品有限公司	邗江区	29
扬州市邗江富平生活用品厂	生态科技新城	30
江苏中油天工机械有限公司	江都区	31
扬州劲松塑胶制品有限公司	生态科技新城	32
江苏江成冶金设备制造有限公司	江都区	33
扬州市江都永坚有限公司	江都区	34
扬州市为政五金冷轧有限公司	江都区	35
江苏威力电机有限公司	江都区	36
扬州飞鸿电材有限公司	江都区	37
扬州曙光电缆股份有限公司	高邮市	38
江苏赛德电气有限公司	高邮市	39
扬州荣德新能源科技有限公司	开发区	40
江苏联通电缆有限公司	广陵区	41
扬州市光明电缆有限公司	高邮市	42
江苏兴洋管业股份有限公司	宝应县	43
扬州华鼎电器有限公司	邗江区	44
江苏通宇钢管集团有限公司	邗江区	45

单位名称	地区	序号
扬州纪元纺织有限公司	广陵区	46
江苏博际喷雾系统有限公司	江都区	47
扬州协鑫光伏科技有限公司	开发区	48
江苏奔宇车身制造有限公司	江都区	49
江苏华光双顺机械制造有限公司	江都区	50
扬州天和药业有限公司	江都区	51
扬州新联汽车零部件有限公司	仪征市	52
北方激光科技集团有限公司	开发区	53
海沃机械(扬州)有限公司	广陵区	54
江都市大江化工实业有限公司	江都区	55
江苏亚达科技集团有限公司	广陵区	56
扬州华声电子实业有限公司	邗江区	57
江苏五爱集团有限公司	生态科技新城	58
建业庆松集团有限公司	邗江区	59
扬州晶玖汽车配件有限公司	邗江区	60
江苏海润化工有限公司	江都区	61
扬州高力机械有限公司	邗江区	62
江苏恒星钨钼有限公司	江都区	63
江苏春都钢结构工程有限公司	江都区	64
扬州澄露环境工程有限公司	江都区	65
江苏华富控股集团有限公司	高邮市	66
扬州伟江机械有限公司	江都区	67
江苏邦威机械制造有限公司	江都区	68
江苏鼎晟液压有限公司	江都区	69
扬州市帝一广源电气成套设备有限公司	广陵区	70
仪征延锋江森座椅有限公司	仪征市	71
江苏天雨环保集团有限公司	江都区	72
迈安德集团有限公司	邗江区	73
扬州神游羽绒制衣有限公司	高邮市	74

单位名称	地区	序号
扬州千禧龙鞋业有限公司	高邮市	75
江苏兴盛刷业有限公司	生态科技新城	76
江苏永和耐火材料有限公司	江都区	77
江苏峰业电力环保集团有限公司	江都区	78
扬州捷迈锻压机械有限公司	邗江区	79
高邮市助剂厂	高邮市	80
江苏西贝电子网络有限公司	广陵区	81
江苏爱默生新材料有限公司	生态科技新城	82
扬州蓝宝石食品有限公司	宝应县	83
扬州德云电气设备集团有限公司	邗江区	84
扬州恒诚织布有限公司	瘦西湖景区	85
扬州新扬科技发展产业有限公司	邗江区	86
扬州振华液压成套设备公司	广陵区	87
江苏天诚智能集团有限公司	广陵区	88
江苏宝杰隆电磁线有限公司	宝应县	89
扬州市天池给排水设备制造有限公司	江都区	90
扬州扬子宝云缸套有限公司	邗江区	91
扬州锻压机床股份有限公司	邗江区	92
扬州市安宜阀门有限公司	宝应县	93
扬州宏远电子有限公司	高邮市	94
江苏金丰机电有限公司	高邮市	95
江苏江扬建材机械有限公司	江都区	96
江苏苏中电缆厂有限公司	宝应县	97
江苏嘉和热系统股份有限公司	广陵区	98
扬州怡中铜加工厂	宝应县	99
扬州联博药业有限公司	邗江区	100
扬州华泰特种设备有限公司	生态科技新城	101
中铁宝桥(扬州)有限公司	广陵区	102
扬州江淮轻型汽车有限公司	江都区	103

单位名称	地区	序号
扬州峻茂光电有限公司	开发区	104
江苏金夏纺织有限公司	宝应县	105
仪征市润扬动力配件有限公司	仪征市	106
扬州亿泰纺织有限公司	高邮市	107
扬州嘉扬服饰有限公司	邗江区	108
扬州市南扬机械制造有限公司	邗江区	109
江苏新曙光电力器材有限公司	江都区	110
扬州市海信纺织机械制造有限公司	邗江区	111
扬州市华敏光电线缆有限公司	广陵区	112
扬州瑞阳化工有限责任公司	江都区	113
扬州市新时织布有限公司	江都区	114
扬州福泰玩具有限公司	邗江区	115
江苏金方圆数控机床有限公司	邗江区	116
高邮市万嘉面粉有限公司	高邮市	117
扬州市东方吊架有限公司	广陵区	118
扬州阿波罗蓄电池有限公司	开发区	119
裕成电器有限公司	江都区	120
江苏中意建材机械有限公司	江都区	121
扬州市苏星冶金机械有限公司	江都区	122
九力绳缆有限公司	宝应县	123
江苏怡丰通信设备有限公司	广陵区	124
扬州富扬毛刷制品有限公司	广陵区	125
江苏亚宝绝缘材料股份有限公司	宝应县	126
扬州兰都塑料科技有限公司	江都区	127
扬州市柏泰制衣有限公司	邗江区	128
江苏一重数控机床有限公司	江都区	129
扬州市天平化工厂有限公司	邗江区	130
扬州山鹰纸业包装有限公司	生态科技新城	131
江苏天元钢管有限公司	广陵区	132

单位名称	地区	序号
扬州银河毛制品有限公司	江都区	133
扬州楚门机电设备制造有限公司	广陵区	134
扬州中江混凝土有限公司	邗江区	135
扬州森源电气有限公司	广陵区	136
江苏精威数控机床有限公司	江都区	137
仪征市中兴涤纶纤维厂	仪征市	138
扬州市邗江腾达化工厂	邗江区	139
江苏匡克防护有限公司	高邮市	140
江苏新光华机械有限公司	江都区	141
扬州市祥源电力设备有限公司	邗江区	142
扬州联澳生物医药有限公司	邗江区	143
扬州市引江发电设备有限公司	江都区	144
扬州赛特刷业有限公司	生态科技新城	145
扬州晨化新材料股份有限公司	宝应县	146
江苏万隆车业有限公司	江都区	147
江苏勇龙电气有限公司	江都区	148
扬州市德林内燃机配件有限公司	邗江区	149
扬州亿和帽业有限公司	邗江区	150
创利皮革(扬州)有限公司	开发区	151
扬州市瑞月化纤有限公司	邗江区	152
高邮市迅达工程机械集团有限公司	高邮市	153
扬州市组合机床厂	广陵区	154
扬州富欣笔业有限公司	广陵区	155
扬州雅力士汽车配件有限公司	广陵区	156
扬州扬杰电子科技股份有限公司	邗江区	157
江苏朝阳液压机械集团有限公司	高邮市	158
扬州巨人机械有限公司	广陵区	159
江苏京都印务有限公司	江都区	160
扬州凯翔电气制造有限公司	宝应县	161

单 位 名 称	地 区	序 号
扬州市鑫源电气有限公司	江都区	162
扬州市爱华机械总厂	邗江区	163
江苏长江钢业重工有限公司	广陵区	164
扬州东风汽车车身有限公司	邗江区	165
扬州市天宇鞋业有限公司	高邮市	166
扬州江新电子有限公司	广陵区	167
扬州市曙光牙刷厂	生态科技新城	168
江苏太极实业新材料有限公司	广陵区	169
江苏冬思羽绒制品有限公司	江都区	170
扬州海润船业有限公司	江都区	171
扬州市苏中电力设备有限公司	宝应县	172
扬州京都裘革皮制品有限公司	江都区	173
扬州凯勒机械有限公司	邗江区	174
仪征市十二圩船业有限公司	仪征市	175
扬州和益电动工具有限公司	高邮市	176
扬州永辉纺织科技有限公司	高邮市	177
江苏大成羽绒制品有限公司	宝应县	178
扬州市天宝电气集团	宝应县	179
江苏卡明模具有限公司	江都区	180
宝应县富和气流纺厂	宝应县	181
扬州华密建筑五金有限公司	广陵区	182
江都竣业过程机械设备有限公司	江都区	183
扬州华电电气有限公司	宝应县	184
扬州万隆船业有限责任公司	仪征市	185
扬州市昌盛车业有限公司	江都区	186
扬州市广陵区弘扬无纺布厂	广陵区	187
江苏航天水力设备有限公司	高邮市	188
江苏奥立威传感高科股份有限公司	邗江区	189
扬州高新玩具配件有限公司	江都区	190

单位名称	地区	序号
扬州市天龙环保设备有限公司	江都区	191
扬州通盈机械制造有限公司	生态科技新城	192
扬州汉梦服饰制造有限公司	邗江区	193
仪化东丽聚酯薄膜有限公司	仪征市	194
扬州市邗江易通旅游工艺拖鞋厂	生态科技新城	195
扬州国联制衣厂有限公司	邗江区	196
江苏省阿珂姆野营用品有限公司	邗江区	197
扬州市华光双瑞实业有限公司	江都区	198
扬州宏鑫混凝土制品有限公司	广陵区	199
扬州宇理电子有限公司	开发区	200
扬州市中和鞋业有限公司	邗江区	201
扬州嘉禾服饰玩具有限公司	邗江区	202
扬州市邗江金星机械厂	邗江区	203
扬州春涛服饰有限公司	邗江区	204
扬州金自豪鞋业有限公司	江都区	205
扬州豪康机械电器有限公司	生态科技新城	206
扬州市双宝电力设备有限公司	宝应县	207
扬州奥林特梯缆有限责任公司	仪征市	208
扬州市广陵区茂林五金机械厂	广陵区	209
江苏江鹤电气集团	宝应县	210
江苏润源水务设备有限公司	江都区	211
扬州奥林运动器材有限公司	广陵区	212
仪征江海洋造船有限公司	仪征市	213
江苏玉河教玩具有限公司	宝应县	214
扬州华航特钢有限公司	江都区	215
扬州星宇汽车配件有限公司	邗江区	216
扬州英谛车材实业有限公司	广陵区	217
扬州金泉旅游用品有限公司	邗江区	218
扬州市明富鞋业有限公司	邗江区	219

单位名称	地区	序号
江苏宝乐实业有限公司	宝应县	220
江苏华安重工机械有限公司	江都区	221
扬州市天力机电有限公司	江都区	222
江苏腾达缸泵机械有限公司	江都区	223
扬州宝亿制鞋有限公司	开发区	224
扬州博扬汽配有限公司	广陵区	225
扬州新江正工具有限公司	江都区	226
扬州明泰机械有限公司	广陵区	227
扬州力创机床有限公司	邗江区	228
槐泗镇东方船舶修造厂	邗江区	229
扬州天富龙汽车内饰纤维有限公司	仪征市	230
扬州日兴生物科技股份有限公司	高邮市	231
江苏庆峰国际环保工程有限公司	邗江区	232
扬州光彩印务有限责任公司	广陵区	233
扬州宝源食品有限公司	宝应县	234
扬州嘉盛鞋业有限公司	江都区	235
扬州鑫泰机械有限公司	广陵区	236
扬州银鹭纺织有限公司	宝应县	237
高邮市红太阳食品有限公司	高邮市	238
扬州兴益机械有限公司	高邮市	239
扬州黑骏马制衣有限公司	邗江区	240
扬州市万利精密陶瓷有限公司	宝应县	241
扬州市恒丰制衣有限公司	高邮市	242
扬州烽火电气材料有限公司	宝应县	243
扬州市红光橡塑厂	广陵区	244
扬州赛尔机械制造有限公司	生态科技新城	245
江苏奔多新材料有限公司	广陵区	246
江苏永一泵业有限公司	宝应县	247
扬州璨扬光电有限公司	开发区	248

7－8　续表 12　(2014 年)

单位名称	地区	序号
扬州爱科汽车零配件有限公司	广陵区	249
扬州牛牛鞋业有限公司	生态科技新城	250
钜鼎(扬州)光电显示科技有限公司	江都区	251
扬州市龙洋法兰管业制造有限公司	宝应县	252
江苏康源纺织有限公司	宝应县	253
江苏精佳制动器集团有限公司	高邮市	254
博立尔化工(扬州)有限公司	江都区	255
扬州华铁铁路配件有限公司	生态科技新城	256
扬州电力设备修造厂	广陵区	257
扬州天富龙科技纤维有限公司	仪征市	258
江苏明珠试验机械有限公司	江都区	259
江苏环宇起重运输机械有限责任公司	宝应县	260
扬州市亚力混凝土有限公司	邗江区	261
高邮华兴石油装备有限公司	高邮市	262
扬州乾照光电有限公司	开发区	263
江苏菲达宝开电气有限公司	宝应县	264
扬州市管件厂有限公司	宝应县	265
扬州市本特利服饰有限公司	邗江区	266
扬州荣佳帽业有限公司	邗江区	267
中航鼎衡造船有限公司	江都区	268
仪征市新扬船舶制造有限公司	仪征市	269
扬州星晨织造有限公司	广陵区	270
扬州中科半导体照明有限公司	开发区	271
扬州华钰工艺品有限公司	邗江区	272
扬州精益纺织品有限公司	生态科技新城	273
江苏雷宇高电压设备有限公司	江都区	274
扬州华夏制衣有限公司	邗江区	275
江苏拿得劳鞋业有限公司	江都区	276
两面针(扬州)酒店用品有限公司	生态科技新城	277

单位名称	地区	序号
扬州润丰塑胶有限公司	生态科技新城	278
扬州市天雨玻璃钢制品厂	江都区	279
高邮市三湖蛋品有限公司	高邮市	280
高邮市卫星卷烟材料有限公司	高邮市	281
扬州高新橡塑有限公司	邗江区	282
扬州润扬金属结构有限公司	生态科技新城	283
江苏国力锻压机床有限公司	邗江区	284
扬州吉星玩具有限公司	邗江区	285
环球造船(扬州)有限公司	仪征市	286
扬州市育英钣金机械有限公司	邗江区	287
扬州元杰鞋业化纤有限公司	邗江区	288
扬州回民制衣有限公司	高邮市	289
扬州国汇箱包有限公司	江都区	290
扬州富恒鞋业有限公司	邗江区	291
扬州一川镍业有限公司	广陵区	292
扬州英迈杰服饰有限公司	邗江区	293
扬州艾笛森光电有限公司	开发区	294
扬州亿达机械压力管道元件有限公司	生态科技新城	295
扬州市加气混凝土有限公司	邗江区	296
扬州市洪泉实业有限公司	江都区	297
扬州名人刷业有限公司	生态科技新城	298
江苏汇成光电有限公司	邗江区	299
扬州恒基商品混凝土有限公司	广陵区	300
宝应县宁丰纺织有限公司	宝应县	301
上海新亚药业高邮有限公司	高邮市	302
扬州市邗江龙欣服饰制品有限公司	生态科技新城	303
江苏庆峰环保化工工程安装有限公司	瘦西湖景区	304
宝应县蓝剑织造有限公司	宝应县	305
扬州市公道模具制造有限公司	邗江区	306

单位名称	地区	序号
扬州自来水有限责任公司	开发区	307
扬州市盛源金木制品有限公司	广陵区	308
扬州市恒宇印染机械有限公司	宝应县	309
宝应县启华帆布有限公司	宝应县	310
扬州市金威机械有限公司	邗江区	311
扬州利人工业有限公司	邗江区	312
扬州祥顺制衣有限公司	邗江区	313
扬州爱克服饰有限公司	广陵区	314
江苏宝南木业制造有限公司	宝应县	315
扬州良诚汽车部件有限公司	广陵区	316
扬州市华亚管业有限公司	宝应县	317
扬州锐麟工艺品有限公司	江都区	318
扬州宏运车业有限公司	江都区	319
扬州市汤汪塑胶制品厂	广陵区	320
扬州市洪银汽配有限公司	江都区	321
扬州市三鑫箱包厂	广陵区	322
中电科技扬州宝军电子有限公司(扬州宝军无线电厂)	广陵区	323
扬州侨园制衣有限公司	邗江区	324
扬州诚森塑胶有限公司	生态科技新城	325
扬州富通机械有限公司	生态科技新城	326
扬州滨湖鞋业有限公司	邗江区	327
扬州灯泡有限公司	广陵区	328
江苏新天宝机械有限公司	江都区	329
扬州市环球建材机械有限公司	江都区	330
扬州宝进制衣有限公司	开发区	331
扬州光辉内燃机配件有限公司	江都区	332
扬州市邗江含秀工艺品有限公司	邗江区	333
扬州市江都区精诚制衣有限公司	江都区	334
江苏润扬管件有限责任公司	宝应县	335

7－8 续表15 （2014年）

单位名称	地区	序号
扬州百发帽业有限公司	广陵区	336
扬州海星鞋业有限公司	生态科技新城	337
扬州珍妮玩具有限公司	邗江区	338
江苏三工钢结构有限公司	江都区	339
高邮市维扬鞋业有限公司	高邮市	340
扬州欣晨服饰有限公司	广陵区	341
扬州亚龙服饰有限公司	广陵区	342
扬州市江都区申达船务有限公司	江都区	343
扬州新亚环境工程有限公司	江都区	344
扬州精达车业有限公司	宝应县	345
扬州市云森工艺品厂	邗江区	346
扬州漆器厂	邗江区	347
扬州市油田金达实业有限公司	江都区	348
扬州市汇都家纺有限公司	江都区	349
扬州市飞菱工具有限公司	广陵区	350
江苏省水利机械制造有限公司	广陵区	351
扬州金凯利体育用品有限公司	邗江区	352
扬州兴隆制笔有限公司	江都区	353
扬州康蕊笔业画材有限公司	广陵区	354
江苏扬力数控机床有限公司	开发区	355
百家丽（中国）照明电器有限公司	仪征市	356
扬州恒德模具有限公司	邗江区	357
扬州晶新微电子有限公司	开发区	358
江苏建炜家纺制品有限公司	宝应县	359
扬州市凤凰岛机械设备有限公司	生态科技新城	360
江苏快鹿鞋业有限公司	江都区	361
沙龙集团股份有限公司	高邮市	362
扬州赛尔达尼龙制造有限公司	宝应县	363
高邮市金华达毛纺织厂	高邮市	364

单位名称	地区	序号
扬州鸿元鞋业有限公司	高邮市	365
扬州三布纺织有限公司	瘦西湖景区	366
扬州市富友针织有限公司	江都区	367
扬州宇通服装有限公司	高邮市	368
扬州广菱电子有限公司	广陵区	369
扬州赛乐服饰有限公司	邗江区	370
扬州邦德船舶工程有限公司	江都区	371
扬州爱丽佳家用化学品有限公司	江都区	372
胜赛思精密压铸(扬州)有限公司	江都区	373
扬州市嵘盛电缆材料有限公司	宝应县	374
扬州市中春针织公司	江都区	375
扬州金圆化工设备有限公司	瘦西湖景区	376
扬州嵘泰工业发展有限公司	江都区	377
扬州依利安达电子有限公司	仪征市	378
扬州百德光电有限公司	邗江区	379
华达利家具(扬州)有限公司	开发区	380
扬州舜天玻璃工艺品有限公司	宝应县	381
扬州暻泰车材实业有限公司	广陵区	382
江苏史福特光电股份有限公司	仪征市	383
江苏润雅制衣有限公司	高邮市	384
扬州金陵钢结构工程有限公司	仪征市	385
扬州华钟毛纺织有限公司	邗江区	386
江苏江佳电子股份有限公司	江都区	387
江苏科凌医疗器械有限公司	高邮市	388
扬州金力电动工具有限公司	邗江区	389
江苏道爵新能源车业有限公司	江都区	390
江苏友恒机械有限公司	邗江区	391
江苏欧佩旅游用品有限公司	邗江区	392
扬州光大帽业有限公司	广陵区	393

单位名称	地区	序号
扬州三和四美酱菜有限公司	广陵区	394
高邮凯高鞋业有限公司	高邮市	395
扬州市江源供水有限责任公司	广陵区	396
江苏大康实业有限公司	仪征市	397
扬州高洁牙刷厂	生态科技新城	398
青岛啤酒(扬州)有限公司	广陵区	399
扬州亚星商用车有限公司	广陵区	400
扬州添茂鞋业有限公司	广陵区	401
江苏舜天国际集团江都工具有限公司	江都区	402
扬州雅伦玩具有限公司	邗江区	403
扬州冶金机械有限公司	广陵区	404
扬州希芭玩具有限公司	邗江区	405
扬州市三江画笔有限公司	江都区	406
江苏金虎豹制衣有限公司	广陵区	407
扬州三叶散热器有限公司	广陵区	408
扬州昊天服饰有限公司	广陵区	409
江苏虎豹服饰发展有限公司	邗江区	410
扬州艺林玩具有限公司	邗江区	411
扬州久毅五金机械有限公司	邗江区	412
扬州市远洋船用电缆厂有限公司	邗江区	413
仪征华纳斯化工有限责任公司	化工园	414
扬州东泉服饰有限公司	江都区	415
扬州市银河制衣有限公司	高邮市	416
康而富精密电子(宝应)有限公司	宝应县	417
扬州市矿务局	瘦西湖景区	418
江苏鲲鹏电力设备有限公司	江都区	419
江苏凤凰扬州鑫华印刷有限公司	邗江区	420
仪征亚新科铸造有限公司	仪征市	421
扬州华盟电子有限公司	高邮市	422

单位名称	地区	序号
高邮市并蒂莲(昆山)服装有限公司	高邮市	423
扬州动易运动用品有限公司	广陵区	424
扬州市鸿利达鞋业有限公司	高邮市	425
扬州双盛锌业有限公司	邗江区	426
江苏仪征金派内燃机配件有限公司	仪征市	427
扬州市江都区洪业汽车部件有限公司	江都区	428
扬州旭升鞋业有限公司	江都区	429
扬州百士德礼品工艺有限公司	高邮市	430
扬州新世界鞋业有限公司	高邮市	431
江苏扬州合力橡胶制品有限公司	广陵区	432
扬州通宇散热器有限公司	邗江区	433
扬州普天鞋业有限公司	高邮市	434
扬州金霞塑料有限公司	生态科技新城	435
高邮市永盛纺织饰品有限公司	高邮市	436
扬州天宇服饰股份有限公司	高邮市	437
扬州申高鞋业有限公司	高邮市	438
扬州市新雅泰服饰有限公司	高邮市	439
仪征康隆包装有限公司	仪征市	440
扬州市永昌鞋业有限公司	高邮市	441
江苏新中科技股份有限公司	广陵区	442
江苏银宝实业股份有限公司	宝应县	443
仪征金鹰纺织有限公司	仪征市	444
宝应拾屯煤矿	宝应县	445
扬州五丰富春食品有限公司	开发区	446
扬州三鑫五金工具有限公司	高邮市	447
江苏惠宝翔鹰金属制品有限公司	宝应县	448
扬州祖名豆制食品有限公司	开发区	449
江苏同昌电路科技有限公司	江都区	450
扬州市丰阳服装有限公司	仪征市	451

单位名称	地区	序号
扬州托尼船业有限公司	广陵区	452
扬州惠众服饰有限公司	高邮市	453
高邮市润和制衣有限公司	高邮市	454
扬州雷笛克光学有限公司	开发区	455
仪征申荣焊接有限公司	仪征市	456
扬州恒星精密机械有限公司	邗江区	457
扬州江海文化用品有限公司	江都区	458
扬州久扬渔具有限公司	邗江区	459
高邮市利安达服装有限公司	高邮市	460
扬州美瑞华工艺礼品有限公司	宝应县	461
扬州东鹏服饰有限公司	高邮市	462
宝应电器厂	宝应县	463
扬州市龙祥包装制品有限公司	高邮市	464
江苏中允机械装备有限公司	江都区	465
扬州五亭食品有限公司	广陵区	466
扬州宇元制衣有限公司	邗江区	467
高邮市民靖针织服饰有限公司	高邮市	468
扬州市东恒服饰有限公司	高邮市	469
扬州田治科技有限公司	江都区	470
扬州旭阳春玻璃制品有限公司	宝应县	471
扬州恒达服饰有限公司	高邮市	472
扬州希捷箱包有限公司	高邮市	473
扬州诚泰制衣有限公司	宝应县	474
扬州邦美制衣有限公司	高邮市	475
扬州中宝制药有限公司	宝应县	476
扬州市邗江新光机械厂	邗江区	477
扬州笛莎公主服饰有限公司	邗江区	478
扬州市邗江区东方汽车配件有限公司	邗江区	479
宝宏(扬州)制鞋有限公司	开发区	480

7－9　全市工业企业总产值前50名排序

（2014年）

单位名称	地区	位次
上海大众汽车有限公司仪征公司	仪征市	1
宝胜集团有限公司	宝应县	2
晶澳（扬州）太阳能科技有限公司	开发区	3
中国石化仪征化纤股份有限公司	仪征市	4
川奇光电科技（扬州）有限公司	开发区	5
扬州市环洲船用材料有限公司	广陵区	6
立奇光电科技（扬州）有限公司	开发区	7
海信容声（扬州）冰箱有限公司	开发区	8
扬州中集通华专用车有限公司	开发区	9
江苏迅达电磁线有限公司	宝应县	10
扬州市秦邮特种金属材料有限公司	高邮市	11
亚普汽车部件有限公司	开发区	12
中国石化集团江苏石油勘探局	开发区	13
江苏牧羊集团有限公司	邗江区	14
江苏波司登制衣有限公司	高邮市	15
马钢（扬州）钢材加工有限公司	开发区	16
扬州市江城船用重工有限公司	广陵区	17
江苏扬农锦湖化工有限公司	化工园	18
大连化工（江苏）有限公司	化工园	19
仪征方顺粮油工业有限公司	化工园	20
扬州龙川钢管有限公司	江都区	21
江苏优士化学有限公司	化工园	22
实友化工（扬州）有限公司	化工园	23
江苏华伦化工有限公司	江都区	24
江苏三笑集团	生态科技新城	25

7－9　续表　　　　　　　　　　　（2014年）

单位名称	地区	位次
扬州海川船业有限公司	生态科技新城	26
扬州北辰电气设备有限公司	开发区	27
扬州第二发电有限责任公司	开发区	28
永丰余造纸(扬州)有限公司	开发区	29
江苏瑞祥化工有限公司	化工园	30
江苏恒远国际工程有限公司	江都区	31
江苏琼花集团有限公司	生态科技新城	32
扬州科进船业有限公司	江都区	33
江苏捷凯电力器材有限公司	江都区	34
扬州大洋造船有限公司	广陵区	35
江苏双汇电力发展股份有限公司	江都区	36
江苏虎豹集团有限公司	邗江区	37
江苏中惠医疗科技股份有限公司	江都区	38
江苏仲元实业有限公司	仪征市	39
中海工业(江苏)有限公司	江都区	40
江苏扬农化工集团有限公司	广陵区	41
同扬光电(江苏)有限公司	开发区	42
扬州虹扬科技发展有限公司	邗江区	43
扬州润扬物流装备有限公司	开发区	44
江苏帝一集团有限公司	广陵区	45
可瑞尔科技(扬州)有限公司	开发区	46
玛切嘉利(中国)有限责任公司	广陵区	47
江苏扬力集团有限公司	邗江区	48
扬州保来得科技实业有限公司	开发区	49
江苏扬子江电缆厂	江都区	50

7－10　全市工业企业主营业务收入前50名排序

（2014年）

单位名称	地区	位次
上海大众汽车有限公司仪征公司	仪征市	1
晶澳（扬州）太阳能科技有限公司	开发区	2
宝胜集团有限公司	宝应县	3
中国石化仪征化纤股份有限公司	仪征市	4
扬州市环洲船用材料有限公司	广陵区	5
川奇光电科技（扬州）有限公司	开发区	6
立奇光电科技（扬州）有限公司	开发区	7
海信容声（扬州）冰箱有限公司	开发区	8
中国石化集团江苏石油勘探局	开发区	9
江苏迅达电磁线有限公司	宝应县	10
扬州市秦邮特种金属材料有限公司	高邮市	11
扬州中集通华专用车有限公司	开发区	12
亚普汽车部件有限公司	开发区	13
江苏波司登制衣有限公司	高邮市	14
扬州市江城船用重工有限公司	广陵区	15
马钢（扬州）钢材加工有限公司	开发区	16
江苏牧羊集团有限公司	邗江区	17
江苏扬农锦湖化工有限公司	化工园	18
大连化工（江苏）有限公司	化工园	19
仪征方顺粮油工业有限公司	化工园	20
扬州龙川钢管有限公司	江都区	21
江苏优士化学有限公司	化工园	22
江苏华伦化工有限公司	江都区	23
实友化工（扬州）有限公司	化工园	24
江苏三笑集团	生态科技新城	25

7-10　续表　　　　(2014年)

单位名称	地区	位次
扬州海川船业有限公司	生态科技新城	26
扬州第二发电有限责任公司	开发区	27
扬州北辰电气设备有限公司	开发区	28
江苏瑞祥化工有限公司	化工园	29
江苏扬农化工集团有限公司	广陵区	30
永丰余造纸(扬州)有限公司	开发区	31
江苏恒远国际工程有限公司	江都区	32
江苏琼花集团有限公司	生态科技新城	33
扬州科进船业有限公司	江都区	34
江苏捷凯电力器材有限公司	江都区	35
江苏双汇电力发展股份有限公司	江都区	36
江苏中惠医疗科技股份有限公司	江都区	37
江苏仲元实业有限公司	仪征市	38
江苏虎豹集团有限公司	邗江区	39
扬州虹扬科技发展有限公司	邗江区	40
扬州润扬物流装备有限公司	开发区	41
江苏帝一集团有限公司	广陵区	42
江苏扬力集团有限公司	邗江区	43
可瑞尔科技(扬州)有限公司	开发区	44
同扬光电(江苏)有限公司	开发区	45
玛切嘉利(中国)有限责任公司	广陵区	46
扬州保来得科技实业有限公司	开发区	47
扬州大洋造船有限公司	广陵区	48
扬州石化有限责任公司	江都区	49
江苏扬子江电缆厂	江都区	50

7－11 全市工业企业利税总额前50名排序

（2014年）

单位名称	地区	位次
上海大众汽车有限公司仪征公司	仪征市	1
中国石化集团江苏石油勘探局	开发区	2
扬州市环洲船用材料有限公司	广陵区	3
扬州第二发电有限责任公司	开发区	4
扬州市秦邮特种金属材料有限公司	高邮市	5
江苏波司登制衣有限公司	高邮市	6
江苏扬农锦湖化工有限公司	化工园	7
江苏迅达电磁线有限公司	宝应县	8
立奇光电科技（扬州）有限公司	开发区	9
仪征方顺粮油工业有限公司	化工园	10
海信容声（扬州）冰箱有限公司	开发区	11
江苏优士化学有限公司	化工园	12
川奇光电科技（扬州）有限公司	开发区	13
实友化工（扬州）有限公司	化工园	14
扬州中集通华专用车有限公司	开发区	15
大连化工（江苏）有限公司	化工园	16
亚普汽车部件有限公司	开发区	17
扬州完美日用品有限公司	邗江区	18
晶澳（扬州）太阳能科技有限公司	开发区	19
江苏华伦化工有限公司	江都区	20
江苏瑞祥化工有限公司	化工园	21
扬州龙川钢管有限公司	江都区	22
江苏恒远国际工程有限公司	江都区	23
扬州市江城船用重工有限公司	广陵区	24
扬州科进船业有限公司	江都区	25

单位名称	地区	位次
宝胜集团有限公司	宝应县	26
江苏三笑集团	生态科技新城	27
江苏捷凯电力器材有限公司	江都区	28
江苏扬农化工集团有限公司	广陵区	29
江苏双汇电力发展股份有限公司	江都区	30
江苏中惠医疗科技股份有限公司	江都区	31
扬州海川船业有限公司	生态科技新城	32
江苏仲元实业有限公司	仪征市	33
江苏牧羊集团有限公司	邗江区	34
江苏华伦富特化工有限公司	江都区	35
英泰集团有限公司	江都区	36
扬州石化有限责任公司	江都区	37
扬州中材机器制造有限公司	江都区	38
扬州保来得科技实业有限公司	开发区	39
可瑞尔科技(扬州)有限公司	开发区	40
江苏琼花集团有限公司	生态科技新城	41
江苏帝一集团有限公司	广陵区	42
扬州北辰电气设备有限公司	开发区	43
扬州市光明电缆有限公司	高邮市	44
扬州市奥克发电设备有限公司	江都区	45
江苏金鑫电器有限公司	江都区	46
江苏扬力坚城锻压机床有限公司	开发区	47
玛切嘉利(中国)有限责任公司	广陵区	48
江苏琴曼集团有限公司	邗江区	49
扬州市三药制药有限公司	江都区	50

7－12　全市私营工业企业主营业务收入前50名排序

（2014年）

单位名称	地区	位次
江苏迅达电磁线有限公司	宝应县	1
扬州市秦邮特种金属材料有限公司	高邮市	2
扬州市江城船用重工有限公司	广陵区	3
江苏牧羊集团有限公司	邗江区	4
扬州龙川钢管有限公司	江都区	5
江苏三笑集团	生态科技新城	6
扬州海川船业有限公司	生态科技新城	7
江苏恒远国际工程有限公司	江都区	8
江苏琼花集团有限公司	生态科技新城	9
扬州科进船业有限公司	江都区	10
江苏捷凯电力器材有限公司	江都区	11
江苏仲元实业有限公司	仪征市	12
江苏虎豹集团有限公司	邗江区	13
江苏帝一集团有限公司	广陵区	14
江苏扬子江电缆厂	江都区	15
江苏金鑫电器有限公司	江都区	16
扬州市三药制药有限公司	江都区	17
江苏万顺机电集团有限公司	江都区	18
扬州龙和造船有限公司	江都区	19
江苏扬钢特钢有限公司	高邮市	20
江苏琴曼集团有限公司	邗江区	21
扬州市奥克发电设备有限公司	江都区	22
江苏长宏铝业有限公司	邗江区	23
江苏荣能集团有限公司	邗江区	24
江苏晶鑫高温材料有限公司	江都区	25

7－12　续表　(2014 年)

单位名称	地区	位次
扬州东东布业有限公司	邗江区	26
扬州神舟汽车内饰件有限公司	江都区	27
扬州市邗江富平生活用品厂	生态科技新城	28
扬州市邗江扬子汽车内饰件有限公司	邗江区	29
扬州市华翔有色金属有限公司	高邮市	30
扬州劲松塑胶制品有限公司	生态科技新城	31
江苏鹏宇化工有限公司	江都区	32
川岳科技扬州有限公司	开发区	33
扬州市江都永坚有限公司	江都区	34
扬州庆松化工设备有限公司	瘦西湖景区	35
扬州市为政五金冷轧有限公司	江都区	36
江苏威力电机有限公司	江都区	37
扬州飞鸿电材有限公司	江都区	38
扬州市希林光源器材制造有限公司	江都区	39
江苏赛德电气有限公司	高邮市	40
江苏联通电缆有限公司	广陵区	41
扬州市光明电缆有限公司	高邮市	42
江苏兴洋管业股份有限公司	宝应县	43
江苏通宇钢管集团有限公司	邗江区	44
扬州纪元纺织有限公司	广陵区	45
江苏九龙汽车制造有限公司	江都区	46
江苏博际喷雾系统有限公司	江都区	47
奥克化学扬州有限公司	化工园	48
江苏帝诚线缆有限公司	广陵区	49
江苏华光双顺机械制造有限公司	江都区	50

交通 邮电 8

TRANSPORTATION，POST AND TELECOMMUNICATION

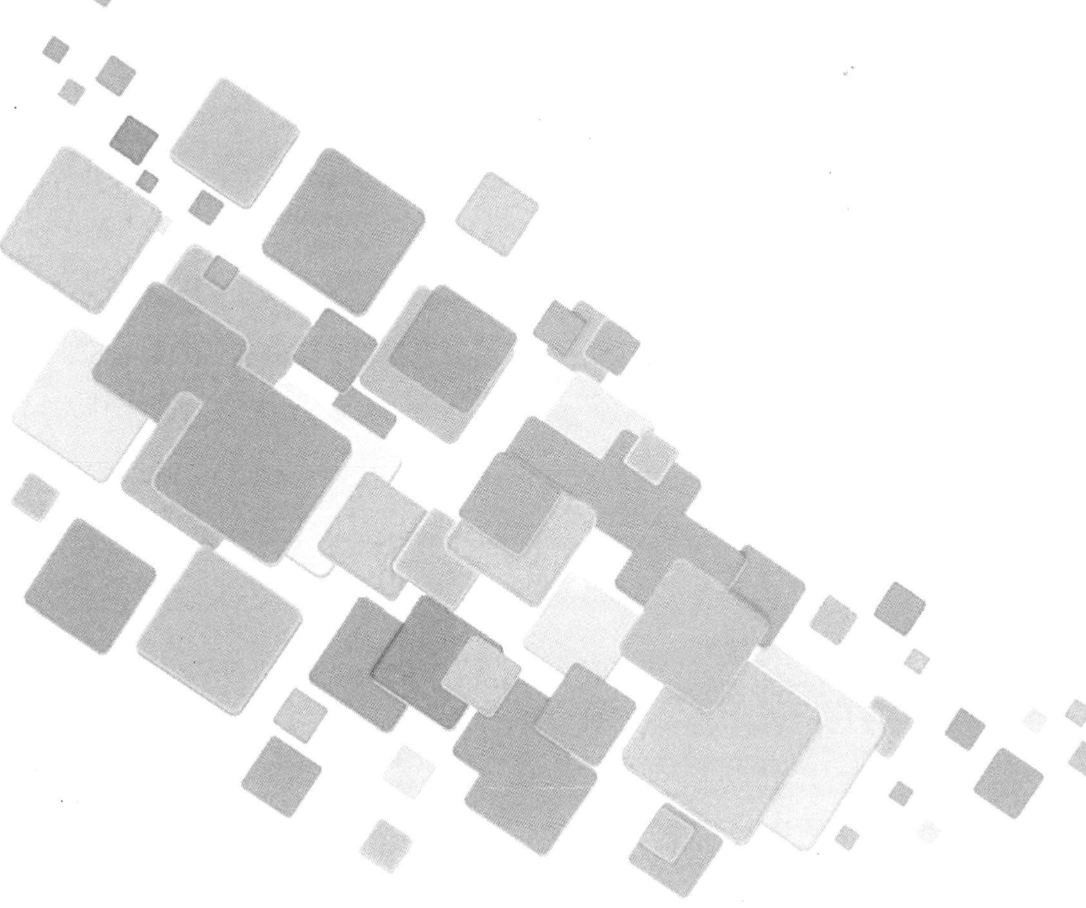

资料来源：市交通局，电信、移动、联通公司

编辑：项月

8－1　主要年份全社会客货运输量

年　份	客运量（万人）	#公　路	#水　运	货运量（万吨）	#公　路	#水　运
1949	59	47	12	31	11	20
1952	111	89	22	32	12	20
1957	420	336	84	166	60	106
1962	625	502	123	188	68	120
1965	813	650	163	303	109	194
1970	1218	974	244	380	137	243
1975	2460	1968	492	629	226	403
1978	3369	2538	831	875	320	555
1979	3810	2959	851	853	325	528
1980	4451	3535	916	1104	405	699
1981	5338	4440	898	953	347	606
1982	6057	5121	936	1081	383	698
1983	6717	5813	904	1178	399	779
1984	7003	6327	676	871	355	516
1985	7127	6531	596	2134	1109	1025
1986	7085	6519	566	2325	893	1432
1987	7096	6555	541	2115	1133	982
1988	6905	6408	497	2429	1282	1147
1989	6210	5829	381	2229	1248	981
1990	5768	5494	274	1985	1112	873
1991	5599	5333	266	2256	1183	1073
1992	6404	6250	154	3593	1890	1703
1993	6561	6378	183	2917	2013	904
1994	2652	2597	55	3040	1462	1578
1995	4961	4903	58	5718	3040	2678
1996	4451	4415	36	3442	2437	1005
1997	5915	5876	39	3860	2637	1223
1998	5928	5874	54	3802	2638	1164
1999	6095	6065	30	4633	3473	1160
2000	6207	6180	27	4686	3516	1170
2001	6353	6331	22	4867	3692	1175
2002	6590	6571	19	4933	3740	1193
2003	6897	6880	17	5223	3977	1246
2004	7473	7413	17	5518	4197	1317
2005	8144	8096	15	5855	4433	1373
2006	8703	8595	15	6407	4902	1480
2007	9619	9476	15	7270	5598	1645
2008	10564	10400	15	8057	6209	1827
2009	6507	6330	33	8022	5069	2932
2010	7276	7101	39	9333	5886	3426
2011	8194	8152	42	11112	6881	4231
2012	8908	8878	30	12244	7645	4599
2013	4769	4746	23	10528	5924	4604
2014	4804	4792	12	11596	6504	5092

8－2 全社会客货运输量

(2014 年)

项目	单位	公路	水路
客运量	万人	4792	12.30
旅客周转量	万人公里	363891	72.20
货运量	万吨	6504	5092
货物周转量	万吨公里	1133440	1929213

8－3 分地区客货运输量

(2014 年)

项目	单位	全市	市区	广陵	邗江	江都	宝应	仪征	高邮
客运量	万人	4792	3040			858	697	337	718
旅客周转量	万人公里	363891	230861			65148	52936	25583	54511
货运量	万吨	6504	4315	1486	830	1077	554	839	796
货物周转量	万吨公里	1133440	751847	259029	144251	187667	96625	146231	138737

8－4　公路、航道基本情况

（2014 年）

指　　标	全　市	市　区	邗　江	江　都	宝　应	仪　征	高　邮
公路总里程（公里）	**10525.44**	**4217.62**	**876.07**	**2233.19**	**2262.83**	**1510.42**	**2534.57**
按等级分							
高速	317.82	173.36	47.27	94.58	40.29	59.91	44.26
一级	411.55	283.43	90.67	145.47	31.82	40.69	55.60
二级	1289	462.42	94.83	199.37	328.02	154.20	344.36
三级	919.79	435.25	101.95	222.44	76.01	214.52	194.01
四级	6331.68	2417.28	461.44	1233.23	1435.35	1040.49	1438.56
等外	1255.61	445.89	79.91	338.10	351.33	0.61	457.78
按行政等级分							
国道	293.11	148.65	30.99	86.27	40.29	59.91	44.26
省道	649.07	246.03	57.90	168.62	180.98	54.44	167.61
县道	1332.18	552.05	127.13	262.13	222.70	216.59	340.84
乡道	3601.66	1526.64	305.75	825.44	639.99	566.31	868.73
村道	4649.42	1744.25	354.30	890.73	1178.87	613.17	1113.12
按路面标准分							
高级	8852.56	3660.49	775.28	1908.77	1726.05	1364.48	2101.53
次高级	62.17	45.88		44.87	6.09	10.21	
其他	1610.71	511.26	100.79	279.55	530.69	135.73	433.04
公路桥梁（座）	**4758**	**1324**	**184**	**956**	**1422**	**183**	**1829**
公路桥梁长度（米）	188946.77	76894.15	17741	44001.97	43260.64	10368.35	58423.63
内河航道总里程（公里）	**2296.82**	**964.36**	**235.35**	**650.79**	**594.85**	**107.86**	**629.75**
#水深 1 米以上里程	2121.53	804.52	191.18	543.42	594.85	101.67	620.49
船闸（座）	7	3		3	2		2

8－5 历年扬州港吞吐量

年 份	货运吞吐量(万吨)	#外贸吞吐量	集装箱吞吐量(万标箱)
1999	1396	42	5
2000	1429	56	6
2001	1506	94	6
2002	1611	133	10
2003	1769	177	14
2004	2256	213	13
2005	4658	249	8
2006	5133	301	23
2007	5549	333	27
2008	5787	370	28
2009	6423	339	23
2010	7385	405	32
2011	8453	409	41
2012	8823	484	41
2013	10007	115	52
2014	12138	710	56

8－6 扬州港基本情况

(2014 年)

指 标	单 位	数 值
1. 生产用码头泊位个数	个	315
总延长	米	21406
设计吞吐能力	万吨	12093
2. 泊位中万吨级码头	个	31
3. 全社会港口货物吞吐量	万吨	12138
其中:外贸吞吐量	万吨	710
内外贸出口	万吨	200
其中:长江干流港口吞吐量	万吨	8940
京杭运河吞吐量	万吨	3198
4. 集装箱吞吐量	万 TEU	56
货重	万吨	491

8－7　扬州港集装箱吞吐量

（2014年）　　　　单位:万吨

指　　标	总　　计	按进出港分	
		进　港	出　港
总计	**12138**	**8249**	**3889**
煤炭	4893	3048	1845
石油	913	428	485
金属矿石	908	569	339
钢铁	307	186	121
矿建材料	2771	2753	18
水泥	754	278	476
木材	186	133	53
非金属矿石	15	8	7
化肥和农药	1	1	
盐	72	70	2
粮食	109	68	41
机械电器设备	2	1	1
化工原料及制品	371	271	100
其他	836	435	401

8－8　邮电通讯基本情况

（2014 年）

项　　目	单　位	全　市	市　区	广　陵	邗　江	江　都	宝　应	仪　征	高　邮
邮政局所数	处	187	93			48	32	27	35
邮电业务总量	万元	506402	321522	85748	87700	100334	61313	56794	66772
电信业务收入	万元	448833	288265	85748	87700	87335	53302	49590	57675
固定电话用户	户	1258091	780792	180141	280202	289439	153534	147468	176297
#农村电话用户	户	654637	384637	66855	117782	200000	90000	70000	110000
移动电话年末用户	户	4776672	2925341	760979	748364	961857	585831	583741	681759
#3G 移动电话用户	户	1661764	1052360	235121	268606	330091	194121	196053	219230
互联网宽带接入用户	户	1021485	642870	160602	235824	225506	115848	118649	144118

9

国内贸易

DOMESTIC TRADE

编辑：黄健琪 孔安安

9－1　主要年份全市社会消费品零售总额

单位：万元

年份	合计	年份	合计	年份	合计
1949	7029	1986	256891	2001	1786766
1952	9961	1987	297686	2002	2025592
1957	16822	1988	389049	2003	2302329
1962	19594	1989	418993	2004	2651800
1965	23366	1990	411172	2005	3079000
1970	31579	1991	448889	2006	3581000
1975	51392	1992	530919	2007	4229673
1978	65629	1993	750940	2008	5279000
1979	81506	1994	851863	2009	6013300
1980	102670	1995	1011762	2010	6990200
1981	112404	1996	1159684	2011	8092800
1982	129602	1997	1270051	2012	9049400
1983	143034	1998	1320357	2013	10066189
1984	167000	1999	1401840	2014	11280986
1985	217443	2000	1520381		

9－2　分行业社会消费品零售总额

（2014年）

单位：万元

地区	总计	批发业	零售业	住宿业	餐饮业
全市	**11280986**	**1495952**	**8670552**	**130459**	**984023**
市区	7745609	905881	6094129	102112	643488
开发区	836131	245487	533393	14150	43101
广陵	2404114	101308	2002277	19180	281349
邗江	2382842	304383	1860441	47557	170461
江都	2122522	254703	1698018	21225	148577
宝应	1229366	308229	815266	14970	90901
仪征	919477	116599	705717	6413	90748
高邮	1386534	165243	1055440	6964	158886

9－3 限额以上批发和零售业企业财务状况

（2014年） 单位:万元

指标名称	资产总计	主营业务收入	主营业务成本	营业利润	应付职工薪酬
总计	**3896005**	**9746102**	**8699974**	**443417**	**148069**
一、批发业	**2312100**	**6319386**	**5666164**	**328286**	**62415**
其中:国有控股	996132	2518474	2196658	231412	16806
1、按登记注册类型分组					
内资企业	1851798	4591761	4115193	187911	61784
国有企业	460743	507531	384917	77382	11496
集体企业	12406	99880	92386	3787	477
有限责任公司	423703	930432	862764	35062	9822
国有独资公司	4562	17248	16688	54	181
其他有限责任公司	419142	913184	846077	35008	9641
股份有限公司	33732	173669	167278	181	2465
私营企业	909947	2828791	2564772	67241	33854
私营独资公司	20693	57649	53038	577	1194
私营有限责任公司	862555	2688882	2437281	62328	31548
私营股份有限公司	26699	82260	74452	4337	1112
其他企业	11267	51459	43076	4258	3670
外商投资企业	433630	1718399	1543488	139476	509
中外合资经营企业	433630	1718399	1543488	139476	509
外资企业					
2、按国民经济行业分组					
农、林、牧产品批发	200236	227928	198717	20519	4495
谷物、豆及薯类批发	165491	180423	159026	17710	3014
种子、饲料批发	30207	32586	27223	1674	755
其他农牧产品批发	4538	14919	12468	1136	726
食品、饮料及烟草制品批发	433526	674462	531073	84979	20299
米、面制品及食用油批发	39216	40942	38608	－427	1009
肉、禽、蛋、奶及水产品批发	26914	91547	83768	3761	5679
酒、饮料及茶叶批发	19592	27469	23103	1047	1026

9-3 续表1　　(2014年)　　单位:万元

指标名称	资产总计	主营业务收入	主营业务成本	营业利润	应付职工薪酬
烟草制品批发	329787	461313	341418	77149	10344
其他食品批发	18017	53191	44176	3449	2242
纺织、服装及家庭用品批发	232439	517256	464484	18859	8000
纺织品、针织品及原料批发	24982	90967	80781	3137	2156
服装批发	33919	44939	39692	620	1504
鞋帽批发	13204	64278	58354	786	845
化妆品及卫生用品批发	25598	55736	47464	1271	1612
厨房、卫生间用具及日用杂货批发	4105	11678	10604	293	320
家用电器批发	111512	206910	194331	5494	1222
其他家庭用品批发	19119	42748	33258	7258	341
文化、体育用品及器材批发	17437	32827	28419	717	805
文具用品批发	5864	3284	2992	-27	136
体育用品及器材批发	441	4257	4015	-9	68
其他文化用品批发	11131	25286	21412	753	602
医药及医疗器材批发	48779	108233	99868	3590	1286
西药批发	48127	101388	93357	3564	1264
中药批发	652	6845	6511	25	22
矿产品、建材及化工产品批发	717658	2380359	2195435	35613	18648
煤炭及制品批发	42106	86543	80008	-981	597
石油及制品批发	87844	321819	303111	6785	4370
非金属矿及制品批发	9587	15754	15409	78	207
金属及金属矿批发	337787	1170342	1125567	8332	5543
建材批发	49491	114114	101626	5314	2515
化肥批发	6378	17900	15379	392	272
农药批发	18378	48522	43880	2270	546
农用薄膜批发	331	6014	5068	251	190
其他化工产品批发	165756	599351	505387	13173	4409

9－3　续表2　　　　（2014年）　　　　单位：万元

指标名称	资产总计	主营业务收入	主营业务成本	营业利润	应付职工薪酬
机械设备、五金产品及电子产品批发	564573	2104081	1891520	159133	5663
农业机械批发	4685	21087	18287	1184	357
汽车批发	423489	1727613	1551712	140524	925
汽车零配件批发	48791	93924	79405	9356	1187
五金产品批发	25237	63740	59553	1183	761
电气设备批发	13842	48434	42430	3506	1024
通讯及广播电视设备批发	2096	5856	5389	85	298
其他机械设备及电子产品批发	46433	143427	134744	3296	1111
贸易经纪与代理	16478	78172	72651	2228	904
贸易代理	14738	72044	67443	1766	715
其他批发业	80974	196068	183998	2648	2315
再生物资回收与批发	34773	140453	137152	－1372	887
其他未列明批发业	46201	55614	46846	4019	1429
3、按经营方式分组					
独立门店	1952964	5448500	4859437	293839	52248
连锁门店	6636	9486	9392	－76	38
其他	352500	861400	797335	34523	10129
4、按单位规模分					
大型	394642	817152	683884	77369	13807
中型	1211641	3744596	3442314	191156	26285
小型	648256	1655155	1451632	48416	21873
微型	57562	102484	88334	11345	450
二、零售业	**1583905**	**3426716**	**3033810**	**115131**	**85654**
其中：国有控股	261916	898742	831148	22271	16363
1、按经济注册类型分组					
内资企业	1263596	3108995	2752208	110552	76942
国有企业	10144	16447	12629	1455	1173

9－3　续表3　　　　　　　　　　（2014年）　　　　　　　　　　单位:万元

指标名称	资产总计	主营业务收入	主营业务成本	营业利润	应付职工薪酬
集体企业	768	4698	4386	32	168
有限责任公司	527136	1478317	1332784	49275	32700
其他有限责任公司	471259	992077	880802	35725	24190
股份有限公司	113387	178611	158660	2406	5465
私营企业	604754	1419191	1234434	56495	36597
私营独资企业	5547	13459	11844	262	879
私营合伙企业	478	606	564	－1	23
私营有限责任公司	566839	1292386	1125450	45641	34383
私营股份有限公司	31890	112740	96575	10594	1312
其他	7408	11731	9314	889	839
港、澳、台商投资企业	298092	269358	237908	4481	6723
与港澳台商合资经营企业	5866	8398	7017	－864	915
港、澳、台商独资经营企业	292226	260960	230891	5346	5808
外商投资企业	22217	48363	43695	98	1989
中外合资经营企业	16266	37359	33783	1406	1450
外资企业	5952	11004	9912	－1308	539
2、按国民经济行业分组					
综合零售	337665	677289	568909	40962	25752
百货零售	195512	391750	329468	35533	9869
超级市场零售	139681	278648	233959	5660	15287
其他综合零售	2472	6891	5483	－230	596
食品、饮料及烟草制品专门零售	57393	91128	77662	2034	5197
粮油零售	1360	2261	1667	27	419
果品、蔬菜零售	3051	9829	8443	193	355
酒、饮料及茶叶零售	12339	15837	13936	559	861
烟草制品零售	34011	49875	43722	438	2085
其他食品零售	6632	13326	9894	816	1476

9－3　续表4　（2014年）　单位：万元

指标名称	资产总计	主营业务收入	主营业务成本	营业利润	应付职工薪酬
纺织、服装及日用品专门零售	32174	41157	25832	2624	4251
服装零售	22942	27722	17906	－148	2407
化妆品及卫生用品零售	3771	6147	2376	2256	680
自行车零售	218	1416	1128	249	49
文化、体育用品及器材专门零售	75583	91651	71976	7489	5115
文具用品零售	2615	3994	3217	147	166
图书、报刊零售	29712	33148	24829	2946	2908
珠宝首饰零售	14342	37420	30806	3084	1030
工艺美术品及收藏品零售	24543	12583	9679	898	751
照相器材零售	3018	677	635	－16	34
医药及医疗器材专门零售	189380	405347	373215	7333	5948
药品零售	183484	393434	363083	6875	5218
医疗用品及器材零售	5896	11913	10132	458	730
汽车、摩托车、燃料及零配件专门零售	576121	1774027	1614525	50625	29052
汽车零售	516599	1259303	1134283	39116	20186
汽车零配件零售	5379	15419	13359	－508	639
摩托车及零配件零售	1438	3374	2814	385	113
机动车燃料零售	52705	495931	464070	11632	8114
家用电器及电子产品专门零售	272711	295651	262774	－1317	8204
家用视听设备零售	5449	9233	6901	238	391
日用家电设备零售	251983	234470	208293	－2304	6005
计算机、软件及辅助设备零售	5961	15402	13437	676	1014
通信设备零售	8786	35292	32978	43	757
五金、家具及室内装饰材料专门零售	36260	37418	28003	4348	1289
五金零售	14338	26560	20171	3201	870
灯具零售					
家具零售	4224	2210	1764	44	157

9-3 续表5 (2014年) 单位:万元

指标名称	资产总计	主营业务收入	主营业务成本	营业利润	应付职工薪酬
涂料零售					
木质装饰材料零售	491	712	462	155	70
其他室内装饰材料零售	17207	7935	5606	948	192
货摊、无店铺及其他零售业	6618	13048	10914	1033	845
生活用燃料零售	5863	10918	9347	721	627
其他未列明零售业	755	2130	1566	312	218
3、按经营方式分组					
独立门店	1440794	3171570	2822691	110979	71056
连锁总店(总部)	43176	67062	54977	571	3097
连锁门店	57065	129177	107613	2763	8479
其他	42870	58907	48530	818	3022
4、按零售业态分组					
有店铺零售	1555717	3388351	3007781	114485	82350
便利店	2255	7626	6374	1	540
超市	15268	48919	40937	183	2840
大型超市	126837	237324	199397	5664	12867
百货店	200320	403851	340647	35510	10130
专业店	706954	1582498	1416568	48451	35347
专卖店	472161	1083745	985684	23121	19244
家居建材店	19769	17918	13408	1826	312
厂家直销中心	10860	4787	3534	-89	446
无店铺零售	28188	38365	26029	646	3305
网上商店	18410	25255	15500	219	2955
5、按单位规模分					
大型	471088	1393231	1258413	52445	27688
中型	834821	1572305	1386062	41907	41078
小型	245911	388809	331613	14656	14868
微型	32084	72371	57723	6122	2019

9－4 限额以上批发和零售业商品购进、销售、库存总额

（2014年）　　　　单位：万元

指标名称	商品购进总额	商品销售总额	批发额	零售额	期末商品库存总额
总计	**9977240**	**11140879**	**7099408**	**4041471**	**573914**
一、批发业	**6481336**	**7038552**	**6650269**	**388283**	**274763**
其中：国有控股	2758793	2935636	2810401	125235	80201
1、按登记注册类型分组					
内资企业	4461568	5012841	4628833	384008	240745
国有企业	457569	597383	594479	2904	43041
集体企业	110081	112976	112976		998
有限责任公司	880092	1003840	965437	38403	47623
国有独资公司	17123	20180	20180		
其他有限责任公司	862970	983660	945257	38403	47623
股份有限公司	195947	201072	99460	101612	3708
私营企业	2770329	3044546	2808261	236286	144704
私营独资公司	53290	51996	51996		3741
私营有限责任公司	2633323	2904859	2670478	234382	136273
私营股份有限公司	83717	87691	85787	1904	4690
其他企业	47551	53025	48220	4805	672
外商投资企业	2011914	2016137	2014587	1551	33673
中外合资经营企业	2011914	2016137	2014587	1551	33673
外资企业					
2、按国民经济行业分组					
农、林、牧产品批发	182937	238870	218041	20830	18335
谷物、豆及薯类批发	152423	190110	170242	19868	14018
种子、饲料批发	15390	32927	32927		2348
其他农牧产品批发	15124	15833	14871	962	1969
食品、饮料及烟草制品批发	603602	772948	762444	10505	39347
米、面制品及食用油批发	42207	47120	44858	2262	4224
肉、禽、蛋、奶及水产品批发	72249	93195	92183	1013	1482
酒、饮料及茶叶批发	31320	32376	29678	2697	3281

（2014年）

单位：万元

指标名称	商品购进总额	商品销售总额	批发额	零售额	期末商品库存总额
烟草制品批发	401725	539737	539531	205	27427
其他食品批发	28676	31858	28845	3014	786
纺织、服装及家庭用品批发	460258	537332	523075	14257	35777
纺织品、针织品及原料批发	65882	94538	91046	3492	344
服装批发	32250	44934	41650	3284	13334
鞋帽批发	50598	69834	68708	1125	1743
化妆品及卫生用品批发	46826	52867	50867	2000	4686
厨房、卫生间用具及日用杂货批发	14880	17888	16337	1551	1082
家用电器批发	216625	213884	211104	2780	14521
其他家庭用品批发	33197	43387	43363	25	68
文化、体育用品及器材批发	30648	34154	33210	943	2505
文具用品批发	3980	3842	3842		1183
体育用品及器材批发	4150	4486	4486		1
其他文化用品批发	22519	25826	24883	943	1321
医药及医疗器材批发	86154	125485	123566	1919	9535
西药批发	79334	118640	116721	1919	9535
中药批发					
矿产品、建材及化工产品批发	2463816	2611998	2299223	312775	105958
煤炭及制品批发	84936	97391	92368	5023	2958
石油及制品批发	332801	366199	244262	121936	4848
非金属矿及制品批发	16800	16981	16981		1050
金属及金属矿批发	1246730	1316988	1280037	36951	63052
建材批发	122338	127398	115675	11724	8702
化肥批发	20013	19962	19962		1012
农药批发	37306	42190	42190		2321
农用薄膜批发	6209	6218	3543	2675	89
其他化工产品批发	596684	618672	484206	134466	21926

9－4　续表2　　(2014年)　　单位:万元

指标名称	商品购进总额	商品销售总额	批发额	零售额	期末商品库存总额
机械设备、五金产品及电子产品批发	2393568	2424247	2400094	24153	53374
农业机械批发	19481	20048	19313	735	1249
汽车批发	2019065	2018982	2017200	1782	31500
汽车零配件批发	85568	100208	100208		2835
五金产品批发	70268	73538	71030	2508	4663
电气设备批发	46771	49601	49564	37	4372
通讯及广播电视设备批发	6226	7242	5655	1587	618
其他机械设备及电子产品批发	146190	154628	137124	17505	8137
贸易经纪与代理	72225	78656	78656		491
贸易代理	66806	72529	72529		491
其他批发业	188128	214863	211960	2903	9442
再生物资回收与批发	153082	157580	156739	841	3074
其他未列明批发业	35046	57283	55221	2062	6368
3、按经营方式分组					
独立门店	5724197	6140157	5942507	197650	232031
连锁门店	10788	11099	9171	1928	586
其他	746352	887296	698590	188706	42147
4、按单位规模分					
大型	805099	956068	854457	101612	32776
中型	3913644	4172624	3957308	215317	145472
小型	1640121	1768921	1706550	62372	94333
微型	107321	124578	116800	7778	1253
二、零售业	**3495904**	**4102327**	**449140**	**3653187**	**299151**
其中:国有控股	1015734	1051910	284678	767232	54399
1、按经济注册类型分组					
内资企业	3147609	3510252	422540	3087713	274314
国有企业	24837	29592		29592	3876

指标名称	商品购进总额	商品销售总额	批发额	零售额	期末商品库存总额
集体企业	10384	10705		10705	372
有限责任公司	1561474	1715503	288794	1426709	105584
其他有限责任公司	1019867	1153550	124452	1029098	96189
股份有限公司	253870	257715	64690	193025	19977
私营企业	1285754	1482229	69056	1413173	142678
私营独资企业	12995	14701	5016	9686	2118
私营合伙企业	552	606		606	445
私营有限责任公司	1198976	1364022	64040	1299982	130752
私营股份有限公司	73231	102899		102899	9364
其他	11291	14509		14509	1826
港、澳、台商投资企业	255109	481976	26600	455376	22385
与港澳台商合资经营企业	60	10188	366	9822	53
港、澳、台商独资经营企业	255050	471788	26234	445554	22332
外商投资企业	93186	110099		110099	2452
中外合资经营企业	81776	82558		82558	1944
外资企业	11410	27541		27541	508
2、按国民经济行业分组					
行业类别(GB/T 4754-2011)					
综合零售	748786	1083353	65797	1017556	65057
百货零售	461482	571797	54234	517564	19401
超级市场零售	281899	504359	10430	493929	45067
其他综合零售	5405	7197	1134	6063	589
食品、饮料及烟草制品专门零售	90760	101885	23557	78328	13809
粮油零售	2635	2606		2606	192
果品、蔬菜零售	8070	8387	4756	3631	229
营养和保健品零售	7437	9509		9509	309
酒、饮料及茶叶零售	15991	16266	3660	12606	4572

指标名称	商品购进总　额	商品销售总　额	批发额	零售额	期末商品库存总额
烟草制品零售	44049	49432	14354	35078	7508
其他食品零售	12578	15685	787	14898	1000
纺织、服装及日用品专门零售	31215	52460	2177	50284	9842
服装零售	17206	34414	636	33778	8701
化妆品及卫生用品零售	7833	10255	1	10254	198
自行车零售	1406	1536	326	1210	70
文化、体育用品及器材专门零售	98153	111452	5465	105987	27376
文具用品零售	3453	4154	1102	3052	433
图书、报刊零售	32960	35734	12	35722	9549
珠宝首饰零售	47144	49040		49040	4487
工艺美术品及收藏品零售	12636	17827	3527	14299	12499
照相器材零售	579	793		793	235
医药及医疗器材专门零售	432331	467971	127025	340946	33673
药品零售	420364	454360	120089	334271	33266
医疗用品及器材零售	11967	13611	6936	6675	407
汽车、摩托车、燃料及零配件专门零售	1758670	1901406	174131	1727275	122670
汽车零售	1171784	1289947	6107	1283840	111341
汽车零配件零售	12123	16789	366	16423	1429
摩托车及零配件零售	3600	3569	34	3535	1202
机动车燃料零售	571163	591101	167624	423477	8699
家用电器及电子产品专门零售	289559	331373	44897	286476	22446
家用视听设备零售	9250	9233		9233	20
日用家电设备零售	228341	266294	28481	237813	18708
计算机、软件及辅助设备零售	6442	15381	1116	14265	1744
通信设备零售	44470	39211	15300	23911	1973
五金、家具及室内装饰材料专门零售	33534	38003	5995	32008	3507
五金零售	21533	25762	2549	23213	2182

9-4 续表5 (2014年) 单位:万元

指标名称	商品购进总额	商品销售总额	批发额	零售额	期末商品库存总额
灯具零售					
家具零售	2227	2377	61	2316	480
涂料零售					
木质装饰材料零售	899	1061	224	837	79
其他室内装饰材料零售	8876	8804	3162	5642	767
货摊、无店铺及其他零售业	12897	14424	96	14328	771
生活用燃料零售	11062	12153	93	12061	665
其他未列明零售业	1834	2271	3	2268	106
3、按经营方式分组					
独立门店	3224120	3785582	429814	3355769	249628
连锁总店(总部)	59091	69237	11806	57431	9534
连锁门店	152617	179075	4492	174582	26170
其他	60076	68433	3027	65406	13819
4、按零售业态分组					
有店铺零售	3472026	4058101	449140	3608961	288834
便利店	8333	8844		8844	967
超市	53670	54650		54650	8786
大型超市	236332	457728	10430	447298	37687
百货店	470119	581966	60091	521875	20152
专业店	1654535	1811288	353143	1458145	108669
专卖店	1025121	1117225	21174	1096051	103027
家居建材店	17321	19414	3993	15421	1196
厂家直销中心	5952	5153	308	4845	8064
无店铺零售	23879	44226		44226	10316
网上商店	865	1164		1164	
5、按单位规模分					
大型	1546334	1874822	337820	1537002	68835
中型	1452041	1655766	66520	1589246	151436
小型	376495	438444	42011	396433	64811
微型	68391	76551	2788	73763	11059

9－5　限额以上批发零售业基本情况

（2014 年）

指标名称	企业法人（个）	所属全部批零住餐活动单位（个）	从业人员（人）	销售额（万元）
总　　计	**754**	**1475**	**35275**	**11140879**
一、批发业	**407**	**539**	**13049**	**7038552**
其中：国有控股	22	58	2019	2935636
1、按登记注册类型分组				
内资企业	401	533	12885	5012841
国有企业	7	12	1271	597383
集体企业	7	39	135	112976
有限责任公司	77	115	2538	1003840
国有独资公司	1	1	20	20180
其他有限责任公司	76	114	2518	983660
股份有限公司	4	32	392	201072
私营企业	293	322	7596	3044546
私营独资公司	6	6	204	51996
私营有限责任公司	274	303	7154	2904859
私营股份有限公司	13	13	238	87691
其他企业	13	13	953	53025
外商投资企业	3	3	140	2016137
中外合资经营企业	3	3	140	2016137
外资企业				
2、按国民经济行业分组				
农、林、牧产品批发	24	28	1286	238870
谷物、豆及薯类批发	17	17	738	190110
种子、饲料批发	3	7	360	32927
其他农牧产品批发	4	4	188	15833
食品、饮料及烟草制品批发	40	45	3253	772948
米、面制品及食用油批发	7	7	284	47120
肉、禽、蛋、奶及水产品批发	13	13	1241	93195
酒、饮料及茶叶批发	7	7	297	32376

（2014年）

指标名称	企业法人（个）	所属全部批零住餐活动单位（个）	从业人员（人）	销售额（万元）
烟草制品批发	2	7	875	539737
其他食品批发	11	11	556	31858
纺织、服装及家庭用品批发	61	62	1676	537332
纺织品、针织品及原料批发	11	11	304	94538
服装批发	7	7	326	44934
鞋帽批发	11	11	252	69834
化妆品及卫生用品批发	15	15	327	52867
厨房、卫生间用具及日用杂货批发	4	4	122	17888
家用电器批发	9	10	277	213884
其他家庭用品批发	4	4	68	43387
文化、体育用品及器材批发	8	8	251	34154
文具用品批发	1	1	35	3842
体育用品及器材批发	2	2	18	4486
其他文化用品批发	5	5	198	25826
医药及医疗器材批发	8	8	401	125485
西药批发	7	7	394	118640
中药批发				
矿产品、建材及化工产品批发	177	272	4000	2611998
煤炭及制品批发	13	13	142	97391
石油及制品批发	10	38	820	366199
非金属矿及制品批发	3	3	22	16981
金属及金属矿批发	69	69	1295	1316988
建材批发	22	23	537	127398
化肥批发	5	30	81	19962
农药批发	5	38	114	42190
农用薄膜批发	1	1	65	6218
其他化工产品批发	49	57	924	618672

9－5　续表2　　　　　　　　　　　（2014年）

指标名称	企业法人（个）	所属全部批零住餐活动单位（个）	从业人员（人）	销售额（万元）
机械设备、五金产品及电子产品批发	59	59	1423	2424247
农业机械批发	6	6	104	20048
汽车批发	5	5	191	2018982
汽车零配件批发	8	8	221	100208
五金产品批发	13	13	396	73538
电气设备批发	9	9	216	49601
通讯及广播电视设备批发	2	2	65	7242
其他机械设备及电子产品批发	16	16	230	154628
贸易经纪与代理	7	7	146	78656
贸易代理	5	5	108	72529
其他批发业	23	50	613	214863
再生物资回收与批发	14	41	294	157580
其他未列明批发业	9	9	319	57283
3、按经营方式分组				
独立门店	334	462	10577	6140157
连锁门店	3	3	26	11099
其他	70	74	2446	887296
4、按单位规模分				
大型	3	36	1386	956068
中型	89	127	6009	4172624
小型	293	354	5209	1768921
微型	22	22	110	124578
二、零售业	**347**	**936**	**22226**	**4102327**
其中：国有控股	19	307	3969	1051910
1、按经济注册类型分组				
内资企业	338	927	20134	3510252
国有企业	4	9	294	29592

9－5　续表3　　（2014年）

指标名称	企业法人（个）	所属全部批零住餐活动单位（个）	从业人员（人）	销售额（万元）
集体企业	3	3	78	10705
有限责任公司	83	475	8928	1715503
其他有限责任公司	79	327	7349	1153550
股份有限公司	4	10	1240	257715
私营企业	240	419	9417	1482229
私营独资企业	11	11	240	14701
私营合伙企业	1	1	7	606
私营有限责任公司	217	396	8585	1364022
私营股份有限公司	11	11	585	102899
其他	4	11	177	14509
港、澳、台商投资企业	7	7	1725	481976
与港澳台商合资经营企业	2	2	169	10188
港、澳、台商独资经营企业	5	5	1556	471788
外商投资企业	2	2	367	110099
中外合资经营企业	1	1	229	82558
外资企业	1	1	138	27541
2、按国民经济行业分组				
综合零售	37	183	7799	1083353
百货零售	11	12	1962	571797
超级市场零售	23	142	5606	504359
其他综合零售	3	29	231	7197
食品、饮料及烟草制品专门零售	37	144	1463	101885
粮油零售	2	8	100	2606
果品、蔬菜零售	3	3	85	8387
营养和保健品零售				9509
酒、饮料及茶叶零售	11	12	238	16266
烟草制品零售	11	110	613	49432

9－5　续表4　　　　　　　　　　　　　　　　（2014年）

指标名称	企业法人（个）	所属全部批零住餐活动单位（个）	从业人员（人）	销售额（万元）
其他食品零售	10	11	427	15685
纺织、服装及日用品专门零售	19	19	849	52460
服装零售	3	3	36	34414
化妆品及卫生用品零售	3	3	169	10255
自行车零售	2	2	15	1536
文化、体育用品及器材专门零售	30	62	902	111452
文具用品零售	5	5	59	4154
图书、报刊零售	6	37	453	35734
珠宝首饰零售	5	5	147	49040
工艺美术品及收藏品零售	8	9	170	17827
照相器材零售	1	1	17	793
医药及医疗器材专门零售	22	159	2073	467971
药品零售	14	151	1932	454360
医疗用品及器材零售	8	8	141	13611
汽车、摩托车、燃料及零配件专门零售	129	262	6655	1901406
汽车零售	100	102	4949	1289947
汽车零配件零售	7	7	121	16789
摩托车及零配件零售	4	4	33	3569
机动车燃料零售	18	149	1552	591101
家用电器及电子产品专门零售	40	63	1971	331373
家用视听设备零售	1	5	125	9233
日用家电设备零售	27	37	1297	266294
计算机、软件及辅助设备零售	6	6	283	15381
通信设备零售	5	14	257	39211
五金、家具及室内装饰材料专门零售	24	27	329	38003
五金零售	17	20	205	25762
灯具零售				

9－5 续表5 (2014年)

指标名称	企业法人(个)	所属全部批零住餐活动单位(个)	从业人员(人)	销售额(万元)
家具零售	3	3	46	2377
涂料零售				
木质装饰材料零售	1	1	24	1061
其他室内装饰材料零售	3	3	54	8804
货摊、无店铺及其他零售业	9	17	185	14424
生活用燃料零售	6	14	136	12153
其他未列明零售业	3	3	49	2271
3、按经营方式分组				
独立门店	311	561	16896	3785582
连锁总店(总部)	7	239	1535	69237
连锁门店	13	88	2821	179075
其他	16	48	974	68433
4、按零售业态分组				
有店铺零售	341	930	21716	4058101
便利店	2	28	202	8844
超市	14	58	1412	54650
大型超市	13	94	4318	457728
百货店	15	16	2087	581966
专业店	185	600	8582	1811288
专卖店	98	119	4746	1117225
家居建材店	6	6	83	19414
厂家直销中心	6	7	95	5153
无店铺零售	6	6	510	44226
网上商店	3	3	428	1164
5、按单位规模分				
大型	12	205	6761	1874822
中型	94	448	10947	1655766
小型	169	211	3939	438444
微型	72	72	458	76551

9－6　限额以上住宿餐饮业基本情况

（2014年）

指标名称	企业法人（个）	所属全部批零住餐活动单位（个）	从业人员（人）	营业额（万元）
总　计	**218**	**250**	**16863**	**270007**
一、住宿业	**64**	**66**	**6757**	**104609**
其中：国有控股	12	14	1985	33166
1、按登记注册类型分组				
内资企业	57	59	5414	81026
国有企业	4	4	422	3995
集体企业	1	1	25	1175
有限责任公司	19	21	2751	45447
其他有限责任公司	17	18	2161	34275
股份有限公司	2	2	254	3593
私营企业	30	30	1942	26657
私营独资企业	4	4	119	1828
私营有限责任公司	24	24	1410	19735
港、澳、台商投资企业	2	2	327	5842
港、澳、台商独资经营企业	2	2	327	5842
外商投资企业	5	5	1016	17742
中外合资经营企业	2	2	597	10921
外资企业	3	3	419	6821
2、按国民经济行业分组				
旅游饭店	43	45	5668	87680
一般旅馆	19	19	980	15423
其他住宿服务	2	2	109	1506
3、按星级等级分组				
二星	4	4	162	4346
三星	20	21	1808	22192
四星	7	7	1448	24850
五星	6	7	1939	29907
其他	27	27	1400	23313
4、按经营方式分组				
独立门店	59	61	6063	93674
连锁门店	5	5	694	10935
其他				
5、按单位规模分				
中型	15	16	3665	61858
小型	48	49	2613	35978

9－6　续表　　　　　　　　　　　　(2014 年)

指标名称	企业法人（个）	所属全部批零住餐活动单位（个）	从业人员（人）	营业额（万元）
微型	1	1	8	207
二、餐饮业	**154**	**184**	**10106**	**165398**
其中:国有控股	9	10	1360	26880
1、按登记注册类型分组				
内资企业	148	178	9281	152223
国有企业	3	3	483	17886
集体企业	2	2	22	618
有限责任公司	32	37	3045	45839
其他有限责任公司	32	37	3045	39153
股份有限公司	3	6	547	9518
私营企业	107	129	5040	77012
私营独资企业	26	32	914	15526
私营合伙企业	1	1	30	276
私营有限责任公司	77	93	3928	59193
私营股份有限公司	3	3	168	2017
港、澳、台商投资企业	1	1	10	226
港、澳、台商独资经营企业	1	1	10	226
外商投资企业	5	5	815	12949
外资企业	5	5	795	11214
外商投资股份有限公司			20	1735
2、按国民经济行业分组				
正餐服务	142	168	9508	157476
快餐服务	5	9	383	4568
其他餐饮业	6	6	203	3180
其他未列明餐饮业	2	2	38	1016
3、按经营方式分组				
独立门店	143	163	8659	140317
连锁总店(总部)	2	5	160	1544
连锁门店	4	10	930	18939
其他	5	6	357	4598
4、按单位规模分组				
大型				
中型	11	17	3060	51742
小型	141	165	6163	92384
微型	2	2	13	718

9－7 限额以上住宿和餐饮业经营情况

（2014年） 单位：万元

指标名称	营业额	客房收入	餐费收入	商品销售额
合　计	**270007**	**69204**	**179577**	**6431**
一、住宿业	**104609**	**46362**	**49247**	**1156**
其中：国有控股	33166	11357	15923	383
1、按登记注册类型分组				
内资企业	81026	35845	36930	1039
国有企业	3995	1898	1414	156
集体企业	1175	603	527	45
有限责任公司	45447	17095	23001	489
其他有限责任公司	34275	13136	17710	414
股份有限公司	3593	1180	1194	35
私营企业	26657	14910	10794	314
私营独资企业	1828	841	883	
私营有限责任公司	19735	12377	7064	107
港、澳、台商投资企业	5842	3059	2489	
港、澳、台商独资经营企业	5842	3059	2489	
外商投资企业	17742	7458	9828	117
中外合资经营企业	10921	4658	6083	
外资企业	6821	2800	3746	117
2、按国民经济行业分组				
旅游饭店	87680	36474	42908	906
一般旅馆	15423	9326	5398	249
其他住宿服务	1506	563	941	1
3、按星级等级分组				
二星	4346	2354	1802	55
三星	22192	8131	11471	482
四星	24850	8300	14766	139
五星	29907	12686	14873	186
其他	23313	14890	6337	295
4、按经营方式分组				
独立门店	93674	40306	45014	1021
连锁门店	10935	6056	4233	135
其他				
5、按单位规模分				
中型	61858	23842	33201	499
小型	35978	18832	13093	630

9-7 续表　　(2014年)　　单位:万元

指标名称	营业额	客房收入	餐费收入	商 品 销售额
微型	207	207		
二、餐饮业	**165398**	**22842**	**130330**	**5275**
其中:国有控股	26880	5431	18452	448
1、按登记注册类型分组				
内资企业	152223	19005	121485	4969
国有企业	17886	3704	10081	2476
集体企业	618		618	
有限责任公司	45839	6061	35670	761
其他有限责任公司	39153	4188	31591	521
股份有限公司	9518	373	8873	1
私营企业	77012	8595	65193	1707
私营独资企业	15526	921	13811	656
私营合伙企业	276	46	157	35
私营有限责任公司	59193	7260	49590	1001
私营股份有限公司	2017	367	1635	15
港、澳、台商投资企业	226		226	
港、澳、台商独资经营企业	226		226	
外商投资企业	12949	3837	8619	306
外资企业	11214	3837	6883	306
外商投资股份有限公司	1735		1735	
2、按国民经济行业分组				
正餐服务	157476	22613	122698	5215
快餐服务	4568		4534	34
其他餐饮业	3180	230	2923	27
其他未列明餐饮业	1016	230	759	27
3、按经营方式分组				
独立门店	140317	19245	109551	5018
连锁总店(总部)	1544		1544	
连锁门店	18939	3475	14778	240
其他	4598	123	4457	18
4、按单位规模分组				
大型				
中型	51742	9251	37627	633
小型	92384	8647	79904	2085
微型	718		649	47

9－8 限额以上住宿和餐饮业企业财务状况

（2014 年）

单位：万元

指标名称	资产总计	主营业务收入	主营业务成本	营业利润	应付职工薪酬（本年贷方累计发生额）
合　　计	**668267**	**237924**	**107979**	**－13506**	**53039**
一、住宿业	**430738**	**96589**	**36410**	**－14867**	**22948**
其中：国有控股	220508	32560	11602	－11314	9150
1、按登记注册类型分组					
内资企业	345193	77963	28235	－12620	19842
国有企业	22438	3530	1544	－955	1081
集体企业	949	975	554	349	116
有限责任公司	258970	43434	14970	－12458	12321
其他有限责任公司	142026	32263	12856	－6548	9184
股份有限公司	6139	3593	1001	－146	814
私营企业	56648	26271	10082	584	5455
私营独资企业	2575	1818	966	163	304
私营有限责任公司	30192	19456	7480	－488	3835
港、澳、台商投资企业	33184	5792	3393	2	867
港、澳、台商独资经营企业	33184	5792	3393	2	867
外商投资企业	52362	12835	4783	－2249	2239
中外合资经营企业	21420	7164	2620	－1127	701
外资企业	30942	5670	2163	－1122	1538
2、按国民经济行业分组					
旅游饭店	403263	80026	30924	－14630	19750
一般旅馆	25399	15049	5047	－265	2852
其他住宿服务	2076	1515	439	28	346
3、按星级等级分组					
二星	3552	2686	1740	640	421
三星	47210	20718	8464	－993	5879
四星	89425	22325	10560	－2946	4763
五星	241686	29409	9213	－11334	8004
其他	48866	21452	6433	－234	3882
4、按经营方式分组					
独立门店	405106	86718	34677	－15747	21198
连锁门店	25632	9871	1733	880	1750
其他	379474	76846	32944	－16627	19448
5、按单位规模分					
中型	336670	61122	21836	－13326	14393
小型	93863	35271	14403	－1551	8527

9－8 续表 （2014 年） 单位：万元

指标名称	资产总计	主营业务收入	主营业务成本	营业利润	应付职工薪酬(本年贷方累计发生额)
微型	205	197	171	10	28
二、餐饮业	**237529**	**141335**	**71569**	**1361**	**30091**
其中：国有控股	66511	26595	10207	534	5395
1、按登记注册类型分组					
内资企业	213040	138696	69979	1851	29294
国有企业	47115	10512	3334	422	1159
集体企业	316	618	434	45	62
有限责任公司	66372	45292	20265	－290	10253
其他有限责任公司	56964	38612	16880	－911	9112
股份有限公司	8507	9248	4136	85	2375
私营企业	90414	71797	41169	2007	14883
私营独资企业	10015	14976	9014	2044	2462
私营合伙企业	192	276	201	14	96
私营有限责任公司	74601	54529	30927	－144	11738
私营股份有限公司	5606	2017	1028	93	588
港、澳、台商投资企业	206	226	116	7	18
港、澳、台商独资经营企业	206	226	116	7	18
外商投资企业	24282	2413	1474	－497	779
外资企业	24282	2413	1474	－497	779
2、按国民经济行业分组					
正餐服务	230144	133539	67409	642	28569
快餐服务	1320	4518	2085	511	922
其他餐饮业	5888	3103	1978	208	569
其他未列明餐饮业	5186	940	678	34	120
3、按经营方式分组					
独立门店	219581	125249	63988	575	26298
连锁总店(总部)	377	1494	765	326	285
连锁门店	11334	9994	4514	253	2528
其他	6237	4598	2303	207	981
4、按单位规模分组					
大型					
中型	116693	50988	19670	－2554	10944
小型	120262	89653	51422	3737	19086
微型	574	694	476	178	61

9－9　亿元以上商品交易市场基本情况

（2014 年）

指标名称	市场个数（个）	摊位总量（个）	已出租摊位（个）	本年商品成交额（万元）	消费品零售额（万元）	营业面积（平方米）	年末市场交易业主从业人员（人）
合　　计	**59**	**20858**	**19892**	**7340868**	**1938760**	**1673570**	**80244**
一、按经营环境分							
（一）露天式	7	2025	2004	596607	90630	171037	38560
（二）封闭式	40	14573	13999	6091974	1343439	1236695	34529
（三）其他	12	4260	3889	652287	504691	265838	7155
二、按经营方式分							
（一）批发	34	11875	11189	6084667	1069429	1132270	29557
（二）零售	25	8983	8703	1256201	869331	541300	50687
三、按市场类别分							
（一）综合市场	6	2194	2167	1213430	618385	77454	7060
综合贸易市场	6	2194	2167	1213430	618385	77454	7060
生产资料综合市场							
工业消费品综合市场	1	1415	1415	1004641	420319	40000	4014
农产品综合市场	4	440	413	160179	151466	31874	1558
（二）专业市场	53	18664	17725	6127438	1320375	1596116	73184
生产资料市场	8	2029	1864	576383	141759	355815	4425
木材市场	1	142	135	95562	35684	30000	500
建材市场	4	1148	1012	108608	40000	223695	1645
金属材料市场	3	739	717	372213	66075	102120	2280
农产品市场	23	7280	7011	3519344	353122	282790	49759
肉禽蛋市场	3	210	208	421145	15901	14900	2675
水产品市场	5	1020	829	280884	34560	108444	1287
蔬菜市场	4	1958	1939	1298491	51676	75626	38190

9-9 续表 (2014年)

指标名称	市场个数(个)	摊位总量(个)	已出租摊位(个)	本年商品成交额(万元)	消费品零售额(万元)	营业面积(平方米)	年末市场交易业主从业人员(人)
干鲜果品市场	2	328	328	950283		15300	870
食品、饮料及烟酒市场							
食品饮料市场							
纺织、服装、鞋帽市场	4	4261	3942	449337	295425	276036	6833
布料及纺织品市场	2	1600	1481	174323	33959	193320	3421
鞋帽市场	1	2055	2011	261142	261015	12500	2212
黄金、珠宝、玉器等首饰市场							
黄金、珠宝、玉器等首饰市场							
电器、通讯器材、电子设备市场	1	255	243	109000		9000	1262
计算机及辅助设备市场	1	255	243	109000		9000	1262
家具、五金及装饰材料市场	10	3480	3349	1043069	411469	491966	7144
家具市场	1	496	489	22763		103000	1620
装饰材料市场	5	1802	1705	537465	373321	271856	2895
五金材料市场	4	1182	1155	482841	38148	117110	2629
汽车、摩托车及零配件市场	3	399	358	103358	14100	77000	1199
汽车市场	1	26	25	13248		5200	80
机动车零配件市场	2	373	333	90110	14100	71800	1119
花、鸟、鱼、虫市场	1	512	512	130102		48000	897
花卉市场	1	512	512	130102		48000	897
旧货市场	1	73	73	19145		25000	65
其他旧货市场	1	73	73	19145		25000	65
其他专业市场	2	375	373	177700	104500	30509	1600
其他专业市场	2	375	373	177700	104500	30509	1600

9－10 全市住宿餐饮企业营业额前20名排序

（2014年）

单位名称	地区	位次
扬州富春饮服集团有限公司	广陵区	1
扬州会议中心	邗江区	2
扬州迎宾馆有限责任公司	景区	3
扬州花园国际大酒店有限公司	开发区	4
高邮市郭集迎宾大酒店	高邮市	5
冶春餐饮股份有限公司	景区	6
扬州新世纪大酒店有限责任公司	开发区	7
扬州云鹤金陵大饭店有限公司	邗江区	8
扬州市西园饭店有限责任公司	景区	9
扬州瘦西湖酒店有限公司	景区	10
扬州众银酒店有限公司	邗江区	11
扬州人家国际大酒店有限公司	广陵区	12
扬州华美达凯莎酒店有限公司	广陵区	13
扬州中集华宇酒店投资有限公司	邗江区	14
宝应润荷国际大酒店有限公司	宝应县	15
扬州辰茂京江酒店有限公司	江都区	16
江苏食为天假日酒店股份有限公司	广陵区	17
扬州明珠国际大酒店有限公司	江都区	18
扬州京华维景酒店有限公司	邗江区	19
扬州市蓝天大厦酒店有限责任公司	广陵区	20

9－11 全市批发零售企业商品销售额前20名排序

（2014年）

单位名称	地区	位次
中国石油化工股份有限公司江苏扬州石油分公司	广陵区	1
江苏省烟草公司扬州市公司	邗江区	2
国药控股扬州有限公司	广陵区	3
扬州金鹰国际实业有限公司	广陵区	4
江苏美钢管业有限公司	江都区	5
扬州欧尚超市有限公司	开发区	6
江苏宏信商贸股份有限公司	江都区	7
中国石油天然气股份有限公司江苏扬州分公司	邗江区	8
江苏方正钢铁集团有限公司	江都区	9
扬州荣嘉商贸有限公司	高邮市	10
江苏华伦星聚河化工销售有限公司	江都区	11
江苏长江石化交易市场有限公司	化工园区	12
江苏金澳汽车销售服务有限公司	开发区	13
扬州汇银家电（集团）有限公司	邗江区	14
扬州利之星汽车维修服务有限公司	邗江区	15
扬州汇德电器营销有限公司	广陵区	16
扬州市众成金属材料有限公司	广陵区	17
扬州市安泰物资有限公司	江都区	18
扬州华江再生资源有限公司	江都区	19
扬州苏宁云商销售有限公司	广陵区	20

重点服务业 ⑩

SIGNIFICANT SERVICE NDUSTRY

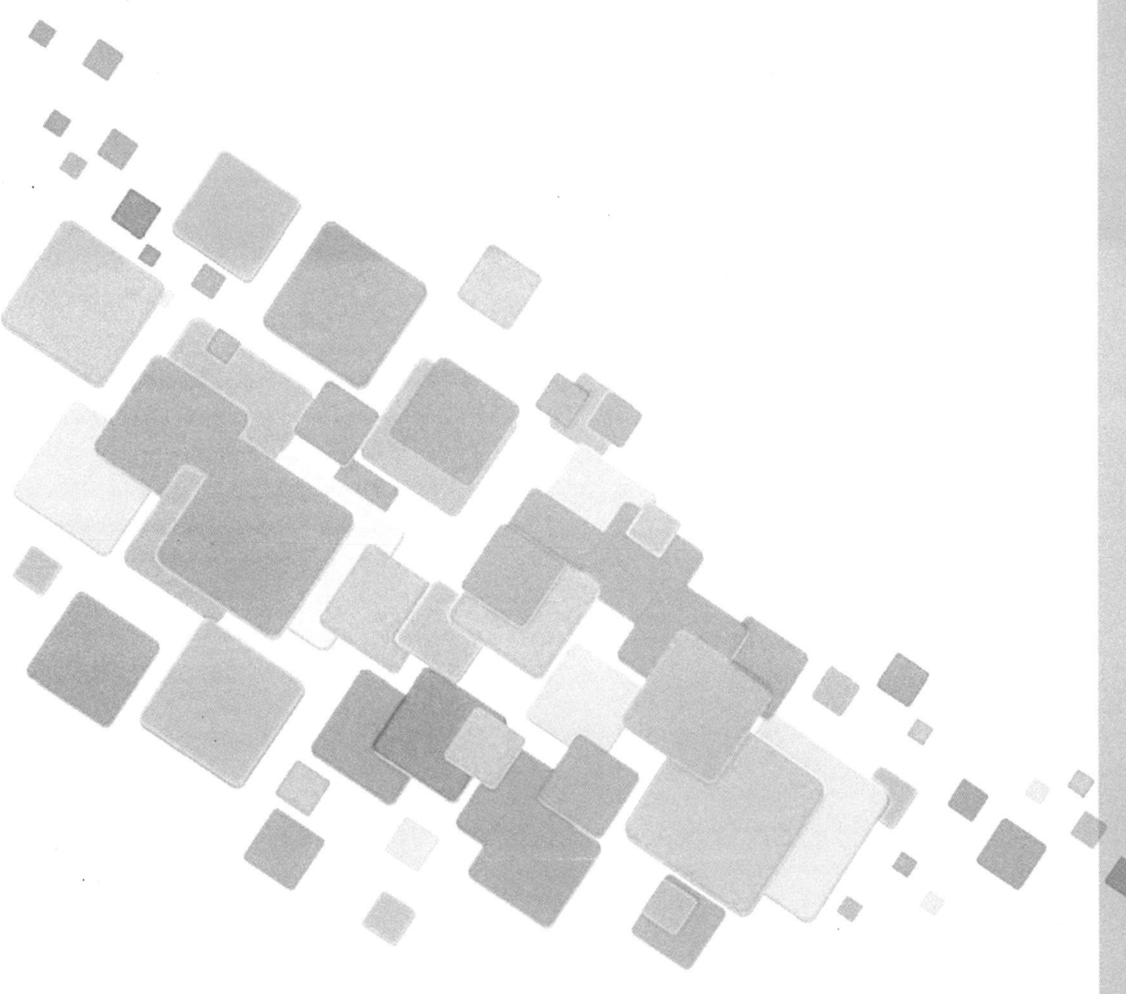

编辑：钱坤

10－1　规模以上服务业企业主要经济指标(一)

(2014年)　　　　单位:万元

指标名称	单位数(个)	固定资产原　价	资产总计	所有者权益合计	营业收入	其中:主营业务收　入
总　计	**989**	**4544330**	**17882536**	**8467053**	**3953629**	**3828224**
按登记注册类型分组						
内资企业	964	4116881	17218680	8126417	3785153	3686574
国有企业	34	493494	4588517	1916182	718939	698137
集体企业	33	49393	60857	28258	52048	51714
股份合作企业	1	201	275	218	339	339
有限责任公司	238	1893091	10134561	5051631	1203658	1136854
股份有限公司	20	1116470	813409	337318	672619	668209
私营企业	572	481280	1465186	712481	1035494	1029607
其他企业	66	82952	155874	80330	102057	101714
港、澳、台商投资企业	9	93758	221181	126747	47244	20635
外商投资企业	16	333691	442676	213889	121232	121015
按企业控股情况分组						
国有控股	125	3203113	13567972	6646191	2160628	2082218
集体控股	69	224996	474977	190625	136349	135908
私人控股	700	616511	1915545	906927	1270070	1264030
港澳台商控股	10	177454	331125	109029	59011	22272
外商控股	13	191887	289361	130916	95197	95035
其他	72	130368	1303557	483365	232374	228761
按行业分组						
道路运输业	204	415409	719994	277669	487763	477962
水上运输业	39	328918	487794	197019	172547	146048
航空运输业	1	1505	218420	101031	4414	4414
装卸搬运和运输代理业	27	118930	166251	67855	73857	70240
仓储业	19	143324	564374	137026	382650	382308
邮政业	4	37335	42029	26594	78107	76555
电信、广播电视和卫星传输服务	9	1268717	580239	189726	447015	434849
互联网和相关服务	1	6	1280	636	1105	1105
软件和信息技术服务业	78	35765	207610	126390	93862	92127
房地产业	98	10031	136147	16686	80193	78013

指标名称	单位数（个）	固定资产原　价	资产总计	所有者权益合计	营业收入	其中：主营业务收　入
租赁业	11	18658	62217	47554	17280	17219
商务服务业	240	1105751	12292167	6001521	1150312	1095080
研究和试验发展	28	20823	271858	134491	34311	33073
专业技术服务业	64	566313	978675	613722	590717	586660
科技推广和应用服务业	44	21159	45234	29552	54650	54512
生态保护和环境治理业	6	121019	217435	81945	21029	21007
公共设施管理业	22	131905	561596	274309	57887	53123
居民服务业	18	2778	13536	3592	17423	17423
机动车、电子产品和日用产品修理业	10	1040	8072	2281	19191	19178
其他服务业	6	342	4356	910	10652	10652
教育	22	53834	74165	47503	32604	32460
卫生	8	40218	45185	19134	37596	36628
社会工作	1	10159	16302	9000	493	493
新闻和出版业	2	23859	33934	13806	12569	12542
广播、电视、电影和影视录音制作业	10	54433	104818	31057	62776	62121
文化艺术业	6	2699	9387	4440	3333	3329
体育	6	8282	13621	10320	5539	5518
娱乐业	5	1119	5842	1283	3756	3587
按地区分组						
广陵区	225	572716	4209600	2007876	523207	480810
邗江区	171	694319	770906	289318	556355	539170
江都区	160	328498	1177768	632128	501310	473368
开发区	65	1809964	5486836	2308771	1364921	1353122
蜀岗瘦西湖景区	25	137157	608878	309582	101126	95418
生态科技新城	32	76488	1406307	888910	65270	64132
化工园区	14	257761	1914171	848665	101765	97124
宝应县	106	273519	568688	247772	288071	279661
仪征市	85	131548	262642	138048	210568	207512
高邮市	106	262360	1476741	795983	241037	237909

10－2　规模以上服务业企业主要经济指标二）

（2014 年）　　单位：万元

指标名称	营业税金及附加	其中：主营业务税金及附加	销售费用	管理费用	财务费用	营业利润	利润总额
总　　计	**78641**	**73145**	**194577**	**347610**	**110997**	**235287**	**311493**
按登记注册类型分组							
内资企业	77529	72110	193302	334479	101861	222644	296549
国有企业	19096	18656	10808	44528	16677	12629	28075
集体企业	1235	1185	692	5431	－22	1993	2807
股份合作企业				232		4	4
有限责任公司	20213	17135	102879	112819	69008	85592	139998
股份有限公司	16425	15818	37978	59398	3011	45797	49453
私营企业	19803	18577	37540	98691	12322	69150	68795
其他企业	757	740	3405	13380	864	7479	7417
港、澳、台商投资企业	643	631	551	5212	2454	2657	3622
外商投资企业	469	404	723	7918	6682	9985	11322
按企业控股情况分组							
国有控股	42471	39510	137007	171163	55918	153917	226040
集体控股	5080	4954	3378	13566	4317	9069	10667
私人控股	25019	23374	45563	126467	16836	85791	85466
港澳台商控股	1255	1243	3043	10484	15523	－8853	－7871
外商控股	425	360	511	5795	3373	2556	3434
其他	4392	3704	5075	20135	15030	－7193	－6244
按行业分组							
道路运输业	5661	5393	9342	39893	8027	6168	8860
水上运输业	673	656	1288	8679	9305	6991	8356
航空运输业	56	56	28	591	857	－22917	－1196
装卸搬运和运输代理业	1188	1011	867	4737	2462	3713	3967
仓储业	375	360	6504	6304	13775	－4795	11399
邮政业	437	437	354	9949	－162	2368	2373
电信、广播电视和卫星传输服务	7693	5268	106865	16210	700	87600	87241
互联网和相关服务	39	39	1	11	－1	27	27
软件和信息技术服务业	2177	2005	7198	18131	581	4269	5191
房地产业	3873	3769	1979	13666	3697	1355	2231

指标名称	营业税金及附加	其中:主营业务税金及附加	销售费用	管理费用	财务费用	营业利润	利润总额
租赁业	720	719	105	4356	60	3536	3718
商务服务业	35178	33982	38576	93897	60730	105331	129599
研究和试验发展	409	372	1179	3489	509	1420	1133
专业技术服务业	15595	15501	5872	80979	4412	28759	35487
科技推广和应用服务业	324	300	3556	2872	393	2953	2958
生态保护和环境治理业	36	36	28	2258	1305	3216	3427
公共设施管理业	1679	1244	1620	12772	3456	1110	666
居民服务业	654	559	1293	2974	93	491	548
机动车、电子产品和日用产品修理业	136	136	944	503	－40	218	209
其他服务业	429	23	39	742	－4	172	172
教育	164	164	375	7588	36	3439	3428
卫生	64	64	811	6452	311	－80	134
社会工作	6	6	47	398		－84	－84
新闻和出版业	25	25	16	3999	63	－3348	－2978
广播、电视、电影和影视录音制作业	665	662	3541	2814	297	4473	4789
文化艺术业	47	23	634	1096	59	－1570	－1440
体育	194	188	1064	1682	21	－26	1086
娱乐业	147	147	454	567	59	497	193
按地区分组							
广陵区	10452	9862	19074	67851	39770	27722	45837
邗江区	11445	10083	74674	55279	17759	56540	58599
江都区	4365	3975	15013	30566	12426	－2170	20565
开发区	34989	33371	49443	81885	20819	76043	94021
蜀岗瘦西湖景区	1881	1765	2579	21453	3981	－166	2942
生态科技新城	1684	1421	10784	9471	1167	3595	3674
化工园区	413	405	1161	14600	1653	20896	28291
宝应县	5945	5297	6671	14956	5716	14340	15881
仪征市	2592	2230	4449	30642	1952	10301	12594
高邮市	4876	4737	10729	20906	5755	28185	29089

10－3　全市规模以上服务业企业资产前20名排序

（2014年）

单位名称	地区	位次
扬州市经济开发区开发总公司	开发区	1
扬州市城建国有资产控股（集团）有限责任公司	广陵区	2
扬州化工产业投资发展有限公司	化工园区	3
扬州新盛投资发展有限公司	生态科技新城	4
高邮市建设投资发展有限公司	高邮市	5
中国石油化工股份有限公司江苏油田公司	开发区	6
扬州市瘦西湖风景区管理处	蜀冈瘦西湖景区	7
宝应县开发投资有限公司	宝应县	8
中央储备粮扬州直属库	开发区	9
高邮市交通产业投资有限公司	高邮市	10
扬州经济技术开发区科技创新有限公司	开发区	11
扬州市江都区宏图交通产业有限公司	江都区	12
中国电信股份有限公司扬州公司	开发区	13
中国移动通信集团江苏有限公司扬州分公司	邗江区	14
苏中江都机场投资建设有限责任公司	江都区	15
江苏省扬州港务集团有限公司	开发区	16
扬州市洁源排水有限公司	广陵区	17
扬州泰富港务有限公司	江都区	18
扬州远扬国际码头有限公司	开发区	19
扬州市现代金融投资集团有限责任公司	广陵区	20

10－4 全市规模以上服务业企业营业收入前20名排序

（2014年）

单位名称	地区	位次
中国石油化工股份有限公司江苏油田公司	开发区	1
扬州市经济开发区开发总公司	开发区	2
中国移动通信集团江苏有限公司扬州分公司	邗江区	3
中央储备粮扬州直属库	开发区	4
中国电信股份有限公司扬州公司	开发区	5
江苏阿波罗花木市场发展有限公司	江都区	6
扬州邮政局	邗江区	7
扬州化工产业投资发展有限公司	化工园区	8
永丰余工纸（扬州）投资有限公司	开发区	9
中国联合网络通信有限公司扬州市分公司	开发区	10
江苏宝应湖粮食物流中心有限公司	宝应县	11
江苏省扬州港务集团有限公司	开发区	12
江苏省扬州汽车运输集团公司	广陵区	13
扬州广播电视总台	开发区	14
扬州市城建国有资产控股（集团）有限责任公司	广陵区	15
扬州市江都区粮食收储总公司	江都区	16
宝应县开发投资有限公司	宝应县	17
江苏兴油劳务技术服务有限责任公司	开发区	18
高邮市交通产业投资有限公司	高邮市	19
扬州九洲交通物流有限公司	开发区	20

对外贸易和旅游 11

FOREIGN TRADE AND TOURISM

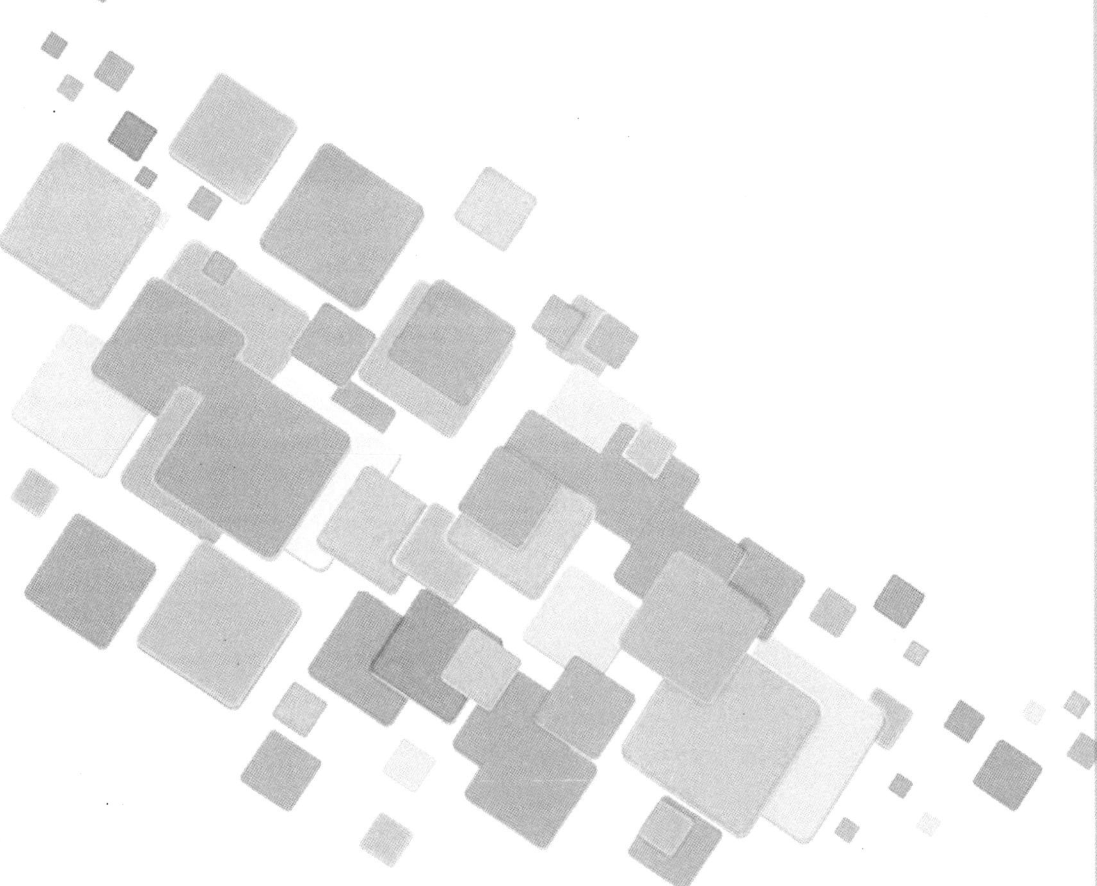

资料来源：市商务局、市旅游局、扬州海关

编辑：孔安安 戴征宇

11－1　对外贸易出口总额

（2014 年）　　　　单位：万美元

项　　目	进出口总额	出　　口	进　　口
总　　计	**1001235**	**768186**	**233049**
一、按地区分组			
市 区	778966	602464	176501
开发区	263262	179626	83636
广 陵	172350	147016	25334
邗 江	196150	164312	31838
江 都	147204	111510	35693
宝 应	77913	61042	16871
仪 征	102506	66037	36469
高 邮	41878	38643	3235
二、按贸易方式分组			
一般贸易	678878	554379	124499
进料加工	255190	185724	69466
来料加工	29405	10344	19061
外商投资设备	4039		4039
其他	34629	17918	16711

11－2　分地区进出口总额

（2014 年）　　单位:万美元

地　区	进出口总额	出　口	进　口
亚　洲	287357	273734	13623
非　洲	35164	35024	140
欧　洲	188573	185273	3300
拉丁美洲	64412	63651	761
北美洲	175909	174391	1518
大洋洲	38364	36293	2071

11－3　外商直接投资情况

（2014 年）　　单位:万美元

地　区	实际到资完成情况		协议外资完成情况
	总　额	同比(%)	总　额
全　市	**150208**	**-17.82**	**198581**
开发区	52153	20.88	49427
广　陵	23961	-36.50	45515
邗　江	28952	-25.84	41194
江　都	20740	-8.15	22450
宝　应	3164	-61.21	7646
仪　征	17607	14.14	9507
高　邮	2851	-61.07	2030

11－4 分国别利用外资(外商直接投资)情况

(2014 年)　　　　单位:万美元

地区	项目个数		合同外资金额		实际使用外资金额	
	个数	同比%	金额	同比%	金额	同比%
总计	**101**	**－47.12**	**198581**	**－40.18**	**150208**	**－17.82**
亚洲	**75**	**－50.66**	**141257**	**－49.42**	**96270**	**－36.43**
文莱	2		－430		8	－95.21
香港	49	－58.82	130322	－45.20	86711	－27.15
印度	1		8			
日本	3		4325	7	6605	429.25
澳门		－100	50	102.60		－100
马来西亚	1	－50	40	－98.68		
菲律宾	1		100	－96.64	50	
卡塔尔			－1990	－114.90		－100
新加坡	3	－40	－2657	－118.73	788	－96.49
韩国	4	33.33	1395	－67.63		－100
叙利亚	1		2			
泰国				100		
台湾省	10	－44.44	10092	－36.01	2108	－55.84
非洲	**3**	**200**	**5737**	**584.14**	**1515**	**－43.28**
喀麦隆	1		2			
毛里求斯			5500	558.33	1500	－43.74
塞舌尔	2	100	235	1466.67	15	200
欧洲	**14**	**27.27**	**5098**	**－45.70**	**3811**	**－54.87**
英国	1		57	－98.93		－100
德国	7	600	1427	3956.76	644	347.22
法国		－100		－100		
意大利	1	－75	2569	1921.99	2246	－28.29
卢森堡		－100		－100	488	－50.95
荷兰						－100
葡萄牙	1		600	－40		

11－4　续表　　（2014年）　　单位：万美元

地区	项目个数		合同外资金额		实际使用外资金额	
	个数	同比%	金额	同比%	金额	同比%
西班牙	1		892		17	-97.74
奥地利	1		18	-10		-100
波兰			-566	-236.06	416	
罗马尼亚			3	250		
瑞典						-100
瑞士	2		98			
俄罗斯				-100		
乌克兰		-100		-100		
南美洲	**2**	**-81.82**	**-585**	**-102.91**	**11753**	**64.84**
巴巴多斯						-100
伯利兹		-100		-100	610	
巴西				-100		
开曼群岛			-333	29.60		-100
墨西哥		-100		-100	78	
英属维尔京群岛	2	-77.78	-252	-101.40	11065	69.97
北美洲	**5**	**-54.55**	**2660**	**-79.36**	**14477**	**102.33**
加拿大	2	-66.67	1537	-68.51	3971	139.22
美国	3	-25	-967	-766.90	550	-69.86
百慕大		-100	2090	-73.41	9956	171.28
大洋洲	**1**	**-80**	**2640**	**8.96**	**3477**	**81.76**
澳大利亚	1	-50	-12	-101.30	2237	90.38
新西兰				-100		
萨摩亚		-100	2652	88.75	1240	68.02
其他	**5**	**150**	**41774**	**359.66**	**7474**	**85.37**
联合国和其他国际组织			15514		11432	
投资性公司投资	5	150	26260	188.95	7474	85.37

11－5 分行业利用外资(外商直接投资)情况

(2014 年)　　单位:万美元

行业	项目(企业)个数			合同外资金额		
	本年累计	去年同期	同比%	本年累计	去年同期	同比%
总　计	**101**	**191**	**－47.12**	**198581**	**331948**	**－40.18**
农、林、牧、渔业	7	30	－76.67	5963	22070	－72.98
农业	7	28	－75	5100	19944	－74.43
制造业	47	81	－41.98	67951	163306	－58.39
纺织业		1	－100	－245	2831	－108.65
化学原料及化学制品制造业		2	－100	2265	13379	－83.07
医药制造业	3	1	200	961	100	861
通用设备制造业	10	12	－16.67	11427	30425	－62.44
专用设备制造业	2	8	－75	1580	22299	－92.91
通信设备、计算机及其他电子设备制造业	7	15	－53.33	6418	48703	－86.82
电力、燃气及水的生产和供应业	1	1		235	3366	－93.02
建筑业	9	13	－30.77	27529	25039	9.94
交通运输、仓储和邮政业	2	4	－50	8145	6464	26.01
信息传输、计算机服务和软件业	1	1		193	2955	－93.47
批发和零售业	18	27	－33.33	25525	23038	10.80
住宿和餐饮业		3	－100		1159	－100
金融业	1			1427		
房地产业	3	8	－62.50	21508	62381	－65.52
房地产开发经营	2	5	－60	21008	58391	－64.02
租赁和商务服务业	6	11	－45.45	35476	9416	276.76
科学研究、技术服务和地质勘查业	4	3	33.33	5188	1344	286.01
水利、环境和公共设施管理业	1	8	－87.50	－1171	11207	－110.45
文化、体育和娱乐业	1	1		612	203	201.48

11－5　续表　　(2014 年)　　单位:万美元

行　　业	实际使用外资金额		
	本年累计	去年同期	同比%
总　计	**150208**	**182788**	**－17.82**
农、林、牧、渔业	2184	8967	－75.64
农业	1284	8607	－85.08
制造业	59682	73642	－18.96
纺织业	561	156	259.62
化学原料及化学制品制造业	20888	8957	133.20
医药制造业	798		
通用设备制造业	5215	20182	－74.16
专用设备制造业	2437	11887	－79.50
通信设备、计算机及其他电子设备制造业	7515	6081	23.58
电力、燃气及水的生产和供应业	438	390	12.31
建筑业	14269	10077	41.60
交通运输、仓储和邮政业	8123	1759	361.80
信息传输、计算机服务和软件业	39	17	129.41
批发和零售业	7090	10240	－30.76
住宿和餐饮业	464	1628	－71.50
金融业			
房地产业	22587	60354	－62.58
房地产开发经营	22587	59747	－62.20
租赁和商务服务业	30845	6626	365.51
科学研究、技术服务和地质勘查业	1933	578	234.43
水利、环境和公共设施管理业	1953	8510	－77.05
文化、体育和娱乐业	602		

11－6　星级饭店、宾馆基本情况

（2014年）

单位名称	地　址	客房数（间）	床位数（张）	地　区
五星级4（家）				
扬州迎宾馆	扬州市友谊路48号	204	304	瘦西湖景区
扬州云鹤金陵大饭店	扬州市文昌西路318号	248	358	邗江区
江苏汇金国际酒店	扬州市平山堂东路3号	128	179	瘦西湖景区
西园饭店	扬州市丰乐上街1号	99	118	瘦西湖景区
四星级12（家）				
新世纪大酒店	扬州市维扬路101号	347	657	开发区
花园国际大酒店	扬州市江阳中路56号	187	347	开发区
淮左名都国际大酒店	扬州邗江中路158号	96	156	开发区
扬州人家国际大酒店	扬州市解放南路88号	327	515	广陵区
扬州蓝天大厦玉蜻蜓雅致酒店	扬州市汶河北路42号	120	237	广陵区
京华大酒店	扬州市文昌中路559号	242	441	邗江区
扬州京江大酒店	江都新区舜天路168号	150	310	江都区
仪征怡景半岛酒店	仪征市滨河西路12号	150	230	仪征市
仪征黎明大酒店	仪征市真州路121号	142	274	仪征市
高邮加洲阳光大酒店	高邮市秦邮路138号	59	80	高邮市
高邮华侨国际大酒店	高邮市文游中路32－34号	107	258	高邮市
高邮皇华国际大酒店	扬州市高邮市高邮市海潮东路18号	72	134	高邮市
三星级37（家）				
鸿翔假日酒店	扬州市江阳西路359号	130	260	开发区
天虹大酒店	扬州市扬子江中路551号	88	172	开发区
江苑宾馆	扬州市邗江区八里乡扬州二电厂内	115	224	开发区
红杉树酒店	扬州市文昌中路237号	84	106	广陵区
石塔宾馆	扬州市文昌中路590号	202	408	广陵区
广源丁山大酒店	扬州市南通西路79号	132	243	广陵区
萃园城市酒店	扬州市文昌中路459号	81	143	广陵区
文津宾馆	扬州市盐阜西路16号	49	99	广陵区
格林豪泰扬州大厦酒店	扬州市文昌中路320号	201	333	广陵区
怡园饭店	扬州市四望亭路1号	90	160	广陵区
二十四桥宾馆	扬州市扬子江北路486号	103	216	邗江区
扬州宾馆	扬州市丰乐上街5号	146	280	邗江区
远锦国际大酒店	扬州市邗江工业园华洋路29号	56	100	邗江区
扬州恒春缘宾馆	扬州市邗江中路427号	124	228	邗江区
江苏食为天假日酒店	扬州市扬子江中路785号	64	108	邗江区
铁道宾馆	扬州市扬子江路451号	55	134	邗江区

单位名称	地　址	客房数（间）	床位数（张）	地　区
扬州聚福楼大酒店	扬州市玉器街 1 号 37 幢	85	138	瘦西湖景区
扬州天富龙大酒店	扬子江北路 959 号 2 幢 107	90	140	邗江区
江都大酒店	江都市引江路	106	207	江都区
江都市百乐门大酒店	江都市工农东路 2 号	105	205	江都区
江都金叶大酒店	江都新区长江路 236 号	50	100	江都区
江都雄都饭店	江都市人民路 26 号	70	138	江都区
扬州锦润国际大酒店	江都市浦江路 1 号	76	116	江都区
江都邵伯紫京饭店	江都邵伯镇甘棠路 108 号	65	150	江都区
扬州白鹿岛大酒店	宝应运西原航运林场	65	116	宝应县
宝应天元大酒店	宝应苏中路 6 号	45	76	宝应县
宝应皇冠大酒店	宝应白田中路 11 号	94	172	宝应县
宝应金鹰大酒店	扬州市宝应县叶挺路 129 号	89	162	宝应县
仪征和平大酒店	仪征工农北路 1 号	50	96	仪征市
江苏嘉世铭餐饮	仪征市真州东路 30 号	46	76	仪征市
扬州明煌假日酒店	仪征市新集镇栖凤街 8 号	59	128	仪征市
仪征市金穗大酒店	仪征市东园北路 18 号	36	70	仪征市
仪征万盛酒店	仪征市西园北路 102 号	60	91	仪征市
仪征枣林山庄	仪征枣林湾生态园	153	245	仪征市
仪征易圆酒店	仪征经济开发区闽泰大道 18 事情	87	134	仪征市
高邮市金茂假日酒店	高邮市三垛镇	30	58	高邮市
高邮凯悦皇家大酒店	高邮市屏淮路 4 号	88	145	高邮市
二星级 8（家）				
扬州紫京饭店	扬州市文汇南路 99 号	56	99	开发区
曙光宾馆	扬州市江阳中路 32 号	69	138	开发区
宝带宾馆	扬州市文汇东路 247 号	58	118	开发区
红河谷宾馆	扬州市文昌西路 105 号	49	107	邗江区
金海岸宾馆	扬州市文昌西路 141 号	60	116	邗江区
宝应豪堡旅店	宝应县百田中路 68 号	86	138	宝应县
宝应三友宾馆	安宜东路 98 号	36	74	宝应县
仪化东园饭店	仪化浦东路 26 号	90	170	仪征市

11－7　旅行社基本情况

（2014 年）

单位名称	地　址	地　区
扬州景智国际旅行社有限公司	扬州市双子星国际广场月座 906 室	开发区
扬州市凤凰岛旅行社有限责任公司	扬州市开发区文汇东路 231 号	开发区
扬州海天商务旅行社有限公司	扬州市双子星国际广场 1 幢 6 单元日座 619	开发区
扬州航空国际旅行社有限公司	扬州市维扬路 243 号 1－日座 510	开发区
扬州市和平国际旅行社有限公司	扬州市文汇东路 201 号	开发区
扬州江海旅行社有限公司	扬州市扬子江路 5 号江海学院专家楼一楼	开发区
扬州华夏国际旅行社有限公司	扬州市江阳中路 43 号九洲大厦 1107 室	开发区
扬州空港国际旅游有限公司	扬州市维扬路 307 号—8	开发区
扬州市风尚旅行社有限公司	扬州市新城花园 143 幢 105 号	开发区
扬州中国青年旅行社有限公司	四望亭路 6 号	广陵区
扬州市中国旅行社有限责任公司	扬州市汶河北路 18 号	广陵区
扬州环球国际旅行社有限公司	扬州市四望亭路 1 号	广陵区
扬州石塔宾馆有限公司石塔旅行社	扬州市文昌中路 246 号	广陵区
扬州天地国际旅游有限公司	扬州汶河南路 44 号盛世商务楼 404 室	广陵区
扬州蓝天国际旅行社有限公司	扬州市汶河北路 46 号（蓝天大厦内）	广陵区
扬州天天游旅行社有限公司	扬州市文昌中路 395 号星月宾馆内 3 楼 306	广陵区
扬州顺安招商旅行社有限公司	扬州市汶河南路 44 号盛世商务楼 603 室	广陵区
扬州苏之旅国际旅行社有限公司	扬州市文昌中路 580 号	广陵区
扬州茉莉花旅行社有限公司	扬州市文峰路 26 号	广陵区
扬州自由漫步旅行社有限公司	扬州市泰州路 22－1 号 22 号	广陵区
扬州中信旅行社有限公司	扬州市江阳东路 125 号滨河国际广场 676 室	广陵区
扬州新华旅行社有限公司	扬州市东方名城 1－03 幢 302 室	广陵区
扬州天马国际旅游发展有限公司	扬州盐阜东路 9 号	广陵区
江苏哥伦布国际旅行社有限公司	泰州路 43 号	广陵区
扬州山水国际旅行社有限公司	扬州史可法东路 93 号－8	广陵区
扬州润扬国际旅行社有限公司	扬州泰州路 59 号宋城名都 B146 室	广陵区
扬州文化商务旅行社有限公司	扬州市渡江南路西侧七里河南侧（江南左岸 1 幢 901 室）	广陵区
江苏国都之旅国际旅游有限公司	文昌中路 58 号（堡尼大厦 602－1 室）	广陵区
扬州远景假日国际旅行社有限公司	扬州市文昌中路 8 号（首席国际大厦）B 座 6 单元 630 号	广陵区
扬州市百事通国际旅行社有限公司	扬州市文昌中路 58 号堡尼大厦 503－1	广陵区
扬州九州行国际旅行社有限公司	扬州市盐阜西路 6 号	广陵区

表 11－7 续表 1　　　　　　　　　　　（2014 年）

单位名称	地　址	地　区
扬州高教旅行社有限公司	扬州市解放南路 79 号	广陵区
扬州京彩假日国际旅行社有限公司	扬州市文昌中路 8 号（华泰首席国际大厦）B 座－426 室	广陵区
扬州文广旅行社有限公司	扬州市文昌中路 60 号东廊房－3－6 轴	广陵区
扬州市佳友国际旅游有限公司	扬州市广陵区泰州路 9 号	广陵区
扬州鼎兴国际旅行社有限公司	扬州市广陵区皮坊街 3 号	广陵区
扬州中国国际旅行社	扬州市丰乐上街 8 号	邗江区
扬州扬子江国际旅行社有限公司	扬州市梅岭东路 31－8 号	邗江区
扬州市国泰旅游有限公司	扬州西城上筑苑 4 幢 626－627 号（扬州文汇西路 303 号）	邗江区
扬州金阳光国际旅行社有限公司	扬州市邗江区新城河路 160 号	邗江区
扬州光大国际旅行社有限公司	扬州市邗江区兰苑小区中心广场兰苑会所二楼	邗江区
扬州铁道国际旅行社	扬州市扬子江北路 451 号	邗江区
扬州小秦淮国际旅行社有限公司	扬州市扬子江北路 388 号	邗江区
扬州西湖国际旅行社有限公司	扬州市扬子江北路 242 号	邗江区
扬州市春秋国际旅行社有限公司	扬州市史可法纪念馆内	邗江区
扬州春兰国际旅行社有限公司	扬州市文汇西路 303 号 4 号楼 1406 室	邗江区
扬州市中北旅行社	扬州市江阳东路 332 号	邗江区
扬州市华悦国际旅行社有限公司	扬州市扬子江北路 387 号	邗江区
扬州夕阳红旅行社有限公司	扬州柳湖路 46 号	邗江区
扬州康辉假期旅行社有限公司	扬子江北路 101 号（双桥商务广场）1－622	邗江区
扬州烟花三月旅行社有限责任公司	扬州市邗江中路 458 号汇好数码广场 607 室	邗江区
扬州金桥国际旅行社有限公司	扬州市文昌西路翠西苑佳云阁 3 楼	邗江区
扬州东方假日旅行社有限责任公司	扬州市皇宫巷 33 号 5 幢 104 室	邗江区
扬州中侨国际旅行社有限公司	扬州市文汇西路中 215 号华远国际大厦 A 座 509 室	邗江区
扬州二分明月旅行社有限公司	扬州市润扬广场 3 幢 105B	邗江区
扬州京华国际旅行社有限公司	扬州市大学北路 159 号	邗江区
扬州瘦西湖国际旅行社有限责任公司	扬州市念四桥路 11 号—1	邗江区
扬州市旅游集散中心有限公司	扬州市邗江中路 302 号（扬州市汽车西站二楼）	邗江区
扬州舜天国际旅行社有限公司	扬州市平山堂路鸿福二村 9－103 号	邗江区
扬州同程旅行社有限公司	扬州市高桥路 28 号莱茵苑 42 栋 201 室	邗江区
扬州新国航国际旅行社有限公司	扬州市四望亭路 399 号旺庭公馆 3－621 室	邗江区
扬州新天旅行社有限公司	扬州金都汇 3 幢 308 室	邗江区

表11－7续表2　　(2014年)

单位名称	地　址	地　区
扬州天成旅行社有限公司	扬州市邗江中路451号	邗江区
扬州新世界国际旅行社有限公司	扬州市大虹桥路停车场5号	邗江区
扬州市阳光假日旅行社有限公司	扬州市维扬路280号	邗江区
扬州环宇国际旅行社有限公司	扬州市江阳商贸城18－318	邗江区
扬州扬帆商务国际旅行社有限公司	扬州市友谊路103号	邗江区
扬州市纵横旅行社有限公司	扬州市四望亭路279号太和广场347室	邗江区
扬州龙行天下国际旅行社有限公司	扬州市史可法路30号	邗江区
扬州新视野教育旅行社有限公司	扬州市扬子江中路757号312室	邗江区
扬州燕宇旅行社有限公司	扬州市润扬广场六幢7021室	邗江区
扬州市中原旅行社有限公司	扬州市文汇东路263－265号	邗江区
扬州中江旅行社有限公司	扬州市高桥路2号	邗江区
扬州万里行国际旅行社有限公司	扬州市文昌中路650号	邗江区
扬州天一国际旅游有限公司	扬州市文汇西路303号西城上筑4幢1013室	邗江区
扬州新时代商务旅行社有限公司	扬州市文昌中路650号301室	邗江区
扬州爱尚国际旅游有限公司	扬州市扬子江北路819号A幢305室	邗江区
扬州苏宁旅行社有限公司	扬州市扬子江北路101号双桥商务广场A座629室	邗江区
扬州小骆驼国际旅行社有限公司	扬州市维扬区扬子江北路双桥商务广场1－622	邗江区
扬州春晖旅行社有限公司	扬州市新城河路520号	邗江区
扬州路路通国际旅行社有限公司	扬州市百祥路63号	邗江区
扬州市地平线旅行社有限公司	扬州市文昌西路56号公元国际大厦421室	邗江区
扬州益都旅行社有限公司	翠柳苑(现代广场)9－328	邗江区
扬州泰禾国际旅行社有限公司	扬州万鸿城市花园27幢7号	邗江区
扬州众诚旅行社有限公司	扬州市润扬广场3幢202室	邗江区
扬州康泰国际旅行社有限公司	望月路432号(孙庄西路21号)	邗江区
扬州远界国际旅行社有限公司	扬州市邗江区现代广场9－330	邗江区
扬州市玉屏国际旅行社有限公司	扬州市扬子江路757号东宇大厦502室	邗江区
扬州平安国际旅游有限公司	扬州市邗江区四望亭路319号－5	邗江区
扬州博客旅行社有限公司	扬州市金茂广场(1－301,1－302)	邗江区
扬州金色阳光国际旅行社有限公司	江都市人民路20号	江都区
扬州市江都中原国际旅行社有限公司	扬州市江都区工农路25号	江都区
扬州市雄都旅行社有限公司	江都市江都镇人民路26号	江都区
扬州市江都区神州国际旅行社有限公司	扬州市江都区工农路28号	江都区

表 11－7 续表 3　　　　　　　　　　（2014 年）

单位名称	地　址	地　区
扬州市太平洋假日国际旅行社有限公司	扬州市江都区人民路 18 号	江都区
扬州世纪康辉国际旅行社有限公司	江都区三元路 33 号	江都区
扬州百乐门旅行社有限责任公司	江都市工农路 2 号（江都宾馆内）	江都区
扬州春江花都国际旅行社有限公司	江都市中远欧洲城龙川路营业用房 170 号	江都区
扬州市中友旅行社有限公司	江都市邵伯镇淮江路 101 号	江都区
扬州市江都区春之秋国际旅行社有限公司	扬州市江都区仙女镇工农西路 41 号	江都区
扬州金马国际旅行社有限公司	江都市浦江 389 号 B3 幢	江都区
江都市三元国际旅行社有限公司	江都市江淮路 66－6	江都区
扬州青创国际旅行社有限公司	扬州市江都区龙川北路 77 号明珠山庄 1－105	江都区
宝应县环球旅行社有限公司	宝应县叶挺东路 47 号	宝应县
宝应润扬旅游集散中心	宝应县叶挺东路 53 号 103 室	宝应县
宝应县青年旅行社	宝应县名仕华庭 1038 门市	宝应县
宝应县西湖旅行社有限责任公司	宝应县安宜镇中大街 19 号	宝应县
宝应大众旅行社有限责任公司	宝应县叶挺东路 59 号西首 1 号 2 号门市	宝应县
扬州三人行旅行社有限公司	安宜镇苏中北路自来水综合楼门市第 1 间由北向南	宝应县
宝应宇通旅行社有限公司	宝应县白田中路 68 号	宝应县
仪征市中北国际旅行社	仪征市真州镇真州东路 46－1 号	仪征市
仪征市化纤国际旅行社有限公司	仪征市真州镇胥浦环西路 10 号	仪征市
仪征市风华国际旅行社有限公司	仪征市人民街 87 号	仪征市
仪征市怡华假日旅行社有限公司	仪征市真州镇化纤生活区环南路 15 号西南侧	仪征市
仪征市黎明国际旅行社	仪征市真州镇解放路 6 幢 111 室	仪征市
扬州中康国际旅行社有限公司	仪征市真州镇解放西路 169 号	仪征市
扬州东航旅行社有限公司	仪征市真州镇化纤生活区环南路 15 号	仪征市
扬州市开元国际旅行社有限公司	仪征市真州镇解放西路 6 幢 111 室	仪征市
扬州市枣林湾国际旅行社有限公司	仪征市万年北路 220 号	仪征市
仪征金太阳国际旅行社有限公司	仪征市真州镇仪化生活区白沙路 10 号 1－	仪征市
扬州市邮驿国际旅行社有限公司	高邮市文游中路 110 号	高邮市
高邮市喜福来旅行社有限公司	高邮市海潮路南海桥北东侧	高邮市
高邮市走四方旅行社有限公司	高邮市文游中路 176 号	高邮市
高邮市中原国际旅行社有限公司	高邮市文游中路 135 号	高邮市
扬州风光旅行社有限公司	扬州市双子星国际广场月座 906 室	开发区

11－8　AAA级以上景区基本情况

（2014年）

旅游景区名称	地　址	旅游景区等级
蜀冈－瘦西湖风景区	大虹桥路28号	AAAAA
大明寺	平山堂路2号	AAAA
个园	盐阜东路10号	AAAA
何园	徐凝门街77号	AAAA
扬州双博馆	文昌西路人工湖畔	AAAA
京华城休闲旅游区	扬州京华城路168号	AAAA
茱萸湾风景区	广陵区湾头镇北首	AAAA
东关历史文化旅游区	扬州市东关街27号	AAAA
汉陵苑	平山堂东路98号	AAA
史可法纪念馆	广储门外街24号	AAA
凤凰岛生态旅游区	广陵区泰安镇金泰南路88号	AAA
吴道台宅第	泰州路45号	AAA
宝应纵棹园	宝应县安宜东路1号	AAA
仪征博物馆	仪征市解放西路201号	AAA
高邮镇国寺	高邮市城西运河中心岛	AAA
高邮文游台	高邮市金三角	AAA
宝应宁国寺	宝应县安宜南路60号	AAA
仪征红山体育公园	仪征市枣林湾生态园	AAA

财政 金融

12

FINANCE FINANCIAL

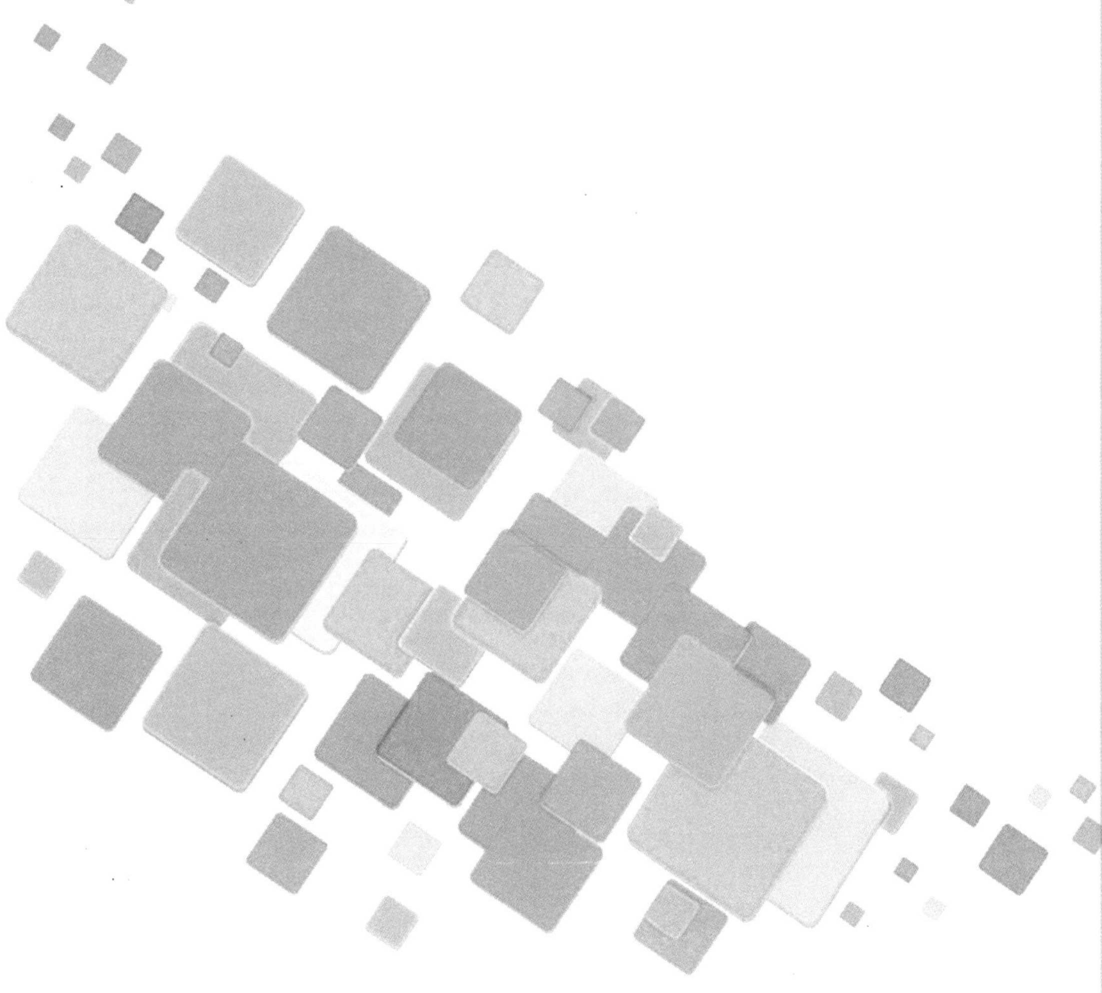

资料来源：市财政局、人行扬州支行

编辑：殷璐 项月

12－1　主要年份财政收入与支出

单位:万元

年　份	财政收入	公共预算收入	财政支出
1978	20266	20266	9934
1979	19845	19845	10686
1980	20572	20572	10899
1981	21433	21433	10649
1982	23811	23811	12220
1983	25791	25791	16170
1984	27846	27846	18356
1985	35589	35589	20080
1986	39919	39919	26928
1987	43978	43978	27939
1988	55651	55651	35559
1989	61256	61256	43213
1990	66570	66570	49303
1991	65988	65988	58939
1992	81867	81867	57804
1993	129289	129289	91088
1994	161162	71576	105017
1995	187999	88693	126160
1996	204067	99718	142919
1997	229962	104600	158873
1998	255303	122882	183928
1999	274958	135651	201069
2000	339920	163357	237079
2001	407071	205101	290539
2002	556114	231613	392554
2003	729081	305517	517835
2004	938888	402425	663373
2005	1170310	495486	873131
2006	1580277	630188	1217880
2007	2136143	856900	1509396
2008	2662005	1048317	2127649
2009	3100890	1280788	2566759
2010	4008818	1677818	3333569
2011	5009588	2180818	4218869
2012	5545139	2249986	4663329
2013	4185402	2592606	5357125
2014	4684615	2951918	5705555

12－2 财政收入与支出

（2014年）

单位：万元

项目	全市	市区	广陵	邗江	江都	宝应	仪征	高邮
财政总收入	**4684615**	**3073737**	**605166**	**828595**	**743700**	**392531**	**760641**	**457706**
上划中央收入	1732697	1034366	220831	268297	263890	119761	414022	164548
增值税(75%)	1017772	609368	146954	168966	166857	80186	209114	119104
消费税	181754	52716	4876	226	24401	973	127763	302
企业所得税(60%)	379497	245394	52519	76076	52327	30979	66418	36706
个人所得税(60%)	153674	126888	16482	23029	20305	7623	10727	8436
公共财政预算收入	**2951918**	**2039371**	**384335**	**560298**	**479810**	**272770**	**346619**	**293158**
#税收收入	2422247	1661827	336850	453557	393924	223741	296281	240398
#增值税(25%)	398210	241833	57813	67265	63173	33002	79487	43888
营业税	846971	647042	140327	180620	173219	69695	64417	65817
企业所得税(40%)	252997	163596	35012	50717	34885	20653	44278	24470
个人所得税(40%)	102448	84591	10988	15352	13537	5082	7151	5624
公共财政预算支出	**3677273**	**2333276**	**310414**	**493457**	**574740**	**462474**	**415095**	**466428**
#一般公共服务	480228	309173	44068	79176	70640	65495	52068	53492
科学技术	113031	72883	9617	7438	17538	15144	13105	11899
教育	653748	368187	56511	73629	139153	116518	68059	100984
文化体育与传媒	65906	53637	1300	4416	3329	4580	3332	4357
医疗卫生	284110	141989	22657	27430	48349	56261	39775	46085
节能保护	260906	138364	17230	23351	51280	39395	42056	41091
城乡社区事务	84605	47083	5593	4776	12379	10032	16291	11199
交通运输	512120	416913	104259	120121	101075	14186	31488	49533
社会保障和就业	389982	162435	22610	25432	64798	71364	83498	72685
住房保障	113560	70632	997	4081	8790	14864	13113	14951
农林水事务	124306	101676		64447	11768	4538	10395	7697

12－3 主要年份城乡居民储蓄存款

单位:万元

年份	全市	市区	#江都	宝应	仪征	高邮
1978	5683	3822	1266	756	381	724
1979	8463	5257	1773	1279	581	1346
1980	12225	8018	2933	1597	985	1625
1981	15825	10159	3775	2101	1335	2230
1982	22733	14059	5427	3313	2004	3357
1983	30792	18910	7778	4398	2723	4761
1984	44760	28212	12589	6177	3946	6425
1985	58219	36436	15402	7709	5464	8610
1986	79728	49541	21148	10743	8148	11296
1987	111156	69309	29544	14631	11979	15237
1988	128886	80492	33513	16618	14929	16847
1989	190728	121220	50451	23946	21477	24085
1990	278722	178865	77025	33232	31714	34911
1991	372131	242727	104844	42930	42914	43560
1992	473124	314297	134213	52854	52431	53542
1993	610212	400696	188578	70464	74012	65040
1994	824448	542330	245651	96975	92160	92983
1995	1120957	729561	339773	133228	126901	131267
1996	1563311	1025748	457249	163395	187054	187114
1997	1840674	1227758	547822	186671	211021	215224
1998	2172694	1474612	660747	210575	239872	247635
1999	2470022	1672659	742581	247711	263830	285822
2000	2760458	1860089	808945	295203	284121	321045
2001	3145837	2124931	907901	343683	314344	362879
2002	3780858	2513456	1036607	400155	434916	432331
2003	4491267	2978007	1194163	473871	523535	515854
2004	5227957	3459956	1391055	558581	604747	604673
2005	6046486	3999036	1589804	651018	678679	717753
2006	6755500	4471503	1769047	716012	747887	820098
2007	7114663	4702255	1852424	755371	763744	893293
2008	8991000	5982900	2337200	923500	964400	1120200
2009	10953113	7340739	2780899	1107390	1173990	1330995
2010	12523929	8381899	3135618	1262557	1363619	1515854
2011	14278665	9512654	3503207	1431274	1612511	1722226
2012	16975080	11279876	4140083	1718810	1942330	2034064
2013	19310195	12766330	4672524	1970199	2232298	2341370
2014	21170920	13713008	5145041	2285140	2481310	2691462

12－4　金融机构存贷收支情况

(2014年)　　单位:亿元

项　　目	全　市	市　区	#江　都	宝　应	仪　征	高　邮
年末金融机构各项存款余额	**4269.75**	**3071.67**	**859.20**	**342.32**	**461.08**	**394.68**
其中:单位存款	2033.58	1599.82	324.56	109.54	202.76	121.46
个人存款	2165.61	1411.48	524.76	229.92	252.33	271.88
#储蓄存款	2117.09	1371.30	514.50	228.51	248.13	269.15
年末金融机构各项贷款余额	**2732.42**	**2003.26**	**485.75**	**229.71**	**257.85**	**241.60**
其中:短期贷款	1314.22	949.87	255.28	107.90	135.47	120.97
中长期贷款	1288.44	955.95	193.64	107.98	112.73	111.79
票据融资	127.29	95.04	36.78	13.78	9.65	8.82

12－5　历年金融机构存贷收支情况

单位:亿元

项　　目	2009年	2010年	2011年	2012年	2013年	2014年
年末金融机构各项存款余额	**2067.13**	**2430.55**	**2818.31**	**3310.84**	**3836.87**	**4269.75**
其中:储蓄存款	1095.31	1252.39	1427.87	1697.51	1931.02	2117.09
年末金融机构各项贷款余额	**1212.75**	**1486.06**	**1718.03**	**2006.50**	**2341.85**	**2732.42**
其中:短期贷款	558.39	700.35	837.26	1065.82	1230.21	1314.22
中长期贷款	553.75	736.78	824.56	865.61	1027.17	1288.44
票据融资	100.01	48.66	55.51	73.90	82.72	127.29

12－6　证券业务发展情况

（2014 年）　　　　单位：万户、亿元

项　　目	全　市	市　区	#江　都	宝　应	仪　征	高　邮
开设资金帐户	35.18	28.59	3.94	1.81	2.97	1.81
保证金余额	26.92	21.74	2.92	0.81	1.73	2.64
当年净流入股市资金	5.66	1.28	7.70	1.35	1.99	1.04
当年证券交易额	6167.05	5447.88	454.95	223.11	344.60	151.46
#股票	4516.46	3904.71	451.08	197.64	293.32	120.79
基金	91.80	70.80	3.15	1.28	16.36	3.36

12－7　保险业务发展情况

（2014 年）　　　　单位：亿元

项　　目	2009 年	2010 年	2011 年	2012 年	2013 年	2014 年
财产险						
保费收入	10.42	13.95	17.61	20.46	23.90	27.47
赔款和给付	5.74	6.33	7.50	12.44	13.28	14.34
人寿险						
保费收入	43.66	52.03	55.37	53.74	63.98	69.20
赔款和给付	1.66	1.63	1.67	1.90	2.51	2.76

能源 电力 ⑬

ENERGY AND ELECTRICITY

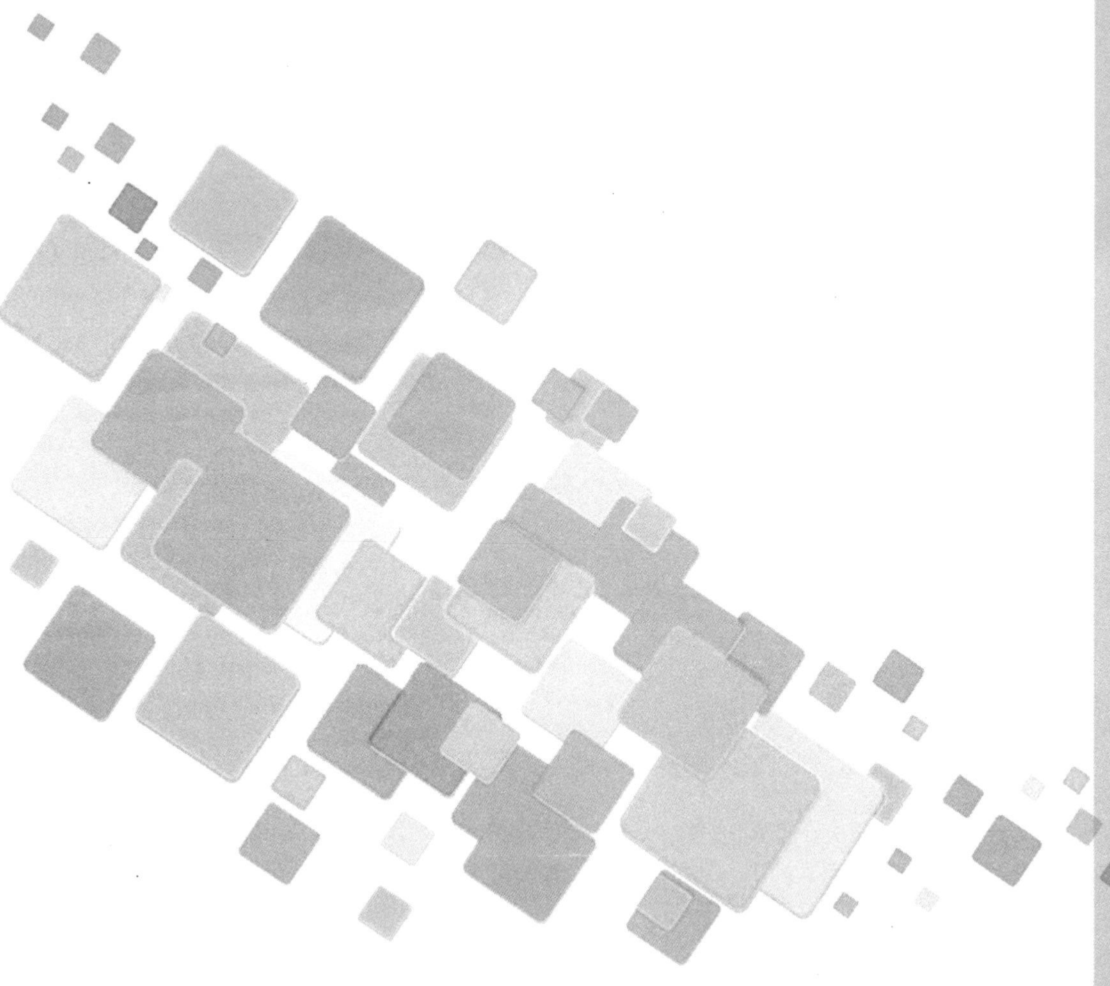

编辑：范瑶 毛媛慧

13－1　全社会能耗水平

年　份	单位 GDP 能耗		单位工业增加值能耗		单位 GDP 电耗	
	指标值（吨标准煤/万元）	上升或下降（±%）	指标值（吨标准煤/万元）	上升或下降（±%）	指标值（千瓦时/万元）	上升或下降（±%）
2005	0.860	－－	1.480	－－	889.80	－－
2006	0.827	－3.42	1.310	－11.01	886.80	－0.33
2007	0.794	－4.01	1.138	－0.96	886.33	－0.06
2008	0.739	－5.27	1.000	－9.43	824.94	－6.93
2009	0.701	－5.17	0.777	－12.10	764.24	－3.04
2010	0.675	－3.70	0.689	－10.77	788.51	3.18
2011	0.561	－3.32	0.520	－10.49	668.22	－1.40
2012	0.533	－5.09	0.502	－13.17	621.80	－7.01
2013	0.515	－3.50	0.491	－1.69	631.14	1.50
2014	0.498	－3.50	0.435	－12.46	588.84	－6.70

13－2　全社会用电分月情况

（2014 年）　　　　单位:万千瓦时

月　份	用电量	其　中			
		第一产业	第二产业	第三产业	居民用电
合计	**2043628**	**36631**	**1504145**	**222556**	**280296**
第一季度	**484498**	**5495**	**339354**	**60732**	**78917**
1 月	166797	1383	120972	22138	22304
2 月	145788	2612	97187	19028	26961
3 月	171913	1500	121195	19566	29652
第二季度	**496394**	**7340**	**376148**	**49286**	**63620**
4 月	159942	2176	117287	15289	25190
5 月	165977	2853	127872	15184	20068
6 月	170475	2311	130989	18813	18362
第三季度	**543365**	**17454**	**394979**	**58010**	**72922**
7 月	191948	5480	148285	18491	19692
8 月	183775	6723	131325	20756	24971
9 月	167642	5251	115369	18763	28259
第四季度	**519371**	**6342**	**393664**	**54528**	**64837**
10 月	163614	2641	114617	19080	27276
11 月	162746	1874	126731	15481	18660
12 月	193011	1827	152316	19967	18901

13－3 分地区全社会用电情况

（2014 年）

单位：万千瓦时

项目	全市	市区	#江都	宝应	仪征	高邮
全社会用电合计	**2043628**	**775712**	**349551**	**166998**	**337545**	**298599**
一、全行业用电合计	1763332	661525	291492	129325	306413	259354
第一产业	36631	13338	4818	4368	2671	11436
第二产业	1504145	512502	256612	105884	286154	227770
第三产业	222556	135685	30062	19073	17588	20148
二、城乡居民生活用电	280296	114187	58059	37673	31132	39245
城镇居民	155744	83400	24564	16304	16633	14843
乡村居民	124552	30787	33495	21369	14499	24402
全行业用电分类	**1763332**	**661525**	**291492**	**129325**	**306413**	**259354**
一、农、林、牧、渔业	36631	13338	4818	4368	2671	11436
二、工业	1478882	498849	252209	104518	282453	225630
1、轻工业	400112	157189	26909	24560	45370	46957
2、重工业	1078770	341660	225300	79958	237083	178673
三、建筑业	25263	13653	4403	1366	3701	2140
四、交通运输、仓储和邮政业	11329	4328	3691	818	1533	959
五、信息传输、计算机服务和软件业	15689	8145	2467	1671	1334	2072
六、商业、住宿和餐饮业	75034	39683	12432	7644	7371	7904
七、金融、房地产、商务及居民服务业	50054	38251	3622	2696	2500	2985
八、公共事业及管理组织	70450	45278	7850	6244	4850	6228

13－4 分地区主要能源消费量

（规模以上工业企业）

地区	原煤（吨）	焦炭（吨）	原油（吨）	汽油（吨）	柴油（吨）	燃料油（吨）	电力（万千瓦时）	能源合计（吨标准煤）
全市	**11435664**	**643062**	**989040**	**34413**	**108986**	**6270**	**1655149**	**14174594**
市区	9032039	72630	509175	32042	101199	581	969450	8941283
开发区	6655446	25	80847	2973	58353		309160	5198233
广陵	493733	1257		2887	10435		240608	870907
邗江	1268628	14374		5837	7394		164918	1241647
江都	614232	56974	428328	20346	25016	581	254764	1630496
宝应	27746	2390		154	1013	3534	92907	257334
仪征	2029196	1148	479865	947	3402	2155	362555	3882194
高邮	346683	566894		1270	3372		230237	1093783

13－5　主要能源分行业消费量

（规模以上工业企业）

项　　目	原　煤（吨）	焦　炭（吨）	天然气（气态）（万立方米）	原　油（吨）	汽　油（吨）
总　　计	**11435664**	**643062**	**71244**	**989040**	**34413**
煤炭开采和洗选业	1235				
石油和天然气开采业	76871		1578	80847	2300
黑色金属矿采选业					
农副食品加工业	7576		167		423
食品制造业	2562		18		352
酒、饮料和精制茶制造业					19
纺织业	31706		577		568
纺织服装、服饰业	35730				1084
皮革、毛皮、羽毛及其制品和制鞋业	17466				1032
木材加工和木、竹、藤、棕、草制品业	4233				37
家具制造业					66
造纸及纸制品业	232645				153
印刷和记录媒介复制业	115				199
文教、工美、体育和娱乐用品制造业	5784		68		946
石油加工、炼焦和核燃料加工业	13394			428328	7
化学原料及化学制品制造业	2540882	7252	12588	479865	4074
医药制造业	36397	93	598		377
化学纤维制造业	22695				93
橡胶和塑料制品业	9831		179		1012
非金属矿物制品业	11014	2687	218		739
黑色金属冶炼及压延加工业	367776	573584	2514		736
有色金属冶炼及压延加工业	32583	2417	407		857
金属制品业	13998	1880	402		956
通用设备制造业	16763	12922	161		2756
专用设备制造业	69431	18209	120		2125
汽车制造业	4789	5750	3240		3213
铁路、船舶、航空航天和其他运输设备制造业	68123	280	416		2558
电气机械及器材制造业	51779	16821	437		5101
计算机、通信和其他电子设备制造业	7939	1135	1079		970
仪器仪表制造业	3221	31	174		941
其他制造业	9887				548
废弃资源综合利用业	1864				49
电力、热力的生产和供应业	7737130		46302		
燃气生产和供应业					110
水的生产和供应业	244				10

13－5　续表

项　　目	柴　油 （吨）	燃料油 （吨）	其他石油制　品 （吨）	热　　力 （百万千焦）	电　　力 （万千瓦时）	能源合计 （吨标准煤）
总　　计	**108986**	**6270**	**62944**	**17231125**	**1655149**	**14174594**
煤炭开采和洗选业					1599	2847
石油和天然气开采业	53788			129865	42967	333574
黑色金属矿采选业	1797				2233	5362
农副食品加工业	327	28		42888	8089	20234
食品制造业	168			195537	5748	18635
酒、饮料和精制茶制造业	46			349375	6694	20237
纺织业	545			71280	62114	110724
纺织服装、服饰业	717				22134	56070
皮革、毛皮、羽毛及其制品和制鞋业	338			50666	15521	35303
木材加工和木、竹、藤、棕、草制品业	391			25745	10077	19818
家具制造业					364	545
造纸及纸制品业	339			474232	46304	226644
印刷和记录媒介复制业	108				3389	4700
文教、工美、体育和娱乐用品制造业	1215	3514			16560	34496
石油加工、炼焦和核燃料加工业		67	62921		6074	725640
化学原料及化学制品制造业	7417	2147		14031096	370890	3721646
医药制造业	189			645585	14190	74332
化学纤维制造业	40			5934	20676	42114
橡胶和塑料制品业	203		10	35067	27405	46129
非金属矿物制品业	9793				55319	99961
黑色金属冶炼及压延加工业	1494				174982	1071928
有色金属冶炼及压延加工业	522				36281	77694
金属制品业	773			56792	45224	78905
通用设备制造业	2531	250		17718	38102	82757
专用设备制造业	2930				33695	117978
汽车制造业	4993			646656	85124	191833
铁路、船舶、航空航天和其他运输设备制造业	9697	264		4187	59171	154014
电气机械及器材制造业	5153		14	43796	153729	266522
计算机、通信和其他电子设备制造业	791			303984	81929	134767
仪器仪表制造业	834			92070	53830	76877
其他制造业	272				34132	50212
废弃资源综合利用业					265	1729
电力、热力的生产和供应业	1566			8653	105924	6251758
燃气生产和供应业					6898	8640
水的生产和供应业	8				7520	9969

13－6 能源消费及库存

（规模以上工业企业）

名 称	计量单位	消费量			期末库存
		合 计	工业生产消费	非工业生产消费	
能源合计	**吨标准煤**	**14174594**	**14097173**	**77422**	**480127**
原煤	吨	11435664	11403556	32108	635805
洗精煤	吨				
其他洗煤	吨	72607	72607		6432
煤制品	吨	240	240		
焦炭	吨	643062	643062		1762
其他焦化产品	吨				
天然气	万立方米	71244	71233	11	
液化天然气	吨	8937	7358	1578	10
原油	吨	989040	989040		17897
汽油	吨	34413	26657	7755	327
煤油	吨	289	279	10	15
柴油	吨	108986	93619	15367	2059
燃料油	吨	6270	6203	67	
液化石油气	吨	4238	3725	513	6826
炼厂干气	吨	17281	17281		
其他石油制品	吨	62944	62944		386
热力	百万千焦	17231125	17093535	137590	
电力	万千瓦时	1655149	1645164	9985	
城市垃圾用于燃料	吨	480280	480280		
生物质废料用于燃料	吨	304256	304256		
余热余压	百万千焦	4476603	4476603		
其他燃料	吨标准煤				

13－7　规模以上工业企业分行业用水情况

（2014 年）　　单位：万立方米

名　　称	合　计	工业取水总量			重　复用水量
		地表淡水	地下淡水	自来水	
总　　计	**61014**	**53114**	**1686**	**6190**	**171794**
煤炭开采和洗选业	122	46	76		
石油和天然气开采业	1959	1136	762	61	815
黑色金属矿采选业	1			1	
农副食品加工业	204	4	128	72	1
食品制造业	86			85	
酒、饮料和精制茶制造业	268		67	201	37
纺织业	317	34	42	241	14
纺织服装、服饰业	281	5	65	211	2
皮革、毛皮、羽毛及其制品和制鞋业	135	1	3	123	1
木材加工和木、竹、藤、棕、草制品业	73	1	58	14	51
家具制造业	4			4	
造纸及纸制品业	618	580	4	34	
印刷和记录媒介复制业	17			17	
文教、工美、体育和娱乐用品制造业	75		3	72	
石油加工、炼焦和核燃料加工业	88	87		1	4161
化学原料及化学制品制造业	8698	7561	108	1027	140022
医药制造业	196	1	16	180	499
化学纤维制造业	69		2	66	4
橡胶和塑料制品业	80	1	2	77	11
非金属矿物制品业	238	70	58	100	21
黑色金属冶炼及压延加工业	321	126	2	194	102
有色金属冶炼及压延加工业	63			62	4
金属制品业	125	9	2	114	
通用设备制造业	178	4	1	173	1
专用设备制造业	149	1	1	147	106
汽车制造业	515	2	3	508	1451
铁路、船舶、航空航天和其他运输设备制造业	393		2	390	1
电气机械及器材制造业	817	25	27	765	7
计算机、通信和其他电子设备制造业	749	2	96	651	1808
仪器仪表制造业	283	2	1	280	322
其他制造业	173		1	172	6
废弃资源综合利用业	8			8	
电力、热力的生产和供应业	7482	7200	157	125	22347
燃气生产和供应业	14			14	
水的生产和供应业	36216	36216			

13－8　全市规模以上工业企业综合能耗前50名排序

（2014年）

单 位 名 称	地 区	位 次
扬州第二发电有限责任公司	开发区	1
扬州市秦邮特种金属材料有限公司	高邮市	2
中国石化仪征化纤股份有限公司	仪征市	3
江苏华电扬州发电有限公司	邗江区	4
江苏华电仪征热电有限公司	化工园	5
江苏瑞祥化工有限公司	化工园	6
中国石化集团江苏石油勘探局	开发区	7
江苏扬农化工集团有限公司	广陵区	8
实友化工（扬州）有限公司	化工园	9
永丰余造纸（扬州）有限公司	开发区	10
扬州港口污泥发电有限公司	开发区	11
江苏优士化学有限公司	化工园	12
江苏诚德钢管股份有限公司	江都区	13
扬州石化有限责任公司	江都区	14
扬州泰达环保有限公司	邗江区	15
大连化工（江苏）有限公司	化工园	16
仪征联众热电有限公司	仪征市	17
江苏华伦化工有限公司	江都区	18
扬州威亨热电有限公司	开发区	19
宝应协鑫生物质发电有限公司	宝应县	20
扬州市环洲船用材料有限公司	广陵区	21
上海大众汽车有限公司仪征公司	仪征市	22
扬州龙川钢管有限公司	江都区	23
扬州泰富特种材料有限公司	江都区	24
江苏长青农化股份有限公司	江都区	25

13－8　续表　（2014年）

单位名称	地区	位次
江苏琼花集团有限公司	生态科技新城	26
明岐铝轮毂仪征有限公司	仪征市	27
扬州华航特钢有限公司	江都区	28
江苏捷凯电力器材有限公司	江都区	29
高邮市助剂厂	高邮市	30
江苏扬农锦湖化工有限公司	化工园	31
江苏联环药业集团有限公司	广陵区	32
晶澳（扬州）太阳能科技有限公司	开发区	33
永丰余生活用纸（扬州）有限公司	开发区	34
扬州一川镍业有限公司	广陵区	35
扬州大洋造船有限公司	广陵区	36
仪化东丽聚酯薄膜有限公司	仪征市	37
扬州海螺水泥有限责任公司	江都区	38
江苏太极实业新材料有限公司	广陵区	39
宝胜集团有限公司	宝应县	40
扬州市江城船用重工有限公司	广陵区	41
扬州联合安邦颜料有限公司	邗江区	42
扬州宏远电子有限公司	高邮市	43
扬州科进船业有限公司	江都区	44
艾诺斯（江苏）华达电源系统有限公司	江都区	45
江苏润江精细化工有限公司	江都区	46
扬州天富龙科技纤维有限公司	仪征市	47
飞利浦照明工业（中国）有限公司	仪征市	48
扬州顶津食品有限公司	邗江区	49
扬州华兴化工有限公司	江都区	50

13－9　全市规模以上工业企业原煤消费前50名排序

（2014年）

单位名称	地区	位次
扬州第二发电有限责任公司	开发区	1
江苏华电扬州发电有限公司	邗江区	2
中国石化仪征化纤股份有限公司	仪征市	3
江苏瑞祥化工有限公司	化工园	4
江苏扬农化工集团有限公司	广陵区	5
扬州港口污泥发电有限公司	开发区	6
扬州威亨热电有限公司	开发区	7
扬州市秦邮特种金属材料有限公司	高邮市	8
永丰余造纸（扬州）有限公司	开发区	9
仪征联众热电有限公司	仪征市	10
实友化工（扬州）有限公司	化工园	11
大连化工（江苏）有限公司	化工园	12
江苏优士化学有限公司	化工园	13
中国石化集团江苏石油勘探局	开发区	14
江苏诚德钢管股份有限公司	江都区	15
江苏华伦化工有限公司	江都区	16
扬州市环洲船用材料有限公司	广陵区	17
江苏长青农化股份有限公司	江都区	18
扬州泰富特种材料有限公司	江都区	19
江苏琼花集团有限公司	生态科技新城	20
扬州龙川钢管有限公司	江都区	21
高邮市助剂厂	高邮市	22
扬州联合安邦颜料有限公司	邗江区	23
江苏润江精细化工有限公司	江都区	24
扬州华兴化工有限公司	江都区	25

单位名称	地区	位次
扬州隆佑纺织品有限公司	仪征市	26
江苏海润化工有限公司	江都区	27
扬州天富龙科技纤维有限公司	仪征市	28
江苏鹏宇化工有限公司	江都区	29
艾诺斯(江苏)华达电源系统有限公司	江都区	30
扬州三得利化工有限公司	江都区	31
江苏虎豹集团有限公司	邗江区	32
扬州石化有限责任公司	江都区	33
扬州一川镍业有限公司	广陵区	34
江苏捷凯电力器材有限公司	江都区	35
扬州山鹰纸业包装有限公司	生态科技新城	36
扬州市为政五金冷轧有限公司	江都区	37
扬州新华化工有限公司	江都区	38
江苏宙龙化工有限公司	江都区	39
江苏波司登制衣有限公司	高邮市	40
江都市三元机械厂	江都区	41
扬州日兴生物科技股份有限公司	高邮市	42
江苏邦威机械制造有限公司	江都区	43
扬州金珠树脂有限公司	江都区	44
江苏粮满仓农化有限公司	江都区	45
江苏双汇电力发展股份有限公司	江都区	46
江苏精威数控机床有限公司	江都区	47
扬州晨化新材料股份有限公司	宝应县	48
江苏扬钢特钢有限公司	高邮市	49
仪征威英化纤有限公司	仪征市	50

13－10　全市规模以上工业企业成品油消费前50名排序

（2014年）

单位名称	地区	位次
中国石化集团江苏石油勘探局	开发区	1
扬州科进船业有限公司	江都区	2
扬州大洋造船有限公司	广陵区	3
扬州市孟仕玻璃有限公司	宝应县	4
扬州三星塑胶有限公司	生态科技新城	5
江苏荣能集团有限公司	邗江区	6
大连化工（江苏）有限公司	化工园	7
扬州首泰矿产工贸有限公司	江都区	8
扬州市昌盛车业有限公司	江都区	9
江苏万顺机电集团有限公司	江都区	10
扬州市利达化工有限公司	江都区	11
扬州第二发电有限责任公司	开发区	12
扬州市捷达混凝土有限公司	广陵区	13
潍柴动力扬州柴油机有限责任公司	开发区	14
江苏捷凯电力器材有限公司	江都区	15
江苏鹏宇化工有限公司	江都区	16
江苏长青农化股份有限公司	江都区	17
扬州市天平化工厂有限公司	邗江区	18
中海工业（江苏）有限公司	江都区	19
扬州晶玖汽车配件有限公司	邗江区	20
江苏金陵船舶有限责任公司	仪征市	21
扬州江淮轻型汽车有限公司	江都区	22
扬州市秦邮特种金属材料有限公司	高邮市	23
江苏新光华机械有限公司	江都区	24
扬州宏远电子有限公司	高邮市	25

单位名称	地区	位次
扬州市富齐化工厂	江都区	26
江苏荣能集团仪征混凝土有限公司	仪征市	27
中国石化仪征化纤股份有限公司	仪征市	28
扬州巨力体育用品有限公司	江都区	29
扬州万隆管业有限公司	江都区	30
扬州市长运汽车油箱制造有限公司	江都区	31
扬州恒基商品混凝土有限公司	广陵区	32
扬州市为政五金冷轧有限公司	江都区	33
扬州龙和造船有限公司	江都区	34
江苏新曙光电力器材有限公司	江都区	35
扬州市天华线缆有限公司	邗江区	36
扬州市永春旅游用品厂	生态科技新城	37
扬州市凯尔环卫设备有限公司	江都区	38
仪征金城混凝土有限公司	仪征市	39
扬州万达散热器有限公司	江都区	40
江苏精威数控机床有限公司	江都区	41
仪征嘉园混凝土有限公司	仪征市	42
扬州振兴气体有限公司	江都区	43
扬州中材机器制造有限公司	江都区	44
扬州市华翔有色金属有限公司	高邮市	45
海信容声(扬州)冰箱有限公司	开发区	46
扬州宏鑫混凝土制品有限公司	广陵区	47
江苏双汇电力发展股份有限公司	江都区	48
扬州神舟汽车内饰件有限公司	江都区	49
扬州市江都区星月机电器材厂	江都区	50

13－11 全市规模以上工业企业电力消费前50名排序

（2014年）

单位名称	地区	位次
扬州市秦邮特种金属材料有限公司	高邮市	1
中国石化仪征化纤股份有限公司	仪征市	2
扬州第二发电有限责任公司	开发区	3
江苏瑞祥化工有限公司	化工园	4
江苏扬农化工集团有限公司	广陵区	5
中国石化集团江苏石油勘探局	开发区	6
永丰余造纸（扬州）有限公司	开发区	7
扬州华航特钢有限公司	江都区	8
实友化工（扬州）有限公司	化工园	9
晶澳（扬州）太阳能科技有限公司	开发区	10
上海大众汽车有限公司仪征公司	仪征市	11
江苏华电扬州发电有限公司	邗江区	12
江苏优士化学有限公司	化工园	13
扬州海螺水泥有限责任公司	江都区	14
扬州市江城船用重工有限公司	广陵区	15
江苏诚德钢管股份有限公司	江都区	16
宝胜集团有限公司	宝应县	17
扬州龙川钢管有限公司	江都区	18
扬州一川镍业有限公司	广陵区	19
扬州亚东水泥有限公司	开发区	20
扬州五亭桥缸套有限公司	邗江区	21
扬州大洋造船有限公司	广陵区	22
大连化工（江苏）有限公司	化工园	23
扬州宏远电子有限公司	高邮市	24
江苏琼花集团有限公司	生态科技新城	25

（2014 年）

单位名称	地区	位次
扬州市环洲船用材料有限公司	广陵区	26
中海工业（江苏）有限公司	江都区	27
江苏扬力集团有限公司	邗江区	28
江苏华伦化工有限公司	江都区	29
仪化东丽聚酯薄膜有限公司	仪征市	30
江苏华尔石英材料股份有限公司	高邮市	31
江苏太极实业新材料有限公司	广陵区	32
川奇光电科技（扬州）有限公司	开发区	33
江苏金陵船舶有限责任公司	仪征市	34
江苏长青农化股份有限公司	江都区	35
江苏三笑集团	生态科技新城	36
明岐铝轮毂仪征有限公司	仪征市	37
扬州泰富特种材料有限公司	江都区	38
江苏美迪制衣集团有限公司	邗江区	39
江苏扬农锦湖化工有限公司	化工园	40
扬州协鑫光伏科技有限公司	开发区	41
海信容声（扬州）冰箱有限公司	开发区	42
亚普汽车部件有限公司	开发区	43
扬州保来得科技实业有限公司	开发区	44
江苏捷凯电力器材有限公司	江都区	45
江苏新马机械制造有限公司	江都区	46
扬州石化有限责任公司	江都区	47
扬州通盈机械制造有限公司	生态科技新城	48
扬州自来水有限责任公司	开发区	49
扬州盈德气体有限公司	开发区	50

科学 技术

14

SCIENCE AND TECHNOLOGY

资料来源：市科技局、扬州大学

编辑：石火培 钱刚

14－1　全市科技成果获奖情况

单位:项

年　份	国　家 发明奖	国家科技 进 步 奖	省科技 进步奖	市科技 进步奖
1979			14	
1980			9	
1981			18	53
1982			17	56
1983			24	58
1984			22	70
1985		3	26	90
1986		1	18	83
1987		3	23	99
1988		3	24	80
1989		1	18	82
1990		2	25	79
1991		2	29	109
1992			16	120
1993			28	124
1994		1	12	100
1995	1		27	116
1996			11	92
1997		2	7	88
1998			14	107
1999			11	104
2000			5	102
2001			17	84
2002			19	84
2003			13	89
2004		1	10	95
2005			13	82
2006			18	92
2007			13	87
2008			7	83
2009		2	7	82
2010		1	15	81
2011		6	17	82
2012			16	82
2013			16	81
2014		5	19	82

14－2　全市国家高新技术企业名单

（2014年）

单位名称	所在地区	单位名称	所在地区
亚普汽车部件股份有限公司	开发区	江苏一重数控机床有限公司	江都区
江苏爱克赛电气制造有限公司	开发区	扬州恒信仪表有限公司	江都区
扬州中集通华专用车有限公司	开发区	江苏博际喷雾系统有限公司	江都区
江苏芯光能源管理有限公司	开发区	江苏中惠医疗科技股份有限公司	江都区
江苏省水利勘测设计研究院有限公司	开发区	江苏东宝农药化工有限公司	江都区
扬州雷笛克光学有限公司	开发区	扬州宁达贵金属有限公司	江都区
扬州协鑫光伏科技有限公司	开发区	江苏晶鑫高温材料有限公司	江都区
扬州润扬物流装备有限公司	开发区	江苏金陵特种涂料有限公司	江都区
三星电梯有限公司	开发区	江苏海润化工有限公司	江都区
永丰精密电子(扬州)有限公司	开发区	江苏雷宇高电压设备有限公司	江都区
扬州力德工程技术有限公司	开发区	江苏江佳电子股份有限公司	江都区
扬州通用北辰智能电网工程应用中心有限公司	开发区	江苏鼎晟液压有限公司	江都区
江苏南方天宏通信科技有限公司	开发区	江苏江成冶金设备制造有限公司	江都区
潍柴动力扬州柴油机有限责任公司	开发区	江苏华光双顺机械制造有限公司	江都区
扬州市精诚电子有限公司	开发区	扬州龙川钢管有限公司	江都区
扬州乾照光电有限公司	开发区	扬州诚德钢管有限公司	江都区
晶澳(扬州)太阳能科技有限公司	开发区	江苏勇龙电气有限公司	江都区
扬州晶新微电子有限公司	开发区	江苏双汇电力发展股份有限公司	江都区
扬州艾笛森光电有限公司	开发区	江苏金鑫电器有限公司	江都区
永道无线射频标签(扬州)有限公司	开发区	扬州田治科技有限公司	江都区
扬州荣德新能源科技有限公司	开发区	扬州市江都永坚有限公司	江都区
扬州惠通化工技术有限公司	开发区	江苏振世达汽车模具有限公司	江都区
江苏煌明能源科技有限公司	开发区	江苏江澄环保设备工程有限公司	江都区
江苏国电南自海吉科技有限公司	开发区	扬州绿都环境工程设备有限公司	江都区
可瑞尔科技(扬州)有限公司	开发区	江苏万金工具有限公司	江都区
扬州北辰电气设备有限公司	开发区	江苏华厦电力成套设备有限公司	江都区
扬州保来得科技实业有限公司	开发区	江苏腾达缸泵机械有限公司	江都区
江苏西电南自智能电力设备有限公司	开发区	扬州吉瑞尔包装材料有限公司	江都区
扬州通信设备有限公司	开发区	扬州兄弟环境保护设备工程有限公司	江都区
扬州通利冷藏集装箱有限公司	开发区	扬州市苏灵农药化工有限公司	江都区

表14－2续表1　　　　　　　　　　　　　（2014年）

单位名称	所在地区	单位名称	所在地区
江苏万德环保科技有限公司	开发区	江苏天嘉车辆技术有限公司	江都区
天威新能源（扬州）有限公司	开发区	扬州续辉饮料设备有限公司	江都区
扬州宇理电子有限公司	开发区	扬州斯普莱机械制造有限公司	江都区
扬州曙光光电自控有限责任公司	开发区	扬州金森光电材料有限公司	江都区
扬州新菱电器有限公司	开发区	江苏天源试验设备有限公司	江都区
扬州芯际半导体有限公司	开发区	扬州诚德重工有限公司	江都区
扬州市江隆矿业设备有限公司	开发区	扬州飞鸿电材有限公司	江都区
扬州万盛实业有限公司	开发区	江苏华江科技有限公司	江都区
海信容声（扬州）冰箱有限公司	开发区	江苏新天鸿集团有限公司	江都区
扬州中科半导体照明有限公司	开发区	江苏盛华电气有限公司	江都区
扬州国宇电子有限公司	开发区	扬州神州风力发电机有限公司	江都区
扬州广德信息有限公司	开发区	江苏中油天工机械有限公司	江都区
扬州新概念电气有限公司	开发区	扬州宏诚冶金设备有限公司	江都区
同扬光电（江苏）有限公司	开发区	扬州扬瑞新型材料有限公司	江都区
扬州赛格线缆有限公司	开发区	江苏腾达环境工程有限公司	江都区
扬州润沃科技有限公司	广陵区	扬州市华光双瑞实业有限公司	江都区
海沃机械（扬州）有限公司	广陵区	江苏江扬建材机械有限公司	江都区
扬州瑞威光电科技有限公司	广陵区	扬州显业集团有限公司	江都区
江苏铭阳线缆有限公司	广陵区	江苏揽月机械有限公司	江都区
江苏汉云信息科技有限公司	广陵区	江苏奔宇车身制造有限公司	江都区
江苏帝华线缆有限公司	广陵区	扬州立德粉末冶金有限责任公司	江都区
江苏省金泉网络科技有限公司	广陵区	江苏捷凯电力器材有限公司	江都区
江苏扬农化工股份有限公司	广陵区	扬州晨化新材料股份有限公司	宝应县
扬州市银焰机械有限公司	广陵区	江苏奥新科技有限公司	宝应县
江苏金枫达科技有限公司	广陵区	扬州市凤鸣电缆有限公司	宝应县
江苏南开之星软件技术有限公司	广陵区	江苏爱尔特实业有限公司	宝应县
江苏联环药业股份有限公司	广陵区	江苏朗顺电工电气有限公司	宝应县
江苏阿尼信息技术有限公司	广陵区	江苏嘉盈电器集团有限公司	宝应县
玛切嘉利（中国）有限责任公司	广陵区	江苏幻网软件科技有限公司	宝应县
扬州盛世模塑科技有限公司	广陵区	江苏巨浪泵阀有限公司	宝应县

表 14－2 续表 2　　　　　　　　　　　　（2014 年）

单位名称	所在地区	单位名称	所在地区
扬州福尔喜果蔬汁机械有限公司	广陵区	扬州成春电器有限公司	宝应县
扬州良诚汽车部件有限公司	广陵区	江苏苏美达车轮有限公司	宝应县
江苏扬农化工集团有限公司	广陵区	扬州发运电气有限公司	宝应县
扬州华光橡塑新材料有限公司	广陵区	江苏迅达电磁线有限公司	宝应县
江苏天元钢管有限公司	广陵区	江苏美霖铜业有限公司	宝应县
江苏天诚智能集团有限公司	广陵区	江苏亚电新材料有限公司	宝应县
江苏怡丰通信设备有限公司	广陵区	扬州市苏中电力设备有限公司	宝应县
江苏兴通生物科技集团有限公司	广陵区	江苏润扬重工有限公司	宝应县
扬州华能石化机械有限公司	广陵区	宝胜科技创新股份有限公司	宝应县
江苏云控软件技术有限公司	广陵区	江苏宝胜电气股份有限公司	宝应县
扬州市琼花工具有限公司	广陵区	江苏宝莲生物科技股份有限公司	宝应县
江苏帝一集团有限公司	广陵区	江苏正帆华东净化设备有限公司	宝应县
扬州森源电气有限公司	广陵区	江苏省旭日冶金环保设备有限公司	宝应县
扬州动易运动用品有限公司	广陵区	扬州新奇特电缆材料有限公司	宝应县
江苏通用电梯有限公司	广陵区	江苏王牌直流电机制造有限公司	宝应县
江苏联通电缆有限公司	广陵区	扬州恒鑫特种钢管有限公司	宝应县
扬州扬宝机械有限公司	广陵区	江苏尚宝罗泵业有限公司	宝应县
江苏易图地理信息工程有限公司	广陵区	江苏江鹤滑线电气有限公司	宝应县
扬州楚门机电设备制造有限公司	广陵区	扬州巨业耐磨复合材料有限责任公司	宝应县
扬州市万泰电器厂有限公司	广陵区	江苏赢洋实业股份有限公司	宝应县
江苏省华星医疗器械实业有限公司	广陵区	江苏维尔电气有限公司	宝应县
扬州市好年华橡塑有限公司	广陵区	扬州市天海滑线电气有限公司	宝应县
扬州虹扬光电有限公司	广陵区	扬州华宇管件有限公司	宝应县
扬州万方电子技术有限责任公司	广陵区	江苏鑫东方环保设备科技有限公司	宝应县
中冶京诚（扬州）冶金科技产业有限公司	广陵区	江苏兴洋管业股份有限公司	宝应县
扬州电力设备修造厂	广陵区	江苏菲达宝开电气有限公司	宝应县
江苏西贝电子网络有限公司	广陵区	江苏环宇起重运输机械有限责任公司	宝应县
江苏嘉和热系统股份有限公司	广陵区	扬州润友复合材料有限公司	宝应县
扬州广菱电子有限公司	广陵区	扬州晨光特种设备有限公司	宝应县
扬州东方吊架有限公司	广陵区	江苏宝源高新电工有限公司	宝应县

表 14-2 续表 3　　　　　　　　　　(2014 年)

单位名称	所在地区	单位名称	所在地区
扬州大洋造船有限公司	广陵区	扬州腾飞电缆电器材料有限公司	宝应县
江苏金鑫信息技术有限公司	广陵区	江苏四明工程机械有限公司	宝应县
江苏智途科技有限公司	广陵区	江苏迎浪科技集团有限公司	宝应县
扬州江新电子有限公司	广陵区	扬州市飞鹰电子科技有限公司	宝应县
江苏创新睿智科技有限公司	广陵区	骏升科技(扬州)有限公司	宝应县
江苏保视通光电设备有限公司	广陵区	扬州市安宜阀门有限公司	宝应县
江苏海虹电子有限公司	广陵区	扬州华电电气有限公司	宝应县
扬州英谛车材实业有限公司	广陵区	扬州市管件厂有限公司	宝应县
扬州斯大锅炉有限公司	广陵区	扬州高立达科技产业有限公司	宝应县
扬州科宇电力有限公司	广陵区	扬州市双宝电力设备有限公司	宝应县
扬州新扬开关设备有限公司	广陵区	九力绳缆有限公司	宝应县
江苏帝诚线缆有限公司	广陵区	扬州瑞林电工材料有限公司	宝应县
江苏亚达科技集团有限公司	广陵区	宝应安洋电缆料有限公司	宝应县
江苏扬州合力橡胶制品有限公司	广陵区	江苏玉华容器制造有限公司	宝应县
扬州三叶散热器有限公司	广陵区	扬州宝珠电器有限公司	宝应县
扬州冶金机械有限公司	广陵区	扬州赛尔达尼龙制造有限公司	宝应县
扬州仕德伟网络科技有限公司	广陵区	宝应仁恒实业有限公司	宝应县
江苏长江钢业重工有限公司	广陵区	江苏东元电机电控有限公司	宝应县
扬州市扬大康源乳业有限公司	广陵区	扬州浩宇生物科技有限公司	宝应县
江苏亚光医疗器械有限公司	广陵区	扬州中宝制药有限公司	宝应县
扬州洋生医药科技有限公司	广陵区	江苏亚邦新材料科技有限公司	宝应县
江苏荣业科技有限公司	广陵区	江苏亚宝绝缘材料股份有限公司	宝应县
中铁宝桥(扬州)有限公司	广陵区	江苏东方电缆材料有限公司	宝应县
扬州通和玻璃有限公司	广陵区	扬州派斯特换热设备有限公司	宝应县
扬州金泰管业有限公司	广陵区	江苏永一泵业有限公司	宝应县
江苏奔多新材料有限公司	广陵区	扬州尼尔工程塑料有限公司	宝应县
扬州鑫渔纺织设备有限公司	广陵区	扬州瑞辉化纤制品有限公司	仪征市
扬州纪元纺织有限公司	广陵区	扬州亚特尔新能源材料科技有限公司	仪征市
润奥电子(扬州)制造有限公司	广陵区	扬州万润薄膜有限公司	仪征市
扬州莱斯信息技术有限公司	广陵区	延锋伟世通仪征汽车饰件系统有限公司	仪征市

表 14－2 续表 4　　　　　　　　　　　　　　（2014 年）

单位名称	所在地区	单位名称	所在地区
江苏省水利机械制造有限公司	广陵区	扬州振宇电器设备有限公司	仪征市
扬州正宇锅炉有限公司	广陵区	仪征亚新科双环活塞环有限公司	仪征市
扬州暻泰车材实业有限公司	广陵区	仪征金鹰纺织有限公司	仪征市
扬州华鼎电器有限公司	邗江区	仪征海天铝业有限公司	仪征市
扬州市杨永焊管设备厂	邗江区	江苏凌云恒晋汽车零部件有限公司	仪征市
江苏牛牌纺织机械有限公司	邗江区	江苏中核华兴特殊建筑工程有限公司	仪征市
江苏永纪化工设备有限公司	邗江区	江苏仪征华宇机械有限公司	仪征市
江苏省华扬太阳能有限公司	邗江区	江苏络科阀门有限公司	仪征市
扬州英迈克测控技术有限公司	邗江区	江苏永迅电气有限公司	仪征市
江苏唐城霓虹数码科技有限公司	邗江区	仪征劲全机械有限公司	仪征市
扬州百德光电有限公司	邗江区	仪征跃进车桥有限责任公司	仪征市
扬州天辰精细化工有限公司	邗江区	扬州中建建设机械有限公司	仪征市
江苏新晨电气有限公司	邗江区	扬州祥贝机械有限公司	仪征市
江苏牧羊集团有限公司	邗江区	扬州新联汽车零部件有限公司	仪征市
扬州博世特工具有限公司	邗江区	江苏爱斯凯电气有限公司	仪征市
江苏江扬电缆有限公司	邗江区	江苏汉高德瑞实业有限公司	仪征市
扬州锻压机床股份有限公司	邗江区	江苏华奥高科技发展有限公司	仪征市
江苏扬力集团有限公司	邗江区	扬州顺达重工设备有限公司	仪征市
扬州金凯利体育用品有限公司	邗江区	百家丽（中国）照明电器有限公司	仪征市
扬州市勘测设计研究院有限公司	邗江区	扬州天富龙汽车内饰纤维有限公司	仪征市
江苏奥力威传感高科股份有限公司	邗江区	仪征市润扬机械有限公司	仪征市
江苏久久防水保温隔热工程有限公司	邗江区	仪征市第三纺机厂	仪征市
扬州华声电子实业有限公司	邗江区	扬州中电制氢设备有限公司	仪征市
扬州扬开电力控制设备有限公司	邗江区	扬州市神力吊具制造有限公司	仪征市
扬州国脉通信发展有限责任公司	邗江区	江苏慧通成套管道设备有限公司	仪征市
扬州市金威机械有限公司	邗江区	江苏利得尔电机有限公司	仪征市
扬州艾迪生物科技有限公司	邗江区	扬州东升汽车零部件制造有限公司	仪征市
扬州市驰城石油机械有限公司	邗江区	扬州安多新照明电器有限公司	仪征市
江苏省南扬机械制造有限公司	邗江区	仪征市爱特电器有限责任公司	仪征市
扬州中天利新材料股份有限公司	邗江区	江苏仪征金派内燃机配件有限公司	仪征市

表 14－2 续表 5　　　　　　　　　　　　　　　　（2014 年）

单位名称	所在地区	单位名称	所在地区
扬州杰利半导体有限公司	邗江区	江苏史福特光电股份有限公司	仪征市
扬州市扬子钣金制造有限公司	邗江区	扬州奥林特梯缆有限责任公司	仪征市
扬州盛达特种车有限公司	邗江区	扬州市海力精密机械制造有限公司	仪征市
扬州亚星客车股份有限公司	邗江区	仪征天华活塞环有限公司	仪征市
扬州弹簧有限公司	邗江区	江苏康能生物工程有限公司	仪征市
扬州日精电子有限公司	邗江区	扬州百思德新材料有限公司	仪征市
扬州恒佳机械有限公司	邗江区	扬州善鸿新能源发展有限公司	仪征市
扬州凯思特机械有限公司	邗江区	中江能源回收(扬州)有限公司	仪征市
扬州锦盛管架有限公司	邗江区	扬州市庆源电气成套设备有限公司	仪征市
扬州柳工建设机械有限公司	邗江区	仪征市宏鑫变压器有限公司	仪征市
扬州众大水利机电设备制造有限公司	邗江区	江苏天龙玄武岩连续纤维高新科技有限公司	仪征市
上海新亚药业邗江有限公司	邗江区	扬州北辰鑫诚电力器材有限公司	仪征市
江苏金土地种业有限公司	邗江区	仪征市永辉散热管制造有限公司	仪征市
扬州海昌粉末冶金有限公司	邗江区	江苏嘉德光电科技有限公司	仪征市
扬州双盛锌业有限公司	邗江区	扬州神驰缸套有限公司	仪征市
扬州琼花涂装工程技术有限公司	邗江区	扬州市宝元机械制造有限公司	仪征市
江苏中兴化工设备有限公司	邗江区	仪征鼎盛机械制造有限公司	仪征市
扬州天泓科技实业有限公司	邗江区	仪征日发干燥设备有限公司	仪征市
江苏新浪环保有限公司	邗江区	仪征申威冲压有限公司	仪征市
扬州博尔特电气技术有限公司	邗江区	仪征市昌达粉末冶金制品有限公司	仪征市
扬州扬杰电子科技股份有限公司	邗江区	仪征市佳和土工材料有限公司	仪征市
扬州恒德模具有限公司	邗江区	江苏风日石英科技有限公司	仪征市
江苏国力锻压机床有限公司	邗江区	仪征市星海化纤有限公司	仪征市
扬州力创机床有限公司	邗江区	扬州万事通通讯电子发展有限公司	仪征市
扬州核威碟形弹簧制造有限公司	邗江区	仪征旺海数控设备科技有限公司	仪征市
扬州新扬科技发展产业有限公司	邗江区	江苏省仪征市海润纺织机械有限公司	仪征市
江苏迈安德食品机械有限公司	邗江区	江苏赛格纺织机械有限公司	仪征市
扬州双鸿电子有限公司	邗江区	仪征市中兴涤纶纤维厂	仪征市
扬州五亭桥缸套有限公司	邗江区	中盾信安科技(江苏)有限公司	仪征市
江苏罗思韦尔电气有限公司	邗江区	江苏乾丰新能源科技有限公司	仪征市

表 14－2 续表 6　　　　　　　　　　　　　　　　(2014 年)

单位名称	所在地区	单位名称	所在地区
扬州优邦生物制药有限公司	邗江区	扬州市新智源医疗器械有限公司	仪征市
江苏亚华生物科技工程有限公司	邗江区	扬州龙鑫机械有限公司	高邮市
扬州宏福铝业有限公司	邗江区	扬州光明电缆有限公司	高邮市
扬州恒星精密机械有限公司	邗江区	扬州宏远电子有限公司	高邮市
扬州金丰新材料有限公司	邗江区	扬州市康宇实业有限公司	高邮市
艾博白云电气技术(扬州)有限公司	邗江区	高邮市汉升高分子材料有限公司	高邮市
扬州精湛光电仪器有限公司	邗江区	扬州宏泰液压机电设备制造有限公司	高邮市
扬州华通橡塑有限公司	邗江区	扬州市邮谊工具制造有限公司	高邮市
江苏中凌高科技有限公司	邗江区	扬州三川实业有限公司	高邮市
扬州恒春电子有限公司	邗江区	扬州市百思特机械设备有限公司	高邮市
扬州金泉旅游用品有限公司	邗江区	扬州康龙环保工程有限公司	高邮市
江苏扬安集团扬州一万制冷设备有限公司	邗江区	高邮市金利达机械有限公司	高邮市
扬州哈泰克科技有限公司	邗江区	江苏开元太阳能照明有限公司	高邮市
江苏省工程勘测研究院有限责任公司	邗江区	高邮市北方动力机械有限公司	高邮市
江苏弗莱迪斯汽车系统有限公司	邗江区	扬州昇业机械有限公司	高邮市
扬州虹扬科技发展有限公司	邗江区	扬州曙光电缆股份有限公司	高邮市
扬州辐照中心	邗江区	扬州市云腾照明灯饰科技有限公司	高邮市
扬州三源机械有限公司	邗江区	江苏金晖光伏有限公司	高邮市
扬州市天平化工厂有限公司	邗江区	江苏德皇文具有限公司	高邮市
江苏辛普森新能源有限公司	邗江区	扬州鑫晶光伏科技有限公司	高邮市
江苏远洋东泽电缆股份有限公司	邗江区	扬州润明轻工机械有限公司	高邮市
扬州海晨信息系统工程有限公司	邗江区	江苏金通交通器材有限公司	高邮市
扬州中欧工业机器人有限公司	邗江区	江苏金丰机电有限公司	高邮市
扬州秋源压力容器制造有限公司	邗江区	江苏赛德电气有限公司	高邮市
江苏通宇钢管集团有限公司	邗江区	江苏华能电缆股份有限公司	高邮市
扬州霞光光电有限公司	邗江区	扬州市普林斯化工有限公司	高邮市
扬州高新橡塑有限公司	邗江区	扬州华盟电子有限公司	高邮市
江苏省阿珂姆野营用品有限公司	邗江区	扬州市创新包装有限公司	高邮市
扬州牧羊环保设备工程有限责任公司	邗江区	扬州市金阳光电缆有限公司	高邮市
江苏群业电工有限公司	邗江区	江苏华尔石英材料股份有限公司	高邮市

表 14－2 续表 7　　　　　　　　　　　　（2014 年）

单位名称	所在地区	单位名称	所在地区
扬州华泰电子有限公司	邗江区	江苏赛特电气有限公司	高邮市
扬州永信计算机有限公司	邗江区	江苏晨光电缆有限公司	高邮市
扬州维邦园林机械有限公司	邗江区	扬州明增生物科技有限公司	高邮市
扬州天禾科技实业有限公司	邗江区	扬州市华胜机电制造有限公司	高邮市
江苏联能电子技术有限公司	邗江区	高邮市迅达工程机械集团有限公司	高邮市
扬州扬子江宝云缸套有限公司	邗江区	江苏华富储能新技术发展有限公司	高邮市
国药集团扬州威克生物工程有限公司	邗江区	龙腾照明集团有限公司	高邮市
江苏长宏铝业有限公司	邗江区	扬州中大电缆有限公司	高邮市
扬州峰明金属制品有限公司	邗江区	高邮市华兴石油机械制造有限公司	高邮市
扬州恒旺五金机械有限公司	邗江区	江苏朝阳液压机械集团有限公司	高邮市
江苏中显集团有限公司	邗江区	扬州高扬机电制造有限公司	高邮市
江苏新天宝机械有限公司	江都区	江苏华富能源有限公司	高邮市
江苏畅源电气设备有限公司	江都区	江苏金飞达电动工具有限公司	高邮市
扬州昊普生物科技有限公司	江都区	江苏航天水力设备有限公司	高邮市
扬州天健机械制造有限公司	江都区	江苏科凌医疗器械有限公司	高邮市
扬州美达灌装机械有限公司	江都区	扬州亚光电缆有限公司	高邮市
扬州青青环保成套设备有限公司	江都区	江苏恒辉电气有限公司	高邮市
扬州宏远化工新材料有限公司	江都区	扬州市红旗电缆制造有限公司	高邮市
扬州澄露环境工程有限公司	江都区	扬州三友合成化工有限公司	高邮市
江苏天雨环保集团有限公司	江都区	江苏长城电缆有限公司	高邮市
江苏爱尔玛科技有限公司	江都区	高邮市力博机床附件厂	高邮市
江苏道爵新能源车业有限公司	江都区	高邮市电塑厂	高邮市
扬州恒隆软件有限公司	江都区	江苏科意达机械有限公司	高邮市
江苏亚泰机电有限公司	江都区	扬州锦江有色金属有限公司	高邮市
江苏启源雷宇电气科技有限公司	江都区	扬州苏能电缆有限公司	高邮市
江苏诚德钢管股份有限公司	江都区	扬州凯尔化工有限公司	高邮市
江苏洁澜现代农业装备有限公司	江都区	扬州市中瑞机电设备制造有限公司	高邮市
江苏亚威机床股份有限公司	江都区	扬州鸿信生物制品有限公司	高邮市
江苏长青农化股份有限公司	江都区	江苏新潮光伏能源发展有限公司	高邮市
江苏新时高温材料有限公司	江都区	江苏顺达机械设备有限公司	高邮市

表14－2续表8　　(2014年)

单位名称	所在地区	单位名称	所在地区
江苏恒业机械有限公司	江都区	扬州松泉环保科技有限公司	高邮市
扬州科宇化工有限公司	江都区	高邮市荣清机械电子有限公司	高邮市
扬州市振东电力器材有限公司	江都区	扬州市恒通环保科技有限公司	高邮市
扬州巴龙再生资源开发有限公司	江都区	扬州天恒激光灯饰有限公司	高邮市
江苏明瑞气弹簧科技有限公司	江都区	扬州市新港电机有限公司	高邮市
扬州市三园科技有限公司	江都区	江苏富莱士机械有限公司	高邮市
扬州五环龙电动车有限公司	江都区	江苏鑫莲液压机电有限公司	高邮市
扬州光辉内燃机配件有限公司	江都区	扬州市高升机械有限公司	高邮市
扬州市鑫源电气有限公司	江都区	江苏承煦电气集团有限公司	高邮市
扬州润达油田化学剂有限公司	江都区	扬州高标机械有限公司	高邮市
扬州天和药业有限公司	江都区	高邮市卫星卷烟材料有限公司	高邮市
江苏恒星钨钼有限公司	江都区	扬州市刘氏化工有限公司	高邮市
江苏卡明模具有限公司	江都区	高邮市助剂厂	高邮市
江苏英泰机电有限公司	江都区	江苏欧力特能源科技有限公司	高邮市
扬州神舟汽车内饰件有限公司	江都区	江苏润华电缆股份有限公司	高邮市
扬州市三药制药有限公司	江都区	扬州市中能电缆有限公司	高邮市
江苏九龙汽车制造有限公司	江都区	扬州华瑞电缆有限公司	高邮市
江苏中意建材机械有限公司	江都区	江苏扬农锦湖化工有限公司	化工园区
扬州金硕球墨铸铁有限公司	江都区	奥克化学扬州有限公司	化工园区
扬州市仙龙粮食机械有限公司	江都区	江苏优士化学有限公司	化工园区
扬州市飞龙气动液压设备有限公司	江都区	江苏擎宇化工科技有限公司	化工园区
江苏华豪航海电器有限公司	江都区	扬州恒生精密模具有限公司	生态科技新城
江苏华伦化工有限公司	江都区	扬州三星塑胶有限公司	生态科技新城
江苏鹏宇化工有限公司	江都区	扬州市海星数控制刷设备有限公司	生态科技新城
江苏爱德福乳胶制品有限公司	江都区	扬州万福压力容器有限公司	生态科技新城
扬州市天龙环保设备有限公司	江都区	扬州威奥重工机械有限公司	生态科技新城
江苏清溢环保设备有限公司	江都区	江苏晨洁家化制造有限公司	生态科技新城
江苏中天能源设备有限公司	江都区	江苏锦禾高新科技股份有限公司	生态科技新城
裕成电器有限公司	江都区	江苏爱默生新材料有限公司	生态科技新城
扬州鑫宝电气有限公司	江都区	扬州华铁铁路配件有限公司	生态科技新城
江苏明珠试验机械有限公司	江都区	扬州华泰特种设备有限公司	生态科技新城
江苏恒远国际工程有限公司	江都区	两面针(扬州)酒店用品有限公司	生态科技新城
江苏邦威机械制造有限公司	江都区	扬州迈极自动化设备有限公司	生态科技新城
扬州长江水泵有限公司	江都区		

14－3　县级以上政府部门所属研究与开发机构

（2014 年）

项　　目	机构数（个）	职工总数（人）	#高中级职称	经费收入总　额（万元）	#政府拨款	经费支出总　额（万元）
总　　计	**3**	**367**	**101**	**15807**	**10435**	**12719**
一、按隶属关系分						
部省属	2	354	95	15356	9986	12256
市属	1	13	6	451	449	463
二、按国民经济行业分						
农、林、牧、渔、水利业						
工业						
科学研究和综合技术服务业	2	354	95	15356	9986	12256
其他	1	13	6	451	449	463

14－4　全市专利申请受理量及授权量

单位:项

年份	受理量	发　明	实用新型	外观设计	授权量	发　明	实用新型	外观设计
1986	20	2	17	1	16	1	14	1
1987	50	5	44	1	41		40	1
1988	58	8	45	5	45		40	5
1989	79	9	68	2	43	3	38	2
1990	94	10	66	18	52	2	38	12
1991	110	17	87	6	51	4	41	6
1992	119	3	112	4	101		97	4
1993	88	11	66	11	76	1	64	11
1994	124	13	107	14	118		106	12
1995	127	13	95	19	93		75	18
1996	128	10	95	23	119	1	95	23
1997	214	17	149	48	152	2	106	44
1998	176	14	118	44	178	1	133	44
1999	377	43	185	149	287	4	182	101
2000	334	39	204	91	289	6	178	105
2001	389	24	241	124	226	14	142	70
2002	795	75	405	315	380	6	229	145
2003	1029	101	497	431	714	15	317	382
2004	1399	147	549	703	733	18	381	334
2005	2077	271	833	973	895	31	410	454
2006	2573	400	981	1192	1189	54	672	463
2007	4162	514	1288	2360	1577	81	944	552
2008	6124	907	1400	3817	2003	106	1107	790
2009	7468	1157	1949	4362	2524	167	1257	1100
2010	9980	2068	2575	5337	3790	214	2300	1276
2011	14459	3154	3658	7647	5344	284	2449	2611
2012	18996	4222	4242	10532	8091	482	3200	4409
2013	22825	5159	5268	12398	11416	406	4024	6986
2014	22709	4907	5437	12365	11843	467	3787	7589

14－5　扬州大学科技活动人力资源投入分布情况

（2014 年）　　单位：人

项　　目	合　计	#教师系列 小　计	教　授	副教授	讲　师	助　教
科技活动人员合计	**2235**	**1498**	**229**	**637**	**496**	**136**
一、按年龄分						
30 岁及以下	83	61			46	15
31－35 岁	224	181		42	94	45
36－40 岁	351	255	15	74	109	57
41－45 岁	379	237	22	105	98	12
46－55 岁	940	585	121	323	134	7
56－60 岁	242	165	57	93	15	
61 岁及以上	16	14	14			
二、按原学学科分						
自然科学	575	409	58	205	118	28
工程与技术	664	497	67	180	195	55
医药科学	199	130	22	46	48	14
农业科学	685	364	75	166	97	26
其 他	112	98	7	40	38	13
三、按最后学历分						
博士研究生	642	571	149	215	207	
硕士研究生	621	543	46	256	139	102
大学本科	821	379	34	163	148	34
大学专科	116	5		3	2	
中 专	20					
高中及以下	15					

14－6　扬州大学科技活动课题情况

（2014 年）

项　　目	课题数（项）	当年投入经费（千元）	当年支出经费（千元）	当年投入人员（人/年）	科学家工程师	研究生人数（人）
合计	**1420**	**244233**	**196535**	**731**	**682**	**2425**
基础研究	548	100105	80540	422	385	1407
应用研究	445	83588	67283	162	155	507
实验发展	272	24442	19660	74	72	227
R&D 成果应用	155	36098	29052	73	69	284

14－7　扬州大学科技成果情况

（2014 年）

项　　目	计量单位	合　计	自然科学	工程与技术	医药科学	农业科学
出版科技著作	部	496	4	28	14	23
科技专著	部	19	1	2		16
	千字	2741	267	150		2324
国(境)外出版	部	2		1		1
	千字	390		80		310
高校教科书	部	21	1	6	4	10
	千字	3427	180	1550	169	1528
编著	部	14	1			13
	千字	2518	160			2358
发表学术论文	篇	1695	538	439	136	582
#国外学术刊物发表	篇	1057	443	312	57	245

14－8　规模以上工业企业技术资源状况

（2014 年）　　单位：个

项　　目	企业数	有研发活动企业数	有研发机构企业数
总　　计	**2799**	**790**	**1072**
一、按企业规模分组			
大型	89	55	68
中型	494	248	337
小型	2165	484	662
微型	51	3	5
二、按登记注册类型分组			
内资企业	2395	682	914
国有企业	6	2	2
集体企业	56	14	19
股份合作企业	3	2	2
联营企业	1		1
国有联营企业			
集体联营企业			
国有与集体联营企业			
其他联营企业	1		1
有限责任公司	313	118	140
国有独资公司	16	8	9
其他有限责任公司	297	110	131
股份有限公司	79	39	48
私营企业	1928	506	700

项　目	企业数	有研发活动企业数	有研发机构企业数
私营独资企业	147	23	37
私营合伙企业	2		
私营有限责任公司	1705	458	635
私营股份有限公司	74	25	28
其他企业	9	1	2
港、澳、台商投资企业	196	48	82
与港澳台商合资经营企业	107	34	47
与港澳台商合作经营企业	5	1	1
港澳台商独资经营企业	80	12	33
港澳台商投资股份有限公司	4	1	1
其他港澳台投资企业			
外商投资企业	208	60	76
中外合资经营企业	122	31	46
中外合作经营企业	1	1	1
外资企业	83	26	27
外商投资股份有限公司	2	2	2
其他外商投资企业			
三、按工业行业大类分组			
采矿业	7	1	3
制造业	2765	786	1066
电力、煤气及水的生产和供应业	27	3	3

14－9 规模以上工业企业研发活动人员情况

（2014 年）

单位：人

项　目	研究与试验发展（R&D）人员	R&D 人员折合全时当量/研究人员	企业办机构科技活动人员	博士毕业	硕士毕业	本科毕业
总　计	**27138**	**19818**	**29750**	**912**	**2831**	**16246**
一、按企业规模分组						
大型	7579	5362	8678	259	1191	4825
中型	10592	7980	10850	291	768	5952
小型	8933	6443	10156	362	853	5429
微型	34	33	66		19	40
二、按登记注册类型分组						
内资企业	22839	16858	24938	704	2056	13812
国有企业	580	248	737	19	151	480
集体企业	231	125	284		17	143
股份合作企业	76	15	58			44
联营企业			9			5
国有联营企业						
集体联营企业						
国有与集体联营企业						
其他联营企业			9			5
有限责任公司	5933	4680	5663	106	444	3482
国有独资公司	1088	809	1049	8	96	722
其他有限责任公司	4845	3871	4614	98	348	2760
股份有限公司	2618	1788	2811	92	374	1537
私营企业	13311	9963	15344	487	1066	8112

14－9　续表　　（2014 年）　　单位：人

项　　目	研究与试验发展（R&D）人员	R&D 人员折合全时当量/研究人员	企业办机构科技活动人　　员	博士毕业	硕士毕业	本科毕业
私营独资企业	398	319	604	28	35	291
私营合伙企业						
私营有限责任公司	12329	9268	14241	446	1007	7534
私营股份有限公司	584	376	499	13	24	287
其他企业	90	39	32		4	9
港、澳、台商投资企业	1581	1187	2027	50	159	1096
与港澳台商合资经营企业	976	687	1299	27	73	792
与港澳台商合作经营企业	7	5	7		1	2
港澳台商独资经营企业	564	467	707	23	85	297
港澳台商投资股份有限公司	34	28	14			5
其他港澳台投资企业						
外商投资企业	2718	1773	2785	158	616	1338
中外合资经营企业	1494	926	1064	40	90	518
中外合作经营企业	7	5	6			6
外资企业	1068	776	1502	117	517	629
外商投资股份有限公司	149	67	213	1	9	185
其他外商投资企业						
三、按工业行业大类分组						
采矿业	475	169	713	20	129	462
制造业	26630	19626	28999	892	2700	15761
电力、煤气及水的生产和供应业	33	23	38		2	23

14－10　规模以上工业企业研发经费来源情况

（2014 年）　　单位：万元

项　目	R&D 经费内部支出	政府资金	企业资金	国外资金	其他
总　计	**745896**	**14953**	**724222**	**680**	**6041**
一、按企业规模分组					
大型	212870	4180	205340	369	2981
中型	276237	6790	267811	106	1530
小型	256032	3983	250314	206	1530
微型	757		757		
二、按登记注册类型分组					
内资企业	635241	14292	615201	623	5125
国有企业	10224	256	8152		1816
集体企业	5043	26	5017		
股份合作企业	1088		1088		
联营企业					
国有联营企业					
集体联营企业					
国有与集体联营企业					
其他联营企业					
有限责任公司	187605	3274	183773	107	451
国有独资公司	59179	897	58282		
其他有限责任公司	128426	2377	125491	107	451
股份有限公司	59189	1681	57508		
私营企业	371824	9055	359394	516	2858

项目	R&D经费内部支出	政府资金	企业资金	国外资金	其他
私营独资企业	11939	380	11476	83	
私营合伙企业					
私营有限责任公司	342414	8539	330582	434	2858
私营股份有限公司	17472	136	17336		
其他企业	270		270		
港、澳、台商投资企业	49399	214	48213	57	916
与港澳台商合资经营企业	37275	153	36150	57	916
与港澳台商合作经营企业	201		201		
港澳台商独资经营企业	10001	61	9941		
港澳台商投资股份有限公司	1923		1923		
其他港澳台投资企业					
外商投资企业	61256	447	60809		
中外合资经营企业	39381	423	38959		
中外合作经营企业	121		121		
外资企业	20428	24	20403		
外商投资股份有限公司	1326		1326		
其他外商投资企业					
三、按工业行业大类分组					
采矿业	9244		7428		1816
制造业	736149	14953	716291	680	4225
电力、煤气及水的生产和供应业	503		503		

14－11 规模以上工业企业研发活动经费使用情况

(2014 年)　　单位:万元

项　　目	R&D 经费内部支出	应用研究支出	试验发展支出	新产品开发经费支出	企业办科技机构经费支出
总　　计	**745896**	**18062**	**727823**	**1212120**	**772352**
一、按企业规模分组					
大型	212870	1745	211125	344035	232522
中型	276237	10888	265349	462277	280925
小型	256032	5429	250592	404930	258031
微型	757		757	877	875
二、按登记注册类型分组					
内资企业	635241	15402	619828	1013413	646086
国有企业	10224		10224	1379	15999
集体企业	5043		5043	10133	5327
股份合作企业	1088		1088	1064	1065
联营企业				953	589
国有联营企业					
集体联营企业					
国有与集体联营企业					
其他联营企业				953	589
有限责任公司	187605	2954	184640	300015	204482
国有独资公司	59179		59168	72800	68529
其他有限责任公司	128426	2954	125471	227214	135953
股份有限公司	59189	1207	57982	120705	55806
私营企业	371824	11207	360617	578245	362594

项　目	R&D 经费内部支出	应用研究支　出	试验发展支　出	新产品开发经费支出	企业办科技机构经费支出
私营独资企业	11939	335	11604	21125	16255
私营合伙企业					
私营有限责任公司	342414	10638	331775	532234	330714
私营股份有限公司	17472	234	17237	24887	15625
其他企业	270	34	236	920	225
港、澳、台商投资企业	49399	683	48717	97724	53628
与港澳台商合资经营企业	37275	683	36593	66544	35581
与港澳台商合作经营企业	201		201	201	222
港澳台商独资经营企业	10001		10001	29057	16772
港澳台商投资股份有限公司	1923		1923	1923	1053
其他港澳台投资企业					
外商投资企业	61256	1977	59279	100983	72638
中外合资经营企业	39381	1977	37404	59631	38006
中外合作经营企业	121		121	121	68
外资企业	20428		20428	38957	24885
外商投资股份有限公司	1326		1326	2274	9680
其他外商投资企业					
三、按工业行业大类分组					
采矿业	9244		9244	74	17315
制造业	736149	17786	718352	1211839	754667
电力、煤气及水的生产和供应业	503	276	228	207	370

14－12　规模以上工业企业研发活动产出情况

（2014 年）

项　　目	新产品产值（万元）	新产品销售收入（万元）	#出口	专利申请数（件）	#发明专利数
总　　计	**1212120**	**11120259**	**963177**	**5281**	**1577**
一、按企业规模分组					
大型	344035	4539231	756169	837	292
中型	462277	3842946	148749	1746	474
小型	404930	2731785	58258	2693	811
微型	877	6297		5	
二、按登记注册类型分组					
内资企业	1013413	8863089	489285	4647	1435
国有企业	1379	29200		111	33
集体企业	10133	49260		47	13
股份合作企业	1064	45265	8600	1	1
联营企业	953	628		2	1
国有联营企业					
集体联营企业					
国有与集体联营企业					
其他联营企业	953	628		2	1
有限责任公司	300015	2614152	119739	800	316
国有独资公司	72800	740230	70230	66	55
其他有限责任公司	227214	1873922	49509	734	261
股份有限公司	120705	1728785	190305	384	143
私营企业	578245	4384999	170641	3285	925

14－12　续表　　　　　　　　　　　　　　(2014年)

项　　目	新产品产值（万元）	新产品销售收入（万元）	#出口	专利申请数（件）	#发明专利数
私营独资企业	21125	207443	460	177	49
私营合伙企业					
私营有限责任公司	532234	3967947	168283	2894	826
私营股份有限公司	24887	209610	1899	214	50
其他企业	920	10802		17	3
港、澳、台商投资企业	97724	1126274	409948	313	66
与港澳台商合资经营企业	66544	757536	308313	120	38
与港澳台商合作经营企业	201	8201	6314	2	1
港澳台商独资经营企业	29057	360537	95322	190	27
港澳台商投资股份有限公司	1923			1	
其他港澳台投资企业					
外商投资企业	100983	1130895	63944	321	76
中外合资经营企业	59631	460719	19565	157	39
中外合作经营企业	121	2920		1	
外资企业	38957	639564	44379	153	35
外商投资股份有限公司	2274	27693		10	2
其他外商投资企业					
三、按工业行业大类分组					
采矿业	74	107008		118	28
制造业	1211839	11009928	963177	5158	1549
电力、煤气及水的生产和供应业	207	3323		5	

14－13　规模以上工业企业科技活动项目情况

（2014 年）

项　　目	研发项目数（个）	项目经费内部支出合计（万元）	新产品开发项目数（个）
总　　计	**2706**	**655548.70**	**3730**
一、按企业规模分组			
大型	495	192417.90	655
中型	870	239115.30	1275
小型	1338	223315.70	1794
微型	3	699.80	6
二、按登记注册类型分组			
内资企业	2361	564682	3173
国有企业	61	5591	20
集体企业	26	4821.40	43
股份合作企业	6	1065.10	5
联营企业			2
国有联营企业			
集体联营企业			
国有与集体联营企业			
其他联营企业			2
有限责任公司	572	166753.50	858
国有独资公司	89	57866.50	111
其他有限责任公司	483	108887	747
股份有限公司	235	51651	360
私营企业	1457	334530.30	1880

14－13　续表　　　　　　　　　　　（2014 年）

项　　目	研发项目数（个）	项目经费内部支出合计（万元）	新产品开发项目数（个）
私营独资企业	44	11123.80	71
私营合伙企业			
私营有限责任公司	1336	307569.80	1714
私营股份有限公司	77	15836.70	95
其他企业	4	269.70	5
港、澳、台商投资企业	161	44122.80	305
与港澳台商合资经营企业	124	33553.60	228
与港澳台商合作经营企业	1	182.40	1
港澳台商独资经营企业	32	8471.80	72
港澳台商投资股份有限公司	4	1915	4
其他港澳台投资企业			
外商投资企业	184	46743.90	252
中外合资经营企业	104	27976.80	138
中外合作经营企业	1	98.10	1
外资企业	74	17823.50	108
外商投资股份有限公司	5	845.50	5
其他外商投资企业			
三、按工业行业大类分组			
采矿业	45	4611.50	1
制造业	2658	650626.20	3728
电力、煤气及水的生产和供应业	3	311	1

14－14　规模以上工业企业技术改造及引进、吸收情况

（2014年）　　单位：万元

项　　目	技术引进经费支出	消化吸收经费支出	购买国内技术支出	技术改造经费支出
总　　计	**15242**	**24120**	**17798**	**280900**
一、按企业规模分组				
大型	13841	8388	4784	169215
中型	894	13382	8079	67295
小型	508	2350	4934	43920
微型				471
二、按登记注册类型分组				
内资企业	15242	21703	16491	268987
国有企业				415
集体企业		23		834
股份合作企业				13
联营企业		210	70	280
国有联营企业				
集体联营企业				
国有与集体联营企业				
其他联营企业		210	70	280
有限责任公司	4988	2258	5577	111900
国有独资公司	4450	1320	3514	62567
其他有限责任公司	538	938	2063	49333
股份有限公司	5361	2731	4206	55979
私营企业	4894	16481	6638	99553

14－14　续表　　（2014年）　　单位：万元

项　　目	技术引进经费支出	消化吸收经费支出	购买国内技术支出	技术改造经费支出
私营独资企业		957	317	4926
私营合伙企业				
私营有限责任公司	4894	14492	5978	92074
私营股份有限公司		1032	343	2554
其他企业				13
港、澳、台商投资企业		82	530	4148
与港澳台商合资经营企业		82	530	2581
与港澳台商合作经营企业				35
港澳台商独资经营企业				1436
港澳台商投资股份有限公司				97
其他港澳台投资企业				
外商投资企业		2336	776	7765
中外合资经营企业		2336	776	7556
中外合作经营企业				
外资企业				208
外商投资股份有限公司				
其他外商投资企业				
三、按工业行业大类分组				
采矿业				461
制造业	15242	24016	17764	279250
电力、煤气及水的生产和供应业		104	34	1189

14－15　分地区规模以上工业企业技术资源状况

（2014 年）　　　　单位：个

地　区	企业数	有研发活动企业数	有研发机构企业数
全　市	**2799**	**790**	**1072**
市　区	1388	489	683
广陵	330	121	138
邗江	417	135	173
江都	641	233	372
开发区	138	34	32
宝　应	391	59	92
仪　征	360	97	117
高　邮	522	111	148

14－16　分地区规模以上工业企业研发活动人员情况

（2014 年）　　　　单位：人

地　区	研究与试验发展（R&D）人员	R&D 人员折合全时当量/研究人员	企业办机构科技活动人　员	博士毕业	硕士毕业	本科毕业
全　市	**25202**	**18620**	**29750**	**912**	**2831**	**16246**
市　区	16147	12482	18417	445	1209	10410
广陵	4671	3608	4622	63	371	3083
邗江	5964	4467	5739	106	309	3340
江都	5512	4407	8056	276	529	3987
开发区	2483	1454	3009	194	958	1585
宝　应	2044	1593	2570	76	111	1285
仪　征	2610	1747	3076	54	254	1780
高　邮	1918	1344	2678	143	299	1186

14－17　分地区规模以上工业企业研发经费来源情况

（2014 年）　　　　单位：万元

地　区	R&D 经费内部支出	政府资金	企业资金	国外资金	其他
全　市	**665546**	**8784**	**649338**	**1093**	**6330**
市　区	421304	10971	407289	229	2814
广陵	98784	1357	96025	156	1246
邗江	134980	6050	127757	57	1116
江都	187540	3565	183508	16	452
开发区	51757	228	49568		1961
宝　应	75478	1452	72895		1132
仪　征	120171	1020	118782	369	
高　邮	77187	1282	75689	83	133

14－18　分地区规模以上工业企业研发活动经费使用情况

（2014 年）　　　　单位：万元

地　区	R&D 经费内部支出	应用研究支　出	试验发展支　出	新产品开发经费支出	企业办科技机构经费支出
全　市	**745885**	**18062**	**727823**	**1212120**	**772352**
市　区	421293	9842	411451	695360	433589
广陵	98773	220	98553	124854	52193
邗江	134980	1032	133948	145200	97603
江都	187540	8591	178950	425306	283793
开发区	51757	149	51608	121200	57631
宝　应	75478	363	75115	108834	79700
仪　征	120171	6028	114142	173120	126084
高　邮	77187	1679	75507	113606	75349

14－19　分地区规模以上工业企业科技活动产出情况

(2014 年)

地　区	新产品产值（万元）	新产品销售收入（万元）	#出口	专利申请数（件）	#发明专利数
全　市	**11409944**	**11120259**	**963177**	**5281**	**1577**
市　区	6359608	6197447	654785	3057	907
广陵	1260242	1193464	296291	570	143
邗江	1619461	1611050	149805	852	189
江都	3479905	3392933	208690	1635	575
开发区	1160463	1163741	56614	427	130
宝　应	1182180	1156147	122791	442	150
仪　征	1546652	1533400	87884	483	159
高　邮	1161042	1069523	41103	872	231

14－20　分地区规模以上工业企业科技活动项目情况

(2014 年)

地　区	研发项目数（个）	项目经费内部支出合计（万元）	新产品开发项目数（个）
全　市	**3730**	**640960**	**3730**
市　区	2039	374317	2039
广陵	510	84421	510
邗江	627	116101	627
江都	902	173794	902
开发区	408	39948	408
宝　应	372	69511	372
仪　征	511	93500	511
高　邮	400	63684	400

教育 文化 卫生 ⑮

EDUCATION，CULTURE AND HEALTH

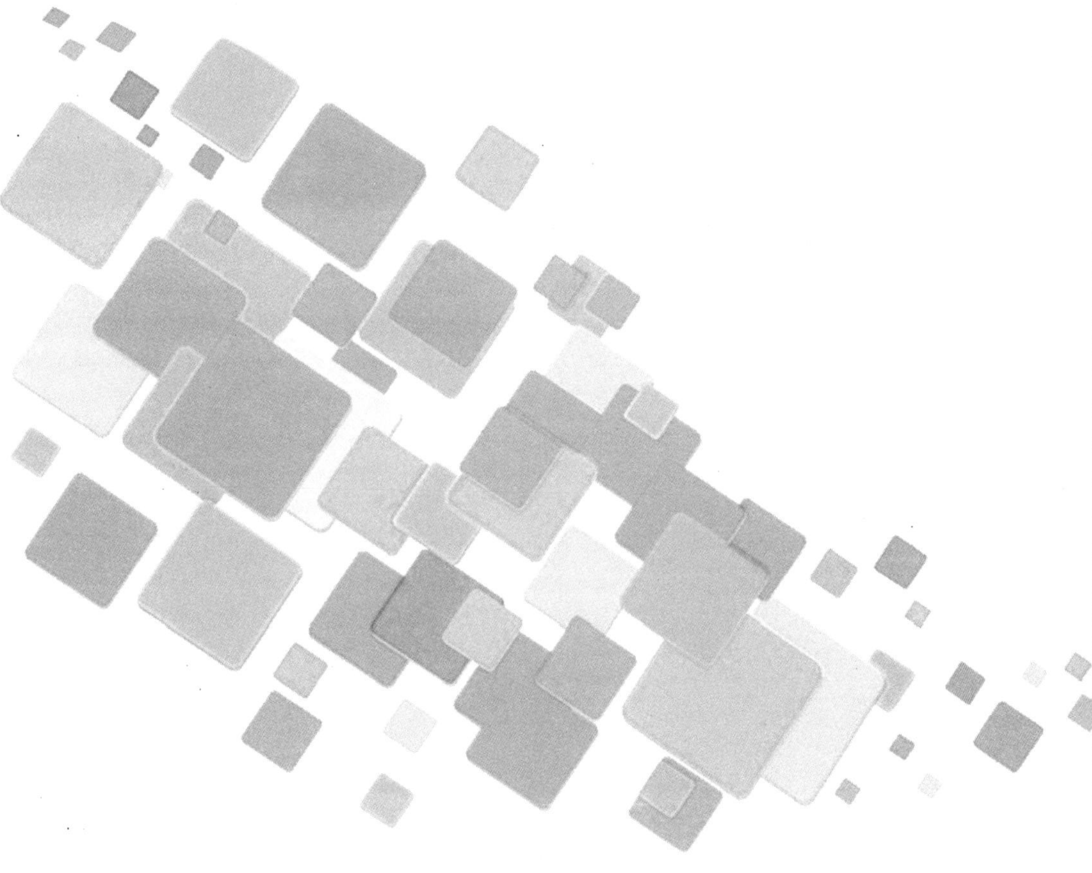

资料来源：市教育局、市文广新局、市卫生局

编辑：殷璐 项月

15－1　主要年份在校生人数

单位:万人

年份	高校	普通中学	小学
1978	0.56	24.56	65.02
1979	0.58	22.38	63.60
1980	0.66	22.06	61.88
1981	0.63	20.29	57.54
1982	0.53	20.27	52.98
1983	0.61	20.30	49.44
1984	0.78	21.03	46.95
1985	1.05	21.46	45.02
1986	1.17	21.09	45.22
1987	1.24	20.27	43.59
1988	1.34	19.23	42.24
1989	1.33	19.04	40.24
1990	1.34	19.48	37.62
1991	1.30	19.89	34.84
1992	1.39	20.35	32.09
1993	1.61	19.86	31.09
1994	1.77	19.65	31.26
1995	1.81	19.12	32.31
1996	1.89	18.18	34.86
1997	2.12	17.02	37.42
1998	2.31	16.62	38.71
1999	2.55	17.85	38.43
2000	3.07	19.99	37.51
2001	3.41	22.43	36.08
2002	4.07	24.84	33.39
2003	4.74	26.61	30.76
2004	5.30	27.19	28.58
2005	5.91	26.41	26.57
2006	6.98	25.90	25.18
2007	7.61	25.22	24.05
2008	7.85	24.69	23.42
2009	7.60	23.61	22.93
2010	7.33	22.25	22.74
2011	7.78	20.81	22.72
2012	7.26	19.79	22.44
2013	7.64	19.02	22.06
2014	7.53	18.42	21.88

15－2　各级各类教育事业情况

（2014 年）　　单位：人

项　　目	学校数（所）	毕业生数	招生数	在校学生数	专任教师
合　计	**417**	**145026**	**137658**	**548209**	**38959**
普通高等学校	7	22939	22560	75289	4883
普通中等专业学校	10	15036	13965	47175	1629
普通中学	168	63775	58778	184175	16626
#高中	35	26555	21920	70500	6147
初中	133	37220	36858	113675	10479
职业高中	4	79		117	614
技工学校	13	5792	7792	21719	1485
小学	208	37303	34455	218829	13536
特殊教育学校	7	102	108	905	186

15－3　分地区中、小学情况

（2014 年）

项　　目	全　市	市　区	#广　陵	#邗　江	#江　都	宝　应	仪　征	高　邮
学校总数(所)	417	218	29	36	94	66	60	73
普通中学	168	85	10	18	36	27	24	32
#高中	35	19	2	5	6	5	5	6
小学	208	99	18	16	54	38	32	39
在校学生数(人)	548209	353462	37972	54716	92297	76605	52403	65739
普通中学	184175	99383	6056	20050	39509	34207	20105	30480
#高中	70500	36759	2228	7769	14518	13136	7976	12629
小学	218829	126496	31817	31504	45331	39550	24226	28557
专任教师数(人)	38959	23628	2719	3766	7022	5904	4295	5132
普通中学	16626	8677	726	1823	3682	3155	1886	2908
#高中	6147	3078	229	699	1238	1260	631	1178
小学	13536	7538	1978	1753	2876	2443	1645	1910

15－4　分地区普通高校招生录取情况

（2014 年）　　单位:人

项　　目	全　市	市　区	#邗　江	#江　都	宝　应	仪　征	高　邮
考生人数	26603	13061	2761	5623	5596	3255	4691
录取合计	24538	12161	2611	5205	5026	2999	4352
本科合计	16068	8357	1901	3330	3368	1970	2373
专科合计	8470	3804	710	1875	1658	1029	1979

15－5　分地区幼儿教育情况

（2014 年）

项　　目	全　市	市　区	#广　陵	#邗　江	#江　都	宝　应	仪　征	高　邮
幼儿园数(所)	283	157	36	38	61	44	34	48
在园幼儿数(人)	96092	55509	11951	14631	20973	16170	11048	13365
幼儿园教职工数(人)	10020	5662	1416	1672	1670	1717	1143	1498

15－6　文化艺术事业基本情况

（2014 年）　　单位:个

项　　目	全　市	市　区	#江　都	宝　应	仪　征	高　邮
公共图书馆	7	4	1	1	1	1
文化馆	7	4	1	1	1	1
艺术表演团体	9	6	1	1	1	1
#扬剧团	4	3	1		1	
演职员工数	503	412	47	38	42	11
本年创作首演剧目	3	3	1			
演出场次(场次)	3145	2615	186	65	186	279
艺术教育机构	1	1				

15－7　图书馆、博物馆基本情况

（2014 年）

项　　目	全　市	市　区	#江　都	宝　应	仪　征	高　邮
公共图书馆(个)	7	4	1	1	1	1
藏书册数(册、件)	2936683	2254440	322361	137760	337952	206531
#古籍	179107	145465	13363	18000	3642	12000
图书	2472478	1910516	284046	103070	298956	159936
图书流通人次(千人次)	1947	1314	198	145	330	158
阅览室坐席(个)	2821	1920	316	100	420	381
博物馆(个)	16	10	1	2	1	3
文物藏品(件、套)	144565	136416	3917	3232	3482	1435
#一级文物	64	54		3	7	
参观人数(千人次)	3270	2471	100	69	95	63

15－8　广播电视台基本情况

(2014年)

项　　　目	全　市	市　区	#江　都	宝　应	仪　征	高　邮
广播电视台(座)	6	3	1	1	1	1
发射台及转播台(座)	13	6	2	2	3	2
有线电视总用户数(万户)	124.24	67.38	29.38	20.25	15.26	21.35
广播人口覆盖率(%)	100	100	100	100	100	100
电视人口覆盖率(%)	100	100	100	100	100	100

15－9　电视节目制作情况

(2014年)

项　　　目	全　市	市　区	#江　都	宝　应	仪　征	高　邮
平均每日播出时间(时:分)	107:53	63:43	20:01	11:41	16:12	16:17
全年制作节目时间(小时)	18359	15581	657	981	1408	389
#新闻	2500	1610	297	238	500	152
专题	2027	1559	242	182	236	50
综艺益智类	1305	1287			18	
影视剧	8375	8375				
广告	3579	2635	58	392	369	183
其它类	573	115	60	169	285	4

15－10　广播节目制作情况

(2014 年)

项　　　目	全市	市区	#江都	宝应	仪征	高邮
平均每日播音时间(时:分)	123:01	87:05	15:41	9:07	14:13	12:36
全年制作节目时间（小时）	35774	30090	4331	594	3122	1968
#新闻	6179	5244	752	102	680	153
专题	7215	5185	455	210	1238	582
广播剧类	517	517				
综艺益智类	7666	5547	2390		1055	1064
广告	7154	6788	319	182	93	91
其它类	7043	6808	414	100	56	79

15－11　宗教事业基本情况

(2014 年)

项　　　目	全市	市区	#江都	宝应	仪征	高邮
宗教活动场所(处)	**223**	**92**	**48**	**50**	**32**	**49**
佛教	128	49	31	32	17	30
道教	4	1			1	2
基督教	81	38	16	17	13	13
天主教	2	1				1
伊斯兰	8	3	1	1	1	3
教职人员(名)	742	364	139	176	80	122

15－12　分地区卫生事业情况

（2014 年）

项　　　目	单　位	全　市	市　区	广　陵	邗　江	江　都	宝　应	仪　征	高　邮
卫生机构数	个	1782	1034	227	387	420	339	163	246
#医院	个	63	41	14	16	11	14	5	3
卫生院	个	73	22	5	5	12	14	11	26
卫生机构床位数	张	19765	12946	6054	2586	4306	2203	2080	2536
#医院	张	14381	9954	5160	1906	2888	1326	1626	1475
卫生院	张	3094	1364	137	162	1065	609	426	695
卫生技术人员	人	23338	15051	6723	3765	4563	2668	2651	2968
#执业(助理)医师	人	9491	5846	2371	1592	1883	1230	1039	1376
注册护士	人	9382	6418	3206	1449	1763	877	1018	1069
#卫生防疫人员	人	2139	1442	969	188	285	290	133	274
医院、卫生院技术人员	人	16652	10322	4736	1859	3727	1944	2249	2137
#执业(助理)医师	人	6123	3690	1576	665	1449	797	785	851
注册护士	人	7483	4893	2479	855	1559	725	962	903

15－13　主要年份卫生事业情况

年　份	卫生机构数（个）	医院卫生院床位数（张）	卫生技术人员数（人）	#医　生
1978	593	6671	8833	3912
1980	647	7497	9696	4180
1985	731	8469	11827	5104
1990	805	10010	13707	6309
1991	816	10008	14149	6389
1992	800	9548	14641	6787
1993	793	10607	14962	6945
1994	793	10777	15336	7001
1995	788	10937	16204	7335
1996	789	10482	16276	7552
1997	938	10631	16665	7842
1998	936	10679	16801	7967
1999	762	10663	16179	7433
2000	756	10506	16347	7595
2001	743	10560	16235	7516
2002	872	10929	15043	6447
2003	890	10864	15247	6574
2004	1140	10991	14788	6417
2005	1208	11765	15269	7003
2006	1351	13074	16509	7571
2007	2100	13646	20589	7640
2008	2043	13318	21489	7450
2009	2046	14464	22409	7874
2010	2028	14685	22826	7881
2011	1982	15281	23272	8066
2012	1903	15853	21087	8818
2013	1815	19202	22464	9276
2014	1782	19765	23338	9491

民政 司法

16

CIVIL ADMINISTRATION AND JUDICATURE

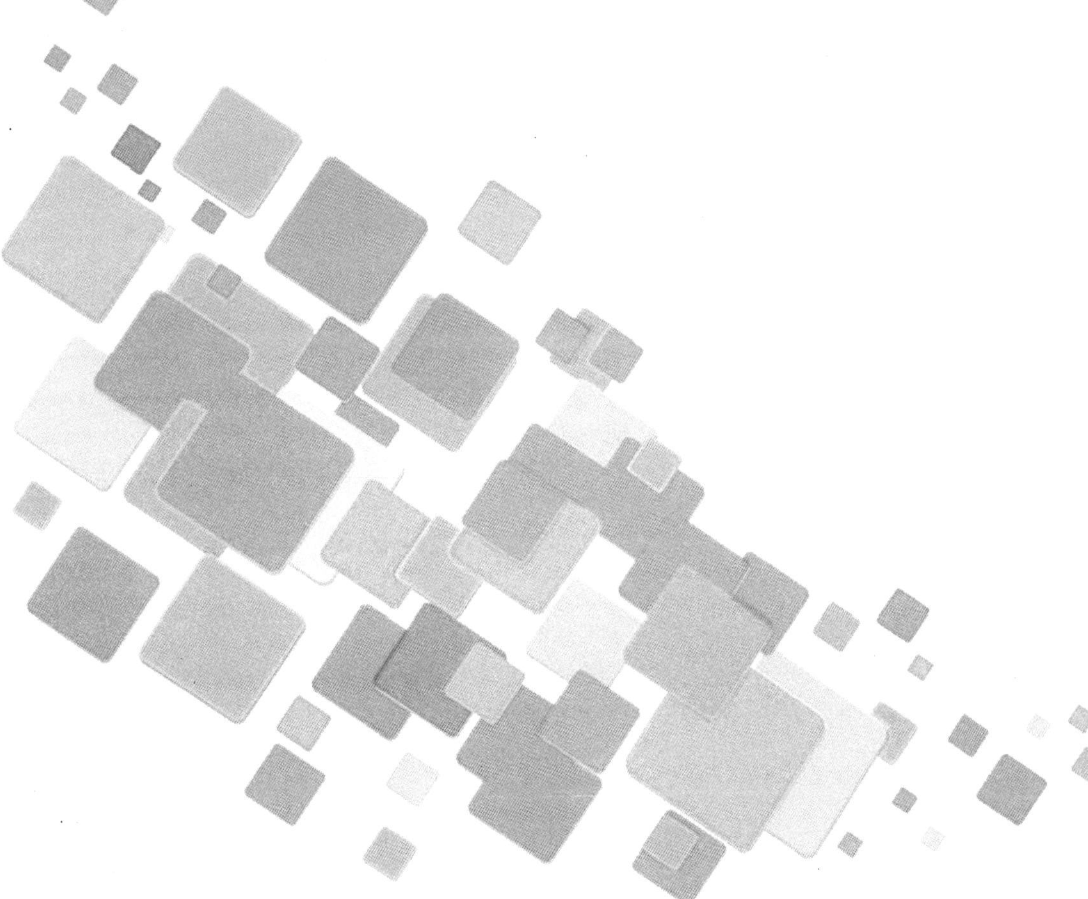

资料来源：市民政局、市司法局

编辑：殷璐 项月

16－1　社会福利事业基本情况

（2014 年）　　单位:个、人、张

项　　目	全 市	市 区	#江 都	宝 应	仪 征	高 邮
社会福利院						
院 数	7	4	1	1	1	1
职工人数	135	88	44	19	13	15
年末床位数	1281	570	150	258	153	300
年末收养人员	474	228	127	154	42	50
儿童福利院						
院 数	4	1		1	1	1
职工人数	109	42		2	3	62
年末床位数	615	150		30	50	385
年末收养人员	508	123				385
精神病人福利院						
院 数	1	1				
职工人数	32	32				
年末床位数	120	120				
年末收养人员	112	112				
社会办敬老院						
院 数	54	17	13	14	10	13
职工人数	1010	222	179	213	223	352
年末床位数	13675	3122	2803	3118	2505	4930
年末收养人员	9844	2071	1873	2118	2139	3516
社会福利企业						
单位数	457	214	96	52	91	100
职工人数	46341	24508	8539	5596	6307	9930
#残疾人员	14453	7554	2710	1995	1866	3038

16－2　城乡居民最低生活保障情况

（2014 年）　　单位:人、万元

项　　目	全　市	市　区	#江　都	宝　应	仪　征	高　邮
城镇居民最低生活保障人数	13153	7965	2450	2423	1426	1339
#在职人员	353	337	204	9	7	
老年人	3264	1917	840	493	438	416
灵活就业人员	2703	1463	310	957	68	215
登记失业人员	2028	1752	681	29	26	221
在校生	1550	704	180	351	230	265
其他人员	3255	1792	235	584	657	222
农村居民最低生活保障人数	61271	26868	17319	15292	6779	12332
#农村五保户人数	17089	6790	3490	3424	2688	4187
集中供养的五保户人数	11398	3616	1873	2209	2139	3434
分散供养的五保户人数	5691	3174	1617	1215	549	753
城镇居民最低生活保障资金	4581.83	2883.75	680.11	748.63	496.05	453.40
农村居民最低生活保障资金	12706.71	5391.62	2891.74	3280.42	1352.71	2681.96

16－3 劳动就业

（2014 年）

项目	单位	全市	市区	开发区	广陵	邗江
城镇新增就业人数	人	70756	40917			
期末城镇登记失业率	%	2.08	2.19			
城镇失业人员再就业	人	49394	27108		4758	6792
新增转移农村劳动力人数	人	53126	22176	1895	3225	5983
扶持农村劳动力自主创业	人	4595	2365	230	908	383
失业保险参保人数	人	628069	415399		42863	81199
企业职工基本养老保险参保人数	人	1036409	630998			153504
城镇基本医疗保险参保人数	人	1971085	1064592			114295
城乡居民养老保险参保人数	人	987729	377421	14410	38711	62100
新增专业技术人才数	人	29887	20223	2546	2856	5056
新增高技能人才数	人	17125	11397	423	960	2097
规模以上企业劳动合同签订率	%	99.80			99.20	99.90

16－3 续表

（2014 年）

项目	单位	江都	宝应	仪征	高邮
城镇新增就业人数	人		9935	9918	9986
期末城镇登记失业率	%		2	2.08	2
城镇失业人员再就业	人	10425	7121	7026	8139
新增转移农村劳动力人数	人	11073	13898	7899	9153
扶持农村劳动力自主创业	人	398	842	825	563
失业保险参保人数	人	69190	63107	89363	60200
企业职工基本养老保险参保人数	人	176098	125512	150276	129623
城镇基本医疗养老保险参保人数	人	213303	193234	549133	164126
城乡居民养老保险参保人数	人	262200	285301	105035	219972
新增专业技术人才数	人	4658	3260	2380	4024
新增高技能人才数	人	1700	1568	2699	1461
规模以上企业劳动合同签订率	%	99.92	99.99	99.60	99.96

16－4　司法工作情况

（2014年）

项　　目	2010年	2011年	2012年	2013年	2014年
律师工作					
律师事务所(所)	49	50	54	57	58
执业律师(人)	486	525	578	639	692
公证工作					
公证机构(个)	8	8	7	7	7
公证人员(人)	67	65	71	73	72
司法鉴定工作					
司法鉴定机构(个)	5	6	6	6	7
司法鉴定人员(人)	68	66	66	66	93
法律援助工作					
法律援助中心(个)	8	8	7	7	7
工作人员(人)	32	32	32	25	19
人民调解工作					
调解组织(个)	1840	2674	2041	2105	2091
调解人员(人)	6996	8618	8906	8792	9914
基层法律服务工作					
基层法律服务所(个)	89	106	106	106	100
基层法律工作者(人)	384	382	380	383	387
司法所（个）	91	91	91	84	86

城市建设 环境保护 17

URBAN CONSTRUCTION AND ENVIRONMENTAL PROTECTION

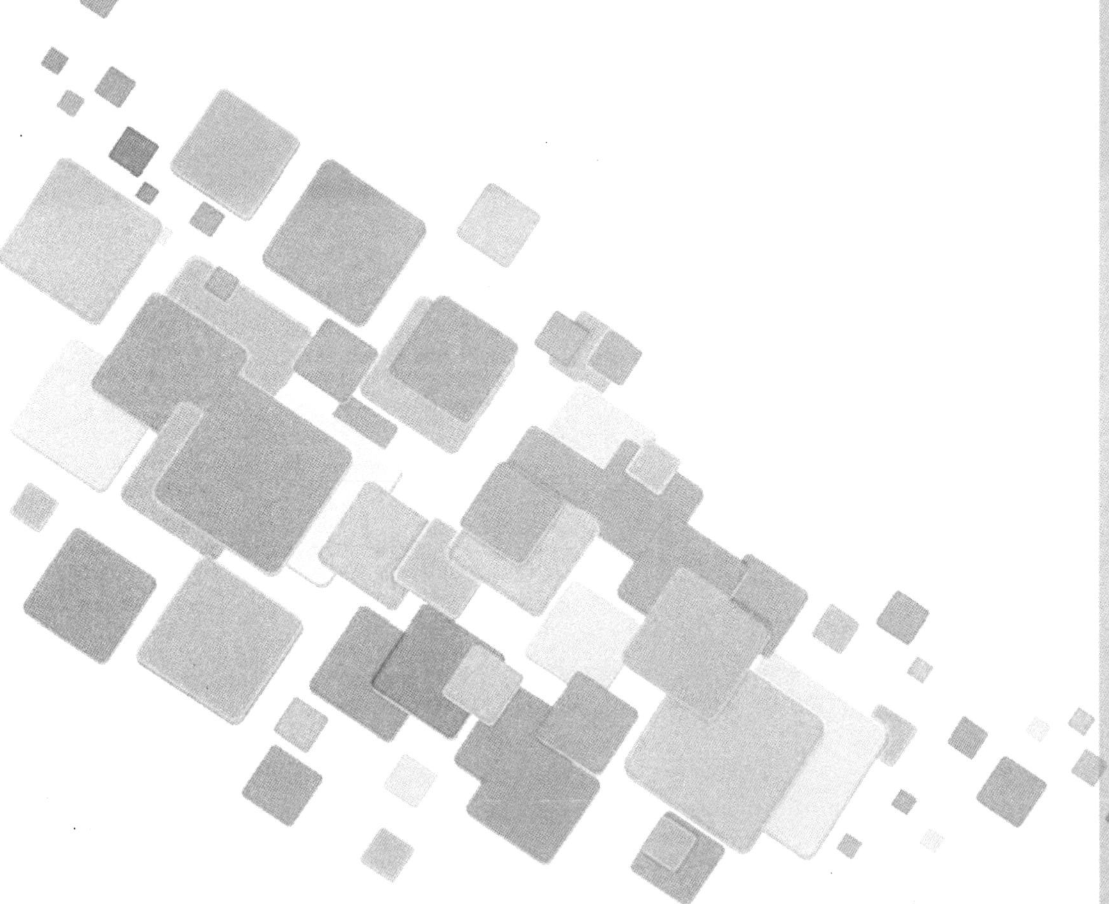

资料来源：市建设局、市环保局

编辑：殷璐 项月

17－1　公用事业情况

（2014 年）

项　　目	单位	全市	市区	宝应	仪征	高邮
建成区面积	平方公里	232.10	135.60	31.50	39.20	25.80
城市人口密度	人/平方公里	2500	2628	2193	3105	1977
供水综合生产能力（包括自备水源）	万吨/日	131.01	95.72	9.81	14.88	10.60
供水总量	万吨	26706.35	17878.01	2459.61	4240.57	2128.16
售水量	万吨	23023.85	15332.07	2087.26	3794.36	1810.16
#居民生活用水量	万吨	10800.74	7752.23	1014.42	1124.53	909.56
用水人口	万人	177.75	109.15	25.59	21.02	21.99
用水普及率	%	100	100	100	100	100
年末公交车路数	路	144	121	8	10	5
公共汽（电）车运营车辆数	辆	1653	1427	85	91	50
公共汽（电）车客运总量	万人次	18902	17416	522	564	400
出租汽车数	辆	3679	2461	280	601	337
供气总量（人工煤气、天然气）	万立方米	30245.28	17041	3666.17	8167.80	1370.31
#家庭用量	万立方米	7518.75	6277	402.12	542.50	297.13
用气人口	万人	115.81	80.78	13.13	11.51	10.39
液化石油气供气总量	吨	50756	27480	5800	13479	3997
#家庭用量	吨	33354	17737	3680	7940	3997
用液化气人口	万人	60.24	27.84	12	9	11.40
道路面积	万平方米	3544.19	2367.36	429.79	389.16	357.88
排水管道长度	公里	3133.05	2311.31	242.85	369.40	209.49
建成区绿化覆盖面积	公顷	9905	5914	1316	1607	1068
绿地面积	公顷	10653	6928	1280	1456	989
公园绿地面积	公顷	2650.86	1965.86	264	202	219
污水处理厂数	座	7	3	1	2	1
垃圾处理站数	个	6	3	1	1	1
污水处理率	%	91.65	93.72	85.63	89.89	84.78
#污水集中处理率	%	84.40	88.50	78.93	71.90	80.65
生活垃圾无害化处理率	%	98.95	100	100	91.54	100

17－2　城市建设用地情况

（2014年）　　单位:平方公里

项　　目	全 市	市 区	宝 应	仪 征	高 邮
城区（县城）面积	710.99	415.34	116.70	67.70	111.25
城市建设用地面积	229.34	134.57	30.21	38.99	25.57
#居住用地	69.87	43.95	10.55	9.64	5.73
公共管理与公共服务用地	18.24	10.65	1.79	2.20	3.60
商业服务业设施用地	15.18	10.97	1.04	1.29	1.88
工业用地	60.96	37.92	7.26	13.85	1.93
物流仓储用地	5.93	1.77	0.41	0.94	2.81
交通设施用地	31.21	14.21	5.74	7.27	3.99
公用设施用地	7.18	2.46	0.97	1.57	2.18
绿地	20.77	12.64	2.45	2.23	3.45

17－3　城市自来水情况（公共供水）

（2014年）

项　　目	全 市	市 区	宝 应	仪 征	高 邮
综合生产能力（万立方米/日）	113	84.50	9	10	9.50
水厂个数	12	8	1	1	2
供水管道长度（公里）	5017.18	3245.34	544.35	859.79	367.70
供水总量（万立方米）	23103.05	16192.71	2251.02	2861.32	1798
#售水量	19420.55	13646.77	1878.67	2415.11	1480
其中:生产运营用水	3811.16	2221.14	441.84	795.58	352.60
公共服务用水	1960.56	1443.96	225.10	70.50	221
居民家庭用水	10665.68	7752.23	1014.42	1009.03	890
其他用水	2983.15	2229.44	197.31	540	16.40
#免费供水量	679.18	517.02	63.16	70	29
其中:生活用水	63.16		63.16		
#漏损水量	3003.32	2028.92	309.19	376.21	289
用水户数（户）	760251	520752	100136	60005	79358
#家庭用户	693549	474061	95577	54896	69015
用水人口（万人）	175.09	109.15	25.59	18.37	21.98

17－4　历年扬州市市区供节水情况

项　　目	2007 年	2008 年	2009 年	2010 年	2012 年	2013 年	2014 年
自来水供水量(万吨)	8402	8511	8993	10655	13228	15889	16193
自来水有效供水量(万吨)	7243	7416	7833	9280	11574	13908	14164
#工业	1510	1457	1360	1650	1900	2223	2221
居民生活	2495	2086	3079	3163	5870	7672	7752
工业用水重复利用率(%)	81.9	81.6	81.9	82.5	85.3	86.2	85.5
城市供水管网漏失率(%)	13.8	12.9	12.9	12.9	12.5	12.5	12.5

17－5　城市天然气、液化石油气情况

(2014 年)

项　　目	全　市	市　区	宝　应	仪　征	高　邮
天然气					
供气管道长度(公里)	4036.01	3015.10	261.41	387.50	372
供气总量合计(万立方米)	30245.28	17041	3666.17	8167.80	1370.31
其中:销售气量	29938.58	16826	3663.28	8108	1341.30
#居民家庭	7518.75	6277	402.12	542.50	297.13
其中:燃气损失量	306.70	215	2.89	59.80	29.01
用气户数(户)	414262	313830	36645	33266	30521
#家庭用户	411786	312356	35890	33207	30333
用气人口(万人)	115.81	80.78	13.13	11.51	10.39
天然气汽车加气站(座)	16	9	2	4	1
液化石油气					
供气总量合计(吨)	50756	27480	5800	13479	3997
其中:销售气量	50713	27475	5800	13441	3997
#居民家庭	33354.15	17737.15	3680	7940	3997
其中:燃气损失量	42.50	4.50		38	
用气户数(户)	203841	99940	35042	29360	39499
#家庭用户	197632	99501	32042	26590	39499
用气人口(万人)	60.24	27.84	12	9	11.40

17－6　全市重点调查工业污染排放及处理利用情况

（2014年）

项　　　目	单　位	本年实际
一、企业基本情况		
1、汇总工业企业数	个	492
2、工业总产值	万元	17767046.1
3、工业锅炉数	台/蒸吨	236/14062.4
4、工业窑炉数	座	154
二、工业废水		
1、废水治理设施数	套	299
2、废水治理设施处理能力	万吨/日	88.04
3、废水治理设施设备运行费用	万元	30484
5、工业废水排放量	万吨	8790.05
#排入污水处理厂的	万吨	2394.74
6、工业废水中污染物排放量		
(1)化学需氧量	吨	12568.11
(2)氨氮	吨	976.33
(3)石油类	吨	90.33
(4)挥发酚	千克	1053.41
(5)氰化物	千克	438.21
(6)铅	千克	162.85
(7)汞	千克	
(8)镉	千克	0.10
(9)六价铬	千克	378.91
(10)总铬	千克	1042.29

17－6　续表　　　　　　　　　　　　(2014年)

项　　　　　目	单　位	本年实际
(11)砷	千克	1.31
三、工业废气		
1、工业废气排放量	万标立方米	14835447
2、废气治理设施数	套	606
#:脱硫设施数数	套	45
3、废气治理设施处理能力	万标立方米/时	4504.58
#:脱硫设施脱硫能力	千克/时	30258.14
4、废气治理设施设备运行费用	万元	64701.80
#脱硫设施运行费用	万元	39236.60
5、二氧化硫排放量	吨	37414.51
6、烟(粉)尘排放量	吨	13459.20
四、工业固体废物		
1、工业固体废物产生量	万吨	315.61
2、工业固体废物综合利用量	万吨	292.64
4、一般工业固体废物贮存量	万吨	1.04
5、一般工业固体废物处置量	万吨	23.29
6、一般工业固体废物倾倒丢弃量	万吨	
7、危险废物产生量	万吨	11.07
8、危险废物综合利用量	万吨	6.69
9、危险废物贮存量	万吨	0.45
10、危险废物处置量	万吨	4.18
11、危险废物倾倒丢弃量	万吨	

17－7　全市环境保护情况

（2014 年）

项　　目	单　位	全　市	广　陵	邗　江	江　都	宝　应	仪　征	高　邮
废水排放总量	万吨	28384	4820	6863	5124	3703	3831	4043
其中:工业源	万吨	8790	1528	1300	1369	1201	1832	1559
城镇生活源	万吨	19573	3293	5553	3748	2500	1998	2482
集中式治理设施	万吨	20.66		9.27	6.78	1.85	0.05	2.70
化学需氧量(COD)排放量	吨	54832	6042	7838	13538	10513	5760	11141
其中:工业源	吨	12568	2916	2407	1930	1586	1955	1773
城镇生活源	吨	30261	3041	2646	9722	5351	3599	5902
农业源	吨	11123	85	2206	1811	3350	206	3466
集中式治理设施	吨	879.39		579.30	74.16	225.82	0.11	
氨氮排放量	吨	7312	868	1058	1580	1659	781	1367
其中:工业源	吨	976	223	124	135	250	113	131
城镇生活源	吨	4447	630	568	1079	875	441	853
农业源	吨	1761	15	269	356	513	226	382
集中式治理设施	吨	128		97	10	21		
废水治理设施数	套	299	23	69	89	19	50	49
废水治理设施处理能力	万吨/日	88.04	1.69	11.30	4.61	0.54	22.05	47.85
废水治理设施运行费用	万元	30484	2548	6333	4150	297	15954	1202
二氧化硫(SO2)排放量	吨	47446	6391	21325	4334	1304	12631	1462
其中:工业源	吨	44357	5969	20318	3669	990	12266	1146
城镇生活源	吨	3089	422	1007	665	314	364	316
集中式治理设施	吨	0.40					0.40	
氮氧化物排放量	吨	70563	2309	34859	1758	802	12324	417
其中:工业源	吨	51882	2292	34662	1610	732	12239	347
城镇生活源	吨	582	16	197	148	70	81	70
机动车	吨	18094						
集中式治理设施	吨	4.10					4.10	

17－7　续表　　　　　　　　　　　　　　　　（2014 年）

项　　　目	单　位	全　市	广　陵	邗　江	江　都	宝　应	仪　征	高　邮
烟(粉)尘排放量	吨	18831	609	9000	4445	260	1520	1536
其中:工业源	吨	16004	439	8584	4133	113	1347	1388
生活源	吨	1365	170.21	416.49	311.92	147.25	170.68	148.45
机动车	吨	1460						
集中式治理设施	吨	2.50					2.50	
废气治理设施数	套	606	17	205	206	22	118	38
其中:脱硫设施数	套	45	5	20	2		15	3
废气治理设施运行费用	万元	64702	391	50496	1979	185	11218	433
一般工业固体废物产生量	万吨	315.61	19.04	201.86	18.74	9.16	64.63	2.17
一般工业固体废物综合利用量	万吨	292.64	18.37	179.94	18.63	9.16	64.37	2.16
其中:综合利用往年贮存量	万吨	1.35					1.35	
一般工业固体废物综合利用率	%	97.70	96.40	99.40	99.40	100	92.60	99.40
当年完成环保验收项目环保投资	万元	91914	15300		7772	18083	24281	4200
工业污染防治施工项目本年完成投资	万元	46487	126	34795	2345	265	8956	
废水治理项目	万元	1530		280	565	265	420	
废气治理项目	万元	43957	126	34515	1780		7536	
工业固体废物治理项目	万元							
噪声治理项目	万元							
其它治理项目	万元	1000					1000	
空气质量情况								
可吸入颗粒物(PM10)	毫克/立方米	0.106	0.106	0.106	0.127	0.082	0.113	0.108
二氧化硫	毫克/立方米	0.034	0.034	0.034	0.036	0.020	0.021	0.030
二氧化氮	毫克/立方米	0.037	0.037	0.037	0.030	0.027	0.029	0.028
空气质量达到及好于二级的天数比重	%	65.50	65.50	57.60	65.20	63	68.70	60.10
道路交通噪声等效声级	dB(A)	66.20	66.60	66.20	63.50	65.20	65	67

乡镇资料

18

COUNTRY AND TOWN INFORMATION

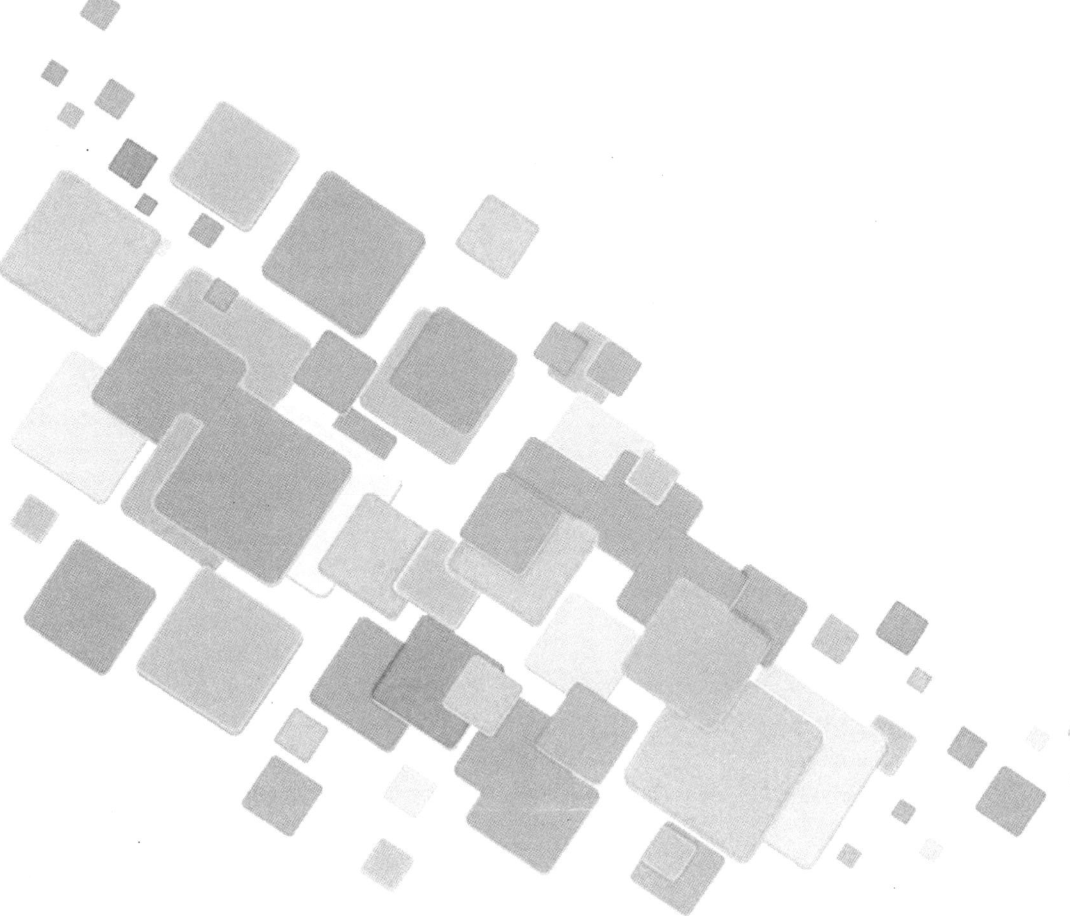

编辑：丁超

18－1 全市乡(镇)农村社会经济主要指标(一)

(2014年)

乡镇名称	村民委员会(个)	居委会(个)	通公共交通村(个)	通自来水村(个)	乡镇总户数(户)	乡镇总人口(人)
广陵区						
李典镇	13	2	13	13	13828	42157
沙头镇	12	2	12	12	11623	37670
头桥镇	15	1	15	15	14414	46857
湾头镇	4	2	4	4	7432	22528
汤汪乡	4	3	4	4	6449	20278
生态科技新城						
杭集镇	10	1	10	10	10826	37858
泰安镇	11	1	11	11	8683	26729
邗江区						
蒋王街道	4	3	4	4	6321	22286
汊河街道	10	3	10	10	19727	69894
甘泉街道	9	1	9	9	8179	30385
公道镇	11	3	11	11	12047	36598
方巷镇	18	2	18	18	12720	46281
槐泗镇	13	1	13	13	10842	39064
瓜洲镇	3	2	3	3	5622	16673
杨寿镇	7	1	7	7	5921	21281
杨庙镇	8	1	8	8	6109	22858
西湖镇	7	2	7	7	11999	36081
双桥乡	4	7	4	4	4575	10631
景区						
平山乡	4	2	4	4	4653	15987
城北乡	2	2	2	2	5648	21325

18－1　续表1　（2014年）

乡镇名称	村民委员会（个）	居委会（个）	通公共交通村（个）	通自来水村（个）	乡镇总户数（户）	乡镇总人口（人）
江都区						
仙女镇	31	29	31	31	52559	140646
小纪镇	30	3	30	30	29955	92008
武坚镇	14	3	14	14	14720	45867
樊川镇	21	5	19	21	22032	67288
真武镇	18	3	15	18	19325	55451
宜陵镇	13	3	13	13	16568	52359
丁沟镇	17	3	17	17	19912	61006
郭村镇	23	2	23	23	28000	91840
邵伯镇	21	2	21	21	31158	76489
丁伙镇	16	2	16	16	16077	45177
大桥镇	32	8	32	32	49637	147539
吴桥镇	14	2	8	14	15354	49132
浦头镇	13	1	13	13	15085	43290
宝应县						
安宜镇	18	24	14	18	55371	132138
氾水镇	22	7	22	22	28142	100132
夏集镇	14	3	14	14	18320	62110
柳堡镇	16	3	12	16	16886	51939
射阳湖镇	30	3	30	30	24467	81727
广洋湖镇	13	1	13	13	10598	33874
鲁垛镇	12	1	12	12	9920	33119
小官庄镇	9	1	9	9	8813	29037
望直港镇	19	2	13	19	17347	63427
曹甸镇	22	2	22	22	18484	63416
西安丰镇	8	3	5	8	7972	29217
山阳镇	16	2	16	16	15385	52249
黄塍镇	8	1	4	8	7639	26805
泾河镇	18	3	18	18	16432	56803

18－1　续表2　　(2014年)

乡镇名称	村民委员会(个)	居委会(个)	通公共交通村(个)	通自来水村(个)	乡镇总户数(户)	乡镇总人口(人)
开　发　区						
施　桥　镇	11	4	11	11	10732	38094
八　里　镇	8	3	8	8	6673	23381
朴　席　镇	9	1	9	9	10121	32032
仪　征　市						
真　州　镇	8	21	8	8	53456	145954
新　集　镇	13	1	13	13	12357	42196
新　城　镇	13	2	13	13	13412	47915
马　集　镇	9	1	7	9	9229	30069
刘　集　镇	17	2	17	17	13241	45967
陈　集　镇	14	2	14	14	12288	35993
大　仪　镇	18	3	18	18	13855	45346
月　塘　镇	20	3	20	20	16473	55537
青　山　镇	9	5	9	9	12020	32412
高　邮　市						
高邮街道	6	14	6	6	55874	153156
龙　虬　镇	11	2	11	11	9648	35083
汤　庄　镇	17	4	17	17	20516	59369
卸　甲　镇	17	4	13	17	23976	79830
三　垛　镇	21	6	21	21	22083	77981
甘　垛　镇	16	3	2	16	19628	60389
界　首　镇	8	1	8	8	10228	32501
周　山　镇	8	1	8	8	7961	27098
临　泽　镇	22	6	22	22	28638	92925
送　桥　镇	17	3	17	17	20748	69104
菱塘回族乡	6	2	6	6	6896	23640
经济开发区	16	3	16	16	19213	71365

18－2　全市乡(镇)农村社会经济主要指标(二)

(2014 年)

乡镇名称	乡镇从业人员(人)	#第一产业从业人员(人)	#第二产业从业人员(人)	年末耕地面积(公顷)	农作物总播种面积(公顷)	#粮食播种面积(公顷)
广陵区						
李典镇	24178	1286	13707	1932	4506	3736
沙头镇	21684	2675	11728	2162	3690	2752
头桥镇	27062	3242	15929	2712	5585	4534
湾头镇	12944	1183	7261	183	281	181
汤汪乡	3976	555	1409	58	58	
生态科技新城						
杭集镇	30073	1613	22580	948	2197	1721
泰安镇	13786	3094	7687	1314	2298	2103
邗江区						
蒋王街道	14348	548	5694	359	697	486
汊河街道	47431	4395	23565	1808	3306	3068
甘泉街道	17201	1249	10518	1449	2738	2340
公道镇	18951	1488	12441	2882	4872	4653
方巷镇	23972	3342	13686	2740	5880	5151
槐泗镇	19330	3264	9851	2266	4392	3722
瓜洲镇	8311	775	3685	294	452	374
杨寿镇	11523	1359	6430	1532	3282	2646
杨庙镇	14456	1454	6670	1332	2463	1615
西湖镇	17169	1062	9916	676	965	709
双桥乡	4282	202	1135	1		
景区						
平山乡	8540	331	5740	286	451	418
城北乡	16523	3168	6323	300	435	435

18－2　续表1　（2014年）

乡镇名称	乡镇从业人员（人）	#第一产业从业人员（人）	#第二产业从业人员（人）	年末耕地面积（公顷）	农作物总播种面积（公顷）	#粮食播种面积（公顷）
江都区						
仙女镇	90744	6387	45083	3705	9308	7001
小纪镇	47352	7158	19273	7467	17344	14176
武坚镇	26660	1540	17079	3517	7684	6147
樊川镇	44927	7235	18740	5882	12214	11308
真武镇	35436	2622	17718	3313	7415	6212
宜陵镇	26179	2409	15968	2274	5823	4357
丁沟镇	43897	4987	18897	4702	9359	8386
郭村镇	39328	6109	18410	4200	9915	8187
邵伯镇	65744	7964	35750	3697	9897	6773
丁伙镇	41648	4048	25600	4054	7148	4830
大桥镇	95676	11302	57436	4833	11738	9068
吴桥镇	23897	3441	11746	2756	6434	4827
浦头镇	24139	3877	15524	1893	3652	3164
宝应县						
安宜镇	98113	8842	43165	4221	9096	7695
氾水镇	53624	10937	20945	7281	16750	14267
夏集镇	30805	9495	12000	5840	13440	12090
柳堡镇	30044	10132	15484	4771	11255	9252
射阳湖镇	41748	13475	14820	7691	16736	15111
广洋湖镇	21392	2982	10330	3577	8779	6690
鲁垛镇	20207	4518	8145	3115	7132	6401
小官庄镇	18463	1560	9723	2878	5613	5192
望直港镇	43790	8071	20390	4514	10584	8892
曹甸镇	36096	7099	18326	4291	10379	8591
西安丰镇	15779	4213	7699	1850	4941	3872
山阳镇	29684	7977	16697	4295	9971	8581
黄塍镇	15575	3204	10323	1930	4178	3588
泾河镇	27447	6648	12648	3985	9274	8116

18－2　续表2　　(2014年)

乡镇名称	乡镇从业人员(人)	#第一产业从业人员(人)	#第二产业从业人员(人)	年末耕地面积(公顷)	农作物总播种面积(公顷)	#粮食播种面积(公顷)
开发区						
施桥镇	21436	1034	13707	651	1125	855
八里镇	14014	732	8458	367	651	502
朴席镇	18243	3567	3408	2387	4124	3824
仪征市						
真州镇	77736	2056	29248	1389	2337	1499
新集镇	26502	4985	11737	3375	5477	4701
新城镇	28796	3895	16660	2958	4331	3256
马集镇	17869	2845	9296	3228	5011	3982
刘集镇	27024	3003	16370	5253	7303	6359
陈集镇	18878	2235	12848	4636	7099	6233
大仪镇	26853	3149	18994	6399	9869	8331
月塘镇	28974	4905	14145	6820	10243	8195
青山镇	20790	2157	10511	1361	1079	648
高邮市						
高邮街道	93575	2498	42559	1940	3821	2990
龙虬镇	17359	5543	9270	2040	6129	5105
汤庄镇	36952	7543	18127	7016	14340	13202
卸甲镇	41318	7978	26456	8003	18010	16150
三垛镇	49046	15404	20988	6923	13236	12142
甘垛镇	35988	11615	12715	6520	15199	10913
界首镇	16631	3068	10088	2421	6377	5002
周山镇	15089	4342	5428	2986	6501	5495
临泽镇	52873	13173	27436	7901	19359	16529
送桥镇	44572	5894	28438	6591	14860	13140
菱塘回族乡	14833	813	8704	1903	4833	4104
经济开发区	62076	5923	40685	3416	6496	5582

18－3　全市乡（镇）农村社会经济主要指标（三）

（2014 年）

乡镇名称	粮食产量（吨）	棉花产量（吨）	油料产量（吨）	肉类产量（吨）	#猪肉产量（吨）	水产品产量（吨）
广陵区						
李典镇	28970		259	2618	1877	8405
沙头镇	18401		220	1690	1065	2788
头桥镇	34181		758	1811	1018	2593
湾头镇	1131		39	167	150	395
汤汪乡				495	494	
生态科技新城						
杭集镇	11688		122	484	284	1911
泰安镇	14452		210	2155	1576	1260
邗江区						
蒋王街道	2933		11			166
汉河街道	23862		208	2289	1575	2835
甘泉街道	15204	218	390	1506	1239	2472
公道镇	34013		170	580	452	8625
方巷镇	38278	211	784	4513	2392	11363
槐泗镇	24246	411	429	2880	2009	5838
瓜洲镇	2496		65	818	328	993
杨寿镇	19086	14	461	1153	801	2595
杨庙镇	10232	44	234	1330	1111	1112
西湖镇	3902		243	917	795	248
双桥乡	15			94	94	
景区						
平山乡	3161		101	231	227	
城北乡	1532			932	900	81

18－3 续表1 （2014年）

乡镇名称	粮食产量（吨）	棉花产量（吨）	油料产量（吨）	肉类产量（吨）	#猪肉产量（吨）	水产品产量（吨）
江都区						
仙女镇	53324		790	4603	3984	4446
小纪镇	99850	433	3636	7205	2652	18620
武坚镇	48470	187	763	3494	2287	22662
樊川镇	79247		847	4902	3549	6433
真武镇	42119		801	5500	2325	7029
宜陵镇	32153		910	2461	750	1229
丁沟镇	74525		3140	8700	5300	1209
郭村镇	62201		1465	5212	4970	2950
邵伯镇	64328	315	1315	4173	245	9795
丁伙镇	35291		90	1141	360	2046
大桥镇	67258		1067	13742	3337	5993
吴桥镇	33894		1125	976	195	998
浦头镇	25522		285	1965	1300	1728
宝应县						
安宜镇	55730		765	3553	2705	8376
氾水镇	113414		688	5852	4553	9938
夏集镇	96830		2230	6501	5882	5018
柳堡镇	81627		789	4576	4417	31674
射阳湖镇	113216		1656	3100	1700	32944
广洋湖镇	54692		881	881	660	26210
鲁垛镇	50040		584	1805	992	7436
小官庄镇	44546		325	1267	1263	1642
望直港镇	69085		1790	1853	1829	10265
曹甸镇	69360		1636	3969	3934	16480
西安丰镇	31422		676	555	233	6218
山阳镇	69840		890	4420	2140	21210
黄塍镇	28776		529	3768	2634	1234
泾河镇	60064		779	2527	2300	1990

18－3　续表2　（2014年）

乡镇名称	粮食产量（吨）	棉花产量（吨）	油料产量（吨）	肉类产量（吨）	#猪肉产量（吨）	水产品产量（吨）
开　发　区						
施　桥　镇	5864		117	280	277	389
八　里　镇	3402		128	370	207	899
朴　席　镇	22625		158	697	272	
仪　征　市						
真　州　镇	11110		664	1883	1849	846
新　集　镇	32834		619	2998	1592	1060
新　城　镇	23291		571	959	662	386
马　集　镇	28689	25	1113	2411	1439	366
刘　集　镇	43897	4	666	3151	1789	490
陈　集　镇	44551	5	522	2766	1266	765
大　仪　镇	61422	2	538	7976	4636	1844
月　塘　镇	59497	6	2622	3487	1928	668
青　山　镇	4778		746	375	296	288
高　邮　市						
高邮街道	19544		529	3340	2338	10745
龙　虬　镇	36715		1381	2393	1552	17930
汤　庄　镇	99852		851	5430	2149	18454
卸　甲　镇	133176		2127	12341	9344	17056
三　垛　镇	94377	55	1899	9565	9080	37482
甘　垛　镇	85771	3750	2179	6919	2849	17571
界　首　镇	39743		1343	1995	1720	5280
周　山　镇	44091		1572	4384	2810	18766
临　泽　镇	136785	3	2833	9784	5701	23558
送　桥　镇	84838		883	15685	4684	8642
菱塘回族乡	29020		150	6288	1685	8856
经济开发区	51709		1461	2856	2397	13904

18－4 全市乡（镇）农村社会经济主要指标（四）

（2014 年）

乡镇名称	农业机械总动力（千瓦）	农民人均纯收入（元）	地区生产总值（万元）	第一产业增加值（万元）	第二产业增加值（万元）	第三产业增加值（万元）
广陵区						
李典镇	28350	23600	1612438	29712	1001726	581000
沙头镇	13360	21760	506066	22989	344025	139052
头桥镇	23000	22093	515610	19945	347665	148000
湾头镇	570	22204	85142	1700	32121	51321
汤汪乡	2702	24874	54000	2300	31000	20700
生态科技新城						
杭集镇	12292	27749	769500	6200	461200	302100
泰安镇	15585	20520	384667	20587	240540	123540
邗江区						
蒋王街道	8960	22803	369937	3602	129525	236810
汊河街道	15579	24500	1963045	14277	1539586	409182
甘泉街道	9941	19336	119300	11400	62100	45800
公道镇	33896	18700	387064	27161	253349	106554
方巷镇	36800	20022	382593	47471	208758	126364
槐泗镇	21092	19530	320845	18393	214311	88141
瓜洲镇	3145	21544	88976	4899	38062	46015
杨寿镇	23543	21131	290029	12686	215489	61854
杨庙镇	11403	19383	166740	10171	61845	94724
西湖镇	5443	23224	232021	4483	114018	113520
双桥乡		30384	416800	385	84419	331996
景区						
平山乡		19870	139280	1960	131440	5880
城北乡	320	21322	62302	1351	51322	9629

18－4　续表1　　（2014年）

乡镇名称	农业机械总动力（千瓦）	农民人均纯收入（元）	地区生产总值（万元）	第一产业增加值（万元）	第二产业增加值（万元）	第三产业增加值（万元）
江都区						
仙女镇	57575	28800	2966723	54859	1393060	1518804
小纪镇	111989	25519	892980	73743	592150	227087
武坚镇	40143	25688	441674	55239	269850	116585
樊川镇	56726	20460	425403	33331	270096	121976
真武镇	34393	27034	450312	31540	301721	117051
宜陵镇	27364	23451	457805	18155	313662	125988
丁沟镇	43000	19962	404686	28286	253639	122761
郭村镇	47619	20202	424616	26240	286318	112058
邵伯镇	56400	27868	709518	38352	385958	285208
丁伙镇	42170	27000	605366	59487	430929	114950
大桥镇	51600	23980	1324488	52107	980968	291413
吴桥镇	20626	18171	231224	15536	136292	79396
浦头镇	22303	19700	217230	12526	132868	71836
宝应县						
安宜镇	56483	19373	974200	39100	320600	614500
氾水镇	60956	19200	280400	55300	119300	105800
夏集镇	40266	18300	172350	53000	57750	61600
柳堡镇	53657	18644	192200	67400	57800	67000
射阳湖镇	59549	18435	226400	85400	62100	78900
广洋湖镇	24629	18270	114500	48300	43500	22700
鲁垛镇	23895	17222	101544	30046	45968	25530
小官庄镇	23545	17884	82500	16800	38900	26800
望直港镇	24250	18211	217100	41500	93900	81700
曹甸镇	26272	18581	190600	49500	80100	61000
西安丰镇	19594	17838	79500	27200	24700	27600
山阳镇	32153	17875	210000	70400	85800	53800
黄塍镇	13486	16226	90800	20000	47600	23200
泾河镇	26720	16951	129000	37500	48000	43500

18－4 续表2 （2014年）

乡镇名称	农业机械总动力（千瓦）	农民人均纯收入（元）	地区生产总值（万元）	第一产业增加值（万元）	第二产业增加值（万元）	第三产业增加值（万元）
开发区						
施桥镇	7520	23074	225848	3456	110225	112167
八里镇	9890	23056	61681	3630	29989	28062
朴席镇	18657	22950	69394	9399	26400	33595
仪征市						
真州镇	23462	20742	1420050	9200	834300	576550
新集镇	18150	20315	276620	19600	159420	97600
新城镇	25120	19758	421694	17910	284486	119298
马集镇	13960	19258	228200	12900	138100	77200
刘集镇	51605	18898	323017	16760	226992	79265
陈集镇	43500	18370	222358	20723	132813	68822
大仪镇	56230	18300	288024	30640	172562	84822
月塘镇	18276	17610	182248	27768	93964	60516
青山镇	13920	19841	172988	7920	104613	60455
高邮市						
高邮街道	23180	21280	796000	27496	350904	417600
龙虬镇	24013	19460	104256	44865	21727	37664
汤庄镇	53121	21391	238200	60178	93879	84143
卸甲镇	84012	20277	242300	66760	69840	105700
三垛镇	116874	17883	231000	87240	46260	97500
甘垛镇	39630	19150	166929	78363	31934	56632
界首镇	3865	18265	77800	23419	11987	42394
周山镇	17500	17500	61020	25047	8432	27541
临泽镇	39782	17658	285900	84580	93139	108181
送桥镇	56000	21964	411800	74215	210184	127401
菱塘回族乡	17339	23746	284620	25124	209450	50046
经济开发区	59365	20566	713510	42596	493323	177591

18－5 全市乡(镇)农村社会经济主要指标(五)

(2014 年)

乡镇名称	工商业企业应税销售收入	财政收入(万元)	#公共财政收入(万元)	#本地可用财政收入(万元)	财政支出(万元)	#公共财政支出(万元)
广陵区						
李典镇	1265000	51000	14900	4305	13600	4260
沙头镇	1781910	22135	5803	2682	9519	3883
头桥镇	449750	15676	6184	2450	13050	3450
湾头镇	449985	3697	2251	2906	3999	1460
汤汪乡	100000	10317	6213	2120	1965	1965
生态科技新城						
杭集镇	690000	54864	46256	13626	13878	5533
泰安镇	473580	7597	2978	1828	4923	1125
邗江区						
蒋王街道	156915	39737	29500	6356	38325	4030
汊河街道	2380000	134202	71370	19183	84040	17634
甘泉街道	318575	7238	3075	2843	4500	2843
公道镇	185000	10374	3832	10318	17419	3768
方巷镇	596100	12621	12432	7120	8972	4276
槐泗镇	311120	10754	7954	6347	10280	7954
瓜洲镇	97295	11997	3003	11997	13243	3003
杨寿镇	223874	11961	2404	3091	7182	3091
杨庙镇	508115	16805	3151	16805	16245	5649
西湖镇	958200	40452	26365	4913	6663	4913
双桥乡	1310000	43000	29900	3805	4372	4372
景区						
平山乡	492200	2956	1350	405	3326	2300
城北乡	9302	8654	603	1685	1685	1423

18－5　续表1　　（2014年）

乡镇名称	工商业企业应税销售收　入	财政收入（万元）	#公共财政收　入（万元）	#本地可用财政收入（万元）	财政支出（万元）	#公共财政支　出（万元）
江　都　区						
仙　女　镇	16313047	319232	129896	110884	99268	12157
小　纪　镇	2753561	32780	8933	16120	15429	3774
武　坚　镇	190600	20695	6522	5132	20695	6522
樊　川　镇	235120	11357	4038	6150	11355	3167
真　武　镇	295790	16942	10203	6719	9183	9183
宜　陵　镇	517283	26007	7653	12016	13307	7694
丁　沟　镇	280000	16235	11748	4487	7852	6476
郭　村　镇	196100	5849	2337	2197	5835	4364
邵　伯　镇	3550000	57997	22818	11062	10988	3503
丁　伙　镇	2660237	20495	16663	5681	5876	1850
大　桥　镇	1251096	56606	27099	17307	56587	26984
吴　桥　镇	124234	5121	2686	1863	4051	1863
浦　头　镇	200000	10218	4400	200	10210	4395
宝　应　县						
安　宜　镇	765054	67158	28318	25272	54780	27248
氾　水　镇	279500	20165	13465	17507	18567	17507
夏　集　镇	101758	8710	7045	6340	8318	2070
柳　堡　镇	214800	15586	3878	8707	11414	11414
射阳湖镇	188000	8309	2367	8006	11360	10942
广洋湖镇	115188	8074	2696	4066	7830	4877
鲁　垛　镇	368121	5312	1516	3326	7613	6130
小官庄镇	86451	4798	2205	4691	5261	4631
望直港镇	243256	16861	5602	13882	13882	1649
曹　甸　镇	169575	13131	4118	6854	9735	8351
西安丰镇	56124	5188	1918	3897	6799	1918
山　阳　镇	225500	8311	3360	4200	6466	4200
黄　塍　镇	118620	8577	2210	3377	8500	2300
泾　河　镇	229000	5145	2668	3800	5145	1950

18－5　续表2　　(2014年)

乡镇名称	工商业企业应税销售收入	财政收入（万元）	#公共财政收入（万元）	#本地可用财政收入（万元）	财政支出（万元）	#公共财政支出（万元）
开发区						
施桥镇	744855	14476	3796	6359	7598	1482
八里镇	186965	5848	3191	3936	4750	1279
朴席镇	52478	3779	1160	800	4427	3129
仪征市						
真州镇	2750500	226360	56020	21266	17274	1917
新集镇	261325	20075	9915	9091	11994	9091
新城镇	153276	29901	12700	7905	15924	7997
马集镇	84500	15950	5070	3573	3573	789
刘集镇	225000	24028	4946	3132	24028	4946
陈集镇	156000	9450	3291	4843	6044	2834
大仪镇	178600	17322	6504	2380	14304	3859
月塘镇	156000	22847	6967	18545	22847	5204
青山镇	15560	10020	2900	1500	3900	1750
高邮市						
高邮街道	3353720	93486	51464	35004	34730	21515
龙虬镇	311222	6647	3037	2081	4076	2912
汤庄镇	357255	14348	11987	2714	8348	2714
卸甲镇	236500	28720	25200	10700	16670	15504
三垛镇	116587	16235	4827	8613	10126	3928
甘垛镇	430801	11242	7305	3606	10284	3016
界首镇	53800	7613	6022	2628	3281	1690
周山镇	46800	2981	1495	1192	2644	1192
临泽镇	399520	14568	4242	8226	8953	3198
送桥镇	695000	97257	16178	63515	70948	8363
菱塘回族乡	515580	19966	7850	4683	5040	4741
经济开发区	3915268	118783	80265	65653	65643	27135

18－6　全市乡(镇)农村社会经济主要指标(六)

(2014 年)

乡镇名称	企业数(个)	三上企业(个)	工业企业(个)	#高技术产业企业(个)	企业实交税金总额(万元)	高技术产业企业上交税金(万元)
广　陵　区						
李　典　镇	559	54	363	4	98560	3650
沙　头　镇	517	48	366	8	70694	25762
头　桥　镇	691	51	690	10	46951	5968
湾　头　镇	350	17	217	2	5713	248
汤　汪　乡	72	10	51	1	10316	157
生态科技新城						
杭　集　镇	939	76	861	7	128269	10721
泰　安　镇	331	48	279	4	48150	2000
邗　江　区						
蒋王街道	105	47	83	2	28754	619
汊河街道	865	145	562	31	153358	53920
甘泉街道	386	31	251	4	5820	1237
公　道　镇	1089	44	230	6	29961	8699
方　巷　镇	341	34	276	11	7107	335
槐　泗　镇	459	41	352	10	62300	9000
瓜　洲　镇	75	15	57		5927	
杨　寿　镇	545	33	422	5	37498	5685
杨　庙　镇	290	31	228	3	11924	2656
西　湖　镇	683	87	252	13	23825	3071
双　桥　乡	1778	134	126		38500	
景　　区						
平　山　乡	239	96	143		16276	
城　北　乡	441	16	5	1	9532	905

18－6　续表1　　(2014年)

乡镇名称	企业数（个）	三上企业（个）	工业企业（个）	#高技术产业企业（个）	企业实交税金总额（万元）	高技术产业企业上交税金（万元）
江　都　区						
仙　女　镇	2808	212	2236	73	910932	478205
小　纪　镇	2013	82	1992	22	14260	4351
武　坚　镇	621	38	603	14	116811	41632
樊　川　镇	876	56	684	6	33890	2526
真　武　镇	506	48	476	15	82686	12330
宜　陵　镇	975	64	736	18	16637	8635
丁　沟　镇	787	41	786	12	38568	16523
郭　村　镇	1505	36	1288	2	23703	3120
邵　伯　镇	620	75	615	8	148000	7184
丁　伙　镇	1023	42	1019	15	184055	77303
大　桥　镇	5993	123	896	6	558600	9058
吴　桥　镇	853	29	432	4	79952	4896
浦　头　镇	680	21	500	5	47750	8300
宝　应　县						
安　宜　镇	2193	89	1850	7	66581	3457
氾　水　镇	1703	42	1431	3	7350	4850
夏　集　镇	644	25	618	1	5610	38
柳　堡　镇	549	22	543	6	28007	10758
射阳湖镇	1207	31	1182	1	6850	300
广洋湖镇	695	26	688	2	21208	6803
鲁　垛　镇	259	15	256	1	7347	386
小官庄镇	402	28	371		8670	
望直港镇	323	49	272	4	22326	5218
曹　甸　镇	1543	24	196	5	30003	2493
西安丰镇	655	15	650	3	9667	1269
山　阳　镇	292	30	290	6	13110	340
黄　塍　镇	188	27	179	4	16283	7014
泾　河　镇	560	17	508	5	7593	3029

18－6　续表 2　　　　　　　　　　　　(2014 年)

乡镇名称	企业数(个)	三上企业(个)	工业企业(个)	#高技术产业企业(个)	企业实交税金总额(万元)	高技术产业企业上交税金(万元)
开 发 区						
施 桥 镇	457	26	338		8877	
八 里 镇	186	21	176	1	1473	202
朴 席 镇	162	15	51		1754	
仪 征 市						
真 州 镇	1414	382	734	40	84620	53085
新 集 镇	285	59	271	4	13990	750
新 城 镇	583	38	522	4	27086	1735
马 集 镇	400	29	390	10	27271	486
刘 集 镇	404	36	380	2	22621	1622
陈 集 镇	408	30	386	7	17396	264
大 仪 镇	586	34	489	3	18832	469
月 塘 镇	425	35	384	3	11862	1203
青 山 镇	406	19	330	1	8230	154
高 邮 市						
高邮街道	1546	214	476	21	188384	33119
龙 虬 镇	127	22	96		9400	
汤 庄 镇	861	55	338	10	35073	7043
卸 甲 镇	685	51	586	16	50498	3385
三 垛 镇	1047	38	999	2	18786	1567
甘 垛 镇	340	19	235	5	8506	345
界 首 镇	240	23	223	3	13485	803
周 山 镇	365	10	348	1	3878	248
临 泽 镇	668	42	552	1	27658	215
送 桥 镇	1118	121	1000	23	52931	10600
菱塘回族乡	441	61	375	11	11365	10563
经济开发区	1214	125	529	29	138538	36150

18－7　全市乡(镇)农村社会经济主要指标(七)

(2014 年)

乡镇名称	规上工业企业总产值(万元)	规上工业企业增加值(万元)	农业技术服务机构个数(个)	农业技术服务机构从业人员数	乡镇公路里程(公里)	公园及休闲健身广场个数(个)
广陵区						
李典镇	2700000	545666	1	124	487	22
沙头镇	1404238	328695	1	40	240	15
头桥镇	1151070	269461	1	38	150	1
湾头镇	53461	13365	1	3	125	
汤汪乡	81448	17919	1	3	15	4
生态科技新城						
杭集镇	2789066	401800	4	28	350	2
泰安镇	1135372	181005	1	6	155	15
邗江区						
蒋王街道	533857	104331	1	32	92	2
汊河街道	5251949	1365506	1	4	160	2
甘泉街道	212340	51000	2	12	68	2
公道镇	1060567	210970	1	29	357	6
方巷镇	663834	154592	1	47	290	2
槐泗镇	980000	181695	1	38	510	1
瓜洲镇	133160	30626	1	23	75	4
杨寿镇	733245	178377	1	5	240	1
杨庙镇	165000	19592	1	6	158	10
西湖镇	441121	90553	2	9	157	11
双桥乡	217891	41607	1	28	50	13
景区						
平山乡	295771	65069	5	16	20	8
城北乡	126019	30216	1	16	38	2

18－7　续表1　　(2014年)

乡镇名称	规上工业企业总产值(万元)	规上工业企业增加值(万元)	农业技术服务机构个数(个)	农业技术服务机构从业人员数	乡镇公路里　程(公里)	公园及休闲健身广场个数(个)
江　都　区						
仙　女　镇	7180712	1383539	15	136	836	65
小　纪　镇	2054170	282115	33	102	320	33
武　坚　镇	851243	244888	1	28	83	3
樊　川　镇	537817	157364	4	32	210	6
真　武　镇	1247802	272956	5	46	75	26
宜　陵　镇	1364379	300574	9	28	61	38
丁　沟　镇	643831	151297	1	26	8	21
郭　村　镇	534884	124461	3	39	225	28
邵　伯　镇	1470000	362260	12	70	134	8
丁　伙　镇	2298921	424755	5	75	240	2
大　桥　镇	2525845	601171	4	55	245	32
吴　桥　镇	332525	76899	5	30	91	28
浦　头　镇	467164	130589	6	35	43	42
宝　应　县						
安　宜　镇	1183425	285484	1	62	440	7
氾　水　镇	461000	90480	2	58	345	7
夏　集　镇	360471	55700	1	30	230	4
柳　堡　镇	502159	57699	1	65	283	2
射阳湖镇	137141	35100	2	29	182	2
广洋湖镇	273031	42930	1	13	50	1
鲁　垛　镇	223008	35259	1	28	88	8
小官庄镇	243334	35130	1	17	122	1
望直港镇	539130	80520	1	41	265	5
曹　甸　镇	404085	53490	1	18	175	4
西安丰镇	139611	24375	2	17	44	1
山　阳　镇	494380	68780	2	28	230	1
黄　塍　镇	335231	44780	1	16	96	2
泾　河　镇	181044	45389	1	10	149	1

18－7　续表2　　　　　　　　　　　　　　（2014年）

乡镇名称	规上工业企业总产值（万元）	规上工业企业增加值（万元）	农业技术服务机构个数（个）	农业技术服务机构从业人员数	乡镇公路里程（公里）	公园及休闲健身广场个数（个）
开发区						
施桥镇	152283	30456	1	16	28	8
八里镇	84873	19667	6	20	37	6
朴席镇	89874	15945	2	13	119	1
仪征市						
真州镇	2220000	472385	4	28	110	3
新集镇	344426	72330	2	17	199	1
新城镇	428018	105818	2	48	189	2
马集镇	389000	73900	2	22	118	2
刘集镇	334894	76216	2	26	135	1
陈集镇	231930	64542	2	33	225	1
大仪镇	216558	53015	2	41	117	5
月塘镇	70891	17723	2	34	250	2
青山镇	286590	57318	2	19	126	3
高邮市						
高邮街道	2060586	340500	1	89	531	10
龙虬镇	130548	19050	3	34	240	1
汤庄镇	563447	85785	10	42	297	8
卸甲镇	418553	66646	2	67	314	4
三垛镇	286316	45347	1	76	339	10
甘垛镇	121258	25285	7	29	233	1
界首镇	85842	11386	1	21	90	2
周山镇	56800	8120	1	22	94	1
临泽镇	543008	86881	1	35	330	4
送桥镇	1173000	179430	1	48	35	20
菱塘回族乡	1188256	196415	7	29	122	1
经济开发区	3042548	453537	3	20	160	1

18－8　全市乡(镇)农村社会经济主要指标(八)

(2014 年)

乡镇名称	学校总数 (个)	在校学生数 (人)	教师总数 (人)	幼儿园 托儿所 (个)	医疗卫生 机构个数 (个)	各种社会福利 收养性单位数 (个)
广　陵　区						
李　典　镇	3	2299	225	2	2	1
沙　头　镇	3	2802	232	2	1	1
头　桥　镇	4	3443	343	2	2	1
湾　头　镇	2	830	87	2	1	
汤　汪　乡	2	1470	105	3	3	
生态科技新城						
杭　集　镇	3	2972	238	2	2	2
泰　安　镇	2	1240	132	1	1	1
邗　江　区						
蒋王街道	2	3573	310	2	1	1
汊河街道	4	3269	265	3	2	1
甘泉街道	2	1765	175	1	1	1
公　道　镇	2	3629	321	2	1	1
方　巷　镇	3	3592	341	5	2	1
槐　泗　镇	1	2376	152	11	1	1
瓜　洲　镇	4	3760	312	1	1	1
杨　寿　镇	1	1186	132	1	1	3
杨　庙　镇	2	1315	142	1	1	1
西　湖　镇	5	5104	590	2	9	2
双　桥　乡	5	9831	660	7	11	4
景　　区						
平　山　乡	2	1280	115	3	4	1
城　北　乡	5	3654	354	1	1	1

18－8　续表1　（2014年）

乡镇名称	学校总数（个）	在校学生数（人）	教师总数（人）	幼儿园托儿所（个）	医疗卫生机构个数（个）	各种社会福利收养性单位数（个）
江都区						
仙女镇	30	40893	3574	28	31	4
小纪镇	8	3605	534	2	6	3
武坚镇	5	1499	222	6	3	1
樊川镇	9	2209	396	4	4	1
真武镇	6	4115	369	5	4	1
宜陵镇	4	3294	360	2	2	1
丁沟镇	7	6100	665	3	2	1
郭村镇	7	4210	402	7	3	2
邵伯镇	7	7089	638	4	4	1
丁伙镇	4	1543	236	3	2	1
大桥镇	8	8599	686	5	7	1
吴桥镇	3	2378	201	5	2	1
浦头镇	5	2684	199	4	2	1
宝应县						
安宜镇	24	42574	3105	15	16	1
氾水镇	7	6369	644	4	3	1
夏集镇	6	2402	348	4	3	4
柳堡镇	4	1929	197	3	3	1
射阳湖镇	9	3573	473	8	2	1
广洋湖镇	2	1569	174	1	1	1
鲁垛镇	2	1023	93	1	1	1
小官庄镇	4	2019	168	1	1	1
望直港镇	6	4137	445	6	1	1
曹甸镇	4	3925	245	2	1	1
西安丰镇	3	2012	152	2	1	1
山阳镇	4	1607	307	3	2	1
黄塍镇	2	1335	163	1	1	1
泾河镇	8	1908	276	2	2	1

18－8　续表2　（2014年）

乡镇名称	学校总数（个）	在校学生数（人）	教师总数（人）	幼儿园托儿所（个）	医疗卫生机构个数（个）	各种社会福利收养性单位数（个）
开　发　区						
施　桥　镇	2	1782	102	3	3	2
八　里　镇	2	1390	121	1	1	1
朴　席　镇	3	1618	185	2	10	1
仪　征　市						
真　州　镇	30	34120	2316	65	59	2
新　集　镇	3	2368	223	4	17	1
新　城　镇	3	1940	242	3	16	1
马　集　镇	3	1044	154	2	10	1
刘　集　镇	5	2389	239	2	10	1
陈　集　镇	4	2363	303	2	7	1
大　仪　镇	5	2308	282	3	14	1
月　塘　镇	7	1837	303	3	15	1
青　山　镇	3	899	155	1	6	1
高　邮　市						
高邮街道	20	38707	2536	28	19	5
龙　虬　镇	3	926	133	2	10	1
汤　庄　镇	6	2079	230	4	18	1
卸　甲　镇	7	3656	281	4	16	3
三　垛　镇	8	3783	374	5	2	2
甘　垛　镇	5	1153	143	4	20	2
界　首　镇	2	1699	124	2	8	1
周　山　镇	2	679	61	1	7	1
临　泽　镇	7	4378	512	4	2	2
送　桥　镇	6	3480	306	4	3	3
菱塘回族乡	3	2336	129	1	7	1
经济开发区	4	1856	172	4	2	1

城市资料

19

STATISTICS ON MAJOR CITIES

编辑：胡萍 项月

19－1　江苏省市县社会经济主要指标(一)

(2014 年)

市县名称	年末户籍人口(万人)	女性人口(万人)	年末常住人口(万人)	出生人数(人)	死亡人数(人)	人口密度(人/平方公里)
南京市	**648.72**	**323.68**	**821.61**	**71302**	**37704**	**1247**
无锡市	**477.14**	**240.98**	**650.01**	**49285**	**32766**	**1405**
江阴市	123.21	61.81	163.47	13544	8373	1656
宜兴市	108.19	54.76	125.16	10749	8310	627
徐州市	**1023.52**	**493.15**	**862.83**	**205463**	**30120**	**733**
丰县	120.05	57.35	94.59	25677	6230	652
沛县	130.63	62.75	111.29	26533	2748	616
睢宁县	143.58	68.78	102.15	36490	5256	577
新沂市	111.89	53.96	90.74	26160	1845	570
邳州市	185.89	89.18	143.32	33740	3973	687
常州市	**368.64**	**185.73**	**469.64**	**37649**	**24962**	**1074**
溧阳市	79.39	39.27	76.02	8852	5131	495
金坛市	55.34	27.80	55.80	5132	4247	572
苏州市	**661.08**	**336.31**	**1060.40**	**76837**	**44178**	**1225**
常熟市	106.88	55	150.97	9344	8413	1183
张家港市	91.98	46.83	125.25	10450	6260	1269
昆山市	76.97	38.75	165.03	9965	4305	1772
太仓市	47.74	24.62	70.85	3967	3866	875
南通市	**767.63**	**389.35**	**729.80**	**57826**	**62098**	**692**
海安县	94.26	47.56	86.62	5966	7526	732
如东县	104.37	52.99	98.19	6341	9659	352
启东市	112.32	57.28	95.60	8101	8121	558
如皋市	143.69	72.01	125.61	11465	11849	797
海门市	100.16	50.86	90.23	7209	8094	789
连云港市	**526.52**	**251.76**	**445.17**	**97562**	**28522**	**585**
东海县	121.95	58.47	95.87	25897	6739	471
灌云县	104.06	49.46	79.79	18476	9186	519
灌南县	81.44	38.31	62.87	15642	3023	611

（2014年）

市县名称	年末户籍人口（万人）	女性人口（万人）	年末常住人口（万人）	出生人数（人）	死亡人数（人）	人口密度（人/平方公里）
淮安市	**560.25**	**272.16**	**485.21**	**86533**	**25999**	**484**
涟水县	113.70	54.38	84.53	21500	3311	504
洪泽县	39.09	19.41	33.67	4797	1329	264
盱眙县	80.05	39.09	65.03	11725	5590	260
金湖县	35.92	17.94	33.04	3187	2941	240
盐城市	**828.54**	**401.27**	**722.28**	**93075**	**60600**	**427**
响水县	62.48	29.82	50.25	7208	4622	341
滨海县	121.48	57.56	94.28	14521	8665	484
阜宁县	112.09	53.24	83.88	17099	12188	583
射阳县	96.78	47.15	89.14	9910	6189	342
建湖县	80.13	38.79	73.70	8084	5422	637
东台市	113.73	56.43	98.66	10308	8617	311
大丰市	72.54	36.32	70.19	6188	5634	233
扬州市	**461.34**	**230.53**	**447.79**	**41036**	**30612**	**679**
宝应县	91.13	44.88	75.45	8575	3758	516
仪征市	56.56	28.04	56.40	5508	4494	625
高邮市	81.81	41.04	73.91	6341	6174	385
镇江市	**272.07**	**137.26**	**317.14**	**24285**	**19432**	**826**
丹阳市	81.35	41.11	97.86	7366	6266	934
扬中市	28.26	14.40	34.16	2601	2141	1044
句容市	59.05	29.77	62.41	5576	4496	453
泰州市	**508.51**	**248.95**	**463.86**	**48648**	**43052**	**802**
兴化市	158	74.98	125.47	18337	15023	524
靖江市	66.81	33.73	68.65	5072	4864	1047
泰兴市	119.88	58.76	107.68	10134	10037	921
宿迁市	**580.74**	**279.47**	**484.32**	**120941**	**29249**	**568**
沭阳县	193.57	92.60	155.20	39293	10240	675
泗阳县	106.32	50.74	84.50	17645	5897	613
泗洪县	92.43	52.72	90	21464	6938	334

19－1－1　江苏省市县社会经济主要指标(二)

(2014 年)

市县名称	年末总户数(万户)	#乡村户数	土地面积(平方公里)	建成区面积(平方公里)	建成区绿化覆盖面积(公顷)
南京市	**221.60**	**64.18**	**6587**	**734**	**32878**
无锡市	**159.78**	**63.32**	**4627**	**522**	**22361**
江阴市	36.92	20.43	987	118	5019
宜兴市	37.68	21.33	1997	77	3286
徐州市	**277.82**	**179.53**	**11765**	**433**	**18375**
丰县	32.56	24.23	1450	28	1126
沛县	34.78	23.59	1806	36	1518
睢宁县	33.64	25.94	1769	33	1324
新沂市	31.91	22.11	1592	35	1444
邳州市	45.61	35.08	2085	45	1924
常州市	**129.42**	**75.32**	**4372**	**254**	**10863**
溧阳市	26.33	19.98	1535	28	1184
金坛市	20.47	14.02	976	22	922
苏州市	**217.46**	**90.11**	**8657**	**735**	**31563**
常熟市	32.95	18.17	1276	98	4424
张家港市	33.38	18.93	987	69	3022
昆山市	25.96	10.43	932	72	3179
太仓市	14.79	6.92	810	49	2072
南通市	**282.61**	**202.42**	**10549**	**329**	**86**
海安县	34.19	24.78	1184	31	74
如东县	37.06	30.90	2791	25	78
启东市	45.37	38.70	1715	26	81
如皋市	45.32	35.50	1576	34	85
海门市	38.49	29.98	1144	25	91
连云港市	**140.75**	**89.77**	**7615**	**275**	**10993**
东海县	28.95	22.52	2037	28	1152
灌云县	26.29	19.36	1538	28	1089
灌南县	20.70	14.81	1028	26	990

19-1-1　续表　　　　　　　　　　　　（2014年）

市县名称	年末总户数（万户）	#乡村户数	土地面积（平方公里）	建成区面积（平方公里）	建成区绿化覆盖面积（公顷）
淮安市	**163.12**	**99.03**	**10030**	**255**	**10466**
涟水县	29.51	22.10	1678	33	1356
洪泽县	12.25	7.93	1273	18	706
盱眙县	21.60	14.98	2497	33	1382
金湖县	12.81	8.13	1378	21	884
盐城市	**273.10**	**184.60**	**16931**	**322**	**13189**
响水县	16.98	11.72	1474	21	863
滨海县	34.12	25.55	1950	32	1316
阜宁县	36.42	22.01	1439	44	1786
射阳县	31.92	21.50	2606	24	1028
建湖县	30.02	19.13	1157	27	1092
东台市	39.55	32.20	3176	36	1468
大丰市	27.59	20.91	3008	28	1153
扬州市	**150.08**	**102.72**	**6591**	**232**	**9905**
宝应县	28.19	20.72	1462	32	1316
仪征市	18.89	11.93	902	39	1607
高邮市	25.84	19.42	1922	26	1068
镇江市	**101.29**	**57.71**	**3840**	**205**	**8581**
丹阳市	28.02	19.73	1047	33	1332
扬中市	10.57	7.50	327	13	532
句容市	22.62	15.46	1378	25	1025
泰州市	**168.91**	**119.70**	**5787**	**196**	**7997**
兴化市	52.43	37.52	2395	38	1520
靖江市	21.47	14.47	656	34	1407
泰兴市	39.44	31.13	1170	25	1030
宿迁市	**149.47**	**108.18**	**8524**	**212**	**8872**
沭阳县	49.56	37.96	2299	63	2636
泗阳县	26.81	19.64	1378	36	1493
泗洪县	29.34	19.23	2694	35	1419

19－1－2　江苏省市县社会经济主要指标(三)

(2014年)　　　　单位:万人

市县名称	从业人员	第一产业	第二产业	第三产业	私营企业从业人员	个　体从业人员
南京市	**453**	**47.40**	**149.90**	**255.70**	**198.05**	**74.14**
无锡市	**389.50**	**17.80**	**220.50**	**151.20**	**228.28**	**45.72**
江阴市	99.61	5.06	62.52	32.03	59	11.83
宜兴市	74.48	8.97	41.31	24.20	49.10	7.49
徐州市	**480.90**	**162.70**	**150.70**	**167.50**	**122.32**	**56.31**
丰县	56.31	27.68	15.50	13.13	9.55	4.25
沛县	66.55	25.01	23.66	17.88	12.10	5.32
睢宁县	59.93	18.15	22.68	19.10	11.51	4.37
新沂市	54.30	24.96	14.92	14.42	24.90	5.57
邳州市	77.54	33.12	22.40	22.02	14.86	8.81
常州市	**281**	**30.80**	**145.80**	**104.40**	**153.19**	**43.17**
溧阳市	49.37	11.35	25.81	12.21	19.97	6.14
金坛市	35.13	6.86	16.48	11.79	16.97	4.61
苏州市	**693.40**	**24.50**	**419.80**	**249.10**	**372.55**	**98.02**
常熟市	105.10	4.13	65.51	35.46	46.03	14.77
张家港市	77.69	4.58	47.48	25.63	51.60	10.90
昆山市	116.34	1.83	75.67	38.84	57.31	15.87
太仓市	45.98	2.68	27.32	15.98	21.38	5.11
南通市	**462**	**101.70**	**216**	**144.30**	**250.31**	**73.63**
海安县	54.50	11.60	28.80	14.10	31.50	9.81
如东县	62.30	14.10	30.90	17.30	31.16	5.96
启东市	67.90	19.60	29.60	18.70	28.34	7.19
如皋市	74.70	20.20	35.10	19.40	40.85	10.96
海门市	65.90	17.80	31.70	16.40	44.82	9.26
连云港市	**251.10**	**79.40**	**80.90**	**90.80**	**42.21**	**20.11**
东海县	56.72	18.81	17.86	20.05	5.77	4.08
灌云县	47.98	18.65	12.95	16.38	4.49	3.48
灌南县	36.53	15.21	10.99	10.33	4.90	2.89

市县名称	从业人员	第一产业	第二产业	第三产业	私营企业从业人员	个　体从业人员
淮安市	**281.90**	**80.20**	**87.60**	**114.10**	**66.13**	**36.92**
涟水县	48.77	17.60	11.32	19.85	8.65	3.54
洪泽县	20.17	5.95	6.88	7.34	7.09	3.79
盱眙县	38.30	12.07	12.45	13.78	6.44	4.04
金湖县	19.20	5.59	6.57	7.04	6.17	2.77
盐城市	**445.50**	**126**	**151.40**	**168.10**	**133.72**	**45.70**
响水县	28.70	9.35	9.47	9.88	4.40	2.74
滨海县	56.34	19.09	17.81	19.44	14.33	4.89
阜宁县	51.37	17.44	16.50	17.43	22.27	5.11
射阳县	56.95	18.10	18.59	20.26	8.50	4.44
建湖县	44.12	12.41	16.21	15.50	11.72	4.06
东台市	65.11	18.56	22.04	24.51	22.01	5.14
大丰市	45.97	13.44	14.92	17.61	17.83	5.02
扬州市	**265.60**	**50.70**	**118.30**	**96.60**	**114.36**	**38.40**
宝应县	41.90	12.70	17.60	11.60	12.81	4.78
仪征市	39.50	9.30	18.10	12.10	11.71	4.77
高邮市	45.90	13.10	19.20	13.60	19.75	5.29
镇江市	**192.70**	**23.60**	**90**	**79.10**	**81.36**	**30.01**
丹阳市	63.01	6.13	34.35	22.53	26.58	9.32
扬中市	21.54	1.41	11.94	8.19	14.32	2.05
句容市	38.97	10.17	15.91	12.89	9.62	5.06
泰州市	**285**	**69.20**	**119.30**	**96.50**	**99.78**	**41.23**
兴化市	77.12	24.23	29.87	23.02	15.91	10.08
靖江市	42.14	8.11	21.04	12.99	17.66	5.47
泰兴市	66.23	19.44	26.50	20.29	20.33	9.93
宿迁市	**279.20**	**104.80**	**97**	**77.40**	**85.83**	**39.17**
沭阳县	89.45	34.62	30.36	24.47	42.48	11.69
泗阳县	48.71	19.37	16.50	12.84	11.66	6.58
泗洪县	51.88	21.33	16.27	14.28	11.07	5.64

19－1－3 江苏省市县社会经济主要指标(四)

(2014年) 单位:亿元

市县名称	地区生产总值	第一产业	第二产业	#工业	第三产业	人均地区生产总值(按常住人口计算,元)
南京市	**8820.75**	**214.25**	**3623.48**	**3119.12**	**4983.02**	**107545**
无锡市	**8205.31**	**138.13**	**4095.89**	**3747.59**	**3971.29**	**126389**
江阴市	2753.95	46.14	1520.54	1453.57	1187.27	168711
宜兴市	1233.89	49.93	643.15	547.32	540.81	98648
徐州市	**4963.91**	**473.54**	**2246.24**	**1883.70**	**2244.13**	**57655**
丰县	341.63	62.97	153.97	114.69	124.69	36086
沛县	564.96	80.46	260.78	210.11	223.72	50772
睢宁县	419.97	70.98	182.44	140.45	166.55	41087
新沂市	473.54	57.35	200.05	170.05	216.14	52195
邳州市	684.48	95.81	294.59	243.15	294.08	47761
常州市	**4901.87**	**138.46**	**2408.11**	**2170.19**	**2355.30**	**104423**
溧阳市	716.29	43.92	375.11	329.63	297.26	94224
金坛市	471.48	30.43	243.03	202.60	198.02	84495
苏州市	**13760.89**	**203.98**	**6892.98**	**6360.14**	**6663.93**	**129926**
常熟市	2009.36	38.40	1061.55	1011.19	909.41	133150
张家港市	2180.25	28.64	1186.39	1131.02	965.22	174148
昆山市	3001.02	27.46	1687.10	1592.57	1286.46	182222
太仓市	1065.33	35.24	556.65	522.60	473.44	150523
南通市	**5652.69**	**339.57**	**2812.34**	**2290.68**	**2500.78**	**77457**
海安县	624.14	51.27	304.13	245.80	268.74	72051
如东县	615.51	62.17	297.11	245.42	256.23	62631
启东市	739.13	62.93	369.03	287.41	307.17	77242
如皋市	743.64	57.60	377.24	311.08	308.80	59158
海门市	836.50	54.55	443.16	365.88	338.78	92697
连云港市	**836.50**	**49.07**	**443.16**	**365.88**	**344.27**	**92697**
赣榆县	1965.89	261.98	889.68	706.89	814.23	44277
东海县	359.32	56.95	163.13	140.75	139.24	37580
灌云县	274.98	55.12	125.50	94.52	94.36	34532
灌南县	259.25	44.75	128.76	110.64	85.74	41364

市县名称	地区生产总　值	第一产业	第二产业	#工业	第三产业	人均地区生产总值（按常住人口计算,元）
淮 安 市	**2455.39**	**286.99**	**1085.96**	**903.34**	**1082.44**	**50736**
涟 水 县	302.35	49.97	120.82	96.94	131.56	35843
洪 泽 县	207.35	29.44	88.32	74.97	89.59	61812
盱 眙 县	290.04	48.42	118.86	93.77	122.76	44714
金 湖 县	193.61	28.30	76.39	66.77	88.92	58785
盐 城 市	**3835.62**	**489.50**	**1782.41**	**1524.64**	**1563.71**	**53115**
响 水 县	222	38.16	105.11	94.07	78.73	44170
滨 海 县	328.19	53.10	138.63	116.80	136.46	34806
阜 宁 县	330.62	50.84	148.14	109.18	131.64	39411
射 阳 县	370.10	72.14	139.47	125.11	158.49	41510
建 湖 县	392	45.21	175.34	149.41	171.45	53178
东 台 市	610.33	84.60	261.81	228.01	263.92	61868
大 丰 市	486.70	68.68	204.42	175.65	213.60	69350
扬 州 市	**3697.91**	**227.36**	**1885.75**	**1634.48**	**1584.80**	**82654**
宝 应 县	418.30	61.60	189.80	154.29	166.90	55525
仪 征 市	465.06	21.13	255.76	146.76	188.17	82633
高 邮 市	445.20	62.72	201.13	166.28	181.35	60203
镇 江 市	**3252.44**	**121.45**	**1631.10**	**1498.41**	**1499.89**	**102652**
丹 阳 市	1008.96	47.22	518.58	497.75	443.16	103187
扬 中 市	445.35	10.86	237.90	228.89	196.59	130467
句 容 市	440.96	37.26	215.42	195.43	188.28	70684
泰 州 市	**3370.89**	**209.25**	**1697.45**	**1462.03**	**1464.19**	**72706**
兴 化 市	624.83	89.08	264.28	228.22	271.47	49803
靖 江 市	666.19	19.84	349.18	314.50	297.17	97063
泰 兴 市	675.84	46.93	348.68	303.84	280.23	62772
宿 迁 市	**1930.68**	**246.37**	**933.24**	**780.91**	**751.07**	**39963**
沭 阳 县	579.96	78.83	268.55	236.82	232.58	37525
泗 阳 县	332.24	49.89	173.74	144.17	108.61	39365
泗 洪 县	330	51.87	141.42	116.81	136.71	36484

19-1-4 江苏省市县社会经济主要指标(五)

(2014年)

市县名称	地区生产总值指数(上年=100)	三次产业占GDP比重(%)			公共财政收入占GDP比重(%)	外贸依存度(%)
		第一产业	第二产业	第三产业		
南京市	**110.1**	**2.4**	**41.1**	**56.5**	**10.2**	**39.8**
无锡市	**108.2**	**1.7**	**49.9**	**48.4**	**9.4**	**55.5**
江阴市	107.8	1.7	55.2	43.1	7.3	49.7
宜兴市	108.3	4.0	52.1	43.8	7.7	27.6
徐州市	**110.5**	**9.5**	**45.3**	**45.2**	**9.5**	**7.4**
丰县	111.6	18.4	45.1	36.5	11.2	3.0
沛县	111.4	14.2	46.2	39.6	9.4	3.8
睢宁县	112.0	16.9	43.4	39.7	9.2	6.9
新沂市	111.6	12.1	42.2	45.6	9.7	5.6
邳州市	111.7	14.0	43.0	43.0	8.1	7.9
常州市	**110.1**	**2.8**	**49.1**	**48.0**	**8.9**	**36.1**
溧阳市	111.1	6.1	52.4	41.5	7.1	8.6
金坛市	113.1	6.5	51.5	42.0	6.4	19.9
苏州市	**108.3**	**1.5**	**50.1**	**48.4**	**10.5**	**139.0**
常熟市	107.5	1.9	52.8	45.3	7.3	61.7
张家港市	106.0	1.3	54.4	44.3	7.5	92.5
昆山市	107.7	0.9	56.2	42.9	8.8	173.6
太仓市	108.6	3.3	52.3	44.4	10.0	79.5
南通市	**110.5**	**6.0**	**49.8**	**44.2**	**9.7**	**34.4**
海安县	111.0	8.2	48.7	43.1	8.7	24.1
如东县	110.2	10.1	48.3	41.6	8.1	33.0
启东市	110.6	8.5	49.9	41.6	9.1	25.5
如皋市	110.5	7.7	50.7	41.5	9.1	26.5
海门市	110.2	5.9	53.0	41.2	8.2	14.9
连云港市	**110.2**	**13.3**	**45.3**	**41.4**	**13.3**	**25.1**
东海县	111.5	15.8	45.4	38.8	10.4	6.2
灌云县	109.5	20.0	45.6	34.3	12.9	4.1
灌南县	110.1	17.3	49.7	33.1	13.5	5.5

19－1－4　续表　　(2014年)

市县名称	地区生产总值指数(上年=100)	三次产业占GDP比重(%)			公共财政收入占GDP比重(%)	外贸依存度(%)
		第一产业	第二产业	第三产业		
淮安市	**110.9**	**11.7**	**44.2**	**44.1**	**12.6**	**10.3**
涟水县	111.3	16.5	40.0	43.5	9.8	8.2
洪泽县	111.2	14.2	42.6	43.2	10.7	7.0
盱眙县	111.0	16.7	41.0	42.3	10.6	4.4
金湖县	111.4	14.6	39.5	45.9	11.1	11.3
盐城市	**110.9**	**12.8**	**46.5**	**40.8**	**10.9**	**12.0**
响水县	110.7	17.2	47.3	35.5	12.5	11.3
滨海县	111.0	16.2	42.2	41.6	10.2	8.7
阜宁县	111.0	15.4	44.8	39.8	10.2	4.0
射阳县	109.8	19.5	37.7	42.8	4.7	5.2
建湖县	111.5	11.5	44.7	43.7	11.4	6.2
东台市	111.2	13.9	42.9	43.2	10.0	6.7
大丰市	112.1	14.1	42.0	43.9	12.3	17.4
扬州市	**111.0**	**6.1**	**51.0**	**42.9**	**8.0**	**16.6**
宝应县	111.2	14.7	45.4	39.9	6.5	11.4
仪征市	111.4	4.5	55.0	40.5	7.5	13.5
高邮市	111.0	14.1	45.2	40.7	6.6	5.8
镇江市	**110.9**	**3.7**	**50.2**	**46.1**	**8.5**	**19.5**
丹阳市	112.8	4.7	51.4	43.9	6.4	16.9
扬中市	112.4	2.4	53.4	44.1	6.9	7.7
句容市	112.5	8.4	48.9	42.7	8.1	8.1
泰州市	**110.8**	**6.2**	**50.4**	**43.4**	**8.2**	**19.8**
兴化市	111.0	14.3	42.3	43.4	5.9	5.7
靖江市	110.2	3.0	52.4	44.6	8.1	25.2
泰兴市	111.9	6.9	51.6	41.5	6.7	24.3
宿迁市	**110.8**	**12.8**	**48.3**	**38.9**	**10.9**	**11.9**
沭阳县	110.8	13.6	46.3	40.1	11.0	9.8
泗阳县	110.7	15.0	52.3	32.7	9.0	12.9
泗洪县	110.7	15.7	42.9	41.4	8.5	7.2

19－1－5　江苏省市县社会经济主要指标(六)

(2014年)　　单位:亿元

市县名称	农林牧渔业总产值	农　业	林　业	畜牧业	渔　业	农林牧渔服务业
南京市	**384.63**	**218.50**	**19.84**	**48.23**	**79.86**	**18.19**
无锡市	**253.76**	**137.08**	**19.82**	**32.81**	**36.93**	**27.12**
江阴市	88.61	40.12	7.59	18.26	10.87	11.78
宜兴市	88.45	49.56	5.32	8.24	18.08	7.25
徐州市	**893.65**	**547.88**	**13.36**	**264.21**	**40.33**	**27.87**
丰县	123.22	88.54	0.95	29.22	0.98	3.52
沛县	150.19	96.11	0.70	44.82	3	5.56
睢宁县	134.26	75.56	2.20	48.85	4.28	3.37
新沂市	117.55	58.13	3.91	35.83	15.88	3.80
邳州市	187.36	119.05	3.57	50.76	7.74	6.25
常州市	**256.81**	**138.75**	**1.81**	**37.43**	**64.73**	**14.09**
溧阳市	81.67	44.31	1.06	6.67	26.50	3.12
金坛市	62.16	27.10	0.37	12.27	18.71	3.71
苏州市	**392.49**	**161.45**	**24.47**	**38.82**	**122.64**	**45.10**
常熟市	72.28	39.97	2.75	6.61	14.26	8.70
张家港市	56.18	31.82	6.97	4.31	5.32	7.76
昆山市	49.16	14.01	4.59	2.06	25.66	2.83
太仓市	66.30	28.60	3	14.45	13.96	6.30
南通市	**631.32**	**278.66**	**4.06**	**144.96**	**147.77**	**55.87**
海安县	102.71	41.36	0.31	44.45	8.31	8.28
如东县	126.86	48.46	0.97	29.78	40.53	7.12
启东市	121.52	40.58	0.68	12.56	57.40	10.29
如皋市	98.98	55.10	0.23	32.14	5.41	6.10
海门市	86.38	42.78	0.72	11.64	21.09	10.15
连云港市	**507.39**	**242.27**	**14.08**	**105.73**	**117.16**	**28.16**
东海县	113.18	64.90	4.37	23.71	10.69	9.51
灌云县	109.09	54.46	2.67	30.67	12.84	8.45
灌南县	83.69	50.96	1.89	20.75	6.24	3.85

19－1－5　续表　（2014年）　单位:亿元

市县名称	农林牧渔业总产值	农　业	林　业	畜牧业	渔　业	农林牧渔服务业
淮安市	**535.56**	**340.87**	**11.58**	**118.97**	**54.83**	**9.32**
涟水县	96.94	71.85	2.54	18.05	2.59	1.91
洪泽县	59.96	30.87	3.65	14.84	9.50	1.09
盱眙县	90.42	55.56	1.33	17.30	14.80	1.43
金湖县	53.20	31.43	1.58	6.11	12.54	1.54
盐城市	**1035.82**	**450.93**	**25.74**	**281.72**	**205.29**	**72.14**
响水县	71.20	34.19	1.32	18.01	11.25	6.43
滨海县	99.95	48.06	4.22	22.97	21.11	3.59
阜宁县	103.27	39.70	3.64	34.36	17.07	8.50
射阳县	170.61	66.01	4.36	40.18	46.33	13.73
建湖县	86.79	32.59	1.27	24.15	20.95	7.84
东台市	189.68	88.45	4.05	55.07	28.49	13.62
大丰市	162.02	78.91	3.84	34.67	33.88	10.72
扬州市	**431.98**	**201.81**	**10.13**	**73.42**	**125.10**	**21.53**
宝应县	115.39	43.54	1.86	18.16	47.08	4.75
仪征市	40.99	25.24	2	8.87	1.61	3.27
高邮市	121.72	45.64	1.79	20.19	47.63	6.47
镇江市	**214.02**	**119.06**	**9.11**	**28.17**	**28.98**	**28.69**
丹阳市	77.76	46.42	1.90	9.48	9.54	10.43
扬中市	21.69	10.58	0.82	3.03	3.15	4.11
句容市	63.69	37.20	4.41	7.08	6.85	8.14
泰州市	**361.94**	**201.06**	**3.55**	**66.56**	**72.21**	**18.55**
兴化市	155.84	75.01	1.53	15.63	54.98	8.69
靖江市	35	20	0.50	8.03	3.24	3.23
泰兴市	79.67	48.88	1.01	22.78	4.55	2.45
宿迁市	**463.16**	**272.94**	**18.18**	**90.73**	**70.83**	**10.48**
沭阳县	152.27	115.66	5.21	27.07	2.75	1.58
泗阳县	91.87	50.09	6.76	15.17	16.62	3.24
泗洪县	111.72	49.76	2.04	20.33	37.54	2.06

19－1－6　江苏省市县社会经济主要指标(七)

(2014 年)

市县名称	农作物总播种面积(千公顷)	#粮食作物	农业机械总动力(万千瓦)	农用化肥施用量(万吨)	农村用电量(亿千瓦时)
南京市	**320.62**	**157.11**	**221**	**7.73**	**31.81**
无锡市	**178.66**	**108.99**	**100.44**	**5.49**	**390.35**
江阴市	47.41	27.81	25.13	1.52	166.18
宜兴市	95.77	66.70	53.47	2.47	84.79
徐州市	**1127.21**	**732.96**	**657.01**	**64.08**	**64.82**
丰县	147.41	86.71	80.27	9.02	4.28
沛县	148.26	89.04	97.80	7.75	6.91
睢宁县	187.21	148.60	111.80	12.14	8.86
新沂市	160.19	100.37	94.93	8.05	3.61
邳州市	229.67	123.78	116.02	12.91	14.31
常州市	**221.64**	**147.56**	**154.75**	**6.24**	**177.46**
溧阳市	94.21	68.78	54.57	2.25	47.77
金坛市	55.55	36.71	41.45	2.23	21.16
苏州市	**253.02**	**151.29**	**163.28**	**7.85**	**581.42**
常熟市	72.95	42.36	33.48	2.78	78.43
张家港市	52.34	36.08	28.72	1.12	143.32
昆山市	22.69	15.65	18.11	0.98	99.83
太仓市	48.56	28.12	20.06	1.05	54.05
南通市	**835.55**	**515.56**	**387.02**	**22.74**	**159.47**
海安县	102.67	78.95	63.65	4.38	22.29
如东县	170.27	132.03	87.59	4.10	22.44
启东市	147.73	68.44	54.13	3.29	9.84
如皋市	151.11	108.79	83.81	3.20	34.40
海门市	106.87	38.81	34.87	4.61	25.27
连云港市	**631.98**	**501.82**	**563.02**	**34.58**	**31.81**
东海县	203.93	158.48	148.50	6.79	9.26
灌云县	135.32	112.52	125.85	10.14	6.27
灌南县	109.52	86.79	110.12	4.77	2.01

19－1－6　续表　　　　　　　　　　　　（2014 年）

市县名称	农作物总播种面积（千公顷）	#粮食作物	农业机械总动力（万千瓦）	农用化肥施用量（万吨）	农村用电量（亿千瓦时）
淮安市	**796.44**	**658.52**	**568.57**	**40.08**	**14.51**
涟水县	167.33	133.32	108.87	6.01	1.66
洪泽县	70.79	59.91	77.62	5.45	0.94
盱眙县	164.36	142.37	109.69	5.32	2.73
金湖县	82.61	74.79	78.82	2.97	2.11
盐城市	**1445.02**	**978.77**	**635.16**	**52.80**	**79.65**
响水县	113.05	78.79	70.24	4.61	2.76
滨海县	171.82	128.19	80.96	6.95	8.62
阜宁县	168.23	125.96	83.18	4.01	6.69
射阳县	207.95	155.30	92.04	10.16	9.54
建湖县	116.31	100.06	54.41	3.38	11.42
东台市	249.48	147.32	87.15	5.40	17.02
大丰市	239.63	119.34	80.59	10.29	13.31
扬州市	**510.93**	**422.36**	**252.33**	**19.97**	**60.03**
宝应县	138.16	120.36	50.60	3.50	10.19
仪征市	60.18	48.41	35.92	1.19	4.54
高邮市	142.65	117.15	69.05	5.09	11.28
镇江市	**235.83**	**175.82**	**152.44**	**5.46**	**79.15**
丹阳市	84.10	70.90	41.40	1.48	53.28
扬中市	18.36	13.51	21.79	0.38	10.06
句容市	77.20	50.02	54.14	2.12	6.19
泰州市	**581.98**	**438.66**	**260.23**	**17.14**	**122.04**
兴化市	229.44	185.19	113.18	6.58	38.23
靖江市	54.57	45.76	26.55	1.97	16.45
泰兴市	137.58	95.70	60.55	2.82	35.08
宿迁市	**709.84**	**576.79**	**534.73**	**39.45**	**42.39**
沭阳县	250.21	185.53	189.07	14.93	20.84
泗阳县	114.04	91.88	90.67	3.63	5.46
泗洪县	187.88	166.66	133.92	10.74	3.92

19－1－7　江苏省市县社会经济主要指标（八）

（2014年）　　单位：万吨

市县名称	粮食总产量	油料产量	棉花产量（吨）	肉类总产量	#猪牛羊肉	水产品产量
南京市	**114.72**	**11.47**	**4175**	**11.83**	**7.12**	**22.88**
无锡市	**77.20**	**0.94**		**8.84**	**6.32**	**13**
江阴市	19.78	0.29		4.17	2.72	2.68
宜兴市	47.18	0.62		3.44	2.59	8.39
徐州市	**469.18**	**10.62**	**32426**	**99.77**	**49.62**	**18.60**
丰县	53.49	0.48	16853	15.92	7.46	0.29
沛县	60.71	0.26	1551	18.96	6.35	1.61
睢宁县	90.98	1.49	1442	14.21	8.13	2.25
新沂市	65.97	6.23		13.60	8.54	5.80
邳州市	80.85	1.47	5211	21.01	8.60	2.95
常州市	**112.16**	**4.17**	**433**	**14.62**	**7.48**	**18.68**
溧阳市	53.89	3.08	409	2.33	1.30	6.64
金坛市	27.55	0.83	24	5.02	2.41	4.63
苏州市	**110.46**	**2.04**	**882**	**11.43**	**7.74**	**26.70**
常熟市	31.09	0.55	545	1.83	1.62	3.77
张家港市	25.62	0.39	35	1.27	1.04	1.66
昆山市	11.37	0.16	44	0.50	0.45	4.39
太仓市	20.24	0.47	258	4.53	1.78	2.51
南通市	**334.02**	**39.06**	**43644**	**49.48**	**31.14**	**88.21**
海安县	64.12	1.53	12	9.37	6.39	3.46
如东县	92.74	4.64	11801	10.72	6.87	30.97
启东市	24.98	9.38	13616	5.80	2.87	36.02
如皋市	74.69	3.82	117	11.65	8.17	2.59
海门市	18.96	9.10	10669	4.34	1.66	9.40
连云港市	**359.33**	**11.39**	**1719**	**30.67**	**24.78**	**76.04**
东海县	111.91	4.80		7.74	6.44	6.43
灌云县	81.75	0.07	109	5.47	4.84	5.77
灌南县	63.11	0.20	40	5.50	5.06	3.44

市县名称	粮食总产量	油料产量	棉花产量(吨)	肉类总产量	#猪牛羊肉	水产品产量
淮安市	**467.19**	**9.16**	**82**	**31.29**	**20.33**	**26.51**
涟水县	91.32	3.39		6.50	4.77	1.88
洪泽县	45.41	0.27		2.37	1.45	5.75
盱眙县	98.56	1.85	82	7.53	3.37	5.85
金湖县	54.49	0.79		1.42	0.81	4.80
盐城市	**703.07**	**29.88**	**63851**	**90.82**	**59.80**	**114.32**
响水县	54.35	2.26	58	5.40	4.26	6.71
滨海县	96.52	3.99	390	11.80	7.32	9.95
阜宁县	94.40	1.67	79	18.82	13.18	7.45
射阳县	112.95	3.43	12146	8.56	5.73	20.95
建湖县	74.31	1.85	680	6.46	4.15	10.01
东台市	100.08	7.87	7137	14.34	8.82	18.11
大丰市	79.26	5.84	25939	11.88	7.09	17.41
扬州市	**314.10**	**7.39**	**2482**	**18.22**	**10.71**	**39.65**
宝应县	93.09	1.56		4.80	3.15	15.02
仪征市	33.69	1.02	28	2.18	1.34	0.63
高邮市	88.59	2.29	1277	4.71	2.68	16.12
镇江市	**126.02**	**5.93**	**1077**	**8.06**	**5.04**	**9.49**
丹阳市	51.56	1.02		2.44	1.87	3.89
扬中市	10.27	0.17		0.95	0.72	0.73
句容市	35.29	3.59	1027	1.54	1.05	2.63
泰州市	**328.53**	**12.55**	**11116**	**26.83**	**21.77**	**38.38**
兴化市	142.32	3.66	9754	5.92	4.26	29.29
靖江市	33.90	0.52		3.27	2.86	1.03
泰兴市	70.56	4.24		8.92	8.07	2.48
宿迁市	**389.15**	**4.56**	**1142**	**34.03**	**20.60**	**26.37**
沭阳县	130.15	1.45		10.12	7.65	1.81
泗阳县	60.98	0.91	12	5.03	3.61	8.44
泗洪县	106.40	1.81	1055	7.29	4.73	9.91

19-1-8 江苏省市县社会经济主要指标(九)

(2014年)

单位:亿元

市县名称	工业总产值	内资企业	外商港澳台商投资企业	#国有控股企业	#大中型企业	#轻工业
南京市	**13199.67**	**7647.59**	**5552.08**	**4387.20**	**9200.80**	**2709.85**
无锡市	**14425.66**	**9260.74**	**5164.92**	**753.74**	**9735.30**	**3625.16**
江阴市	5657.14	4223.21	1433.93	148.41	4428.84	1766.13
宜兴市	2784.39	2385.89	398.50	159.60	1371.14	294.34
徐州市	**11390.64**	**10300.78**	**1089.87**	**1077.21**	**6625.86**	**3538.78**
丰县	520.54	481.30	39.25	32.49	116.94	233.47
沛县	1355.17	1335.28	19.89		894.71	541.33
睢宁县	782.69	678.60	104.08		294.45	422.08
新沂市	1394.28	1322.62	71.66	0.29	314.69	433.60
邳州市	2050.28	1888.85	161.43	23.96	774.98	539.72
常州市	**11037.46**	**7575.43**	**3462.03**	**404.69**	**6998.05**	**2448.53**
溧阳市	1732.29	1288.84	443.44	24.84	977.24	115.20
金坛市	820.74	609.87	210.88	55.09	386.49	205.22
苏州市	**30322.17**	**11142.22**	**19179.95**	**1086.31**	**22348**	**7831.81**
常熟市	3668.70	2067.05	1601.64	62.31	2584.62	1537.01
张家港市	4863.71	3713.44	1150.27	425.96	3808.07	1157.92
昆山市	7852.39	1012.21	6840.18	126.85	6372.82	1066.85
太仓市	2081.35	1055.22	1026.14	141.89	1098.17	775.71
南通市	**12499.70**	**8233.93**	**4265.76**	**694.93**	**6422.65**	**3955.64**
海安县	1789.96	1458.90	331.06	1.59	984.80	675.63
如东县	1670.98	1153.38	517.60	27.85	686.81	728.01
启东市	1508.48	1042.64	465.83	85.96	589.88	307.64
如皋市	1589.78	1251.15	338.63	16.74	926.48	447.79
海门市	1736.29	1066.33	669.95	21.37	837.95	440.28
连云港市	**4865**	**3779.85**	**1085.14**	**324.40**	**2894.94**	**1437.26**
东海县	814.02	694.83	119.19	1.34	130.24	311.90
灌云县	538.88	524.16	14.72	9.48	169.99	176.81
灌南县	578.87	564.73	14.15	2.76	462.36	38.10

市县名称	工业总产值	内资企业	外商港澳台商投资企业	#国有控股企业	#大中型企业	#轻工业
淮安市	**5643.77**	**4270.95**	**1372.81**	**382.01**	**2499.04**	**2247.66**
涟水县	543.60	485.89	57.71	34.16	242.52	318.71
洪泽县	550.97	500.95	50.01	13.44	77.20	197.07
盱眙县	751.59	709.63	41.95	10	196.59	322
金湖县	411.44	348.87	62.57	0.42	141.09	176.24
盐城市	**7238.02**	**5356.44**	**1881.58**	**241.15**	**3533.24**	**2428.65**
响水县	583.35	494.11	89.24	6.31	346.31	180.88
滨海县	561.64	535.13	26.51		238.45	285.52
阜宁县	536.15	488.46	47.69	12.24	110.66	185.95
射阳县	529.30	471.22	58.08	41.93	99.75	356.06
建湖县	790.02	667.27	122.75		361.87	304.95
东台市	948.78	816.51	132.27	45.33	275.14	367.21
大丰市	727.31	615.10	112.21	39.43	363.24	251.61
扬州市	**9457.17**	**6850.77**	**2606.41**	**1583.81**	**6211.85**	**2137.80**
宝应县	886.33	812.08	74.25	221.60	525.08	178.50
仪征市	1396.11	730.49	665.62	717.15	888.60	182.77
高邮市	1020.37	883.12	137.25		389.76	360.53
镇江市	**8084.47**	**5461.79**	**2622.69**	**500.60**	**5460.63**	**1417.96**
丹阳市	2419.83	1767.06	652.77	7.12	1801.93	438.93
扬中市	1198.54	1052.85	145.69	0.85	924.77	52.52
句容市	1260.78	867.25	393.52	49.62	599.27	409.94
泰州市	**9456.36**	**7316.75**	**2139.60**	**625.24**	**4983.28**	**2623.40**
兴化市	1352.08	1228.68	123.40	11.58	232.95	326.73
靖江市	1982.31	1218.31	764	163.12	1515.09	267.97
泰兴市	2054.46	1576.46	477.99	37.47	1018.43	526.84
宿迁市	**3368.77**	**3076.15**	**292.62**	**95.10**	**1209.79**	**1700.87**
沭阳县	1103.51	1040.73	62.78	1.56	230.90	485.05
泗阳县	498.04	482.79	15.25	1.47	110.85	234.42
泗洪县	629.04	599.24	29.80	32.84	150.07	343.20

19－1－9　江苏省市县社会经济主要指标(十)

(2014 年)　　　　单位:亿元

市县名称	资产合计	负债合计	主营业务收入	利税总额	#利润总额	本年应交增值税
南京市	**10155.54**	**5834.64**	**13003.84**	**1724.87**	**879.39**	**491.29**
无锡市	**14454.12**	**8099.09**	**14190.87**	**1263.99**	**873.14**	**333.73**
江阴市	5941.93	3413.14	5532.39	534.30	356.16	153.36
宜兴市	2618.68	1706.05	2733.89	160.89	105.46	47.86
徐州市	**6085.92**	**3027.04**	**11311.94**	**1639.85**	**899.73**	**532.04**
丰县	203.55	86.08	505.64	71.77	41.84	27.08
沛县	306.61	163.84	1305.33	163.63	85.54	71.22
睢宁县	227.41	90.43	773.19	121.14	86.04	30.53
新沂市	410.46	214.79	1382.78	170.25	90.88	64.67
邳州市	575.76	162.80	2020.47	281.81	170.94	91.90
常州市	**8102.32**	**4797.60**	**11379.01**	**1006.41**	**618.49**	**345.38**
溧阳市	1039.46	721.73	1738.41	166.57	95.46	61.81
金坛市	684.63	461.59	845.39	97.35	68.36	24.39
苏州市	**26108.97**	**14400.82**	**30397.27**	**2074.08**	**1460.13**	**521.99**
常熟市	3747.40	2178.25	3642.64	247.11	172.77	60.42
张家港市	4339.97	2730.42	5044.54	240.29	131.34	97.66
昆山市	4874.84	2448.56	7855.64	549.55	398.61	133.50
太仓市	2037.26	1182.34	2032.69	167.72	112.70	46.51
南通市	**7558.80**	**4176.92**	**12351.36**	**1477.71**	**937.85**	**486.64**
海安县	878.09	463.25	1786.35	203.64	131.75	64.44
如东县	776.26	380.39	1662.68	214.35	131.70	75.86
启东市	940.43	529.77	1486.23	180.01	107.85	63.56
如皋市	996.58	658.19	1581.02	136.89	78.43	52.63
海门市	820.08	434.59	1730.57	293.51	194.71	91.68
连云港市	**2847.35**	**1527.04**	**4820.99**	**612.09**	**372.29**	**196.42**
东海县	286.98	116.57	802.71	87.82	55.41	26.20
灌云县	160.79	72.85	510.20	51.91	36.07	10.58
灌南县	270.40	166.85	573.03	71.51	38.69	27.68

19－1－9　续表　（2014年）　单位：亿元

市县名称	资产合计	负债合计	主营业务收入	利税总额	#利润总额	本年应交增值税
淮安市	**2513.15**	**1135.39**	**5618.24**	**547.59**	**304.64**	**136.73**
涟水县	224.97	105.06	532.33	50.85	31.07	15.47
洪泽县	318.78	154.73	543.25	58.83	39.97	17.44
盱眙县	294.86	147.54	761.73	53.64	30.55	15.63
金湖县	173.36	97.96	410.05	27.07	18.70	7.15
盐城市	**4078.17**	**2229.09**	**7209.61**	**900.30**	**509.32**	**309.45**
响水县	390.86	205.98	599.98	93.77	67.91	24.32
滨海县	317.58	161.15	563.23	59.31	32.71	23.16
阜宁县	224.05	132.92	523.83	46.80	25.10	19.06
射阳县	291.36	169.83	512.52	41.78	20.92	15.33
建湖县	294.78	123.90	743.33	94.94	51.13	37.95
东台市	601	396.47	987.51	92.89	52.02	36.27
大丰市	666.98	389.33	741.08	68.90	42.87	23.02
扬州市	**4375.09**	**2267.35**	**8640.76**	**1051.82**	**606.82**	**362.20**
宝应县	443.75	234.78	823.55	73.78	44.25	26.60
仪征市	652.74	376.26	1364.52	174.33	106.37	49.29
高邮市	445.36	207.19	995.47	109.57	69.53	33.14
镇江市	**5352.23**	**3068.27**	**7897.58**	**803.65**	**516.58**	**258.50**
丹阳市	1400.54	850.06	2381.81	200.08	132.92	61.82
扬中市	860.82	464.80	1157.91	132.91	79.90	47.64
句容市	716.81	428.53	1229.05	123.27	65.07	50.34
泰州市	**4935.06**	**2705.19**	**9355.94**	**1220.77**	**713.87**	**440.96**
兴化市	508.19	227.97	1327.20	141.78	77.82	55.29
靖江市	1392.27	813.21	1902.10	257.22	160.34	88.81
泰兴市	1012.79	545.18	2047.31	306.54	187.96	102.46
宿迁市	**2525.87**	**1060.25**	**3282.89**	**481.36**	**333.59**	**121.74**
沭阳县	582.07	210.77	1084.36	153.98	104.89	41.51
泗阳县	344.76	126.91	495.24	54.98	37.79	15.71
泗洪县	433.26	166.48	605.65	94.76	59.74	24.83

19－1－10　江苏省市县社会经济主要指标(十一)

(2014 年)

市县名称	公路里程(公里)	#等级公路	公路客运量(万人)	公路贷运量(万吨)	民用汽车拥有量(万辆)	#私人汽车
南京市	**11309**	**10355**	**10596**	**12143**	**172.20**	**148.55**
无锡市	**7655**	**7655**	**7222**	**12885**	**127.76**	**102.63**
江阴市	2362	2362	501	2871	31.86	27
宜兴市	2365	2365	703	1640	20.31	17.14
徐州市	**16428**	**15314**	**15063**	**16967**	**75.60**	**66.46**
丰县	1847	1847	573	1361	6.19	5.68
沛县	2290	2290	984	1295	6.29	5.55
睢宁县	2462	2281	1089	1603	6.93	6.29
新沂市	2849	2348	979	1646	5.88	5.20
邳州市	3052	2738	1063	2130	9.70	8.94
常州市	**8906**	**8856**	**6769**	**10705**	**87.31**	**72.64**
溧阳市	2520	2520	1181	1956	10.58	9.19
金坛市	2073	2023	836	1035	7.50	6.42
苏州市	**12665**	**12665**	**39432**	**11855**	**240.79**	**200.86**
常熟市	3093	3093	4487	1363	31.34	26.95
张家港市	1522	1522	4112	2123	26.95	23.06
昆山市	1796	1796	4830	1481	36.95	30.10
太仓市	1304	1304	1975	1405	15.76	13.22
南通市	**18094**	**18031**	**9998**	**11129**	**99.66**	**86.94**
海安县	2355	2334	841	1830	9.51	8.41
如东县	2534	2529	418	1121	10.66	9.72
启东市	3576	3566	891	816	12.21	11.21
如皋市	3219	3219	441	1552	15.21	13.94
海门市	2488	2474	705	640	11.79	10.71
连云港市	**11914**	**11839**	**5433**	**8406**	**36.87**	**31.83**
东海县	2966	2966	581	1832	7.69	7.03
灌云县	2592	2591	513	887	5.22	4.77
灌南县	1920	1897	418	705	3.52	3.20

市县名称	公路里程（公里）	#等级公路	公路客运量（万人）	公路货运量（万吨）	民用汽车拥有量（万辆）	#私人汽车
淮安市	**13071**	**12197**	**8435**	**5572**	**34.72**	**29.62**
涟水县	2535	2281			5.16	4.56
洪泽县	1489	1380			1.78	1.48
盱眙县	2699	2699			3.25	2.59
金湖县	1427	1259			1.91	1.58
盐城市	**19256**	**17272**	**9440**	**5093**	**54.96**	**47.53**
响水县	1764	1684	775	335	2.94	2.50
滨海县	2156	1870	364	701	5.85	4.94
阜宁县	1870	1529	1091	166	4.71	4.26
射阳县	2483	1933	387	102	5.69	5.24
建湖县	1767	1652	895	271	3.73	3.20
东台市	3211	3001	868	796	6.98	6.23
大丰市	3088	2732	974	404	6.66	5.93
扬州市	**10525**	**9270**	**4792**	**6504**	**48.82**	**41.70**
宝应县	2263	1911	697	554	4.67	4.12
仪征市	1510	1510	337	839	5.65	4.85
高邮市	2535	2077	718	796	5.40	4.63
镇江市	**7263**	**7263**	**4461**	**6905**	**38.49**	**32.87**
丹阳市	2165	2165	950	1573	12.32	10.79
扬中市	1008	1008	449	420	4.57	4.06
句容市	2473	2473	795	1037	3.21	2.66
泰州市	**9457**	**9445**	**8895**	**2487**	**47.03**	**40.43**
兴化市	2716	2710	2153	396	8	7.24
靖江市	1323	1323	1335	321	9.42	8.09
泰兴市	2109	2109	1932	458	8.92	7.84
宿迁市	**10977**	**9683**	**6734**	**3797**	**37.33**	**33.62**
沭阳县	3486	2689	1958	1926	10.43	9.39
泗阳县	1735	1693	1266	457	5.64	5.18
泗洪县	2436	2428	2340	445	5.15	4.55

19-1-11 江苏省市县社会经济主要指标(十二)

(2014年)

市县名称	邮电业务总量(亿元)	固定电话用户(万户)	移动电话用户(万户)	国际互联网用户(万户)	全年用电量(亿千瓦时)	#工业用电
南京市	**237.94**	**282.52**	**1042.44**	**226.98**	**470.50**	**289.02**
无锡市	**169.57**	**213.23**	**832.53**	**153**	**598.18**	**477.47**
江阴市	28.38	44.68	241.48	54.58	237.87	212.09
宜兴市	17.67	32.92	122.73	36.94	88.28	69.51
徐州市	**100.72**	**145.91**	**751.01**	**107.65**	**332.47**	**247.48**
丰县	6.08	10.21	70.87	8.17	18.04	10.80
沛县	7.39	16.87	85.04	10.56	31.93	23.94
睢宁县	7.67	16.94	80.29	10.19	21.44	13.62
新沂市	7.67	13.88	73.74	10.62	37.46	30.70
邳州市	8.99	16.64	101.01	12.51	25.68	15.41
常州市	**110.90**	**151.73**	**520.18**	**116.86**	**395.06**	**316.09**
溧阳市	7.95	22.71	69.39	14.39	68.80	58.61
金坛市	6.29	18.34	55.66	11.75	45.77	38.56
苏州市	**337.66**	**340.53**	**1468.74**	**295.70**	**1268.12**	**1044.14**
常熟市	31.32	38.14	207.25	47.17	155.20	130.63
张家港市	26.50	29.84	170.68	37.22	283.05	262.80
昆山市	47.33	44.61	293.15	61.07	194.35	155.99
太仓市	14.50	17.77	97.20	21.40	90.05	77.08
南通市	**123.93**	**235.38**	**644.77**	**129.07**	**333.23**	**242.89**
海安县	7.51	32.21	87.67	23.61	43.01	33.96
如东县	7.72	26.28	86.91	20.95	41.94	31.39
启东市	8.87	32.25	87.91	22.54	26.87	17.35
如皋市	11.31	33.58	118.85	25.68	45.76	32.79
海门市	9.19	31.39	94.82	21.73	35.12	24.55
连云港市	**63.41**	**94.96**	**366.52**	**68.18**	**157.51**	**110.44**
东海县	8.27	15.88	84.43	17.40	20.40	12.76
灌云县	5.10	11.44	61.85	10.43	10.46	5.04
灌南县	3.85	9.12	49.22	8.37	31.20	26.04

19－1－11　续表　　(2014年)

市县名称	邮电业务总　量（亿元）	固定电话用　户（万户）	移动电话用　户（万户）	国际互联网用户（万户）	全年用电量（亿千瓦时）	#工业用电
淮安市	**73.95**	**88.99**	**375.99**	**58.57**	**151.53**	**106.89**
涟水县	4.18	10.60	44.40	6.26	15.43	9.58
洪泽县	1.91	5.67	21.54	4.43	17	14.07
盱眙县	3.32	7.92	36.25	6.06	15.29	9.43
金湖县	2.14	5.61	22.13	4.20	10.44	7.31
盐城市	**97.01**	**144.90**	**569.80**	**91.98**	**278.55**	**209.02**
响水县	3.35	8.82	40.34	7.51	43.73	39.21
滨海县	5.70	12.94	63.48	10.68	25.19	18.14
阜宁县	5.43	9.44	66.74	11.11	32.20	25.30
射阳县	6.01	17.99	80.15	12.01	18.53	11.35
建湖县	5.57	13.80	66.36	11.45	20.16	13.81
东台市	7.01	22.39	80.55	15.41	38.82	29.92
大丰市	6.47	11.17	80.80	14.80	52.74	44.62
扬州市	**84.42**	**134.04**	**422.42**	**82.80**	**204.36**	**147.89**
宝应县	6.92	15.35	78.88	13.43	16.70	10.45
仪征市	6.56	14.75	61.07	12.40	33.75	28.25
高邮市	7.75	17.63	63.18	13.85	29.86	22.56
镇江市	**64.39**	**97.28**	**317.37**	**61.98**	**209.41**	**162.44**
丹阳市	13.71	27.33	100.21	24.13	65.77	53.19
扬中市	5.11	12.06	38.68	8.23	16.45	12.06
句容市	6.91	15.81	54.24	11.25	22.69	15.36
泰州市	**76.61**	**131.08**	**382.88**	**75.29**	**232.30**	**180.73**
兴化市	7.99	25.71	87.80	19.22	63.58	52.93
靖江市	6.38	20.61	64.59	17.86	36.01	26.48
泰兴市	8.09	29.11	86.45	21.03	54.26	44.47
宿迁市	**84.12**	**73.07**	**375.70**	**55.29**	**146.38**	**103.90**
沭阳县	11.26	22.63	126.94	23.12	39.67	27.86
泗阳县	5.64	11.59	71.75	11.58	20.11	12.63
泗洪县	5.95	9.62	74.23	12.45	15.58	7.95

19-1-12 江苏省市县社会经济主要指标(十三)

(2014 年)　　单位:亿元

市县名称	固定资产投资	房地产开发投资	#住宅	新增固定资产	商品房屋销售建筑面积(万平方米)	#住宅
南京市	**5430.77**	**1125.49**	**796.27**	**3919.89**	**1207.58**	**1124.73**
无锡市	**4610.77**	**1252.22**	**845.98**	**3429.44**	**839.15**	**738.48**
江阴市	1045.97	328.91	264.69	659.68	190.47	164.48
宜兴市	602.15	134.43	109.71	472.84	86.02	75.40
徐州市	**3671.56**	**468.88**	**316.95**	**3084.18**	**738.03**	**650.39**
丰县	180.14	27.68	22.25	155.59	47.77	44.55
沛县	409.06	17.31	12.28	393.86	46.11	41.75
睢宁县	218.55	41.93	30.58	190.72	74.09	68.40
新沂市	386.29	35	29.59	283.42	80.84	77.81
邳州市	545.96	47.27	42.04	518.35	119.80	113.67
常州市	**3310.05**	**681.53**	**461.05**	**2473.72**	**787.50**	**674.66**
溧阳市	438.01	51.52	41.04	357.77	80.04	72.56
金坛市	268.99	21.39	11.13	176.47	58.63	47.08
苏州市	**6054**	**1764.44**	**1303.50**	**4636.46**	**1599.16**	**1446.07**
常熟市	631.82	147.81	123.14	498.51	144.36	129.68
张家港市	763.62	145.74	108.12	702.03	99.75	88.15
昆山市	838.18	371.80	276.80	587.03	446.73	405.27
太仓市	513.36	71.74	52.90	501.10	78.99	68.69
南通市	**3896.39**	**678.92**	**492.67**	**3214.42**	**919.17**	**843.35**
海安县	448.95	52.48	41.53	331.32	63.11	57
如东县	427.93	31.47	24.05	353.15	29.10	27.73
启东市	483.41	47.03	42.96	435.28	87.84	84.24
如皋市	445.08	58.53	40.08	367.16	80.69	65.83
海门市	501.40	43.71	34.63	430.40	74.55	70.12
连云港市	**1716.57**	**189.28**	**150.89**	**1267.74**	**337.64**	**298.26**
东海县	233.63	29.72	23.04	149.04	65.74	57.27
灌云县	198.41	13.35	8.83	181.41	39.97	33.61
灌南县	195.17	18.15	17.30	206.52	40.92	37.34

19－1－12　续表　　(2014 年)　　单位:亿元

市县名称	固定资产投资	房地产开发投资	#住宅	新增固定资产	商品房屋销售建筑面积(万平方米)	#住宅
淮安市	**1795.73**	**357.66**	**270.18**	**998.97**	**614.53**	**538.37**
涟水县	215.84	35.77	28.92	54.54	75.59	62.34
洪泽县	132.98	20.61	14.94	83.57	39.70	33.54
盱眙县	260.08	57.83	44.26	136.34	76.75	57.77
金湖县	128.53	18.80	11.70	78.23	34.97	27.58
盐城市	**2751.35**	**379.64**	**274.60**	**2287.56**	**624.52**	**513.84**
响水县	203.95	7.85	4.94	151.25	27.41	22.85
滨海县	265.45	16	8.67	219.58	49.22	43.16
阜宁县	226.18	27.27	23.92	209.77	50.15	48.27
射阳县	213.43	37.94	31.51	192.43	38.12	36.71
建湖县	252.34	10.51	7.02	149.40	46.31	38.04
东台市	409.82	48.02	35	287.70	74.62	51.93
大丰市	322.67	36.33	26.98	338.11	67.22	52.48
扬州市	**2416.66**	**360.44**	**286.99**	**1948.24**	**635.07**	**569.75**
宝应县	237.39	33.82	30.91	241.59	112.59	107.38
仪征市	314.14	24.79	21.52	305.67	60.83	55.40
高邮市	280.20	54.23	40.35	204.13	105.86	96.56
镇江市	**2142.34**	**319.05**	**242.97**	**1849.68**	**520.15**	**473.87**
丹阳市	386.73	56.84	41.67	333.87	98.58	88.81
扬中市	216.09	15.11	11.59	181.90	23.89	20.29
句容市	258.16	79.60	63.15	168.93	149.73	135.05
泰州市	**2197.34**	**285.54**	**221.10**	**1828.99**	**440.21**	**404.89**
兴化市	284.80	21.46	17.45	228.92	53.26	45.70
靖江市	405.76	53.65	36.92	367.89	48.20	41.88
泰兴市	454.53	55.07	43.35	378.24	94.84	88.40
宿迁市	**1559.22**	**377.14**	**261.37**	**1217.07**	**584.12**	**524.29**
沭阳县	383.91	82.01	57.90	285.80	110.17	95.08
泗阳县	283.44	56.50	42.60	235.47	93.62	86.21
泗洪县	281.89	75.40	47.92	237.02	203.90	184.69

19－1－13　江苏省市县社会经济主要指标(十四)

(2014 年)

市县名称	社会消费品零售总额(亿元)	#批发和零售业	进出口总额(亿美元)	出口	进口	实际外商直接投资(亿美元)
南京市	**4167.19**	**3785.81**	**572.21**	**326.28**	**245.93**	**32.91**
无锡市	**2607.90**	**2409.67**	**741.70**	**442.31**	**299.39**	**29.04**
江阴市	643.07	606.94	223.04	130.23	92.80	8.55
宜兴市	464.42	442.21	55.46	36.76	18.70	1.53
徐州市	**2099.20**	**1925.89**	**59.88**	**46.77**	**13.12**	**16.58**
丰县	118.06	108.85	1.66	1.62	0.04	1
沛县	192.13	174.84	3.49	3.36	0.13	0.72
睢宁县	139.62	129.15	4.75	2.92	1.83	1.22
新沂市	135.72	123.78	4.29	2.28	2.01	0.34
邳州市	197.90	182.07	8.76	7.25	1.51	1.88
常州市	**1805.40**	**1659.89**	**288.10**	**213.64**	**74.46**	**24.09**
溧阳市	259.22	235.34	10.08	7.32	2.75	4
金坛市	197.61	179.25	15.25	12.20	3.05	1
苏州市	**4095.09**	**3610.36**	**3113.06**	**1811.78**	**1301.28**	**81.20**
常熟市	618.67	565.07	201.80	125.53	76.27	10.52
张家港市	458.32	396.30	328.26	148.10	180.16	6.72
昆山市	650.09	516.68	847.91	535.77	312.14	12.84
太仓市	239.04	204.35	137.91	60.80	77.11	3.96
南通市	**2166.10**	**1982.88**	**316.47**	**224.80**	**91.67**	**23.05**
海安县	221.95	191.99	24.52	21.44	3.08	3.32
如东县	257.89	243.37	33.11	12.89	20.22	3.43
启东市	266.41	243.44	30.72	23.05	7.67	0.55
如皋市	280.77	250.71	32.12	25.55	6.57	3.31
海门市	282.48	260.54	20.36	14.55	5.81	1.55
连云港市	**739.40**	**676.26**	**80.30**	**43.55**	**36.75**	**9.54**
东海县	139.03	125.97	3.65	2.90	0.75	1.15
灌云县	94.93	87.10	1.84	1.60	0.24	0.59
灌南县	74.53	67.52	2.34	2.03	0.31	0.02

19－1－13　续表　　(2014 年)

市县名称	社会消费品零售总额(亿元)	#批发和零售业	进出口总额(亿美元)	出口	进口	实际外商直接投资(亿美元)
淮安市	**864.80**	**778.19**	**41.06**	**31.61**	**9.45**	**11.99**
涟水县	103.90	93.33	4.03	3.50	0.53	0.22
洪泽县	75.13	67.22	2.36	2.10	0.26	0.79
盱眙县	99.08	86.20	2.10	1.34	0.76	0.94
金湖县	71.95	63.74	3.56	3.47	0.09	1.01
盐城市	**1312.70**	**1179.44**	**75.17**	**43.94**	**31.23**	**10.47**
响水县	53.60	48.93	4.09	3.36	0.73	0.75
滨海县	88.99	80.22	4.63	3.22	1.41	0.86
阜宁县	104.45	98.31	2.17	1.85	0.32	0.76
射阳县	135.28	120.62	3.13	1.58	1.55	0.60
建湖县	139.09	117.31	3.99	3.76	0.23	0.90
东台市	203.37	182.52	6.61	6.24	0.38	0.96
大丰市	139.21	127.06	13.82	7.75	6.07	2.06
扬州市	**1128.10**	**1016.65**	**100.12**	**76.82**	**23.30**	**15.02**
宝应县	122.94	112.35	7.79	6.10	1.69	0.32
仪征市	91.95	82.23	10.25	6.60	3.65	3.16
高邮市	138.65	122.07	4.19	3.86	0.32	0.29
镇江市	**1003.80**	**894.53**	**103.07**	**66.02**	**37.05**	**12.95**
丹阳市	255.71	226.11	27.73	22.41	5.32	3.48
扬中市	114.22	96.55	5.60	4.48	1.12	1.16
句容市	116.07	106.06	5.79	4.52	1.27	2.57
泰州市	**903.60**	**774.34**	**108.93**	**61.78**	**47.15**	**9.39**
兴化市	139.97	120.25	5.83	5.25	0.58	1.16
靖江市	144.85	119.70	27.35	12.71	14.64	0.26
泰兴市	170.75	137.41	26.75	13.25	13.49	2.38
宿迁市	**564.80**	**493.59**	**37.55**	**29.40**	**8.15**	**6.65**
沭阳县	145.53	126.70	9.21	8.02	1.20	1.47
泗阳县	80	68.91	6.96	6.88	0.08	0.96
泗洪县	84	76.99	3.85	3.70	0.15	0.73

19－1－14　江苏省市县社会经济主要指标(十五)

(2014 年)　　单位:亿元

市县名称	公共财政预算收入	#税收收入	公共财政预算支出	年末金融机构存款余额	#居民储蓄存款	年末金融机构贷款余额
南京市	**903.49**	**757.21**	**921.20**	**20161.86**	**5055.77**	**15628.53**
无锡市	**768.01**	**620.34**	**748.06**	**11849.03**	**4341.45**	**8669.62**
江阴市	200.66	164.88	187.28	2813.03	938.76	2198.16
宜兴市	94.45	80.36	100.29	1707.10	819.53	1325.98
徐州市	**472.33**	**386.43**	**661.84**	**4286.46**	**2377.44**	**2724.79**
丰县	38.12	32.84	62.71	239.84	190.30	128.09
沛县	53.13	44.66	73.15	336.53	252.34	157.33
睢宁县	38.63	33.22	67.56	282.79	214.29	169.40
新沂市	45.82	39.33	68.50	235.37	169.07	202.09
邳州市	55.58	47.25	88.62	346.34	254.42	271.39
常州市	**433.88**	**348.38**	**434.93**	**6758.57**	**2934.19**	**4789.74**
溧阳市	50.62	43.11	57.01	848.45	414.03	604.06
金坛市	30.12	26.50	37.46	544.80	299.01	418.98
苏州市	**1443.82**	**1244.37**	**1304.83**	**21428.20**	**6753.44**	**17247.94**
常熟市	147.40	122.90	138.02	2265.93	1021.99	1816.30
张家港市	162.66	133.67	152.78	2323.83	877.06	1787.62
昆山市	263.66	236.19	222.98	2882.89	970.90	2043.47
太仓市	106.47	90.97	97.68	1172.26	450.61	1068.03
南通市	**550**	**457.34**	**649.58**	**8339.54**	**4602.87**	**5130.38**
海安县	54.10	46.23	70.58	975.91	565.35	682.49
如东县	50.01	41.53	79.20	723.57	478.73	342.90
启东市	67.25	55.90	74.01	944.22	637.96	550.04
如皋市	67.45	56.05	91.29	849.56	576.27	519.70
海门市	68.57	56.92	73.62	1015.12	626.34	630.58
连云港市	**261.77**	**213.42**	**375.95**	**1852.67**	**924.03**	**1549.34**
东海县	37.20	31.31	61.74	242.53	162.74	181.51
灌云县	35.59	30.90	55.74	189.36	118.23	135.81
灌南县	35.12	30.38	52.54	124.08	82.92	106.95

19-1-14 续表 (2014年) 单位:亿元

市县名称	公共财政预算收入	#税收收入	公共财政预算支出	年末金融机构存款余额	#居民储蓄存款	年末金融机构贷款余额
淮安市	**308.51**	**251.94**	**431.65**	**2005.72**	**1044.52**	**1617.55**
涟水县	29.72	25.19	54.09	238.69	138.76	164.07
洪泽县	22.23	18.72	36.33	140.36	69.62	114.23
盱眙县	30.77	25.25	47.12	218.15	122.45	203.46
金湖县	21.40	18.64	33.73	165.96	102.42	130.92
盐城市	**418.02**	**341.41**	**603.21**	**3692.75**	**2062.39**	**2567.98**
响水县	27.82	22.85	43.67	115.37	67.32	103.47
滨海县	33.45	27.32	58.07	207.93	131.76	156.74
阜宁县	33.57	27.92	56.46	283.95	193.77	198.17
射阳县	17.50	12.48	45.07	270.70	196.61	191.74
建湖县	44.76	36.77	65.88	306.53	217.38	235.52
东台市	61.31	51.95	84.26	553.89	425.48	301.01
大丰市	60.02	49.52	82.90	436.68	274.38	283.43
扬州市	**295.19**	**242.22**	**367.73**	**4269.75**	**2117.09**	**2732.42**
宝应县	27.28	22.37	46.25	342.32	228.51	229.71
仪征市	34.66	29.63	41.51	461.08	248.13	257.85
高邮市	29.32	24.04	46.64	394.68	269.15	241.60
镇江市	**277.76**	**228.82**	**311.85**	**3536.27**	**1569.40**	**2679.83**
丹阳市	64.16	54.81	74.93	872	453.55	791.74
扬中市	30.72	26.23	34.71	441.25	238.25	332.59
句容市	35.91	30.65	43.65	419.98	237.50	315.41
泰州市	**277.95**	**225.80**	**371.21**	**3955.84**	**1984.80**	**2751.51**
兴化市	36.95	30.61	73.56	514.93	374.06	352.54
靖江市	54.04	44.42	61.49	785.81	381.47	549.05
泰兴市	45.08	37.47	61.20	644.63	383.18	388.36
宿迁市	**210.10**	**180.69**	**345.59**	**1598.96**	**813.20**	**1483.05**
沭阳县	64.04	53.85	100.49	354.26	241.86	303.52
泗阳县	30.05	25.35	54.84	228.50	146.71	240.19
泗洪县	28.01	23.79	57.97	233.63	148.33	237.51

19－1－15　江苏省市县社会经济主要指标(十六)

(2014年)

市县名称	城镇常住居民人均可支配收入(元)	城镇常住居民人均生活消费支出(元)	#食品烟酒	城镇常住居民恩格尔系数(%)	城镇常住居民人均住房建筑面积(平方米)
南京市	**42568**	**25855**	**6713**	**26.0**	**36.3**
无锡市	**41731**	**27358**	**7862**	**28.7**	**44.8**
江阴市	46880	24976	7318	29.3	59.3
宜兴市	39492	25035	7712	30.8	46.5
徐州市	**24080**	**15005**	**4618**	**30.8**	**40.5**
丰县	19363	14573	4366	30.0	42.1
沛县	23078	14807	4171	28.2	42.5
睢宁县	19687	11315	3605	31.9	46.6
新沂市	20984	14215	4751	33.4	44.8
邳州市	24151	13726	4224	30.8	61.8
常州市	**39483**	**23590**	**6671**	**28.3**	**43.7**
溧阳市	35531	18900	6305	33.4	38.3
金坛市	36902	19781	6904	34.9	42.0
苏州市	**46677**	**28973**	**7807**	**26.9**	**44.0**
常熟市	46571	27412	8115	29.6	48.5
张家港市	46852	27760	7982	28.8	56.7
昆山市	46920	28332	7946	28.0	36.5
太仓市	46377	29250	8945	30.6	58.2
南通市	**33374**	**22035**	**6399**	**29.0**	**46.3**
海安县	31597	20125	5745	28.5	49.3
如东县	31557	18819	6512	34.6	53.5
启东市	31708	26249	8076	30.8	41.1
如皋市	31026	19116	5830	30.5	49.2
海门市	34280	22830	6803	29.8	43.0
连云港市	**23595**	**16016**	**5169**	**32.3**	**45.3**
东海县	23151	16504	5776	35.0	44.9
灌云县	19486	12093	4524	37.4	42.6
灌南县	20805	13569	4722	34.8	49.0

19－1－15　续表　　　　　　　　　　　　　　　　(2014 年)

市县名称	城镇常住居民人均可支配收入（元）	城镇常住居民人均生活消费支出（元）	#食品烟酒	城镇常住居民恩格尔系数（%）	城镇常住居民人均住房建筑面积（平方米）
淮安市	**25798**	**14703**	**4602**	**31.3**	**43.6**
涟水县	21389	13760	4871	35.4	51.3
洪泽县	25751	12250	3901	31.8	37.5
盱眙县	26041	13913	4393	31.6	48.4
金湖县	26081	17137	5587	32.6	41.4
盐城市	**25854**	**15372**	**4902**	**31.9**	**42.7**
响水县	21710	9924	3265	32.9	32.5
滨海县	22432	13759	4265	31.0	32.4
阜宁县	21546	17578	6353	36.1	33.8
射阳县	22440	19234	6341	33.0	44.6
建湖县	25178	13801	4098	29.7	41.8
东台市	27800	15709	5143	32.7	53.9
大丰市	26354	15331	4907	32.0	40.0
扬州市	**30322**	**18417**	**5692**	**30.9**	**42.1**
宝应县	22739	14026	5011	35.7	37.3
仪征市	31123	18123	5813	32.1	45.4
高邮市	26632	18024	5570	30.9	38.5
镇江市	**35752**	**21310**	**6077**	**28.5**	**44.2**
丹阳市	35691	19498	7078	36.3	48.8
扬中市	39237	20972	6805	32.4	54.5
句容市	34678	19980	6288	31.0	42.0
泰州市	**31346**	**19517**	**5679**	**29.1**	**48.0**
兴化市	28691	16571	4971	30.0	38.0
靖江市	33864	23069	7088	30.7	51.5
泰兴市	31038	19644	6400	32.6	52.6
宿迁市	**20396**	**13463**	**4856**	**36.1**	**46.5**
沭阳县	20310	13691	5339	39.0	46.1
泗阳县	19909	13025	4578	35.2	55.8
泗洪县	19388	13202	4792	36.3	43.2

19-1-16 江苏省市县社会经济主要指标(十七)

(2014年)

市县名称	人均居民储蓄存款(元)	农村常住居民人均可支配收入(元)	农村常住居民人均生活消费支出(元)	#食品烟酒	农村常住居民恩格尔系数(%)	农村常住居民人均住房建筑面积(平方米)
南京市	**61535**	**17661**	**12818**	**3861**	**30.1**	**55.4**
无锡市	**66791**	**22266**	**15114**	**4737**	**31.3**	**54.3**
江阴市	57427	23965	15304	4637	30.3	50.3
宜兴市	65479	20178	13792	4335	31.4	61.4
徐州市	**27554**	**12811**	**9011**	**2879**	**32.0**	**49.7**
丰县	20118	11757	7641	2601	34.0	46.9
沛县	22674	13249	8682	2428	28.0	47.6
睢宁县	20978	11600	7293	2390	32.8	51.4
新沂市	17965	12140	7408	2517	34.0	46.6
邳州市	17504	12846	7990	2531	31.7	63.7
常州市	**62477**	**20133**	**13529**	**4300**	**31.8**	**59.7**
溧阳市	54463	18222	13701	4736	34.6	47.2
金坛市	53586	18733	11614	4223	36.4	53.0
苏州市	**63688**	**23560**	**15390**	**4041**	**26.3**	**66.0**
常熟市	67695	23767	17184	5003	29.1	68.3
张家港市	69988	23722	15430	4288	27.8	69.3
昆山市	58767	23921	15374	4456	29.0	49.9
太仓市	63601	23590	15838	5005	31.6	77.8
南通市	**63070**	**15821**	**11051**	**3271**	**29.6**	**58.6**
海安县	65268	15155	12447	3908	31.4	54.6
如东县	48756	14494	10928	2608	31.5	53.5
启东市	66732	16762	11931	3814	32.0	59.6
如皋市	45878	14210	10225	3272	32.0	52.9
海门市	69416	17419	12081	3600	29.8	60.0
连云港市	**20757**	**11698**	**8282**	**2706**	**32.7**	**47.9**
东海县	17065	12171	8370	2980	35.6	48.6
灌云县	14901	10864	7492	2694	36.0	45.9
灌南县	13345	10442	7288	2704	37.1	50.6

19－1－16　续表　　　　　　　　　　　(2014年)

市县名称	人均居民储蓄存款（元）	农村常住居民人均可支配收入（元）	农村常住居民人均生活消费支出（元）	#食品烟酒	农村常住居民恩格尔系数（%）	农村常住居民人均住房建筑面积（平方米）
淮安市	**21527**	**12010**	**7836**	**2518**	**32.1**	**50.2**
涟水县	16415	11206	6809	2315	34.0	64.8
洪泽县	20678	13161	9199	2952	32.1	46.0
盱眙县	18838	12175	6405	2088	32.6	50.5
金湖县	30963	13131	10892	3649	33.5	59.7
盐城市	**28554**	**14414**	**10782**	**3357**	**31.1**	**48.0**
响水县	13397	11964	7922	2791	35.2	43.1
滨海县	13976	12524	9204	2925	31.7	40.9
阜宁县	23100	12959	6672	2311	34.6	42.6
射阳县	22056	13848	6687	2414	36.1	38.9
建湖县	29496	14345	9111	3205	35.2	40.7
东台市	43126	16565	10643	3482	32.7	60.8
大丰市	39092	16414	10988	3188	29.0	55.8
扬州市	**47279**	**15284**	**11266**	**3544**	**31.5**	**53.7**
宝应县	30287	14246	9923	3318	33.4	47.8
仪征市	43995	14860	13389	4127	30.8	64.3
高邮市	36415	14335	10898	3428	31.5	42.4
镇江市	**49486**	**17617**	**13081**	**3868**	**29.6**	**55.8**
丹阳市	46342	18250	15352	5084	33.1	59.9
扬中市	69731	20078	13669	4538	33.2	62.1
句容市	38055	15893	12241	4027	33.0	46.9
泰州市	**42789**	**15076**	**10849**	**3309**	**30.5**	**62.0**
兴化市	29813	14258	9594	3243	33.8	45.0
靖江市	55567	16570	13963	4383	31.4	69.3
泰兴市	35585	15066	9681	2736	28.3	73.7
宿迁市	**16790**	**11677**	**7702**	**2822**	**36.6**	**49.8**
沭阳县	15584	11828	8187	3193	39.0	49.2
泗阳县	17362	11690	8691	3096	35.6	50.4
泗洪县	16481	11405	6362	2404	37.8	42.8

19-1-17 江苏省市县社会经济主要指标(十八)

(2014年)

市县名称	专利申请受理量(件)	专利申请授权量(件)	普通中学在校学生(万人)	小学在校学生(万人)	普通中学专任教师(万人)	小学专任教师(万人)
南京市	**56108**	**22844**	**22.28**	**33.93**	**22414**	**21823**
无锡市	**54519**	**27937**	**20.94**	**33.62**	**19415**	**19483**
江阴市	15790	6607	5.48	9.10	5646	4706
宜兴市	3921	2546	4.27	6.04	3835	4042
徐州市	**14014**	**8468**	**35.93**	**75.45**	**34013**	**38210**
丰县	1049	676	4.45	7.81	4864	4167
沛县	1154	1311	3.72	8.96	3676	4982
睢宁县	602	583	5.73	8.17	5554	4916
新沂市	801	185	3.20	10.09	3545	4015
邳州市	1009	411	6.87	16.53	5250	8309
常州市	**37833**	**18152**	**16.25**	**25.33**	**13991**	**13053**
溧阳市	1447	840	2.78	3.84	2815	2376
金坛市	2230	870	1.89	2.54	2223	1819
苏州市	**103249**	**54709**	**27.96**	**60.63**	**26337**	**31985**
常熟市	12246	3990	4.21	8.13	3677	4577
张家港市	13232	10086	3.94	7.56	3466	3653
昆山市	18302	9867	3.97	10.62	3271	5217
太仓市	8076	4348	1.99	4.01	1752	2195
南通市	**27692**	**12391**	**24.74**	**32.04**	**24956**	**18741**
海安县	4245	2313	2.88	3.38	3186	2160
如东县	1049	581	2.85	3.01	2952	2162
启东市	3676	1378	3.06	3.76	3370	2539
如皋市	2890	1288	4.76	6.15	4774	3168
海门市	1714	627	3.45	4.63	3702	2702
连云港市	**10090**	**6341**	**22.53**	**38.42**	**20430**	**21326**
东海县	1893	1331	4.92	10.21	4506	5384
灌云县	821	238	4.09	6.49	3179	3360
灌南县	1297	736	3.18	5.74	2825	3461

19－1－17　续表　　（2014 年）

市县名称	专利申请受理量（件）	专利申请授权量（件）	普通中学在校学生（万人）	小　学在校学生（万人）	普通中学专任教师（万人）	小　学专任教师（万人）
淮 安 市	**15101**	**6663**	**21.54**	**33.66**	**18883**	**20370**
涟 水 县	1543	636	4.47	8.08	3411	4393
洪 泽 县	2265	821	1.39	1.88	1279	1312
盱 眙 县	2130	922	3.01	5.23	3050	3171
金 湖 县	1302	764	1.08	1.42	982	969
盐 城 市	**19944**	**4549**	**27.19**	**42.57**	**27092**	**25194**
响 水 县	823	270	1.96	4.63	2046	2739
滨 海 县	1577	111	3.33	7.65	3412	3953
阜 宁 县	2469	226	3.41	5.88	3430	3353
射 阳 县	1163	175	3.14	4.72	3044	3017
建 湖 县	2553	802	2.66	4.15	2663	2402
东 台 市	3080	575	3.44	3.54	3806	2566
大 丰 市	3250	803	2.42	2.78	2507	2044
扬 州 市	**22709**	**11843**	**18.42**	**21.88**	**16626**	**13536**
宝 应 县	2915	1570	3.42	3.96	3155	2443
仪 征 市	3278	1651	2.01	2.42	1886	1645
高 邮 市	3380	1984	3.05	2.86	2908	1910
镇 江 市	**25179**	**12707**	**9.59**	**13.76**	**9915**	**9255**
丹 阳 市	7338	3528	3.24	4.74	3358	3179
扬 中 市	3329	1638	0.95	1.40	1061	960
句 容 市	4826	2086	1.75	2.34	1939	1640
泰 州 市	**26933**	**9118**	**17.74**	**21.94**	**19491**	**14560**
兴 化 市	3960	1193	4.10	5.82	4514	4260
靖 江 市	6248	2480	2.39	3.08	2880	2178
泰 兴 市	4951	1013	4.64	5.14	5379	3190
宿 迁 市	**8785**	**4306**	**23.52**	**38.26**	**18308**	**22106**
沭 阳 县	3582	2151	7.37	12.73	5969	7487
泗 阳 县	2056	915	4.91	7.93	3213	4354
泗 洪 县	734	254	4.64	7.53	3239	4161

19－1－18　江苏省市县社会经济主要指标(十九)

(2014 年)

市县名称	公共图书馆(个)	公共图书馆图书藏量(千册)	卫生机构数(个)	卫生机构床位数(张)	卫生技术人员(人)	#执业(助理)医师
南京市	**14**	**5188**	**2383**	**43688**	**62068**	**21602**
无锡市	**10**	**4498**	**2155**	**34998**	**41563**	**15562**
江阴市	1	996	538	7605	8435	3199
宜兴市	1	524	436	4856	7226	2708
徐州市	**8**	**3023**	**4620**	**46213**	**47007**	**17518**
丰县	1	206	559	3969	3883	1934
沛县	1	320	613	4476	4676	1985
睢宁县	1	411	620	3566	3356	1171
新沂市	1	128	468	3117	4058	1596
邳州市	1	438	773	4867	6271	2091
常州市	**4**	**3030**	**1182**	**23634**	**28090**	**11381**
溧阳市	1	344	232	2879	3812	1702
金坛市	1	250	190	2444	2747	1184
苏州市	**11**	**15099**	**3063**	**55218**	**64281**	**25352**
常熟市	1	2356	455	7052	8278	3495
张家港市	1	1990	418	8588	8441	3331
昆山市	1	2116	474	6300	10375	4194
太仓市	1	934	227	3577	4143	1615
南通市	**11**	**4455**	**3262**	**35136**	**39481**	**16366**
海安县	1	429	401	4232	4153	1869
如东县	1	404	461	3286	3780	1608
启东市	1	417	426	3815	3721	1555
如皋市	2	855	511	5189	5540	2533
海门市	1	511	405	3480	3800	1673
连云港市	**7**	**2485**	**2702**	**18061**	**21896**	**8065**
东海县	1	984	550	2823	3201	1140
灌云县	1	399	414	2439	2559	888
灌南县	1	290	368	2770	2723	1020

19－1－18　续表　(2014年)

市县名称	公共图书馆(个)	公共图书馆图书藏量(千册)	卫生机构数(个)	卫生机构床位数(张)	卫生技术人员(人)	#执业(助理)医师
淮安市	**9**	**2368**	**2257**	**24642**	**28976**	**11599**
涟水县	1	580	480	3755	4176	1895
洪泽县	1	510	142	1503	1702	708
盱眙县	1	753	354	3106	3505	1470
金湖县	1	273	147	1477	1713	706
盐城市	**11**	**2831**	**3217**	**35282**	**36634**	**16233**
响水县	1	73	235	2278	2561	1199
滨海县	1	206	417	4390	4192	1791
阜宁县	2	272	392	3684	3087	1521
射阳县	1	200	337	3252	3795	1888
建湖县	1	238	363	3335	3364	1766
东台市	1	263	439	5246	4703	2236
大丰市	1	366	346	3216	3529	1750
扬州市	**7**	**2937**	**1782**	**19765**	**23338**	**9491**
宝应县	1	138	339	2203	2668	1230
仪征市	1	338	163	2080	2651	1039
高邮市	1	207	246	2536	2968	1376
镇江市	**8**	**2829**	**937**	**14490**	**18373**	**7516**
丹阳市	2	565	247	3314	4371	1912
扬中市	1	306	80	970	1593	705
句容市	1	174	194	1832	2349	1036
泰州市	**7**	**2439**	**1978**	**20926**	**22965**	**9708**
兴化市	1	239	667	4281	4330	1899
靖江市	1	493	276	3689	4011	1695
泰兴市	1	311	390	3964	4611	2062
宿迁市	**6**	**1132**	**2462**	**20240**	**23862**	**8158**
沭阳县	1	163	787	5608	7116	2694
泗阳县	1	262	423	4336	4326	1377
泗洪县	1	92	521	3904	4708	1531

19－2 长江三角洲城市主要经济指标

(2014年)

地 区	土地面积（平方公里）	年末户籍人口（万人）	地区生产总值（亿元）	第一产业（亿元）	第二产业（亿元）	第三产业（亿元）	人均地区生产总值（元）
上 海	6341	1429.26	23560.94	124.26	8164.79	15271.89	97131
南 京	6587	648.72	8820.75	214.25	3623.48	4983.02	107545
无 锡	4627	477.14	8205.31	138.13	4095.89	3971.29	126389
常 州	4372	368.64	4901.87	138.46	2408.11	2355.30	104423
苏 州	8488	661.08	13760.89	203.98	6892.98	6663.93	129926
南 通	8001	767.63	5652.69	339.57	2812.34	2500.78	77457
扬 州	6591	461.34	3697.91	227.36	1885.75	1584.80	82654
镇 江	3847	272.07	3252.44	121.45	1631.10	1499.89	102652
泰 州	5787	508.51	3370.89	209.25	1697.45	1464.19	72706
杭 州	16596	715.76	9201.16	274.36	3858.90	5067.90	103757
宁 波	9714	583.80	7602.51	275.18	3935.57	3391.76	98972
嘉 兴	3915	348.14	3352.80	145.14	1811.31	1396.35	73462
湖 州	5820	263.78	1955.96	120.96	1001.58	833.42	66916
绍 兴	8256	443.05	4265.83	194.25	2213.51	1858.07	86135
舟 山	1440	97.49	1021.66	100.82	430.07	490.77	89306
台 州	9411	597.10	3387.51	215.62	1588.88	1583.01	56878

19－2　续表1　（2014年）

地　区	规模以上工业总产值（亿元）	固定资产投资（亿元）	社会消费品零售总额（亿元）	进出口总额（亿美元）	出口总额（亿美元）
上　海	32237.19	6016.43	8718.65	4666.22	2102.77
南　京	13199.67	5430.77	4167.19	572.21	326.28
无　锡	14425.66	4610.77	2607.90	741.70	442.31
常　州	11037.46	3310.05	1805.40	288.10	213.64
苏　州	30322.17	6054	4095.09	3113.06	1811.78
南　通	12499.70	3896.39	2166.10	316.47	224.80
扬　州	9457.17	2416.66	1128.10	100.12	76.82
镇　江	8084.47	2142.34	1003.80	103.07	66.02
泰　州	9456.36	2197.34	903.60	108.93	61.78
杭　州	12945.28	4952.70	3838.73	679.98	491.66
宁　波	13789.32	3989.46	2992.03	1047.04	731.09
嘉　兴	7364.87	2221.21	1347.02	337.34	236.51
湖　州	4144.78	1242.92	871.20	99.89	88.06
绍　兴	9606.19	2304.68	1487.14	346.84	297.51
舟　山	1524.29	961	376.58	123.30	57.80
台　州	4153.38	1765.93	1646.32	220.79	193.51

19－2　续表2　　　　　　　　　　　　　　（2014年）

地　区	注册外资实际到帐（亿美元）	公共财政预算收入（亿元）	金融机构人民币存款余额（亿元）	#人民币储蓄存款余额（亿元）	金融机构人民币贷款余额（亿元）
上　海	181.66	4585.55	69549.14	21269.32	43227.33
南　京	32.91	903.49	20161.85	5055.77	15628.53
无　锡	29.04	768.01	11849.03	4341.45	8669.62
常　州	24.09	433.88	6758.57	2934.19	4789.74
苏　州	81.20	1443.82	21428.20	6753.44	17247.94
南　通	23.05	550	8339.54	4602.87	5130.38
扬　州	15.02	295.19	4269.75	2117.09	2732.42
镇　江	12.95	277.76	3536.27	1569.40	2679.83
泰　州	9.39	277.95	3955.84	1984.80	2751.51
杭　州	63.35	1027.32	23950.05	6694.55	20356.17
宁　波	40.25	860.61	13307.41	4780.31	13610.61
嘉　兴	24.96	307.07	5513.87	2701.58	4393.16
湖　州	9.84	167.84	2756.05	1369.95	2324.95
绍　兴	6.71	317.27	6554.22	2817.69	5823.39
舟　山	2	101.02	1602.70	598	1416.03
台　州	2.77	265.21	5609.04	2892.41	4912.24

19－2　续表3　　　　　　　　　　　　　　　　(2014年)

地　区	全社会用电量(亿千瓦时)	工　业用电量(亿千瓦时)	城镇常住居民人均可支配收入(元)	农村常住居民人均可支配收入(元)	居民消费价格指数(以上年为100)
上　海	1369.03	785.63	47710	21192	102.7
南　京	470.50	289.02	42568	17661	102.6
无　锡	598.18	477.47	41731	22266	102.2
常　州	395.06	316.09	39483	20133	102.2
苏　州	1268.12	1044.14	46677	23560	102.1
南　通	333.23	242.89	33374	15821	102.1
扬　州	204.36	147.89	30322	15284	102.1
镇　江	209.41	162.44	35752	17617	102.0
泰　州	232.30	180.73	31346	15076	102.1
杭　州	640.19	420.07	44632	23555	102.0
宁　波	576.78	435.25	44155	24283	101.9
嘉　兴	396.45	328.88	37673	23689	102.0
湖　州	191.61	147.78	38959	22404	102.3
绍　兴	364.93	297.27	43167	23539	102.1
舟　山	45.43	23.50	41466	23783	101.7
台　州	254.42	173.17	39763	19362	102.4

附 录

APPENDIX

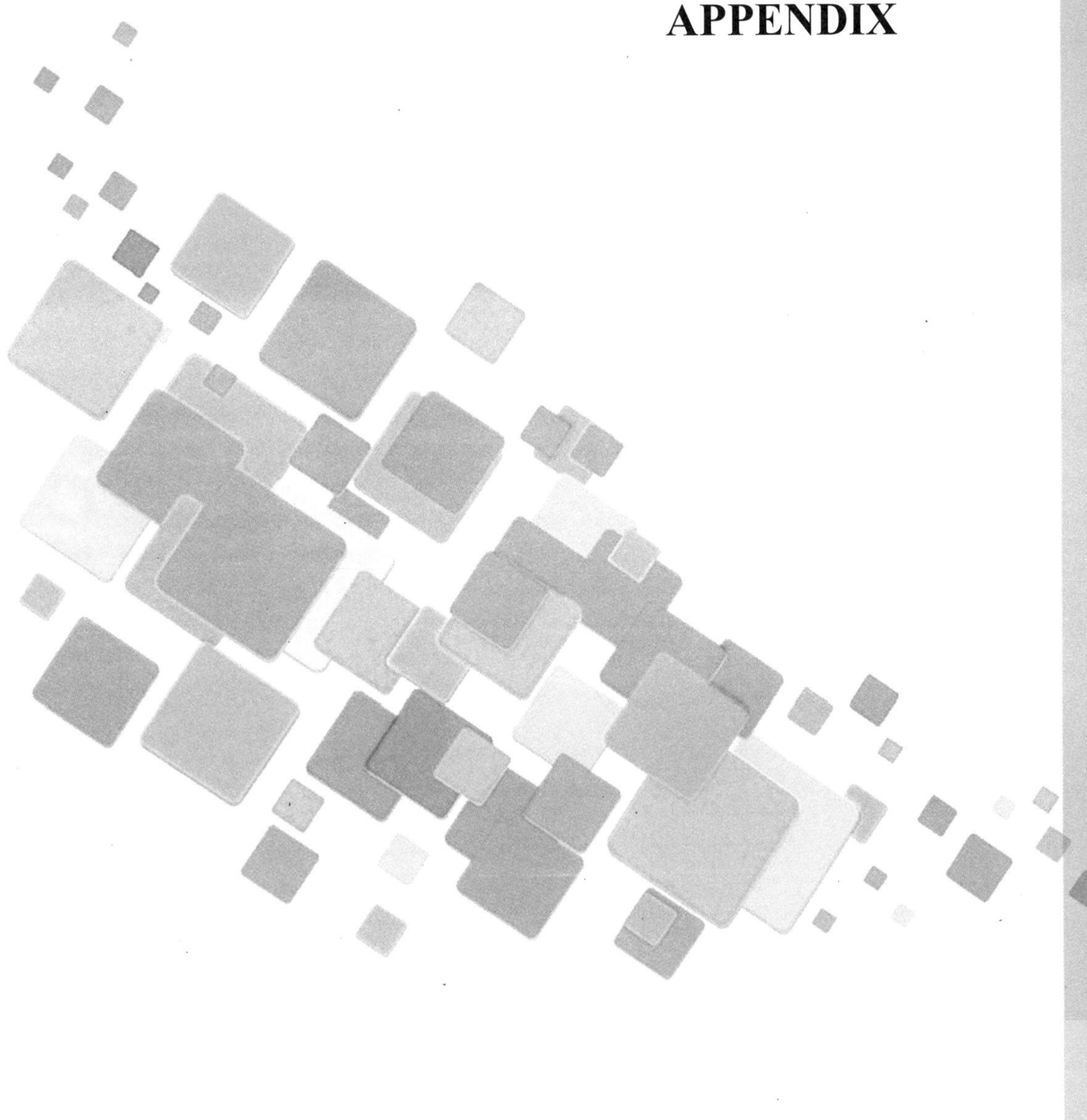

主要统计指标解释

地区生产总值 是指一个国家(地区)所有常住单位在一定时期内(通常为1年)生产活动的最终成果(简称 GDP)。地区生产总值有三种表现形态,即价值形态、收入形态和产品形态。从价值形态看,它是所有常住单位在一定时期内所生产的全部货物和服务价值超过同期投入的全部非固定资产货物和服务价值的差额,即所有常住单位的增加值之和;从收入形态看,它是所有常住单位在一定时期内所创造并分配给常住单位和非常住单位的初次分配收入之和;从产品形态看,它是最终使用的货物和服务减去进口货物和服务。在实际核算中,地区生产总值的三种表现形态表现为三种计算方法,即生产法、收入法和支出法。三种方法分别从不同的方面反映地区生产总值及其构成。

可比价格 指在不同时期的价值指标对比时,扣除了价格变动的因素,以确切反映物量的变化。按可比价格计算有两种方法:一种是直接用产品产量乘某一年的不变价格计算;另一种是用价格指数换算。

不变价格 指用同类产品的年平均价格作为固定价格,来计算各年产品价值。按不变价格计算的产品价值消除了价格变动因素,不同时期对比可以反映生产的发展速度。新中国成立后,随着工农业产品价格水平的变化,国家统计局先后五次制定了全国统一的工业产品不变价格和农业产品不变价格,从1949年到1957年使用1952年工(农)业产品不变价格,从1957年到1971年使用1957年不变价格,从1971年到1981年使用1970年不变价格,从1981年到1990年使用1980年不变价格,从1990年开始使用1990年不变价格。

平均每年增长速度 是反映某种现象在一个较长时期中逐期递增的平均速度。在我国计算平均增长速度有两种方法,一种是习惯上经常使用的"水平法",又称几何平均法,是以间隔期最后一年的水平同基期水平对比来计算平均每年增长(或下降)速度。另一种是"累计法",又称代数平均法或方程法,是以间隔期内各年水平的总和同基期水平对比来计算平均每年增长(或下降)速度。

在一般正常情况下,两种方法计算的平均每年增长速度比较接近,但在经济发展不平衡,出现大起大落时,两种方法计算的结果差别较大。

登记注册类型 是指在工商行政管理机关登记注册的各类企业。企业登记注册类型分为以下几种:内资企业包括国有企业、集体企业、股份合作企业、联营企业、有限责任公司、股份有限公司、私营企业、其他企业;港、澳、台商投资企业包括合资经营企业(港或澳、台资)、合作经营企业(港或澳、台资)、港、澳、台商独资经营企业、港、澳、台商投资股份有限公司;外商投资企业包括中外合资经营企业、中外合作经营企业、外资企业、外商投资股份有限公司。

国有企业 是指企业全部资产归国家所有,并按《中华人民共和国企业法人登记管理条例》规定登记注册的非公司制的经济组织。不包括有限责任公司中的国有独资公司。

集体企业 是指企业资产归集体所有,并按《中华人民共和国企业法人登记管理条例》规定登记注册的经济组织。

股份合作企业 是指以合作制为基础，由企业职工共同出资入股，吸收一定比例的社会资产投资组建，实行自主经营，自负盈亏，共同劳动，民主管理，按劳分配与按股分红相结合的一种集体经济组织。

联营企业 是指两个及两个以上相同或不同所有制性质的企业法人或事业单位法人，按自愿、平等、互利的原则，共同投资组成的经济组织。

有限责任公司 是指根据《中华人民共和国登记管理条例》规定登记注册，由两个以上，五十个以下的股东共同出资，每个股东以其所认缴的出资额对公司承担有限责任，公司以其全部资产对其债务承担责任的经济组织。

有限责任公司包括国有独资公司以及其他有限责任公司。

股份有限公司 是指根据《中华人民共和国公司登记管理条例》规定登记注册，其全部注册资本由等额股份构成并通过发行股票筹集资本，股东以其认购的股份对公司承担有限责任，公司以其全部资产对其债务承担责任的经济组织。

私营企业 是指由自然人投资设立或由自然人控股，以雇佣劳动为基础的营利性经济组织。包括按照《公司法》、《合伙企业法》、《私营企业暂行条例》规定登记注册的私营有限责任公司、私营股份有限公司、私营合伙企业和私营独资企业。

合资经营企业（港或澳、台资） 是指港澳台地区投资者与内地的企业依照《中华人民共和国中外合资经营企业法》及有关法律的规定，按合同规定的比例投资设立、分享利润和分担风险的企业。

合作经营企业（港或澳、台资） 是指港澳台地区投资者与内地企业依照《中华人民共和国中外合作经营企业法》及有关法律的规定，依照合作合同的约定进行投资或提供条件设立、分配利润和分担风险的企业。

港、澳、台商独资经营企业 是指依照《中华人民共和国外资企业法》及有关法律的规定，在内地由港澳台地区投资者全额投资设立的企业。

港、澳、台商投资股份有限公司 是指根据国家有关规定，经外经贸部依法批准设立，其中港、澳、台商的股本占公司注册资本的比例达25%以上的股份有限公司。凡其中港、澳、台商的股本占公司注册资本的比例小于25%的，属于内资企业中的股份有限公司。

中外合资经营企业 是指外国企业或外国人与中国内地企业依照《中华人民共和国中外合资经营企业法》及有关法律的规定，按合同规定的比例投资设立、分享利润和分担风险的企业。

中外合作经营企业 是指外国企业或外国人与中国内地企业依照《中华人民共和国中外合资经营企业法》及有关法律的规定，依照合作合同的约定进行投资或提供条件设立、分配利润和分担风险的企业。

外资企业 是指依照《中华人民共和国外资企业法》及有关法律的规定。在中国内地由外国投资者全额投资设立的企业。

外商投资股份有限公司 是指根据国家有关规定，经外经贸部依法批准设立，其中外资的股本占公司注册资本的比例达25%以上的股份有限公司。凡其中外资股本占公司注册资本的比例小于25%的，属于内资企业中的股份有限公司。

三次产业 根据社会生产活动历史发展的顺序对产业结构的划分,产品直接取自自然界的部门称为第一产业,对初级产品进行再加工的部门称为第二产业。为生产和消费提供各种服务的部门称为第三产业。它是世界上通用的产业结构分类,但各国的划分不尽一致。我国的三次产业划分是:

第一产业:农业(包括种植业、林业、牧业和渔业)。

第二产业:工业(包括采掘业、制造业、电力煤气及水的生产和供应业)和建筑业。

第三产业:除第一、第二产业以外的其他各业。

支出法国内生产总值 指一个国家(或地区)所有常住单位在一定时期内用于最终消费、资本形成总额,以及货物和服务的净出口总额,它反映本期生产的国内生产总值的使用构成。

最终消费 指常住单位在一定时期内对于货物和服务的全部最终消费支出,也就是常住单位为满足物质、文化和精神生活的需要,从本国经济领土和国外购买的货物和服务的支出。它不包括非常住单位在本国经济领土内的消费支出。最终消费分为居民消费和政府消费。

(1)居民消费:指常住住户在一定时期内对于货物和服务的全部最终消费支出。居民关于货物的最终消费支出在货物的所有权发生变化时记录,关于服务的最终消费支出在服务提供的时候记录。居民消费支出按市场价格计算,即按居民支付的购买者价格计算,货物的购买者价格是购买者取得交货所支付的价格,它包括购买者支付的运输和商业费用。居民消费支出除了直接以货币形式购买的货物和服务的消费支出外,还包括以其他方式获得的货物和服务的消费支出,即所谓的虚拟消费支出。居民虚拟消费支出包括如下几种类型:单位以实物报酬及实物转移的形式提供给劳动者的货物和服务;住户生产并由本住户消费了的货物和服务,其中的服务仅指住户的自有住房服务;金融机构提供的金融媒介服务;保险公司提供的保险服务。

(2)政府消费:指政府部门向社会提供的公共服务支出和对居民提供的消费性货物和服务的转移支出。

资本形成总额 指常住单位在一定时期内获得减去处置的固定资产和存货的净额,包括固定资本形成总额和存货增加两项。

①固定资本形成总额:指常住单位在一定时期内购置、转入和自产自用的固定资产价值,扣除固定资产的销售和转出后的价值。可分为有形固定资产形成总额和无形固定资产形成总额。有形固定资产形成总额包括一定时期内完成的建筑工程、安装工程和设备工器具购置(减处置)价值,以及土地改良、新增役、种、奶、毛、娱乐用牲畜和新增经济林木价值。无形固定资产形成总额包括矿藏的勘探、计算机软件、娱乐和文学艺术品原件等获得减处置。

②存货增加:指常住单位在一定时期内存货实物量变动的市场价值即期末价值减期初价值的差额。存货增加可以是正值,也可以是负值,正值表示存货上升,负值表示存货下降。它包括生产单位购进的原材料、燃料和储备物资等存货,以及生产单位生产的产成品、在制品和半成品等存货。

货物和服务净出口 指货物和服务出口减货物和服务进口的差额。出口包括常住单位向非常住单位出售或无偿转让的各种货物和服务的价值;进口包括常住单位从非常住单位购买或无偿得到的各种货物和服务的价值。由于服务活动的提供与使用同时发生，因此服务的进出口业务并不发生出入境现象，一般把常住单位从国外得到的服务作为进口，非常住单位从本国得到的服务作为出口。货物的出口和进口都按离岸价格计算。

劳动者报酬 是指劳动者因从事生产活动所获得的全部报酬。它包括劳动者获得的各种形式工资、奖金和津贴，既包括货币形式的，也包括实物形式的，它还包括劳动者所享受的公费医疗和医药卫生费、上下班交通补贴和单位支付的社会保险费等。单位支付的社会保险费，就是单位直接支付给负责社会保险的政府单位（一般指劳动部门）的社会保险金或为本单位职工离退休、发生死亡、伤残、医疗保险等而支付的保险费。对于个体经济来说，其所有者所获得的劳动报酬和经营利润不易区分，这两部分统一作为劳动者报酬处理。

生产税净额 指生产税减生产补贴后的差额。生产税指政府对生产单位生产、销售和从事经营活动以及因从事生产活动使用某些生产要素，如固定资产、土地、劳动力所征收的各种税、附加费和规费。具体包括销售税金及附加、增值税、管理费中开支的各种税、应交纳的养路费、排污费和水电费附加、烟酒专卖上缴政府的专项收入等。生产补贴与生产税相反，是政府对生产单位的单方面收入转移，因此视为负生产税处理，包括政策亏损补贴、粮食系统价格补贴、外贸企业出口退税收入等。

固定资产折旧 指一定时期内为弥补固定资产损耗按照核定的固定资产折旧率提取的固定资产折旧，或按国民经济核算统一规定的折旧率虚拟计算的固定资产折旧。它反映了固定资产在当期生产中的转移价值。各种类型企业和企业化管理的事业单位的固定资产折旧指实际计提并计入成本费用中的折旧费；不计提折旧的单位，如政府机关、非企业化管理的事业单位和居民住房的固定资产折旧则是按照统一规定的折旧率和固定资产原值计算的虚拟折旧。原则上，固定资产折旧应按固定资产的重置价值来计算，但是我国目前尚不具备对全社会固定资产进行重估价的基础，所以暂时只能采用上述方法来计算。

营业盈余 指常住单位创造的增加值扣除劳动者报酬、生产税净额和固定资产折旧后的余额。它相当于企业的营业利润加上生产补贴，但要扣除从利润中开支的工资和福利以及从税后利润中提取的公益金等。

人口 人口数为每年12月31日常住户口人数，不包括户口不在本市的临时户口人数。

出生率（又称粗出生率） 指在一定时期内（通常为一年）平均每千人所出生的人数的比率，一般用千分率表示。计算公式：

$$出生率=\frac{年出生人数}{年平均人数}\times 1000‰$$

出生人数是指活产婴儿，即胎儿脱离母体时（不管怀孕月数），有过呼吸或其他生命现象。

年平均人数是年初、年底人口数的平均数，也可用年中人口数代替。

死亡率（又称粗死亡率） 指在一定时期内（通常为一年）一定地区的死亡人数与同期平均人数（或期中人数）之比，一般用千分率表示。计算公式：

$$死亡率=\frac{年死亡人数}{年平均人数}\times 1000‰$$

人口自然增长率 指在一定时期内(通常为一年)人口自然增加数(出生人数减死亡人数)与该时期内平均人数(或期中人数)之比,一般用千分率表示。计算公式:

$$人口自然增长率=\frac{(本年出生人数-本年死亡人数)}{年平均人数}\times 1000‰$$

$$人口自然增长率=人口出生率-人口死亡率$$

从业人员 指从事一定社会劳动并取得劳动报酬或经营收入的全部劳动力。包括:

(1)全部职工;

(2)城镇私营企业从业人员;

(3)城镇个体劳动者;

(4)农村社会劳动者;

(5)其他社会劳动者。

这一指标反映了一定时期内全部劳动力资源的实际利用情况,是研究我国基本国情国力的重要指标。

各单位的从业人员是指在各级国家机关、政党机关、社会团体及企业、事业单位中工作,取得工资或其他形式的劳动报酬的全部人员。包括在岗职工、再就业的离退休人员、民办教师以及在各单位中工作的外方人员和港、澳、台方人员。

各单位的从业人员反映了各单位实际参加生产或工作的全部劳动力。

在岗职工 指在本单位工作并由单位支付工资的人员,以及有工作岗位,但由于学习、病伤产假等原因暂未工作,仍由单位支付工资的人员。

离开本单位仍保留劳动关系的职工 指由于各种原因,已经离开本人的生产或工作岗位,并已不在本单位从事其他工作,但仍与用人单位保留劳动关系的职工。

离开本单位仍保留劳动关系职工的生活费 指离开本单位仍保留劳动关系职工在离开本单位仍保留劳动关系期间从本单位领取的生活费用。

城镇失业人员 指有非农业户口,在一定的劳动年龄内(16 岁以上及男 50 岁以下、女 45 岁以下),有劳动能力,无业而要求就业,并在当地就业服务机构进行待业登记的人员。

职工工资总额 指各城镇集体以上单位在一定时期内直接支付给本单位全部职工的劳动报酬总额。工资总额包括计时工资、计件工资、奖金、各种津贴和补贴、加班加点工资、特殊情况下支付的工资(其他工资)等。既包括货币形式支付的,也包括实物形式支付的。计划生育独生子女补贴等 15 种特殊收入不包括。

工资总额的计算原则应以直接支付给职工的全部劳动报酬为依据。各单位支付给职工的劳动报酬以及其他根据有关规定支付的工资,不论是计入成本的还是不计入成本的,不论是按国家规定列入计征奖金税项目的,还是未列入计征奖金税项目的,不论是以货币形式支付的还是以实物形式支付的,均包括在工资总额内。

在岗职工平均工资 指城镇集体以上企业、事业、机关单位的在岗职工在一定时期内平均每人所得的工资额。它表明一定时期在岗职工工资收入的高低程度,是反映职工工资水平的主要指标。计算公式为:

$$\text{在岗职工平均工资} = \frac{\text{报告期实际支付的在岗职工工资总额}}{\text{报告期在岗职工平均人数}}$$

城镇居民家庭就业人口 指城镇居民从事社会劳动并取得劳动报酬或经营收入的人口。就业人口包括通过国家统筹规划和指导由劳动部门介绍就业,自愿组织起来就业和自谋职业等方式,在国有、集体所有制、中外合资、中外合作、外资在华独资的企事业单位和私营企业单位工作或从事个体劳动的有固定性职业或临时性职业的人口。被聘用和留用的离退休人员也计入就业人口。本指标可以反映城镇居民的就业情况,是计算就业面、负担系数的重要资料。

家庭总收入 是指调查户中生活在一起的所有家庭成员在调查期间得到的工薪收入、经营净收入、财产性收入、转移性收入的总和,不包括出售财物和借贷收入。

城镇居民家庭可支配收入 指被调查户可用于最终消费支出和其它非义务性支出以及储蓄的总和,即居民家庭可以用来自然支配的收入。它是家庭总收入扣除交纳的所得税、个人交纳的社会保障支出以及调查户的记帐补贴后的收入。

借贷收入 指家庭资产不发生增减的周期性非生产经营收入。包括提取银行存款、储金会款、借入款、收回借出款、兑售有价证券、收回的投资本金、贷款等。

家庭总支出 指家庭除借贷支出以外的全部实际支出。包括消费必支出、购房建房支出、转移性支出、财产性支出、社会保障支出。

消费性支出 指调查户用于本家庭日常生活的全部支出,包括食品、衣着、家庭设备用品及服务、医疗保健、交通和通信、娱乐教育文化服务、居住、杂项商品和服务八大支出。包括用于赠送的商品或服务的支出。其他服务性消费支出指调查户用于本家庭支付社会提供的各种文化和生活方面的非商品性服务性费用。

借贷支出 指所有权没有变化的周转性非生产经营性支付,如存入储蓄款、借出款、归还借款、归还各类贷款等。

农村住户纯收入 是总收入扣除相应的各项费用性支出后,归农民所有的收入。它是用于生产、非生产投资,改善物质和文化生活,以及用于再分配的支出和结余的收入。这个指标用来观察农民实际收入水平,以及农民扩大再生产和改善生活的能力。

纯收入 = 总收入 - 家庭经营费用支出 - 生产用固定资产折旧 - 税收 - 上交集体承包任务 - 集体提留和摊派 - 调查补贴。

农村住户常住人口中整半劳动力 劳动力是农村住户生产的基本要素之一，劳动力的多少和劳动力负担人口的多少，直接影响农村住户收入和生活消费水平的增长变化。整劳动力是指男子18周岁到50周岁，女子18周岁到45周岁；半劳动力是指男子16周岁到17周岁，51周岁到60周岁；女子16到17周岁，46周岁到55周岁，同时具有劳动能力的人。虽然在劳动年龄之内，但已丧失劳动能力的人，不应算为劳动力；在劳动年龄以外，但能经常参加劳动，能顶上一个整劳动力或半劳动力的人，应计在劳动力数内。常住人口中的职工，若这些职工为劳动力，就包括在本户的整半劳动力中。

农村住户生活消费支出 是指农村住户年内用于物质生活和精神生活方面的实际支出，直接反映农民的生活水平、研究农民消费结构变化的基本指标。生活消费支出包括食品、衣着、居住、家庭设备用品及服务、医疗保健、交通和通讯、文化教育娱乐用品及服务、其他商品和服务等消费支出。

农村住户生活消费现金支出 指农村住户用其货币收入，在市场上购买食品、衣着、家庭用家具器皿、日用杂品、燃料、耐用消费品以及文教卫生用品等生活消费总量。包括向国有商店、集体商店和集市贸易市场以及其他流通渠道购买的全部生活消费品。农村住户生活消费现金支出，是农村住户生活消费支出的一个重要组成部分，是用来反映和分析农村住户生活消费水平的商品化程度，及其由自给性经济向商品经济发展趋势的重要指标，也是研究和预测农村住户对市场消费品需求，制定商品供应计划的重要依据。

城乡储蓄存款余额 城乡储蓄存款，包括城镇居民储蓄存款和农民个人储蓄存款两部分。不包括居民的手存现金和工矿企业、部队、机关团体等集团存款。储蓄存款余额，是指城乡居民存入银行及农村信用社储蓄的时点数（存入数扣除取出数的余额），如月末、季末或年末数额。

固定资产投资 固定资产投资是指建造和购置固定资产的经济活动，它是社会增加固定资产，扩大生产规模发展国民经济的重要手段，也是提高人民物质文化生活水平的条件。

固定资产投资额是以货币表现的建造和购置固定资产活动的工作量，它是反映固定资产投资规模、速度、比例关系和使用方向的综合性指标。全社会固定资产投资包括国有经济单位投资、城乡集体经济单位投资、各种经济类型的单位投资和城乡居民个人投资等。（从1999年起，私营个体投资也纳入了固定资产投资统计范围）。按照我国现行计划管理体制划分，固定资产投资总额分为基本建设、更新改造、房地产开发投资、国有其他固定资产投资、城乡集体经济单位投资（包括城镇集体所有制单位投资和农村集体所有制单位投资）、其他各种经济类型的单位投资（包括联营经济、股份制经济、中外合资经营、中外合作经营、外资、与大陆合资经营、与大陆合作经营、港澳台独资及其他经济类型的单位投资）、城乡居民个人投资（包括城市、县城、镇、工矿区所辖范围内的个人建房和农村个人建房及购买生产性固定资产的投资）和私营个体投资等十个部分。

从1997年起，基本建设、更新改造、其他固定资产投资的起报点由5万元提高到50万元。

基本建设投资 基本建设是企业、事业、行政单位以扩大生产能力或工程效益为主要目的的新建、扩建工程及有关工作。包括：

（1）列入中央和各级地方本年基本建设计划的建设项目，以及虽未列入本年基本建设计划，但使用以前年度基建计划内结转投资（包括利用基建设备材料）在本年继续施工的建设项目；

(2)本年基本建设计划内投资与更新改造计划内投资结合安排的新建项目和新增生产能力(或工程效益)达到大中型项目标准的扩建项目,以及为改变生产力布局而进行的全厂性迁建项目;

(3)国有单位既未列入基建计划,也未列入更新改造计划的总投资在50万元以上的新建、扩建、恢复项目和为改变生产力布局而进行的全厂性迁建项目,以及行政、事业单位增建业务用房和行政单位增建生活福利设施的项目。

更新改造投资 更新改造是指企业、事业单位对原有设施进行固定资产更新和技术改造,以及相应配套的工程和有关工作(不包括大修理和维护工程)。包括:

(1)列入中央和各级地方本年更新改造计划的项目和虽未列入本年更新改造计划,但使用上年更新改造计划内结转的投资在本年继续施工的项目;

(2)本年更新改造计划内投资与基本建设计划内投资结合安排的对企、事业单位原有设施进行技术改造或更新的项目,或增建主要生产车间、分厂等新增生产能力(或工程效益)未达到大中型项目标准的项目;

(3)国有企、事业单位既未列入基建计划也未列入更新改造计划,总投资在50万元以上的属于改建或更新改造性质的项目,以及由于城市环境保护和安全生产的需要而进行的迁建工程。

房地产开发投资 包括各种经济类型的房地产开发公司、商品房建设公司及其他房地产开发单位统一开发的包括统代建、拆迁还建的住宅、厂房、仓库、饭店、宾馆、度假村、写字楼、办公楼等房屋建筑物和配套的服务设施、土地开发工程,如道路、给水、排水、供电、供热、通讯、平整场地等基础设施工程的投资。包括非房地产企业实际从事房地产开发或经营的活动,不包括单纯的土地交易活动。

其他固定资产投资 全社会固定资产投资中未列入基本建设、更新改造和房地产开发投资的建造和购置固定资产的活动。包括:

(1)国有单位按规定不纳入基本建设计划和更新改造计划管理,总投资在50万元以上的以下工程:①用油田维护费和石油开发基金进行的油田维护和开发工程;②煤炭、铁矿、森工等采掘采伐业用维简费进行的开拓延伸工程;③交通部门用公路养路费对原有公路、桥梁进行改建的工程;④商业部门用简易建筑费建造的仓库工程。

(2)集体经济单位固定资产投资:包括城镇集体经济单位建造和购置固定资产计划总投资在50万元以上的项目。农村集体经济单位建造和购置固定资产计划总投资在5万元以上的项目。

(3)联营经济、股份制经济、外商投资经济、港澳台投资经济及其他经济类型的企、事业单位建造和购置固定资产其计划总投资在50万元以上的项目投资。

(4)城镇、工矿区私人建房投资和农村个人投资。城镇、工矿区私人建房包括:市、县城、镇、工矿区所辖范围内的全部私人建房,不论其房主是否系本地的常住户口均应包括。农村个人投资包括农村个人建房及购置生产性固定资产的投资。

固定资产投资资金来源 是指固定资产投资单位在本年内收到的可用于固定资产建造和购置的各种资金。包括上年末结余资金、本年资金来源小计和各项应付款。其中本年资金来源小计又分为国家预算内资金、国内贷款、债券、利用外资、自筹资金和其他资金来源六种。

（1）国家预算内资金分为财政拨款和财政安排的贷款两部分。包括中央财政的基本建设基金（分经营性基金和非经营性基金两部分）、专项支出（如煤代油专项等）、收回再贷（指财政安排的贷款收回再贷）、贴息资金、财政安排的挖潜改造和新产品试制支出、城建支出、商业部门简易建筑支出、不发达地区发展基金等资金中用于固定资产投资的资金；地方财政中由国家统筹安排的资金等。

（2）国内贷款指报告期固定资产投资单位向银行及非银行金融机构借入的用于固定资产投资的各种国内借款。国内贷款包括：银行利用自有资金及吸收的存款发放的贷款、上级主管部门拨入的国内贷款、国家专项贷款（包括煤代油贷款、劳改煤矿专项贷款等）、地方财政专项资金安排的贷款、国内储备贷款、周转贷款等。

（3）债券是企业（公司）或金融机构通过发行各种债券筹集到的用于固定资产投资的资金，包括由银行代理国家专业投资公司发行的重点企业债券和重点建设债券。

（4）利用外资指报告期收到的用于固定资产投资的国外资金（含设备、材料、技术在内），包括外商直接投资、对外借款、外商其他投资。

（5）自筹资金指建设单位报告期收到的，用于固定资产投资的预算外资金，包括中央各部门、各级地方和本单位自有资金。

（6）其他资金来源指报告期收到的除以上各种拨款、借款、自筹资金之外，其他用于固定资产投资的资金。

固定资产投资按国民经济行业分　建设项目归哪个行业，按其建成投产后的主要产品或主要用途及社会经济活动性质来确定。基本建设按建设项目划分国民经济行业，更新改造、其他固定资产投资及城乡集体单位投资根据整个企业、事业单位所属的行业来划分。一般情况下，一个建设项目或一个企业、事业单位只能属于一种国民经济行业。

固定资产投资按建设性质分　建设项目的性质一般分为新建、扩建、改建、迁建、恢复。基本建设按建设项目划分建设性质，更新改造、其他固定资产投资及城乡集体单位投资按整个企业、事业单位的建设情况确定建设性质。

（1）新建一般是指从无到有、“平地起家”新开始建设的单位。有的单位原有的基础很小，经过建设后其新增加的固定资产价值超过原有固定资产价值（原值）三倍以上的也算新建。

（2）扩建一般是指为扩大原有产品的生产能力，在厂内或其他地点增建主要生产车间（或主要工程）、独立的生产线或总厂之下的分厂的企业；事业单位和行政单位在原单位增建业务用房（如学校增建教学用房、医院增建门诊部或病床用房、行政机关增建办公楼等）也作为扩建。

（3）改建一般是指现有企业、事业单位为了技术进步，提高产品质量，增加花色品种，促进产品升级换代，降低消耗和成本，加强资源综合利用和三废治理、劳保安全等，采用新技术、新工艺、新设备、新材料等对现有设施、工艺条件进行技术改造或更新（包括相应配套的辅助性生产、生活福利设施）。有的企业为充分发挥现有生产能力，进行填平补齐而增建不增加本单位主要产品生产能力的车间等，也属于改建。

固定资产投资按产业分　固定资产投资分为第一产业、第二产业、第三产业，它是研究不同用途的固定资产投资之间比例关系的重要指标。基本建设投资、更新改造投资、房地产开发投资、其他固定资产投资及城乡集体投资的用途按国民经济行业来确定。

固定资产投资按构成分 固定资产投资活动按其工作内容和实现方式分为建筑安装工程,设备、工具、器具购置,其他费用三个部分。

(1)建筑安装工程(建安工作量)指各种房屋、建筑物的建造工程和各种设备、装置的安装工程。包括各种房屋建造工程,各种用途设备基础和各种工业窑炉的砌筑工程;为施工而进行的各种准备工作和临时工程以及完工后的清理工作等;铁路、道路的铺设,矿井的开凿及石油管道的架设等;水利工程;防空地下建筑等特殊工程;以及各种机械设备的安装工程;为测定安装工程质量,对设备进行的试行工作。在安装工程中,不包括安装设备本身的价值。

(2)设备、工具、器具购置指购置或自制达到固定资产标准的设备、工具、器具的价值,固定资产的标准按财务部门的规定执行。新建单位、扩建单位的新建车间按照设计和计划要求购置或自制的全部设备、工具、器具,不论是否达到固定资产标准均计入"设备、工具、器具购置"中。

(3)其他费用指除建筑安装工程和设备、工具、器具购置以外的投资完成额。

基本建设划分大中小型项目 基本建设划分大中小型项目原则上应按照上级批准的设计任务书或初步设计所确定的总规模或总投资划分,没有正式批准设计任务书或初步设计的,按国家或省、自治区、直辖市年度基本建设投资计划中所列的总规模或总投资划分。上述两条均不具备的,按本年计划施工工程的建设总规模或总投资划分。生产单一产品的工业项目,按产品的设计能力划分;生产多种产品的工业项目,按其主要产品的设计能力划分。品种繁多,难以按生产能力划分的,按全部计划投资额划分。划分标准以国家颁发的《大中小型建设项目划分标准》为依据。国家曾在1958年、1962年、1977年和1979年先后五次修订《大中小型建设项目划分标准》,因此各历史时期的大中型项目数不完全可比。

施工项目 指报告期内曾进行建筑或安装工程施工活动的建设项目。包括报告期内新开工项目、报告期以前开工跨入报告期继续施工的项目以及报告期施工过并在报告期内全部建设投产或停缓建的项目。

全部建成投产项目 工业项目是指设计文件规定形成生产能力的主体工程及其相应配套的辅助设施全部建成,经负荷试运转,证明具备生产设计规定合格产品的条件,并经过验收鉴定合格或达到竣工验收标准,与生产性工程配套的生产福利设施可以满足近期正常生产的需要,正式移交生产的建设项目。非工业项目是指设计文件规定的主体工程和相应的配套工程全部建成,能够发挥设计规定的全部效益,经验收鉴定合格或达到竣工验收标准,正式移交使用的建设项目。

新增生产能力 指通过固定资产投资活动而增加的设计能力或工程效益,它是用实物形态表示的固定资产投资的成果。新增生产能力的计算,是以能独立发挥生产能力或效益的单项工程(或项目)为对象。当单项工程(或项目)建成,经有关部门鉴定合格,正式移交投入生产,即可计算新增生产能力。

新增生产能力或工程效益有以下几种表现形式:

(1)以建设项目或单项工程建成后的年产能力表示。如煤炭开采、石油开采等。

(2)以建设项目或单项工程建成后处理原料的能力表示。如选矿工程的年处理矿石能力,洗煤厂年洗原煤能力等。

(3)以新增的主要设备数量或容量表示。如棉纺锭枚数、发电机组容量等。

(4)以建筑物容积、容量、面积或长度表示。如水库容量、铁路公路里程等。

新增生产能力的数量一般按设计能力计算。设计能力是指设计文件中规定的在正常情况下能够达到的生产能力,而不论投产后的实际产量如何。以设备数量、建筑物容积、面积、长度等表示的新增生产能力(或效益),则按建成的实际数量计算。

施工和竣工房屋建筑面积 房屋建筑面积是从房屋外墙线算起的各层平面面积的总和,包括房屋结构(如柱、墙)占用的面积和地下室面积。多层建筑按各自然层面积总和计算,包括房屋内的楼隔层,突出墙面的眺望间、门斗、有柱雨罩的面积。不包括突出墙面结构的构件、艺术装饰等所占的面积,如台阶等。凹阳台、挑阳台按其水平投影面积一半计算建筑面积。

住宅建筑面积 指施工和竣工房屋建设面积中供居住用的施工和竣工房屋建筑面积。

竣工面积 指在报告期内房屋建筑按照设计要求已全部完工,达到住人和使用条件,经验收鉴定合格,正式移交使用单位的建筑面积。

房屋建筑面积竣工率 指一定时期内房屋竣工面积占同期房屋施工面积的比率。它是从房屋建筑施工速度的角度反映投资效果和建筑业经济效益的指标。

新增固定资产 指通过投资活动所形成的新的固定资产价值。包括已经建成投入生产或交付使用的工程价值和达到固定资产标准的设备、工具、器具的价值及有关应摊入的费用。它是以价值形式表示的固定资产投资成果的综合性指标,可以综合反映不同时期、不同部门、不同地区的固定资产投资成果。

建设项目投产率 指一定时期内全部建成投入生产项目个数占同期正式施工项目个数的比率。它是从项目建设速度的角度反映投资效果的指标。

固定资产交付使用率 指一定时期新增固定资产与同期完成投资额的比率。它是反映各个时期固定资产动用速度,衡量建设过程中投资效果的一个综合性指标。

零售价格指数 是反映城乡商品零售价格变动趋势的一种经济指数。零售物价的调整变动直接影响到城乡居民的生活支出和国家的财政收入,影响居民购买力和市场供需平衡,影响消费与积累的比例。因此,计算零售价格指数,可以从一个侧面对上述经济活动进行观察和分析。

居民消费价格指数 是反映一定时期内城乡居民所购买的生活消费品价格和服务项目价格变动趋势和程度的相对数。是综合了城市居民消费价格指数和农民消费价格指数计算取得的。利用居民消费价格指数,可以观察和分析消费品的零售价格和服务价格变动对城乡居民实际生活费支出的影响程度。

城市居民消费价格指数 是反映城市居民家庭所购买的生活消费品和服务项目价格变动趋势及其程度的相对数。编制城市居民消费价格指数,可以观察和分析消费品的零售价格和服务项目价格变动对职工货币工资的影响,作为研究城市居民生活和确定工资政策的依据。

年底自来水生产能力 指年底城建部门管理的自来水厂和自备水源的社会单位取水、净化、送水、出厂输水干管等环节的实际生产能力。

年底供水管道长度　指从送水泵到用户水表之间所有管道的长度。

全年供水总量　指公用自来水厂和自备水源的社会单位全年的供水总量，包括有效供水量及损失水量。

生活用水量　指居民日常生活与公共福利设施的用水量。包括居民、饮食店、旅馆、医院、理发店、浴池、洗衣店、游泳池、商店、学校、机关、部队等单位的用水量。

城市人口用水普及率　指城市用水的非农业人口数（不包括临时人口和流动人口）与城市非农业人口总数之比。计算公式：

$$用水普及率 = \frac{城市用水的非农业人口数}{城市非农业人口数} \times 100\%$$

人工煤气生产能力　指城市煤气厂制气、净化、输送等环节的综合实际生产能力。

输气管道长度　指由压缩机、鼓风机、储气罐的出口到用户立管之间的全部管道长度。

全年供气总量　指全年售给各类用户的全部煤气量。包括工业用量、家庭用量和其他用量。

城市用气普及率　指使用煤气（包括人工煤气、液化石油气、天然气）的城市非农业人口数（不包括临时人口和流动人口）与城市非农业人口总数之比。计算公式：

$$城市煤气普及率 = \frac{城市用气的非农业人口数}{城市非农业人口总数} \times 100\%$$

年底实有铺装道路长度　指除土路外，路面经过铺装宽度在3.5米以上的道路，包括高级、次高级道路和普通道路。

城市桥梁　指城市范围内，修建在河道上的桥梁和道路与道路立交、道路跨越铁路的立交桥，以及人行天桥。包括永久性桥和半永久性桥，不包括临时性桥、铁路桥、涵洞。

城市下水道总长度　指所有排水总管、干管、支管及暗渠、检查井、连接井进出水口等长度之和。

城市污水日处理能力　指污水处理厂每昼夜处理污水量的设计能力。

年末实有公共汽（电）车　指午底可参加营运的全部车辆数，包括年底营运车辆数和库存查封未参加营运的车辆，不包括非营运车辆，如架线车、油罐车、工程车、货车及其他专用车辆和借人的客运车辆。

营运线路长度　指设置的固定营运线路长度，包括郊区营运线路长度。不包括临时行驶的线路长度。

城市园林绿地面积　指城市公共绿地、专用绿地、生产绿地、防护绿地、郊区风景名胜区的全部面积。

公共绿地　指供游览休息的各种公园、动物园、植物园、陵园以及花园、游园和供游览休息用的林荫道绿地、广场绿地。不包括一般栽植的行道树及林荫道的面积。

农林牧渔业总产值　是以货币表现的农、林、牧、渔业全部产品的总量，它反映一定时期内农业生产总规模和总成果。

农、林、牧、渔业的统计范围包括国有经济的各种专业农（农、林、牧、渔）场以及国家各级机关团体学校、部队;集体所有制的乡、镇、村各级办农场;工矿企业经营的农、林、牧、渔业,农村各种经济组织和农户经营的农林牧渔业和农民家庭兼营的商品性工业等。

(1)农业包括种植业和其他农业。

种植业包括谷物、豆类、薯类、棉花、油料、糖料、麻类、烟叶、蔬菜、药材、瓜类和其他农作物的种植,以及茶园、桑园、果园的生产经营。

其他农业包括采集野生植物的果实、纤维、树胶、树脂、油料以及柴草、野生药材、菌类等及农民家庭兼营的商品性工业。

(2)林业包括林木的载培(不包括茶园、桑园和果园的栽培、管理和收获等活动)、林产品的采集和村及村以下合作经济和农户的竹木采伐。

(3)牧业包括除渔业养殖以外的一切动物饲养和放牧以及野生动物的捕猎和饲养。

(4)渔业包括水生动物和海藻类植物的养殖和捕捞。

农林牧渔业总产值的计算方法通常是按农林牧渔业产品及其副产品的产量分别乘以各自单位产品价格求得,少数生产周期较长,当年没有产品或产品产量不易统计的,则采用间接方法匡算其产值,然后将四业产品产值相加即为农林牧渔业总产值。

1957 年以前的农业总产值中包括了厩肥和农民自给性手工业(如农民自制衣服、鞋、袜,自己从事粮食初步加工等)。1958 年及以后的农业总产值,林业中增加了村及村以下竹木采伐产值;牧业中取消了厩肥产值;副业中取消了农民自给性手工业产值,增加了村及村以下办的工业产值;渔业中增加了海洋捕捞产品产值。1980 年及以后的农业总产值,在副业中增加了农民家庭兼营工业商品部分的产值。从 1984 年起村及村以下办工业产值划归工业。从 1993 年起,取消副业,将野生动物的捕猎划入牧业,野生植物采集和农民家庭兼营商品性工业划归农业。

粮食产量 指全社会的产量。包括国有经济经营的、集体统一经营的和农民家庭经营的粮食产量,还包括工矿企业办的农场和其他生产单位的产量。粮食除包括稻谷、小麦、玉米、高粱、谷子及其他杂粮外,还包括薯类和豆类。其产量计算方法,豆类按去豆荚后的干豆计算;薯类(包括甘薯和马铃薯,不包括芋头和木薯)1963 年以前按每 4 公斤鲜薯折 1 公斤粮食计算,从 1964 年开始及以后改为按 5 公斤鲜薯折 1 公斤粮食计算。城市郊区作为蔬菜的薯类(如:马铃薯等)按鲜品计算,并且不做为粮食统计。其他粮食一律按脱粒后的原粮计算。

油料产量 指全部油料作物的生产量。包括花生、油菜籽、芝麻、向日葵籽、胡麻籽(亚麻籽)和其他油料。不包括大豆,也不包括木本油料和野生油料。花生以带壳干花生计算。

水产品产量 指人工养殖的水产品和天然生长的水产品的捕捞量。包括海水的鱼类、虾蟹类、贝类和藻类以及内陆水域的鱼类、虾蟹类和贝类,不包括淡水生植物。

猪、牛、羊肉产量 指当年出栏并已屠宰后除去头蹄下水后带骨肉(即胴体重)的重量。

耕地面积 指年初可以用来种植农作物、经常进行耕锄的田地,除包括熟地、当年新开荒地、连续撂荒未满三年的耕地和当年的休闲地(轮歇地)外,还包括以种植农作物为主并附带种植桑树、茶树、果树和其他林木的土地，以及沿海、沿湖地区已围垦利用的“海涂”、“湖田”等面积。但不包括属于专业性的桑园、茶园、果园、果木苗圃、林地、芦苇地、天然或人工草地面积。

农作物播种面积　指实际播种或移植有农作物的面积。凡是实际种植有农作物的面积，不论种植在耕地上还是种植在非耕地上，均包括在农作物播种面积中。在播种季节基本结束后，因遭灾而重新改种和补种的农作物面积，也包括在内。

有效灌溉面积　指具有一定的水源，地块比较平整，灌溉工程或设备已经配套，在一般年景下当年能够进行正常灌溉的耕地面积。

农用化肥施用量　指本年内实际用于农业生产的化肥数量。包括氮肥、磷肥、钾肥和复合肥。化肥施用量要求按折纯量计算数量。折纯法化肥施用量是把氮肥、磷肥和钾肥分别按含氮、含五氧化二磷、含氧化钾的百分之一百成份折算后的数量。复合肥按其所含主要成分折算。

农业机械总动力　指主要用于农、林、牧、渔业的各种动力机械的动力总和。包括耕作机械、排灌机械、收获机械、农用运输机械、植物保护机械、牧业机械、林业机械、渔业机械和其他农业机械[内燃机按引擎马力折成瓦(特)计算，电动机按功率折成瓦(特)计算]。不包括专门用于乡、镇、村、组办工业、基本建设、非农业运输、科学试验和教学等非农业生产方面用的动力机械与作业机械。

农林牧渔业劳动力　指直接参加农林牧渔业生产劳动的劳动力。

期初(末)畜禽存栏头(只)数　指本期期初(末)农村各种合作经济组织和国营农场、农民个人、机关、团体、学校、工矿企业、部队等单位以及城镇居民饲养的大牲畜、猪、羊、家禽等畜禽的存栏头(只)数。

谷物　指籽实主要供作粮食的作物。这类作物包括稻谷、小麦、玉米、谷子、高粱和其他谷物，不包括豆类和薯类作物。

工业　指从事自然资源的开采，对采掘品和农产品进行加工和再加工的物质生产部门。具体包括：

(1)对自然资源的开采，对采矿、晒盐、森林采伐等(但不包括禽兽捕猎和水产捕捞)；

(2)对农副产品的加工、再加工，如粮油加工、食品加工、轧花、缫丝、纺织、制革等；

(3)对采掘品的加工、再加工，如炼铁、炼钢、化工生产、石油加工、机器制造、木材加工等，以及电力、自来水、煤气的生产和供应等；

(4)对工业品的修理、翻新，如机器设备的修理、交通运输工具(包括小卧车)的修理等。

1984年以前农村的村及村以下办工业归属农业，1984年以后划归工业。

工业统计调查单位　工业统计调查单位分为两类：独立核算法人工业企业和工业活动单位。

(1)独立核算法人工业企业是指从事工业生产经营活动的单位。独立核算法人工业企业应同时具备以下条件：①依法成立，有自己的名称、组织机构和场所，能够承担民事责任；②独立拥有和使用资产，承担负债，有权与其他单位签订合同；③独立核算盈亏，并能够编制资产负债表。

(2)工业活动单位是指在一个场所从事一种或主要从事一种工业生产活动的经济单位。它包括独立核算工业企业按主营业务活动(即工业生产活动)划分的主营业务活动单位和非工业企业所属的工业生产活动单位(即原非独立核算工业生产单位)。工业活动单位，一般应同时具备以下三个条件：①具有一个场所，从事一种或主要从事一种工业活动;②单独组织工业生产、经营或业务活动;③单独核算收入和支出。

规模以上工业统计调查单位 是指全部国有及年产品销售收入500万元及以上的非国有工业企业。

轻工业 指主要提供生活消费品和制作手工工具的工业。按其所使用的原料不同,可分为两大类:

(1)以农产品为原料的轻工业,是指直接或间接以农产品为基本原料的轻工业。主要包括食品制造、饮料制造、烟草加工、纺织、缝纫、皮革和毛皮制作、造纸以及印刷等工业;

(2)以非农产品为原料的轻工业,是指以工业品为原料的轻工业。主要包括文教体育用品、化学药品制造、合成纤维制造、日用化学制品、日用玻璃制品、日用金属制品、手工工具制造、医疗器械制造、文化和办公用机械制造等工业。

重工业 是指为国民经济各部门提供物质技术基础的主要生产资料的工业。按其生产性质和产品用途,可以分为下列三类:

(1)采掘(伐)工业,是指对自然资源的开采,包括石油开采、煤炭开采、非金属矿开采和木材采伐等工业;

(2)原材料工业,指向国民经济各部门提供基本材料、动力和燃料的工业。包括金属冶炼及加工、炼焦及焦炭化学、化工原料、水泥、人造板以及电力、石油和煤炭加工等工业;

(3)加工工业,是指对工业原材料进行再加工制造的工业。包括装备国民经济各部门的机械设备制造工业、金属结构、水泥制品等工业,以及为农业提供的生产资料如化肥、农药等工业。

根据上述划分原则,修理业中以重工业产品为修理作业对象的划为重工业,反之划为轻工业。

工业总产值 是以货币表现的工业企业在一定时期内生产的已出售或可供出售工业产品总量,它反映一定时间内工业生产的总规模和总水平。它包括:在本企业内不再进行加工,经检验、包装入库(规定不需包装的产品除外)的成品价值,对外加工费收入,自制半成品、在产品期末期初差额价值。工业总产值采用“工厂法”计算,即以工业企业作为一个整体,按企业工业生产活动的最终成果来计算,企业内部不允许重复计算,不能把企业内部各个车间(分厂)生产的成果相加。但在企业之间、行业之间、地区之间存在着重复计算。

轻重工业总产值的划分也是按“工厂法”计算的,即一个工业企业在正常情况下生产的主要产品的性质属于轻工业,则该企业的全部总产值作为轻工业总产值;一个工业企业生产的主要产品的性质属于重工业,则该企业的全部总产值作为重工业总产值。

工业增加值 是指工业行业在报告期内以货币表现的工业生产活动的最终成果。

固定资产原价 固定资产原价指企业在建造、购置、安装、改建、扩建、技术改造某项固定资产时所支出的全部货币总额。它一般包括买价、包装费、运杂费和安装费等。

固定资产净值 是指固定资产原价减去历年已提折旧额后的净额。

流动资产 流动资产是指可以在一年或者超过一年的一个营业周期内变现或者耗用的资产,包括现金及各种存款、短期投资、应收及预付货款、存货等。

利税总额 指企业利润总额、产品销售税金及附加和应交增值税之和。

工业成本费用利润率 指在一定时期内实现的利润与成本费用之比，是反映工业生产成本及费用投入的经济效益指标，同时也是反映降低成本的经济效益的指标。计算公式：

$$\text{工业成本费用利润率}(\%)=\frac{\text{利润总额}}{\text{成本费用总额}}\times 100\%$$

工业增加值率 指在一定时期内工业增加值占同期工业总产值的比重，反映降低中间消耗的经济效益。计算公式：

$$\text{工业增加值率}(\%)=\frac{\text{工业增加值(现价)}}{\text{工业总产值(现价)}+\text{销项税额}}\times 100\%$$

流动资产周转次数 指在一定时期内流动资产完成的周转次数，反映流动资产的周转速度。计算公式：

$$\text{流动资产周转次数}=\frac{\text{产品销售收入}}{\text{全部流动资产平均余额}}$$

产品销售率 指一定时期内销售产值与同期全部工业总产值之比，反映工业产品生产已实现销售的程度。计算公式：

$$\text{工业产品销售率}(\%)=\frac{\text{报告期现价工业销售产值}}{\text{报告期现价工业总产值}}\times 100\%$$

产品销售收入 指企业销售产品和提供劳务等主要经营业务取得的收入总额。

产品销售成本 指企业销售产品和提供劳务等主要经营业务的实际成本。

产品销售税金及附加 指企业销售产品和提供工业性劳务等主要经营业务应负担的城市维护建设税、消费税、资源税和教育费附加。

产品销售利润 指企业销售产品和提供工业性劳务等主要经营业务收入扣除其成本、费用、税金后的利润。

利润总额 指企业实现的利润。

应交增值税 指企业在报告期内应交纳的增值税额。

产值利税率 指报告期已实现的利润、税金总额（包括利润总额、产品销售税金及附加和应交增值税）占同期全部工业总产值的百分比，计算公式为：

$$\text{产值利税率}(\%)=\frac{\text{利税总额}}{\text{工业总产值}}\times 100\%$$

全员劳动生产率 指根据产品的价值量指标计算的平均每一个职工在单位时间内的产品生产量。是考核企业经济活动的重要指标,是企业生产技术水平、经营管理水平、职工技术熟练程度和劳动积极性的综合表现。目前我国的全员劳动生产率是将工业企业的工业增加值除以同一时期全部职工的平均人数来计算的。计算公式:

$$全员劳动生产率=\frac{工业增加值}{全部职工平均人数}$$

为了使各年度的全员劳动生产率数字可以比较,1990 年以前各年的全员劳动生产率均按指数换算成 1990 年不变价格。

实收资本 指企业实际收到投资者投入企业的可作为长期周转使用的主要经营资本,包括国家资本、法人资本、集体资本、个人资本和外资资本。

总资产 指企业拥有或控制的全部资产。包括流动资产、长期投资、固定资产、无形及递延资产、其他长期资产、递延税项等,即为企业资产负债表的资产总计项。

(1)流动资产 指企业可以在一年内或者超过一年的一个生产周期内变现或耗用的资产合计。包括现金及各种存款、短期投资、应收及预付款项、存货等。

(2)固定资产 指企业固定资产净值、固定资产清理、在建工程、待处理固定资产损失所占用的资金合计。

(3)无形资产 指企业长期使用而没有实物形态的资产。包括专利权、非专利技术、商标权、著作权、土地使用权、商誉等。

总负债 指企业承担并需要偿还的全部债务。包括流动负债和长期负债、递延税项等,即为企业资产负债表的负债合计项。

(1)流动负债 指企业在一年内或者超过一年的一个营业周期内需要偿还的债务合计,其中包括短期借款、应付及预收款项、应付工资、应交税金和应交利润等。

(2)长期负债 指企业在一年以上或者超过一年的一个生产周期以上需要偿还的债务合计,其中包括长期借款、应付债务、长期应付款项等。

所有者权益 指企业投资人对企业净资产的所有权。企业净资产等于企业全部资产减去全部负债后的余额,其中包括投资者对企业的最初投入,以及资本公积金、盈余公积金和未分配利润,对股份制企业即为股东权益。

建筑业统计单位 指从事房屋、构筑物建造和设备安装活动的生产单位。根据不同的组织方式,建筑业统计的调查单位可分为法人建筑业企业和附营建筑施工单位。法人建筑业企业是指专门组织的独立核算的法人建筑业企业。它应同时具备的条件是:①依法成立,有自己的名称、组织机构和场所,能够承担民事责任;②独立拥有和使用资产,承担负债,有权与其他单位签订合同;③独立核算盈亏,能够编制资产负债表。附营建筑施工单位是指建筑业以外行业的企业、事业单位为完成本单位固定资产建造任务而自行组织的建筑施工单位。它应同时具备的条件是:①具有一个场所,从事或主要从事建筑安装活动;②单独组织生产经营活动;③在企业内部单独核算收支。

建筑业总产值(即自行完成施工产值) 指建筑业企业或附营建筑施工单位自行完成的按工程进度计算的建筑安装生产总值。建筑业总产值包括:

①建筑工程产值:指列入建筑工程预算内的各种工程价值。

②设备安装工程产值:指设备安装工程价值。

③房屋、构筑物修理产值:指房屋、构筑物修理所完成的价值,但不包括被修理房屋、构筑物本身的价值和生产设备的修理价值。

④非标准设备制造产值:指加工制造没有定型的、非标准的生产设备的加工费和原材料价值,不论是现场还是附属加工厂为本单位承建工程制造的非标准设备的价值,都应计算产值。

建筑业增加值 指建筑业企业在报告期内以货币表现的建筑业生产经营活动的最终成果。目前建筑业增加值采用分配法计算,即从收入的角度出发,根据生产要素在生产过程中应得的收入份额计算。具体计算公式为:

建筑业增加值 = 本年提取的固定资产折旧 + 应付工资 + 应付福利费 + 管理费用中的劳动待业保险金、税金 + 工程结算税金及附加 + 工程结算利润 - 转作奖金的利润。

房屋建筑施工面积 指在报告期内施工的全部房屋建筑面积。包括本期内新开工的、上期施工跨入本期继续施工、上期停建本期复工的房屋建筑面积;不包括上期开工后又停工,本期未施工的房屋建筑面积。

房屋建筑竣工面积 指在报告期内,按照设计所规定的工程内容全部完成,达到了设计规定的交工条件,经有关部门检查验收鉴定合格的房屋建筑面积。

自有机械设备年末总台数 指归本企业(或单位)所有,属于本企业固定资产的生产性机械设备年末总台数。包括施工机械、生产设备、运输设备以及其他设备。

自有机械设备年末总功率 指本企业(或单位)自有施工机械、生产设备、运输设备以及其他设备等列为在册固定资产的生产性机械设备年末总功率,按设计能力或查定能力计算。包括机械本身的动力和为该机械服务的单独动力设备,如电动机等。计算单位用千瓦,动力换算可按 1 马力 =0. 735 千瓦折合成千瓦数。电焊机、变压器、锅炉不计算动力。

工程结算收入 指企业(或单位)按工程的分部分项自行完成的建筑产品价值并已与甲方在报告期内办理结算手续的工程价款收入,以及向甲方收取的除工程价款以外的按规定列作营业收入的各种款项,如临时设施费、劳动保险费、施工机械调迁费等以及向甲方收取的各种索赔款。

工程结算利润 指已结算工程实现的利润。如为亏损以“ - ”号表示。其计算公式为:

工程结算利润 = 工程结算收入 - 工程算成本 - 工程结算税金及附加

企业总收入 指与企业生产经营直接有关的各项收入,包括工程结算收入和其他业务收入,即:

企业总收入 = 工程结算收入 + 其他业务收入

货(客)运量 指在一定时期内,各种运输工具实际运送的货物(旅客)数量。是反映运输业为国民经济和人民生活服务的数量指标，也是制定和检查运输生产计划，研究运输发展规模和速度的重要指标。货运按吨计算，客运按人计算。货崐物不论运输距离长短，货物类别，均按实际重量统计；旅客不论行程远近或票价多少，均按一人一次作为客运量统计。半价票、小孩票也按一人统计。

货物（旅客）周转量 指在一定时期内，由各种运输工具运送的货物（旅客）数量与其相应运输距离的乘积之总和，是反映运输业生产总成果的重要指标，也是编制和检查运输生产计划，计算运输效率、劳动生产率以及核算运输单位成本的主要基础资料。通常以吨公里和人公里为计算单位。计算货物周转量通常按发出站与到达站之间的最短距离，也就是计费距离计算。

港口货物吞吐量 指由水运进出港区范围，并经过装卸的货物数量，包括邮件及办理托运手续的行李、包裹以及补给运输船舶的燃、物料和淡水。其计量单位为吨。货物吞吐量的货种分类及其主要流向流量，反映了港口在国内外物资交流和对外贸易运输中的地位和作用。吞吐量可以分为进口、出口，又可以分为国内贸易和对外贸易。

邮电业务总量 指以货币表现的邮电部门用于传递信息和提供其他邮电服务的总数量。它综合反映了一定时期邮电工作的总成果，是研究邮电业务量构成发展趋势的重要指标。根据邮电管理体制不同，分为中央国营业务总量和地方国营业务总量。它用各种邮电分类业务量，如函件件数、电报份数、长话张数、市内电话和农村电话的年均户数、订销报刊累计份数等，分别乘以相应的平均单价（不变价），加总后再加上出租电路和设备的收入、代用户维护电话交换机和线路等设备的收入、其他业务收入求得。

无线寻呼电话用户 指携带小型寻呼机，接收市话用户通过无线寻呼中心，在规定范围内向其发出声音、数字或文字显示信息的用户。目前在邮电部门办理登记手续的无线寻呼电话用户，每一部寻呼机按一户计算。

移动电话用户 指在邮电部门登记，通过移动电话交换机进入移动电话网、占有移动电话号码的电话用户。用户数量以实际办理登记手续进入邮电部门移动电话网的户数进行计算，一部或一台移动电话统计为一户。

社会消费品零售总额 指各种经济类型的批发零售贸易业、餐饮业、制造业和其他行业对城乡居民和社会集团的消费品零售额和农民对非农业居民零售额的总和这个指标反映通过各种商品流通渠道向居民和社会集团供应生活消费品来满足他们生活需要的情况，是研究人民生活、社会消费品购买力、货币流通等问题的重崐要指标。包括售给城乡居民用于生活消费的商品（不包括住房）和售给机关、团体、部队、学校、企业、事业单位和城市街道居民委员会、农村村民委员会用公款簭买的用作非生产、非经营使用的消费品。

批发零售贸易业商品购、销、存总额 指以各种经济类型的批发、零售贸易业为总体的商品购进、销售、库存总额。

商品购进总额 指从本企业（单位）以外的单位和个人购进（包括从国外直接进口）作为转卖或加工后转卖的商品。这个指标反映批发零售贸易业从国内、国外市场上购进商品的总量。商品购进总额包括：

（1）从工农业生产者购进的商品；

（2）从出版社、报社的出版发行部门购进的图书、杂志和报纸；

(3)从各种经济类型的批发零售贸易企业(单位)购进的商品;

(4)从其他单位购进的商品,如从机关、团体、企业、单位购进的剩余物资,从餐饮业、服务业购进的商品,从海关市场管理部门购进的缉私和没收的商品,向居民收购的废旧商品等;

(5)从国(境)外直接进口的商品。不包括企业(单位)为自身经营用,和未通过买卖行为而收入的商品以及销售退回、商品升溢等。

商品销售总额 指对本企业(单位)以外的单位和个人出售(包括对国(境)外直接出口)的商品。这个指标反映批发零售贸易业在国内市场上销售商品以及出口商品的总量。商品销售总额包括:

(1)售给城乡居民和社会集团消费用的商品;

(2)售给工业、农业、建筑业、运输邮电业、批发零售贸易业、餐饮业、服务业等作为生产、经营使用的商品;

(3)售给批发零售贸易业作为转卖或加工后转卖的商品;

(4)对国(境)外直接出口的商品。不包括:出售本企业(单位)自用的废旧包装用品;未通过买卖行为付出的商品;经本单位介绍,由买卖双方直接结算本单位只收取手续费的业务;购货退出的商品以及商品损耗和损失等。

批发零售贸易业年末库存 指年末各种经济类型的批发零售贸易企业(单位)已取得所有权的商品。它反映批发零售贸易业的商品库存情况及对市场商品供应的保证程度。包括:

(1)存放在批发零售贸易业经营单位(如门市部、批发站、经营处)仓库、货场、货柜和货架中的商品;

(2)挑选、整理、包装中的商品;

(3)已记入购进而尚未运到本单位的商品;

(4)寄放他处的商品,如因购货方拒绝承付而暂时存放在购货方的商品和已办完加工成品收回手续而未提回的商品;

(5)委托其他单位代销(未作销售或调出)尚未售出的商品;

(6)代其他单位购进尚未交付的商品。不包括所有权不属于本单位的商品、拨付除批发零售贸易业以外裖其他行业加工厂加工生产尚未收回成品的商品、代国家物资储备部门保管的商品崐等。期末库存总额计算方法是:农副产品采购单位按购进价计算,批发单位按进崐货价计算,零售单位按什么价格核算就按什么价格计算。

批发零售贸易业、餐饮业人员 指从事批发零售贸易业、餐饮业劳动并取得劳动报酬或经营收入的人员。

进出口总额 海关进出口总额指实际进出我国国境的货物总金额。包括对外贸易实际进出口货物,来料加工装配进出口货物,国家间、联合国及国际组织无偿援助物资和赠送品,华侨、港澳台同胞和外籍华人捐赠品,租赁期满归承租人所有的租赁货物,进料加工进出口货物,边境地方贸易及边境地区小额贸易进出口货物(边民互市贸易除外),中外合资经营企业、中外合作经营企业、外商独资经营企业进出口货物和公用物品,到、离岸价格在规定限额以上的进出口货样广告品(无商业价值、无使用价值和免费提供出口的除外),

从保税仓库提取在中国境内销售的进口货物以及其他进出口货物。进出口总额用以观察一个国家在对外贸易方面的总规模。我国规定出口货物按离岸价格统计,进口货物按到岸价格统计。

商品经营单位所在地进出口额 指所在地海关注册登记的有进出口经营权企业实际进出口额。

商品目的地进口额和商品货源地出口额目的地进口额 是指进口货物的消费、使用或最终抵运地的实际进口额,货源地出口额是指出口货物的产地或原始发货地的实际出口额。

利用外资 指我国各级政府、部门、企业和其他经济组织通过对外借款、吸收外商直接投资以及用其他方式筹措的境外现汇、设备、技术等。

对外借款 是我国利用外资的主要部分。包括我国通过外国政府贷款,国际金融组织贷款,外国银行商业贷款,出口信贷以及对外发行债券,股票等方式从境外筹措的资金。

外商直接投资 是指外国企业和经济组织或个人(包括华侨、港澳台胞以及我国在境外注册的企业)按我国有关政策、法规,用现汇、实物、技术等在我国境内开办外商独资企业、与我国境内的企业或经济组织共同举办中外合资经营企业、合作经营企业或作合作开发资源的投资(包括外商投资效率的再投资)以及经政府有关部门批准的项目投资总额内,企业从境外借入的资金。

对外承包工程 包括各对外承包公司以招标议标承包方式承揽的下列业务:

(1)承包国外工程建设项目;

(2)承包我国对外经援项目;

(3)承包我国驻外机构的工程建设项目;

(4)承包我国境内利用外资进行建设的工程项目;

(5)与外国承包公司合营或联合承包工程项目时我国公司分包部分;

(6)以服务成果向业主收费的技术服务项目(包括承担地形地貌测绘;地质资源勘探与普查;建设区域规划;提供设计文件、图纸、生产工艺技术资料和工程技术经济咨询;工程项目的可行性考察、研究和评估;进行技术指导和培训人员等);

(7)对外承包兼营的房屋开发业务。对外承包工程的营业额是以货币表现的本期内完成的对外承包筆程的工作量,包括以前年度签订的合同和本年度新签订的合同在报告期完成的工作量。

对外劳务合作 指以收取工资的形式向业主或承包商提供技术和劳动服务的活动。我国对外承包公司在境外开办的合营企业,中国公司同时又提供劳务的其劳务部分也纳入劳务合作统计。劳务合作营业额按报告期内向雇主提交的结算数(包括工资、加班费和奖金等)统计。

旅游人数 指来我国参观、访问、旅行、探亲、访友、休养、考察、参加会议和从事经济、科技、文化、教育、体育、宗教等活动的外国人、华侨、港澳和台湾同胞的人数。不包括外国在我国的常住机构,如使领馆、通讯社、企业办事处的工作人员;来我国常驻的外国专家、留学生以及在岸逗留不过夜人员。

国际旅游(外汇)收入 指入境旅游的外国人、华侨、港澳台同胞在中国大陆旅游过程中发生的一切旅游支出,对于国家来说就是国际旅游(外汇)收入。

财政收入 国家财政参与社会产品分配所取得的收入,是实现国家职能的财力保证。财政收入所包括的内容几经变化，目前主要包括：

（1）各项税收：包括增值税、营业税、消费税、土地增值税、城市维护建设税、资源税、城市土地使用税、花税、固定资产投资方向调节税、个人所得税、企业所得税、关税、农牧业税和耕地占用税等。

（2）专项收入：包括征收排污费、征收城市水资源费收入，教育费附加收入等。

（3）其他收入：包括基本建设贷款归还收入、国家能源交通重点建设基金收入、国家预算调节基金等。

（4）国有企业计划亏损补贴：这项为负收入，冲减财政收入。

财政支出　国家财政将筹集起来的资金进行分配使用，以满足经济建设和各项事业的需要，主要包括：

（1）基本建设支出：指按国家有关规定，属于基本建设范围内的基本建设有偿使用、拨款、资本金支出以及经国家批准对专项和政策性基建投资贷款，在部门的基建投资额中统筹支付的贴息支出。

（2）企业挖潜改造资金：指国家预算内拨给的用于企业挖潜、革新和改造方面的资金。包括各部门企业挖潜改造资金和企业挖潜改造贷款资金，为农业服务的县办"五小"企业技术改造补助，挖潜改造贷款利息支出。

（3）地质勘探费用：国家预算用于地质勘探单位的勘探工作费用，包括地质勘探管理机构及其事业单位经费、地质勘探经费。

（4）科技三项费用：国家预算用于科技支出的费用，包括新产品试制费、中间试验费、重要科学研究补助费。

（5）支援农村生产支出：国家财政支援农村集体（户）各项生产的支出。包括对农村举办的小型农田水利和打井、喷灌等的补助费；对农村水土保持措施的补助费；对农村举办的小水电站的补助费；特大抗旱的补助费；农村开荒补助费；扶持乡镇企业资金；农村农技推广和植保补助费；农村草场和畜禽保护补助费；农村造林和林木保护补助费；农村水产补助费；发展粮食生产专项资金。

（6）农林水利气象等部门的事业费用：国家财政用于农垦、农场、农业、畜牧、农机、林业、森工、水利、水产、气象、乡镇企业的技术推广、良种推广（示范）、植物（畜禽、森林）保护、水质监测、勘探设计、资源调查、干部训练等项费用，园艺特产场补助费，中等专业学校经费，飞播牧草试验补助费，营林机构、气机构经费，渔政费以及农业管理事业费等。

（7）工业交通商业等部门的事业费：国家预算支付给工交商各部门用于事业发展的经费。包括勘探设计费、中等专业学校经费、技术学校经费、干部训练费。

（8）文教科学卫生事业费：国家预算用于文化、出版、文物、教育、卫生、中医、公费医疗、体育、档案、地震、海洋、通讯、电影电视、计划生育、党政莳干部训练、自然科学、社会科学、科协等项事业的经费支出和高技术研究专项经费。主要包括工资、补助工资、福利费、离退休费、助学金、公务费、设备购置费、修缮费、业务费、差额补助费。

（9）抚恤和社会福利救济费：国家预算用于抚恤和社会福利救济事业的经费，包括由民政部门开支的烈士家属和牺牲病残人员家属的一次性、定期抚恤金，革命伤残人员的抚恤金，各种伤残补助费、烈军属、复员退伍军人生活补助费、退伍军人安置费，优抚事业单位经费，烈士纪念建筑物管理、维修费，自然灾害救济事业费和特大自然灾害灾后重建补助费等。

(10)国防支出:国家预算用于国防建设和保卫国家安全的支出,包括国防费、国防科研事业费、民兵建设以及专项工程支出等。

(11)行政管理费:包括行政管理支出,党派团体补助支出,外交支出,公安安全支出,司法支出,法院支出,检察院支出和公检法办案费用补助。

(12)价格补贴支出:经国家批准,由国家财政拨给的政策性补贴支出,主要包括粮食加价款,粮、棉、油差价补贴,棉花收购价外奖励款,副食品风险基金,市镇居民的肉食价格补贴,平抑市价肉食、蔬菜价差补贴等以及经国家批准的教材课本、报刊新闻纸等价格补贴。

中央财政收入和地方财政收入 按财政体制划分的中央本级收入和地方本级收入。1994 年分税制财政体制以后,属于中央财政的收入包括关税、海关代征消费税和增值税,中央企业所得税,地方银行和外资银行及非银行金融企业所得税,铁道银行总行、保险总公司等集中缴纳的营业税、所得税、利润和城市维护建设税,增值税的 75% 部分,海洋石油资源税和证券(印花)税 88% 部分。属于地方财政的收入包括营业税,地方企业所得税,个人所得税,城镇土地使用税,固定资产投资方向调节税,城镇维护建设税,房产税,车船使用税,印花税,屠宰税,农牧业税,农业特产税,耕地占用税,契税,增值税 25% 部分,证券交易税(印花税)的 12% 部分和除海洋石油资源税以外的其他资源税。

存款 企业、机关、团体或居民根据可以收回的原则,把货币资金存入银行或其他信用机构保管并取得一定利息的一种信用活动形式。根据存款对象的不可划分为企业存款、财政存款、机关团体存款、基本建设存款、城镇储蓄存款、农村存款等科目。它是银行信贷资金的主要来源。

贷款 银行或其他信用机构根据必须归还的原则,按一定利率,为企业、个人等提供资金的一种信用活动形式。我国银行贷款分为流动资金贷款、固定资产贷款、城乡个体工商户贷款以及农业贷款等科目。

承保额 又叫保险金额。它是保险人员对被保险人负提损失补偿或约定给付的金额。它是保险合同上的最高责任额,也是计算保费的依据。

保费 又叫保险费。是保险人根据保险合同的有关规定,为被保险人取得因约定危险事故发生所造成的经济损失补偿(或给付)权利,付给保险人的代价。包括财产险和人身险储金收入。

赔款 保险事故发生后,经查证确属保险责任范围以内的保险标的损失,保险人根据保险合同的规定履行赔偿义务,给予被保险人的款项叫做赔款。赔款可分为已决赔款和未决赔款两种。

文化事业机构 指从事专业文化工作和为专业文化工作服务的独立建制的单独核算的单位。不包括这些单位另外举办独立核算的其他机构和各部门的业余文化组织。

艺术表演团体 指从事戏曲、音乐、舞蹈、杂技等专业艺术表演,有独立帐户,实行单独核算的团体。不包括半工半艺、半农半艺和民间职业剧团。

电影放映单位 指具有放映机器设备、固定或不固定的放映场所与专职与兼职的放映技术人员,经有关部门登记批准,经常为一定的观众对象放映电影的机构。包括批准对外开放进行营业,并与电影发行放映管理机构分帐的专用放映单位和军委系统租片单位。

艺术表演观众人数(人次) 指售票、包场演出或民族地区免费演出的艺术表演观众人次数。不包括彩排审查和内部观摩演出的观看人次数。

医院 指名称为医院,设有固定床位能收容病人住院并能为病人提供医疗、护理服务的医疗机构。包括县及县以上医院、农村乡卫生院、其他医院三部分。按所属性质分为卫生部门、工业及其他部门,集体经济单位三类。其中县及县以上医院按业务性质分为综合医院和专科医院。

卫生技术人员 指卫生事业机构支付工资的全部固定职工和合同制职工中现任职务为卫生技术工作的专业人员。包括中医师、西医师、中西医结合高级医师护师、中药师、西药师、检验师、其他技师、中医士、西医士、护士、助产士、中药剂士、西药剂士、检验士、其他技士、其他中医、护理员、中药剂员、西药剂员、检验员,其他初级卫生技术人员。

医生 指经卫生部门审查合格,从事医疗工作的专业人员。分为中医医生和西医医生。包括卫生技术人员中的中医师、西医师、中西结合高级医师、中医士西医士和其他中医。

工业废水排放量 指经过企业厂区所有排放口排到企业外部的工业废水量。包括生产废水、外排的直接冷却水、超标排放的矿井地下水和与工业废水混排的厂区生活污水,不包括外排的间接冷却水(清污不分流的间接冷却水应计算在内)。

工业废水排放达标量 指各项指标都达到国家或地方排放标准的外排工业废水量,包括未经处理外排达标的和经过处理后外排达标的两部分。国家排放标准见 *GB*8978－88。

工业废水处理量 指报告期内各种水治理设施实际处理的工业废水量,包括处理后外排的和处理后回用的工业废水量。虽经处理但未达到国家或地方排放眾准的废水量也应计算在内。计算时,如遇有车间和厂排放口均有治理设施,并对同一废水分级处理时,不应重复计算工业废水处理量。

工业废气排放量 指企业厂区内燃料燃烧和生产工艺过程中产生的各种排入空气的含有污染物的气体的总量,以标准状态[273*K*,101325*Pa*]计。

二氧化硫排放量 指企业在燃料燃烧和生产工艺过程中排入大气的二氧化硫量。

工业烟尘排放量 指企业厂区内的燃料燃烧产生的烟气中夹带的颗粒物的量。

工业粉尘排放量 指企业在生产工艺过程中排放的颗粒物重量。如钢铁企业的耐火材料粉尘、焦化企业的筛焦系统粉尘、烧结机的粉尘、石灰窑的粉尘、建材企业的水泥粉尘等。不包括电厂排入大气的烟尘。

工业固体废物产生量 指企业在生产过程中产生的固体状、半固体状和高浓度液体状废弃物的总量,包括危险废物、冶炼废渣、粉煤灰、炉渣、煤矸石、矿、放射性废物和其他废物等;不包括矿山开采的剥离废石和掘进废石(煤矸石和呈酸性或碱性的废石除外)。酸性或碱性废石是:指采掘的废石其流经水、雨淋水的 *pH* 值小于 4 或 *pH* 值大于 105 者。

工业固体废物处置量 指将固体废物焚烧或者最终置于符合环境保护规定要求的场所并不再回取的工业固体废物量(包括当年处置往年的工业固体废物累计贮存量)。处置方法如:填埋(其中危险废物应安全填埋)、焚烧、专业贮存场(库)封场处理、深层灌注、回填矿井等。

工业固体废物排放量 指将所产生的固体废物排到固体废物污染防治设施、场所以外的量。不包括矿山开采的剥离废石和掘进废石(煤矸石和呈酸性或碱性的废石除外)。

“三废”综合利用产品产值　指利用“三废”(废液、废气、废渣)作为主要原料生产的产品产值(现行价),已经销售或准备销售的,应计算产品产值;但留作生产上自用的,不应计算产品产值。

“三废”综合利用产品利润　指利用“三废”(废液、废气、废渣)生产的产品,销售后所得到的利润。

环境污染与破坏事故　指由于违反环境保护法规的经济、社会活动与行为,以及意外因素的影响或不可抗拒的自然灾害等原因,致使环境受到污染,国家重点保护的野生动植物、自然保护区受到破坏,人体健康受到危害,社会经济和人民财产受到损失,造成不良社会影响的突发性事件。

景气指数　亦称景气度,是对企业景气调查中的定性指标通过定量方法加工汇总,综合反映某一特定调查群体或某一社会现象所处的状态或发展趋势的一种指标。景气指数介于0－200之间,100为景气指数的临界值,当景气指数大于100时,表明经济状况趋于上升或改善,当景气指数小于100时,表明经济状况趋于下降或恶化,处于不景气状态。更为细致的划分为:0－100为不景气区间,100－120为较景气区间,120－150为较高景气区间,150－200为高景气区间。

企业景气指数　亦称企业综合生产经营景气指数,是根据企业家对本企业综合生产经营情况的判断和预期(通常为对“良好”、“一般”、“不佳”的选择)而编制的指数,用以综合反映企业的生产经营状况。

中华人民共和国统计法

（1983 年 12 月 8 日第六届全国人民代表大会常务委员会第三次会议通过 根据 1996 年 5 月 15 日第八届全国人民代表大会常务委员会第十九次会议《关于修改〈中华人民共和国统计法〉的决定》修正 2009 年 6 月 27 日第十一届全国人民代表大会常务委员会第九次会议修订）

第一章 总 则

第一条 为了科学、有效地组织统计工作，保障统计资料的真实性、准确性、完整性和及时性，发挥统计在了解国情国力、服务经济社会发展中的重要作用，促进社会主义现代化建设事业发展，制定本法。

第二条 本法适用于各级人民政府、县级以上人民政府统计机构和有关部门组织实施的统计活动。

统计的基本任务是对经济社会发展情况进行统计调查、统计分析，提供统计资料和统计咨询意见，实行统计监督。

第三条 国家建立集中统一的统计系统，实行统一领导、分级负责的统计管理体制。

第四条 国务院和地方各级人民政府、各有关部门应当加强对统计工作的组织领导，为统计工作提供必要的保障。

第五条 国家加强统计科学研究，健全科学的统计指标体系，不断改进统计调查方法，提高统计的科学性。

国家有计划地加强统计信息化建设，推进统计信息搜集、处理、传输、共享、存储技术和统计数据库体系的现代化。

第六条 统计机构和统计人员依照本法规定独立行使统计调查、统计报告、统计监督的职权，不受侵犯。

地方各级人民政府、政府统计机构和有关部门以及各单位的负责人，不得自行修改统计机构和统计人员依法搜集、整理的统计资料，不得以任何方式要求统计机构、统计人员及其他机构、人员伪造、篡改统计资料，不得对依法履行职责或者拒绝、抵制统计违法行为的统计人员打击报复。

第七条 国家机关、企业事业单位和其他组织以及个体工商户和个人等统计调查对象，必须依照本法和国家有关规定，真实、准确、完整、及时地提供统计调查所需的资料，不得提供不真实或者不完整的统计资料，不得迟报、拒报统计资料。

第八条 统计工作应当接受社会公众的监督。任何单位和个人有权检举统计中弄虚作假等违法行为。对检举有功的单位和个人应当给予表彰和奖励。

第九条 统计机构和统计人员对在统计工作中知悉的国家秘密、商业秘密和个人信息，应当予以保密。

第十条 任何单位和个人不得利用虚假统计资料骗取荣誉称号、物质利益或者职务晋升。

第二章　统计调查管理

第十一条　统计调查项目包括国家统计调查项目、部门统计调查项目和地方统计调查项目。

国家统计调查项目是指全国性基本情况的统计调查项目。部门统计调查项目是指国务院有关部门的专业性统计调查项目。地方统计调查项目是指县级以上地方人民政府及其部门的地方性统计调查项目。

国家统计调查项目、部门统计调查项目、地方统计调查项目应当明确分工，互相衔接，不得重复。

第十二条　国家统计调查项目由国家统计局制定，或者由国家统计局和国务院有关部门共同制定，报国务院备案；重大的国家统计调查项目报国务院审批。

部门统计调查项目由国务院有关部门制定。统计调查对象属于本部门管辖系统的，报国家统计局备案；统计调查对象超出本部门管辖系统的，报国家统计局审批。

地方统计调查项目由县级以上地方人民政府统计机构和有关部门分别制定或者共同制定。其中，由省级人民政府统计机构单独制定或者和有关部门共同制定的，报国家统计局审批；由省级以下人民政府统计机构单独制定或者和有关部门共同制定的，报省级人民政府统计机构审批；由县级以上地方人民政府有关部门制定的，报本级人民政府统计机构审批。

第十三条　统计调查项目的审批机关应当对调查项目的必要性、可行性、科学性进行审查，对符合法定条件的，作出予以批准的书面决定，并公布；对不符合法定条件的，作出不予批准的书面决定，并说明理由。

第十四条　制定统计调查项目，应当同时制定该项目的统计调查制度，并依照本法第十二条的规定一并报经审批或者备案。

统计调查制度应当对调查目的、调查内容、调查方法、调查对象、调查组织方式、调查表式、统计资料的报送和公布等作出规定。

统计调查应当按照统计调查制度组织实施。变更统计调查制度的内容，应当报经原审批机关批准或者原备案机关备案。

第十五条　统计调查表应当标明表号、制定机关、批准或者备案文号、有效期限等标志。

对未标明前款规定的标志或者超过有效期限的统计调查表，统计调查对象有权拒绝填报；县级以上人民政府统计机构应当依法责令停止有关统计调查活动。

第十六条　搜集、整理统计资料，应当以周期性普查为基础，以经常性抽样调查为主体，综合运用全面调查、重点调查等方法，并充分利用行政记录等资料。

重大国情国力普查由国务院统一领导，国务院和地方人民政府组织统计机构和有关部门共同实施。

第十七条　国家制定统一的统计标准，保障统计调查采用的指标涵义、计算方法、分类目录、调查表式和统计编码等的标准化。

国家统计标准由国家统计局制定，或者由国家统计局和国务院标准化主管部门共同制定。

国务院有关部门可以制定补充性的部门统计标准，报国家统计局审批。部门统计标准不得与国家统计标准相抵触。

第十八条　县级以上人民政府统计机构根据统计任务的需要，可以在统计调查对象中推广使用计算机网络报送统计资料。

第十九条　县级以上人民政府应当将统计工作所需经费列入财政预算。

重大国情国力普查所需经费，由国务院和地方人民政府共同负担，列入相应年度的财政预算，按时拨付，确保到位。

第三章　统计资料的管理和公布

第二十条　县级以上人民政府统计机构和有关部门以及乡、镇人民政府，应当按照国家有关规定建立统计资料的保存、管理制度，建立健全统计信息共享机制。

第二十一条　国家机关、企业事业单位和其他组织等统计调查对象，应当按照国家有关规定设置原始记录、统计台账，建立健全统计资料的审核、签署、交接、归档等管理制度。

统计资料的审核、签署人员应当对其审核、签署的统计资料的真实性、准确性和完整性负责。

第二十二条　县级以上人民政府有关部门应当及时向本级人民政府统计机构提供统计所需的行政记录资料和国民经济核算所需的财务资料、财政资料及其他资料，并按照统计调查制度的规定及时向本级人民政府统计机构报送其组织实施统计调查取得的有关资料。

县级以上人民政府统计机构应当及时向本级人民政府有关部门提供有关统计资料。

第二十三条　县级以上人民政府统计机构按照国家有关规定，定期公布统计资料。

国家统计数据以国家统计局公布的数据为准。

第二十四条　县级以上人民政府有关部门统计调查取得的统计资料，由本部门按照国家有关规定公布。

第二十五条　统计调查中获得的能够识别或者推断单个统计调查对象身份的资料，任何单位和个人不得对外提供、泄露，不得用于统计以外的目的。

第二十六条　县级以上人民政府统计机构和有关部门统计调查取得的统计资料，除依法应当保密的外，应当及时公开，供社会公众查询。

第四章　统计机构和统计人员

第二十七条　国务院设立国家统计局，依法组织领导和协调全国的统计工作。

国家统计局根据工作需要设立的派出调查机构，承担国家统计局布置的统计调查等任务。

县级以上地方人民政府设立独立的统计机构，乡、镇人民政府设置统计工作岗位，配备专职或者兼职统计人员，依法管理、开展统计工作，实施统计调查。

第二十八条　县级以上人民政府有关部门根据统计任务的需要设立统计机构，或者在有关机构中设置统计人员，并指定统计负责人，依法组织、管理本部门职责范围内的统计工作，实施统计调查，在统计业务上受本级人民政府统计机构的指导。

第二十九条　统计机构、统计人员应当依法履行职责，如实搜集、报送统计资料，不得伪造、篡改统计资料，不得以任何方式要求任何单位和个人提供不真实的统计资料，不得有其他违反本法规定的行为。

统计人员应当坚持实事求是，恪守职业道德，对其负责搜集、审核、录入的统计资料与统计调查对象报送的统计资料的一致性负责。

第三十条　统计人员进行统计调查时，有权就与统计有关的问题询问有关人员，要求其如实提供有关情况、资料并改正不真实、不准确的资料。

统计人员进行统计调查时，应当出示县级以上人民政府统计机构或者有关部门颁发的工作证件；未出示的，统计调查对象有权拒绝调查。

第三十一条　国家实行统计专业技术职务资格考试、评聘制度，提高统计人员的专业素质，保障统计队伍的稳定性。

统计人员应当具备与其从事的统计工作相适应的专业知识和业务能力。

县级以上人民政府统计机构和有关部门应当加强对统计人员的专业培训和职业道德教育。

第五章　监督检查

第三十二条　县级以上人民政府及其监察机关对下级人民政府、本级人民政府统计机构和有关部门执行本法的情况，实施监督。

第三十三条　国家统计局组织管理全国统计工作的监督检查，查处重大统计违法行为。

县级以上地方人民政府统计机构依法查处本行政区域内发生的统计违法行为。但是，国家统计局派出的调查机构组织实施的统计调查活动中发生的统计违法行为，由组织实施该项统计调查的调查机构负责查处。

法律、行政法规对有关部门查处统计违法行为另有规定的，从其规定。

第三十四条　县级以上人民政府有关部门应当积极协助本级人民政府统计机构查处统计违法行为，及时向本级人民政府统计机构移送有关统计违法案件材料。

第三十五条　县级以上人民政府统计机构在调查统计违法行为或者核查统计数据时，有权采取下列措施：

（一）发出统计检查查询书，向检查对象查询有关事项；

（二）要求检查对象提供有关原始记录和凭证、统计台账、统计调查表、会计资料及其他相关证明和资料；

（三）就与检查有关的事项询问有关人员；

（四）进入检查对象的业务场所和统计数据处理信息系统进行检查、核对；

（五）经本机构负责人批准，登记保存检查对象的有关原始记录和凭证、统计台账、统计调查表、会计资料及其他相关证明和资料；

（六）对与检查事项有关的情况和资料进行记录、录音、录像、照相和复制。

县级以上人民政府统计机构进行监督检查时，监督检查人员不得少于二人，并应当出示执法证件；未出示的，有关单位和个人有权拒绝检查。

第三十六条　县级以上人民政府统计机构履行监督检查职责时，有关单位和个人应当如实反映情况，提供相关证明和资料，不得拒绝、阻碍检查，不得转移、隐匿、篡改、毁弃原始记录和凭证、统计台账、统计调查表、会计资料及其他相关证明和资料。

第六章　法律责任

第三十七条　地方人民政府、政府统计机构或者有关部门、单位的负责人有下列行为之一的，由任免机关或者监察机关依法给予处分，并由县级以上人民政府统计机构予以通报：

（一）自行修改统计资料、编造虚假统计数据的；

（二）要求统计机构、统计人员或者其他机构、人员伪造、篡改统计资料的；

（三）对依法履行职责或者拒绝、抵制统计违法行为的统计人员打击报复的；

（四）对本地方、本部门、本单位发生的严重统计违法行为失察的。

第三十八条　县级以上人民政府统计机构或者有关部门在组织实施统计调查活动中有下列行为之一的，由本级人民政府、上级人民政府统计机构或者本级人民政府统计机构责令改正，予以通报；对直接负责的主管人员和其他直接责任人员，由任免机关或者监察机关依法给予处分：

（一）未经批准擅自组织实施统计调查的；

（二）未经批准擅自变更统计调查制度的内容的；

（三）伪造、篡改统计资料的；

（四）要求统计调查对象或者其他机构、人员提供不真实的统计资料的；

（五）未按照统计调查制度的规定报送有关资料的。

统计人员有前款第三项至第五项所列行为之一的，责令改正，依法给予处分。

第三十九条　县级以上人民政府统计机构或者有关部门有下列行为之一的，对直接负责的主管人员和其他直接责任人员由任免机关或者监察机关依法给予处分：

（一）违法公布统计资料的；

（二）泄露统计调查对象的商业秘密、个人信息或者提供、泄露在统计调查中获得的能够识别或者推断单个统计调查对象身份的资料的；

（三）违反国家有关规定，造成统计资料毁损、灭失的。

统计人员有前款所列行为之一的，依法给予处分。

第四十条　统计机构、统计人员泄露国家秘密的，依法追究法律责任。

第四十一条　作为统计调查对象的国家机关、企业事业单位或者其他组织有下列行为之一的，由县级以上人民政府统计机构责令改正，给予警告，可以予以通报；其直接负责的主管人员和其他直接责任人员属于国家工作人员的，由任免机关或者监察机关依法给予处分：

（一）拒绝提供统计资料或者经催报后仍未按时提供统计资料的；

（二）提供不真实或者不完整的统计资料的；

（三）拒绝答复或者不如实答复统计检查查询书的；

（四）拒绝、阻碍统计调查、统计检查的；

（五）转移、隐匿、篡改、毁弃或者拒绝提供原始记录和凭证、统计台账、统计调查表及其他相关证明和资料的。

企业事业单位或者其他组织有前款所列行为之一的，可以并处五万元以下的罚款；情节严重的，并处五万元以上二十万元以下的罚款。

个体工商户有本条第一款所列行为之一的，由县级以上人民政府统计机构责令改正，给予警告，可以并处一万元以下的罚款。

第四十二条　作为统计调查对象的国家机关、企业事业单位或者其他组织迟报统计资料，或者未按照国家有关规定设置原始记录、统计台账的，由县级以上人民政府统计机构责令改正，给予警告。

企业事业单位或者其他组织有前款所列行为之一的，可以并处一万元以下的罚款。

个体工商户迟报统计资料的，由县级以上人民政府统计机构责令改正，给予警告，可以并处一千元以下的罚款。

第四十三条　县级以上人民政府统计机构查处统计违法行为时，认为对有关国家工作人员依法应当给予处分的，应当提出给予处分的建议；该国家工作人员的任免机关或者监察机关应当依法及时作出决定，并将结果书面通知县级以上人民政府统计机构。

第四十四条　作为统计调查对象的个人在重大国情国力普查活动中拒绝、阻碍统计调查，或者提供不真实或者不完整的普查资料的，由县级以上人民政府统计机构责令改正，予以批评教育。

第四十五条　违反本法规定，利用虚假统计资料骗取荣誉称号、物质利益或者职务晋升的，除对其编造虚假统计资料或者要求他人编造虚假统计资料的行为依法追究法律责任外，由作出有关决定的单位或者其上级单位、监察机关取消其荣誉称号，追缴获得的物质利益，撤销晋升的职务。

第四十六条　当事人对县级以上人民政府统计机构作出的行政处罚决定不服的，可以依法申请行政复议或者提起行政诉讼。其中，对国家统计局在省、自治区、直辖市派出的调查机构作出的行政处罚决定不服的，向国家统计局申请行政复议；对国家统计局派出的其他调查机构作出的行政处罚决定不服的，向国家统计局在该派出机构所在的省、自治区、直辖市派出的调查机构申请行政复议。

第四十七条　违反本法规定，构成犯罪的，依法追究刑事责任。

第七章　附　　则

第四十八条　本法所称县级以上人民政府统计机构，是指国家统计局及其派出的调查机构、县级以上地方人民政府统计机构。

第四十九条　民间统计调查活动的管理办法，由国务院制定。

中华人民共和国境外的组织、个人需要在中华人民共和国境内进行统计调查活动的，应当按照国务院的规定报请审批。

利用统计调查危害国家安全、损害社会公共利益或者进行欺诈活动的，依法追究法律责任。

第五十条　本法自 2010 年 1 月 1 日起施行。

江苏省统计条例

（2014年1月16日江苏省第十二届人民代表大会常务委员会第八次会议通过）

第一章　总　则

第一条　为了加强统计管理和监督，规范统计行为，维护统计调查对象的合法权益，保障统计资料的真实性、准确性、完整性和及时性，发挥统计服务经济社会发展的作用，根据《中华人民共和国统计法》等法律、行政法规，结合本省实际，制定本条例。

第二条　本条例适用于本省行政区域内地方各级人民政府、县级以上地方人民政府统计机构和有关部门组织实施的统计活动与统计监督管理。

第三条　县级以上地方人民政府应当加强对统计工作的组织领导，将统计事业纳入本地区国民经济和社会发展规划，建立健全统计机构，加强统计队伍建设，为统计工作提供必要的保障，确保统计工作正常开展。

第四条　县级以上地方人民政府统计机构（以下简称政府统计机构）负责本行政区域内统计工作的组织实施、管理协调和监督检查。

县级以上地方人民政府有关部门依法组织、管理本部门职责范围内的统计工作，实施统计调查。

第五条　县级以上地方人民政府应当加强统计信息化建设，构建统计公共信息系统和业务平台，支持和实现资源共享、业务协同。

省人民政府统计机构应当会同有关部门对全省统计信息化建设进行统一规划，推进统计信息搜集、处理、传输、存储技术和统计数据库体系的现代化。

政府统计机构应当制定统计信息安全应急处置预案，建立和完善统计资料备份系统，保障统计资料安全。

第六条　政府统计机构应当建立统计信用制度，定期将政府统计调查对象依法履行统计义务的信用信息提供给公共信用信息机构，供社会公众查询。

第七条　地方各级人民政府和有关部门应当鼓励支持、依法规范民间统计调查，引导从事民间统计调查活动的社会中介机构等民间统计调查组织（以下称民间统计调查组织）参与政府统计调查活动，发挥其在促进经济社会发展中的作用。

地方各级人民政府和有关部门应当扶持统计调查行业组织，发挥其联系政府、社会的作用，促进行业的自律和有序发展。

第二章　统计调查

第八条　地方统计调查应当按照地方统计调查项目组织实施。地方统计调查项目包括县级以上地方人民政府、政府统计机构及有关部门的统计调查项目。

地方统计调查项目应当执行国家统计标准和部门统计标准，与国家统计调查项目、部门统计调查项目互相衔接，下级地方统计调查项目不得与上级地方统计调查项目重复。

地方统计调查项目的制定应当进行必要性、可行性论证，听取有关部门、专家和公众的意见，并根据经济社会发展需要科学合理设置统计指标。与人口、社会相关的统计调查项目应当合理设置分性别统计指标。

第九条　制定地方统计调查项目，应当同时制定该项目的统计调查制度，并按照下列规定审批：

（一）省人民政府统计机构单独制定或者与有关部门共同制定的，报国家统计局审批；

（二）设区的市、县（市、区）人民政府统计机构单独制定或者与有关部门共同制定的，报省人民政府统计机构审批；

（三）县级以上地方人民政府有关部门单独制定或者与其他部门共同制定的，报本级人民政府统计机构审批。

变更统计调查制度内容的，应当报经原审批机关批准。

第十条　除涉及国家秘密的以外，地方统计调查项目及其统计调查制度，应当及时向社会公布。经国家统计局批准的，由省人民政府统计机构自批准之日起十日内公布；经县级以上地方人民政府统计机构批准的，由审批机关自批准之日起十日内公布。

第十一条　地方统计调查项目及其统计调查制度未经批准或者虽经批准但未依法公布的，不得组织实施。紧急情况下，经省人民政府批准实施的临时性统计调查项目除外。

前款所称的紧急情况，是指重大自然灾害等突发事件对本省经济社会发展产生重大影响的情形。

第十二条　省人民政府统计机构应当建立全省统一的基本单位名录库，作为政府统计调查的基础。

政府统计机构应当利用行政记录等资料对基本单位名录库进行日常维护和更新。机构编制、民政、工商行政、税务、质量监督等有关部门，应当按照有关规定向本级人民政府统计机构提供统计所需的行政记录，不得以任何理由拒绝提供。

第十三条　国家机关、企业事业单位和其他组织，应当在依法设立或者变更后三十日内，到所在地县（市、区）人民政府统计机构建立或者变更统计调查关系。县（市、区）人民政府统计机构应当书面告知其统计权利和义务，并及时更新基本单位名录库。

县（市、区）人民政府统计机构应当根据基本单位名录库等有关信息，书面告知尚未建立统计调查关系的统计调查对象与政府统计机构建立统计调查关系。

第十四条　国家机关、企业事业单位和其他组织，应当配备与统计任务相适应的统计信息技术设备，按照统计调查制度规定的使用计算机网络报送等方式报送统计资料。

第十五条　有下列情形之一的，政府统计机构、有关部门应当告知政府统计调查对象在规定期限内补正：

（一）未按照统计调查制度规定的方式报送统计资料的；

（二）以纸介质方式报送统计调查表，没有填表人、统计调查对象单位负责人签字，或者未加盖单位公章的；

（三）以数据电文方式报送统计资料，没有电子签名等身份识别标志的；

（四）发现报送的统计数据有错误的；

（五）其他按照统计调查制度应当补正的情形。

第十六条　政府统计调查对象未按照统计调查制度规定时间报送统计资料的，政府统计机构和有关部门应当书面催报。政府统计调查对象应当在催报规定的期限内报送统计资料。

第十七条　地方各级人民政府、政府统计机构和有关部门、单位的主要负责人及其他负责人，应当支持和保障政府统计机构、统计人员独立行使法定职权，不得有下列行为：

（一）自行修改统计资料、编造虚假统计数据；

（二）要求政府统计机构、统计人员或者其他机构、人员拒报、虚报、瞒报或者伪造、篡改统计资料；

（三）对依法履行职责或者拒绝、抵制统计违法行为的统计人员打击报复；

（四）对揭发、检举统计违法行为的人员打击报复；

（五）对本地区、本部门、本单位发生的统计违法行为不履行监督管理职责。

第十八条　省人民政府统计机构应当建立健全统计数据质量监控制度，规范统计方法，统一指标口径，避免政府部门统计数据的重复、交叉和不一致，保障统计数据的客观真实。

第十九条　地方各级人民政府、政府统计机构和有关部门可以按照政府采购的法律、法规规定，委托民间统计调查组织进行统计调查，实施数据搜集、核实、整理、分析和相关培训等活动。

民间统计调查组织应当在受委托的权限和范围内实施统计调查。未经委托，民间统计调查组织不得以政府或者政府部门的名义实施统计调查。

第二十条　接受委托实施政府统计调查活动的民间统计调查组织，应当有三名以上具有统计从业资格或者统计专业技术职务资格的专职人员，主管统计业务的负责人应当具有中级以上统计专业技术职务资格或者与统计专业相关的中级以上职称。

第二十一条　民间统计调查组织者开展民间统计调查活动时，应当向调查对象表明身份，告知调查目的，不得以任何方式强迫调查对象接受调查，不得冒用政府统计调查的名义组织实施调查，不得欺骗、蒙蔽调查对象。

民间统计调查组织者对能够识别或者推断单个调查对象身份的信息和数据应当予以保密，未经调查对象同意，不得对外提供、泄露。

第三章　统计资料公布和使用

第二十二条　除依法应当保密的以外，政府统计机构、有关部门开展地方统计调查取得的统计资料，应当及时向社会公布。

公布统计资料时，应当同时公布主要统计指标含义、调查范围、调查方法、计算方法、调查样本量等信息；引用其他机构或者部门资料的，应当注明资料来源。

第二十三条　地方各级人民政府编制国民经济和社会发展规划与计划、财政预算，以及制定重大经济社会发展政策等使用统计资料的，应当以政府统计机构提供的统计资料为准。

政府统计机构应当及时向本级人民政府及其有关部门提供统计资料。

第二十四条　民间统计调查组织者发布民间统计调查资料应当客观真实，不得伪造、篡改，同时应当说明调查目的以及主要统计指标含义、调查范围、调查方法、计算方法、调查样本量等内容；引用其他组织、个人或者机构资料的，应当注明资料来源。

新闻媒体和其他单位、组织对外发布信息引用民间统计调查资料的，应当准确引用，并注明民间统计调查组织者名称，不得伪造、篡改民间统计调查资料。

第四章　统计调查对象权利和义务

第二十五条　政府统计调查对象依法独立填报统计资料。任何单位和个人干涉独立填报的，统计调查对象有权抵制，并可以向地方各级人民政府、政府统计机构或者监察机关等有关部门举报。

第二十六条　有下列情形之一的，政府统计调查对象有权拒绝政府统计调查：

（一）未书面告知统计权利和义务的；

（二）统计调查项目及其统计调查制度未经批准或者虽经批准但未依法公布的；

（三）统计调查表未标明法定标志或者法定标志不完整的；

（四）统计调查表超过有效期限的；

（五）现场调查时，统计人员未出示政府统计机构或者有关部门颁发的工作证件的。

第二十七条　政府统计调查对象发现他人对外提供、泄露能够识别或者推断其身份的资料，或者将上述资料用于统计以外目的的，有权举报。

第二十八条　除依法应当保密的以外，社会公众有权查询统计资料。

在统计资料法定保存期限内，政府统计调查对象可以查询其报送的统计资料以及相关信息。对查询结果有疑问的，政府统计机构、有关部门应当给予解答和说明；确属错误的，应当予以订正。

第二十九条　政府统计调查对象可以通过签订合同，委托民间统计调查组织代理统计调查活动。委托合同应当自签订之日起十个工作日内，由委托方报所在地县（市、区）人民政府统计机构备案。

第三十条　政府统计调查对象应当按照法律、行政法规和本条例以及统计调查制度的规定，真实、准确、完整、及时地提供统计调查所需的资料，不得提供不真实或者不完整的统计资料，不得迟报、拒报统计资料。

第三十一条　国家机关、企业事业单位和其他组织，应当以业务活动或者生产经营中形成的原始记录和凭证为依据，记录统计台账、编制统计调查表，并按照统计调查制度的规定报送统计资料。

原始记录、凭证、统计台账、统计调查表等统计资料应当留存归档。

第三十二条　承担经常性政府统计调查任务的国家机关、企业事业单位和其他组织，应当任用、聘用具有统计从业资格或者统计专业技术职务资格的人员从事统计工作。

第五章　机构和人员

第三十三条　县级以上地方人民政府有关部门根据各自职责和统计任务的需要，设立从事统计工作的机构或者明确承担综合统计工作职责的机构，配备相适应的统计人员，并指定统计负责人，在本级人民政府统计机构的指导下负责本部门、本行业的统计工作。

国家级和省级开发园区根据经济和人口规模，明确承担统计工作职责的机构，配备相适应的统计人员，负责统计资料的搜集、整理、汇总、上报以及催报、查询和数据核查工作。

第三十四条　乡镇人民政府和街道办事处根据经济和人口规模，明确承担统计工作职责的机构，配备相适应的统计人员，负责本区域统计工作的组织实施、管理、协调，履行政府综合统计的职能。

基层群众性自治组织应当指定专人负责统计工作。

第三十五条　政府统计机构、统计人员应当依法履行职责，如实搜集、报送统计资料，不得伪造、篡改统计资料，不得以任何方式要求任何单位和个人提供不真实的统计资料，不得有其他违反法律、行政法规和本条例规定的行为。

政府统计机构、统计人员对其负责搜集、审核、录入的统计资料与统计调查对象报送的统计资料的一致性负责。

第三十六条　政府统计机构、有关部门应当对统计人员开展统计专业培训和职业道德教育，提高其综合素质。

统计人员应当接受统计继续教育，提高业务素质和职业道德水平。

统计人员所在单位应当支持和保障统计人员接受统计继续教育，参加统计专业培训。

第六章　监督检查

第三十七条　县级以上地方人民政府及其监察机关，应当对下级人民政府、本级人民政府统计机构和有关部门执行统计法律、行政法规及本条例的情况实施监督。

第三十八条　政府统计机构应当加强对政府统计活动、民间统计调查活动的监督检查，依法查处统计违法行为。政府统计机构在实施监督检查时，有关部门、单位和个人应当予以配合。

第三十九条　县级以上地方人民政府有关部门应当对职责范围内的统计活动实施监督检查，及时向本级人民政府统计机构移送有关涉嫌统计违法的材料，协助查处统计违法案件。

第四十条　政府统计机构应当明确承担统计执法检查职责的内设机构，配备相适应的统计执法检查人员。

第四十一条　政府统计机构在调查统计违法行为或者核查统计数据时，可以发出统计检查查询书。被查询对象收到统计检查查询书后，应当按照规定期限如实书面答复，提供相关证明和资料。

第七章　法律责任

第四十二条　违反本条例规定，政府统计机构或者有关部门有下列行为之一的，由本级人民政府、上级人民政府统计机构、本级人民政府统计机构责令限期改正，予以通报；对直接负责的主管人员和其他直接责任人员，由任免机关或者监察机关依法给予处分：

（一）违反第十一条第一款规定，地方统计调查项目未经批准或者虽经批准但未依法公布，擅自组织实施的；

（二）违反第十二条第二款规定，拒绝向本级人民政府统计机构提供统计所需的行政记录的；

（三）违反第三十五条第一款规定，不依法履行职责，不如实搜集、报送统计资料，伪造、篡改统计资料或者要求政府统计调查对象提供不真实统计资料的；

（四）违反第三十八条、第三十九条规定，不依法履行统计监督检查职责或者不依法查处统计违法行为的。

第四十三条　违反本条例第十五条第一项、第二项、第三项规定，政府统计调查对象未在规定期限内补正的，由政府统计机构责令补正，给予警告；拒不补正的，对企业事业单位或者其他组织处以二千元以上一万元以下罚款，对个体工商户处以二百元以上一千元以下罚款。

第四十四条　违反本条例第十七条规定，地方各级人民政府、政府统计机构或者有关部门、单位的主要负责人及其他负责人有下列行为之一的，由任免机关或者监察机关依法给予处分，并由政府统计机构予以通报：

（一）自行修改统计资料、编造虚假统计数据的；

（二）要求政府统计机构、统计人员或者其他机构、人员拒报、虚报、瞒报或者伪造、篡改统计资料的；

（三）对依法履行职责或者拒绝、抵制统计违法行为的统计人员打击报复的；

（四）对揭发、检举统计违法行为的人员打击报复的；

（五）对本地区、本部门、本单位发生的严重统计违法行为不履行监督管理职责的。

第四十五条　违反本条例第十九条第二款规定，民间统计调查组织超出委托权限或者范围实施统计调查活动的，由政府统计机构责令改正，给予警告，并处一万元以上五万元以下罚款。

第四十六条　违反本条例第二十一条规定，民间统计调查组织者有下列行为之一的，由政府统计机构责令停止调查，给予警告，并处一万元以上五万元以下罚款：

（一）强迫调查对象接受调查的；

（二）冒用政府统计调查的名义组织实施调查的；

（三）欺骗、蒙蔽调查对象的；

（四）未经调查对象同意，对外提供、泄露能够识别或者推断单个调查对象身份的信息和数据的。

民间统计调查组织者冒用政府统计调查的名义组织实施调查，情节严重的，由政府统计机构处以五万元以上十万元以下罚款。

第四十七条　违反本条例第二十二条规定，应当公布统计资料而未公布，或者公布统计资料不符合规定要求的，对直接负责的主管人员和其他直接责任人员由任免机关或者监察机关依法给予处分。

第四十八条　违反本条例第二十四条规定，有下列情形之一的，由政府统计机构责令停止发布、公开更正，给予警告，可以处以五千元以上二万元以下罚款：

（一）民间统计调查组织者发布伪造、篡改的民间统计调查资料，发布时不按照要求说明相关内容，或者不注明资料来源的；

（二）新闻媒体和其他单位、组织对外发布信息引用民间统计调查资料未注明民间统计调查组织者名称，或者伪造、篡改民间统计调查资料的。

第四十九条　违反本条例第三十二条规定，承担经常性政府统计调查任务的国家机关、企业事业单位和其他组织，任用、聘用不具有统计从业资格或者统计专业技术职务资格的人员从事统计工作的，由政府统计机构责令改正，给予警告；拒不改正的，直接负责的主管人员和其他直接责任人员属于国家工作人员的，由任免机关或者监察机关依法给予处分。

企业事业单位或者其他组织有前款行为，拒不改正的，由政府统计机构处以二千元以上一万元以下罚款。

第八章　附　则

第五十条　涉外民间统计调查活动,按照国家有关规定执行。

第五十一条　本条例自 2014 年 5 月 1 日起施行。1989 年 12 月 15 日江苏省第七届人民代表大会常务委员会第十二次会议通过,1997 年 7 月 31 日江苏省第八届人民代表大会常务委员会第二十九次会议修正的《江苏省统计管理条例》同时废止。

中国统计出版社最新图书简目

(仅供参考,以实际出版为准)

统计资料

中国统计年鉴　中国统计摘要　中国发展报告
中国经济普查年鉴2013　国际统计年鉴　金砖国家联合统计手册
中国-东盟国家统计手册　中国区域经济统计年鉴　中国县域统计年鉴
中国城市统计年鉴　中国农村统计年鉴　中国地区经济监测报告
中国贸易外经统计年鉴　中国对外直接投资统计公报　中国商品交易市场统计年鉴
大中型批发零售和住宿餐饮企业统计年鉴　中国零售和餐饮连锁企业统计年鉴　中国住户调查年鉴
中国价格统计年鉴　中国农产品价格调查年鉴　全国农产品成本收益资料汇编
中国环境统计年鉴　中国能源统计年鉴　国外资源、能源和环境统计资料汇编
中国工业统计年鉴　中国建筑业统计年鉴　中国房地产统计年鉴
中国城市建设统计年鉴　中国城乡建设统计年鉴　中国第三产业统计年鉴
中国证券期货统计年鉴　中国科技统计年鉴　中国高技术产业统计年鉴
工业企业科技活动资料　中国劳动统计年鉴　中国人口和就业统计年鉴
中国人才资源统计报告　中国社会统计年鉴　中国文化及相关产业统计年鉴
文化及相关产业统计概览　中国教育经费统计年鉴　中国民政统计年鉴
中国民族统计年鉴　中国工会统计年鉴　中国残疾人事业统计年鉴
中国妇女儿童状况统计资料（英）　中国乡镇街道行政区域简册

省级综合统计年鉴系列

北京 天津 河北 山西 内蒙古 辽宁 吉林 黑龙江 上海 江苏 浙江 安徽 福建 江西 山东 河南 湖北 湖南 广东 广西 海南 重庆 四川 贵州 云南 西藏 陕西 甘肃 青海 宁夏 新疆 新疆生产建设兵团

市(县)级综合统计年鉴系列

天津滨海新区 石家庄 唐山 邯郸 保定 沧州 邢台 廊坊 承德 衡水 秦皇岛 张家口 太原 大同 阳泉 长治 晋城 朔州 晋中 运城 忻州 临汾 呼和浩特 呼和浩特新城区 鄂尔多斯 包头 沈阳 大连 长春 四平 哈尔滨 齐齐哈尔 黑龙江垦区 上海浦东新区 南京 无锡 徐州 常州 苏州 南通 连云港 淮安 盐城 扬州 镇江 泰州 宿迁 江阴 丹阳 杭州 宁波 温州 嘉兴 绍兴 金华 衢州 舟山 台州 丽水 合肥 安庆 马鞍山 福州 厦门 宁德 南昌 九江 上饶 新余 抚州 济南 青岛 枣庄 滕州 郑州 洛阳 平顶山 三门峡 南阳 商丘 济源 武汉 十堰 荆州 宜昌 荆门 咸宁 长沙 广州 深圳 惠州 东莞 南宁 柳州 桂林 来宾 海口 三亚 成都 贵阳 昆明 西安 兰州 庆阳 银川 乌鲁木齐 兵团一师 兵团十师

调查年鉴系列

天津 山西 内蒙古 辽宁 吉林 上海 福建 河南 湖北 湖南 广西 重庆 四川 云南 甘肃 宁夏 新疆

“十二五”规划教材

统计学（经济管理类专业本科适用，单薇 等）　抽样调查理论与方法（冯士雍 等）
贝叶斯统计（茆诗松 等）　统计学（黄良文 等）　试验设计（茆诗松 等）
统计学：从数据到结论（吴喜之）　医学统计学（于浩）　统计学（经济、管理类专业基础教材，张小斐）
概率论与数理统计三十三讲（魏振军）　概率论与数理统计三十三：学习指导与习题解答（魏振军）
非参数统计（吴喜之 等）　统计学：经济与管理中的数据分析（李慧云 等）
卫生管理统计学（新编医学院校基础课教材，尚磊）　医院统计学（新编医学院校基础课教材，徐天和 等）
社会统计学（蒋萍 等）　现代金融投资统计分析（李腊生 等）
国民经济核算初级教程（经济类、统计类、管理类专业适用，蒋萍 等）

重点图书

图解中国经济2015　新编英汉汉英统计大词典　中华医学统计百科全书
挑大学选专业2016—考研择校指南　挑大学选专业2015—高考志愿填报指南

图说扬州

YANGZHOU PICTURE

YANGZHOU · CHINA

General Situation of Yangzhou

扬州市南濒长江，北负淮河，中贯京杭大运河，长江和运河、京沪高速和沪陕高速在此交汇。全市总面积6591平方公里、总人口460万人，现辖2市（高邮、仪征）、1县（宝应）、3区（江都、邗江、广陵）和4个功能区（经济技术开发区、化工园区、生态科技新城、蜀冈—瘦西湖风景名胜区）。扬州城始建于公元前486年，是国务院首批公布的24座历史文化名城之一，是国家森林城市、全国文明城市，同时也是首批中国优秀旅游城市，获得了联合国人居奖，今年扬州将迎来建城2500周年。

“文化底蕴深厚”是扬州的鲜明印记，开放文化、创新文化、融通文化、自强文化、和谐文化是扬州最重要、最基本的特质，也是城市的生命力、软实力、吸引力所在。雕版印刷、漆器、玉雕、扬剧、评话、清曲等15项被列入中国首批非物质文化遗产名录，大运河被列入世界文化遗产名录，境内6段河道、10处遗产点荣列世界文化遗产点。

今天的扬州，包括40多家世界500强企业在内的1600多家外资企业落户生根，形成了汽车、机械、软件和信息服务、旅游、建筑等六大支持和稳定扬州经济发展的基本产业，创成了半导体照明、绿色新能源、汽车及零部件等8个国家级特色产业基地。2014年，扬州财政总收入726亿元，公共财政预算收入295亿元，实现GDP3698亿元，人均GDP突破8万元，达到82654元，在苏中苏北地区率先超省均。

扬州正认真贯彻落实习近平总书记建设“经济强、百姓富、环境美、社会文明程度高的新江苏”的重要指示精神，紧盯2500周年城庆、2018年省运会在扬州召开以及2010年连淮扬镇高铁建成通车三大时间节点，紧抓国家“一带一路”和长江经济带建设的战略机遇，加快建设“古代文化与现代文明交相辉映的名城”！

- 联合国人居奖
- 全国文明城市
- 国家优秀旅游城市
- 国家园林城市
- 国家卫生城市
- 国家生态示范市
- 国家环保模范城市
- 国家森林城市

李宁体育园

广陵区概况

General Situation of Guangling

2014年全区实现地区生产总值564.64亿元，公共财政预算收入36.24亿元，规模以上工业产值852.3亿元，社会消费品零售总额207.19亿元，固定资产投资306.60亿元，实际利用外资2.40亿美元，自营出口14.70亿美元，农民人均纯收入20789元，城镇居民人均可支配收入32343元。

大力实施园区“二次创业”。经济开发区获批省液压装备科技产业园和省“两化融合”示范区；江苏信息服务产业基地建成省级科技企业加速器、省首批“苗圃—孵化器—加速器”科技创业孵化链条；商贸物流园荣获国家物联网公共服务平台智慧物流示范基地称号；李典“千人计划”创业园一期建成使用，东南大学扬州研究院建成研究中心4个。

文峰塔

文教卫体及民生事业蓬勃发展。推进优质教育资源均衡发展，加大名校品牌输出力度，促进乡镇学校提档升级，争创全国义务教育基本均衡区。特色化打造广陵国际“童玩节”，加快东部市民图书馆、文化馆建设，开展全民阅读活动，累计建成“城市书柜”、“广陵书吧”200家，举办“迎2500年城庆，展广陵风采”百场重点文化活动，推动扬州清曲展示馆、运河博物馆建设，实施贾氏庭院、王万青故居等重点文物保护工程。健全完善城市社区“10分钟体育健身圈”长效管理机制，推进曲江公园等3个体育公园建设，建成3个乡镇健身中心，升级改造21个村级体育健身点。加强公共卫

环球金融城

文昌商圈

时代广场南广场全景

生服务体系建设，实现基本医疗卫生服务全覆盖，推进乡镇社区卫生服务中心达标，设立沿江集镇医疗卫生救护站，完善急救网络。加大就业创业培训和扶持力度，确保“零就业家庭”动态清零。做好被征地农民保障新老政策衔接，稳步提高新型农村合作医疗水平，加大救助力度，增强托底保障功能。

加速重大城庆项目建设。确保城庆广场、李宁体育园、市民中心等项目建成交付，环球金融城、Y-MSD一期、交通银行金融服务中心一期、京杭水镇二期、江广智慧城等项目主体建成，总高180米标志性建筑在建高度达100米，充分展示新城形象。全面跟进功能配套，推进廖家沟城市中央公园、广陵公共文化服务中心、邻里中心、幼儿园、国际医院等一批公共服务项目，实现经济、社会、环境协调发展，增强城市吸引力。

积极构建城乡一体大交通格局。确保沙湾路建成通车，推进新万福路、开发东路东延等重大市政道路建设，配合实施连淮扬镇铁路、京沪高速公路南延等国家重点交通工程。加大水利设施投入，实施沙头小夹江水利血防工程，完成淮河入江水道整治等重点工程，加快夹江生态中心和60公里漫道建设。加强节能减排和污染源整治，实施农村生活污水集中处理工程。

邗江区概况

General Situation of Hanjiang

2014年，邗江完成地区生产总值588.32亿元，按可比价格计算增长11.6%。财政总收入、公共财政预算收入106.8亿元、53.06亿元，分别增长1.8%、10.7%。固定资产投资390.99亿元，增长19.7%。社会消费品零售总额240.6亿元，增长12.4%。实现城镇、农村常住居民人均可支配收入34376元、17203元，分别增长9.3%、11.1%。

一、以实干促增长，产业基础更加厚实

工业经济扩量提质。全区388家规模以上工业企业实现产值1220亿元，同比增长16.7%；全部工业开票销售增长8.2%；实现工业入库税收入27.6亿元，增长5.7%。企业效益稳定增长，规模工业实现销售收入1112.38亿元，增长13.1%。现代服务业活力增强。全年实现服务业增加值321.08亿元，占地区生产总值比重提升至54.6%。服务业重大项目建设卓有成效，实施亿元以上服务业项目50个。软件信息、电子商务、文化旅游等新兴服务业比重突破30%。新增“双软”认证企业11家、3A级物流企业2家。现代农业稳步发展。着力提高农业现代化发展水平，全年实现农业增加值18.6亿元，新增高效设施农（渔）业面积8100亩、农业适度规模经营面积1万亩，新建高标准农田1万亩。全区农业机械化水平达82%。

二、以创新促优化，转型步伐更加坚实

创新载体持续提升。围绕“扩量、提速、创优”目标，全力推动“两区两园”转型升级。扬州高新区“国字号”创建进入科技部审核，清华智能装备科技园、扬州大学科技园相继开园。维扬经济开发区在省级开发区中排名前移14位，国家生态工业示范园区创建通过部委专家论证，省特检院扬州综合检测基地开工建设。扬州（邗江）汽车产业园基础设施框架全面拉开，杨庙环保科技产业园获批省环保科技特色产业园。创新成果日益丰富。新增国家高新技术企业9家、省级以上“三站三中心”22家。突出创新平台建设，新建科技综合体18万平方米，中科院扬州中心获批省自然科学基金3项，数控机床研究院成为省中小企业公共服务平台，高新

技术创业服务中心新增入孵企业34家。创新要素加快集聚。加快企业上市步伐，扬杰科技IPO成功募集资金2.4亿元，伯克生物、中天利、扬开电力分别在上海股权交易中心和“新三板”挂牌。持续推进金融创新，广发银行扬州分行等4家银行顺利开业，新引进证券业服务机构4家，新组建投资基金7支，扬州高新区创成苏中首家省级创投示范区。

三、以统筹促融合，城乡建设更加扎实

城镇品质逐步提高。加强各类规划衔接配套，编制西区新城概念规划，调整维扬经济开发

区、汉河片区控规，完成区、镇土地利用规划修编。着力提升城市形象，华懋财富广场、童乐广场等城市综合体开工建设，文昌乐都汇、京华城A6等标志性城建工程有序推进，商务中心二期、会展中心三期等功能性项目稳步实施。基础设施持续改善。着力完善区域骨干路网，沿湖大道开工建设，配合实施文昌路西延、宿扬高速、邗江路南延等重点交通工程，建成西双线杨庙段。提升城区道路通达能力，扬子津路邗江段、司徒庙路全线贯通，文汇路西延、马太路、平山路竣工通车，邗江路公交专用通道建成并试运行，完成安平路、朱塘路等6个积水路段改造。生态建设得到加强。强化生态管控，顺利创成国家生态文明建设示范区。完成四望亭河、幸福河、引潮河截污疏浚，启动新城河综合治理。全年疏浚河道56条、河塘1508口。

四、以普惠促均衡，人民生活更加殷实

保障体系不断健全。全面落实促进就业创业各项政策措施，开展城乡劳动者职业技能培训2.1万人次，推介创业项目38个，新增就业再就业8562人。扎实推进社保“同城同步同标”，不断扩大社保覆盖面，“五大保险”扩面征缴1.3万人次，城乡居民养老保险参保率达99.7%、基础养老金发放率达100%。社会事业协调推进。优化整合教育资源，创成全国义务教育优质均衡发展区。实施“文化惠民”工程，被评为全国文化先进区。巩固医药卫生体制改革成果，全面实施基层医疗卫生机构绩效考核。

江都区概况

General Situation of Jiangdu

在万里长江与千年运河的交汇处，在世界名歌《茉莉花》与《拔根芦柴花》的发祥地，有一座美丽的花中之城、画中之都，这就是扬州的东花园——江都。

江都于公元前153年设县，古称“龙川”，距今已有2000多年历史。全区总面积1332平方公里，人口107万，下辖13个镇和1个省级经济开发区。1994年撤县设市，2011年撤市设区。2014年实现地区生产总值793亿元，区域综合实力入围2014年度中国市辖区百强、列第40位。

生态人文，铸就城市灵魂

江都地处长江冲击洲平原，河网密布，四季分明，水量充沛，自古就是闻名遐迩的“鱼米之乡”、“花木之乡”。引江水利枢纽是全亚洲规模最大的内河调水工程，是国家南水北调的东线源头。2011年，江都成为国家级园林城市和生态城市。优越的自然秉赋和生态环境，孕育了深厚的历史文化底蕴。张若虚的名篇《春江花月夜》“孤篇盖全唐”，一代物理学家束星北被誉为中国“雷达之父”；金银细工、毛笔制作等传统技艺列入全国“非物质文化遗产”名录；国家级引江水利枢纽风景区、邵伯湖旅游度假区、渌洋湖自然保护区等独具地方特色的旅游景观吸引着越来越多的中外游客。

中海工业

开放开发，崛起枢纽之城

长江、运河成就了江都的历史荣光，发达的公路铁路、新兴的空港，使江都不断拉近与世界的距离，从运河时代步入长江时代，从长江时代迈向空港时代。运河成就了这座城市独特的品质。京杭大运河纵贯南北，通扬运河横穿东西。与水为邻，择水而居，20多个城市园林、绿地广场点缀全城，展现了“园在城中、城在园中、举目

有青、交相辉映”的生态园林城市风貌。长江赋予了这座城市开放的胸襟。境内拥有长江岸线35.5公里，区内基础设施配套齐全，已形成现代制造业基地、滨江科技城、港口物流区、大江风光带等四大功能区，建设水平位列江苏省省级开发区第三，正在向“国家级开发区”阔步迈进。空港插上了这座城市腾飞的翅膀。扬州泰州机场每天十多条航线飞往北京、西安、广州、深圳、沈阳等大中城市，即将开通韩国、香港、台湾等国家和地区航线。发达的公路铁路水运和机场共同构建了江都现代立体交通网络，境内京沪、沪陕、扬溧3条国家级、省级高速公路在这里纵横；宁启铁路与建设中的淮扬镇铁路在这里交汇；江都港是国家一类开放口岸，海关、商检等机构齐全，一个“公铁空联运，江河湖贯通”的立体大交通蓝图正在变成现实。

转型创新，演绎发展传奇

产业是城市发展的经济支撑，是吸纳国际资本的第一载体。中国海运、中国远洋、中航技、宝钢集团等11家央企国企相继落户江都，日本日清纺、法国阿尔斯通、美国PCC等7家世界500强先后入驻。现代农业已形成花卉苗木、特种水产、优质蔬果三大特色，面积分别突破20万亩，是江苏省农业现代化建设试点区、农村改革试验区、全国首家县级园艺标准化示范区。工业已经形成了船舶制造、汽车及零部件、特钢生产加工、机电装备制造、医药化工五大支柱产业。拥有船舶制造企业50多家，年造船能力达400万载重吨；汽车整车生产企业9家，是“江苏省汽车零部件产业基地”；特钢生产加工已形成冶金原料—特钢加工—钢材应用产业链；机电装备制造业拥有7家博士后工作站，16家省级技术中心、研发中心。现代服务业已初步形成港口物流、软件及电子信息、高端商务等新型业态。

江苏诚德集团

朴园

引江水利枢纽

花深似海、秀丽宜人的江都期待您踏花而来、闻香而居，与我们共同分享人在花中行、花在画中游的曼妙生活，共赢无限商机、共创精彩人生、共织锦绣前程！

宝胜电缆生产线

南水北调第一站宝应站

宝应县概况

General Situation of Baoying

宝应县地处江苏省中部，县域面积1461.55平方公里，人口91.13万，现辖14个镇、1个省级经济开发区、1个省级有机农业开发区。2014年实现地区生产总值418.30亿元，增长11.2%，三次产业比例为14.7：45.4：39.9。完成公共财政预算收入27.28亿元，增长15.0%。城镇居民人均可支配收入22739元，增长9.7%，农村居民人均可支配收入14246元，增长10.9%。

农业经济稳步发展。全面落实各项惠农政策，各级财政支农及国资项目投入11.1亿元。以“四主推”和高产创建为抓手，粮食生产实现“十一连丰”。“235”现代农业园区建设加快推进，新增高效设施农（渔）业面积2.55万亩。宝粮集团获批农业产业化国家重点龙头企业。农产品质量安全监管体系不断健全，创成国家级出口食品农产品质量安全示范区。新增农业“三品”品牌37个。荣获中国河蟹产业先进县称号。

工业生产平稳增长。全年实现工业开票销售514.90亿元，增长12.0%。宝胜集团开票销售169.47亿元，增长9.4%。工业用电量10.45亿千瓦时。输变电装备及新能源发电、机械装备及汽车汽配、轻纺及化建等重点产业支撑作用明显。宝胜集团荣获省“地标型企业”称号。净增亿元企业5家、规模企业29家。万元地区生产总值综合能耗下降3.5%。规模以上高新技术产业完成产值141.68亿元。

服务业发展能力提升。全年实现服务业增加值166.90亿元，增长13.9%。社会消费品零售总额完成122.94亿元，增长12.2%。时代国际、五洲国际等商业综合体陆续投运。新开工服务业重大项目4个、亿元项目8个，新增限上企业30家、规上企业37家。新创省三星级乡村旅游点1个。获批省级农村物流示范基地、示范点各1个。总部

经济、服务外包、软件开发、电子商务等新兴业态加快成长。软件信息大厦投入试运行。

项目建设有效推进。新开工工业重大项目7个、亿元项目10个、5000万元项目20个，新竣工投产工业亿元项目10个、5000万元项目16个。完成工业技改投入92亿元、设备抵扣税1.8亿元，分别增长11.8%、13.2%。实际到账外资3164万美元。开发区与上海莘庄工业园签署合作共建协议，新认定市级重点发展型工业集中区2个，安宜工业园获批市级生态示范园区。新建标准化厂房11万平方米。全社会固定资产投资271.21亿元，增长19.5%。

科技人才支撑明显。新认定国家高新技术企业11家、省高新技术产品75个，新增省级以上研发平台16家。申请专利2880件、专利授权1402件，参与制订国家、行业标准7个，新增国家驰名商标1件、省著名商标7件、省名牌产品4个。发挥科技镇长团桥梁纽带作用，实施产学研合作项目60个，新建政产学研联合体10个。注重优秀人才引进培养，引进高层次人才142人，其中入选省级、入围市级人才计划各12人。启动实施“名师工程”，新建“名师工作室”10个，遴选并建队培养本土中青年优秀人才55名。

宝应大道

白鹿岛生态旅游区

城区休闲广场

各项改革不断深化。完成农村土地确权登记颁证试点，县镇两级农村产权交易平台投入运行。整村整组流转土地6万亩，创成国省级农民合作社示范社23个，获批省级示范家庭农场2个。41个村集体资产实现股改现金分红。合资合作势头良好，一批嫁接重组项目陆续实施。获批省金融改革创新试点县，新引进域外金融机构1家，新增小贷公司3家，金融超市正式运营，成功发行全省首家建筑行业私募债。深化广电体制改革，实施台网分离。

东园美景

清风枣园

仪征市概况

General Situation of Yizheng

2014年，仪征认真落实习近平总书记系列重要讲话尤其是视察江苏重要讲话精神，紧紧围绕建设汽车名城和更高水平小康社会目标，全力推动经济上水平、城市出形象、群众得实惠、社会创和谐，扎实开展党的群众路线教育实践活动，各项事业呈现出良好态势。

*综合实力显著提升。*把重大项目作为县域发展头版头条，全力以赴抓推进抓建设，全年在建亿元以上项目133个，完成投资235.5亿元。汽车产业成为发展第一动力，上海大众整车产量再攀新高，全年生产整车40.1万辆，有力带动了全市经济总量持续攀升、发展质态持续向好。2014年，全市实现GDP454.54亿元，增长11.4%；工业开票销售1043.4亿元，总量位居苏中县级第一；公共财政预算收入34.66亿元，增幅排在全省前列。

*转型升级加快推进。*坚定不移调结构、促转型，三大主导产业集聚度进一步提高，开票销售占全部工业比重超过76%。现代服务业发展提速，超达物流创成4A级物流企业，曹山家居建材综合市场一期等项目投入运营，服务业占比达40.5%。新增高效设施农业1.52万亩。创新能力不断增强，华东理工等3所高校技术转移中心仪征分中心挂牌运行，新增国家高新技术企业17家，形成产学研合作项目55个。土地利用效率持续优化，盘活存量土地1132亩，获批建设用地指标7255亩。节能减排成效明显，单位GDP能耗下降3.6%，COD削减806吨。

*重点改革取得突破。*坚持通过深化改革释放红利、激发活力，扎实推进行政审批制度改革，出台行政审批事项、行政权力、行政事业收费等清单，制定并联审批《实施办法》，全市各类行政审批环节再压缩49项，审批时间缩短26%。启动新一轮政府

机构改革和公车改革。出台涉企中介机构改革发展的意见。深化市属老企业改制，完成苏豪制衣退城进园、增强塑料布厂破产、电子管厂重组等工作。以农村产权制度和农村集体资产股份合作制为主要内容的综合改革扎实推进，设立农村产权交易中心，完成农村土地承包经营权确权登记颁证试点。

城乡形象不断彰显。注重规划引领，老城区及滨江新城控制性详规和城市设计通过中期论证，编制规划技术管理规定《实施细则》。滨江新城城市中心稳步推进，宝能城市广场商业楼封顶，晶崴国际酒店主体建成，五一花苑、红旗花苑回迁安置率超过65%。老城区“931”环境综合整治全面实施，建委岗等4个道路叉口完成改造，创成省级城市管理示范路2条、示范社区2个，数字化城管通过省级验收。大仪、月塘获批全国重点镇。生态中心“五大工程”全部完成，农村环境长效管护“三位一体”模式全面推行。区域内交通进一步畅达，333省道仪征段建成通车，353省道仪征段加快推进，提档升级农村公路106公里。

民生事业持续改善。把新增财财力70%用于民生事业，1号文件确定的95个实事项目完成94个。强化富民增收，拓宽增收渠道，城乡居民人均可支配收入分别达31123元、14860元。义务教育发展基本均衡市通过国家督导认定，技师学院、实验中学东区校投入使用，启动城区小学教师交流工作。完成人民医院老病房楼改造，中医院分院等工程加快推进。新建在建各类保障性住房1436套。全民医疗保险覆盖率、城乡居民养老保险参保率稳定在98%以上，困难群体保障救助标准进一步提高。新增市区至化工园等3条公交线路，开通镇村公交学生班车。被表彰为全国“六五”普法中期先进市、省社会治安综合治理先进集体。

上海大众

怡人化纤

超达物流

东城新区

城市商务大厦

穿心河

龙虬庄遗址

水乡春色

新河南岸风光带

高邮市概况

General Situation of Gaoyou

2014年，高邮牢牢把握稳中求进、改革创新核心要求，统筹做好稳增长、促改革、调结构、惠民生、防风险各项工作，巩固和保持了经济社会持续平稳发展的良好态势。全市实现地区生产总值445.2亿元、增长11%；公共财政预算收入29.32亿元、增长15.2%，国税收入突破20亿元；规模以上工业产值突破1000亿元。

一、突出改革创新，加快激活内生动力

创新出台重大产业项目落户预审办法，在全省率先实施基本建设项目行政审批“证照库”系统，审批承诺时限由109个工作日压缩到37个。组建国有资产投资运营公司，三大融资平台融资17.7亿元。城南新区和车逻镇区镇合一，全面推进工商注册制度便利化，新增私营企业2905家、“个转企”188家。完善房屋征收工作体制机制，实施市级动迁1215户、18.1万平方米。企业进入资本市场融资实现零的突破，润华电缆、德运塑业、金宏泰科技成功登陆“新三板”。引进光大银行、射阳农商行，开办常农商村镇银行。筹集人才公寓3.6万平方米，兑现人才资助资金1100万元，引进高层次人才89名，其中国家“千人计划”2名。与江南大学、西安交大达成校地全面合作协议，实施产学研项目105个，新增国家高新技术企业10家、省以上高新技术产品114个，获批省以上“三站三中心”14家。创省著名商标8件、省名牌产品3个。

二、突出质量效益，加快经济升级转型

提高项目建设速度，振兴太阳能电站一期100兆瓦并网发电，电池工业园落户项目达11个，华富、海德森、艾诺斯率先投产，星浪光学、龙鑫液压、新电太阳能电站等亿元项目当年建设、当年投产。力推企业嫁接重组，引入上市公司重组振兴铝业，支持传艺科技并购金业盈辉。加快承接产业转移，组织开展上海招商突击月及百日招商会战活动，开发区与常熟波司登集团合作建设南北挂钩共建园区、与上海闵行莘庄工业园达成结对合作战略协议。成功举办

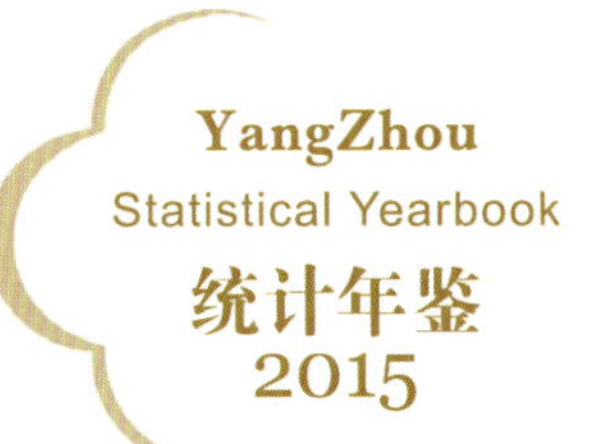

第十届双黄鸭蛋节。新签10亿元合同项目9个。工业四大基本产业规上企业开票销售240亿元、增长18%。实施扬州市重点工业技改项目20个，规上技改投入105亿元、增长20%。改选服装、灯具行业协会，组建机械行业协会。照明产业被认定为省特色产业集群，电池工业园获批省高性能电池特色产业基地。荣获中国建筑之乡称号，完成建筑业企业总产值800亿元、增长23.1%。弘盛集团入围省民企百强。城市商务大厦获国优工程。

三、突出城乡统筹，加快一体化发展

跻身世界文化遗产城市行列，通过全国文明城市提名测评。有序推进国家历史文化名城申报工作，名城保护规划获省政府批准。新一轮城市总规纲要通过省专家论证，在全省率先完成镇村布局规划，三垛、菱塘、临泽被列为全国重点镇。实施城市环境综合整治项目97个、“三拆三整治”项目223个，拆除违法建设536处、2.09万平方米。完成烟雨园小区和30条后街后巷改造。全面启动数字化城管建设，升级防空警报控制系统，建成环卫综合作业中心。积极提高环境容量，新增绿化造林1.5万亩、城市绿地54公顷，清水潭生态中心新增造林1050亩。关闭排放不达标企业13家、停产整顿14家，实施治污减排项目8个、节能改造项目26个，完成减排年度目标。全面推进蓝天碧水工程，淘汰城区燃煤小锅炉118台，疏浚农村骨干河道51条，建成省水美乡镇1个、水美村庄4个。创扬州市优美乡村3个。荣获国家生态市称号。

四、突出民生优先，加快建设和谐幸福家园

新增财力85%以上用于民生，财政民生类支出31.2亿元、增长10.1%。八大类40项民生实事项目基本完成。调整机关事业单位人员津补贴，提高社区工作人员待遇。城乡低保、农村五保、职工养老等均按自然增长机制进行提标。城镇登记失业率2.1%。新增社保“五险”参保1.9万人，城乡居民养老保险覆盖率99.5%。城镇职工、城镇居民、新农合医保政策范围内报销比例分别达80%、70%、75%以上。建成实验小学东校区，创成全国义务教育发展基本均衡县，省优质幼儿园比例达78%，高考成绩稳中有升。开通“单独二孩”审批绿色通道，兑现计生奖励扶助金3252万元。实施公立医院价格改革。人民医院创成三级综合医院，中医院通过国家三级乙等中医院验收，第三人民医院创成二级中西医结合医院，均为扬州县市区首家。建成城市社区“10分钟体育健身圈”，成功举办环高邮湖国际自行车越野赛和大运河半程马拉松赛，获省运会金牌4枚。城市公交实现公车公营，先行投放新公交车50辆，运行公交线路7条。住房公积金扩面5777人，发放贷款1.82亿元。

扬州港

经济技术开发区概况

General Situation of Economic and Technological Development Zone

扬州经济技术开发区始建于1992年，1993年10月批准为省级开发区，2009年7月升级为国家级经济技术开发区。全区面积133平方公里，下辖三个乡镇、两个街道办事处，常住人口约20万人。

近年来，扬州经济技术开发区按照保增长、调结构、促改革、惠民生的主线，不断优化产业结构，促进产业转型升级，推动经济发展由数量、速度向质量、效益转变，园区经济实力不断增强，经济质量效益不断提升。以太阳能光伏、半导体照明、智能电网、电子书为代表的绿色光电产业实现了较快发展，装备制造、高档轻工等传统产业加快改造提升，生物医药、节能环保等战略性新兴产业方兴未艾。目前，拥有国家半导体照明产业化基地、国家绿色新能源产业基地、国家智能电网特色产业基地、国家级数字出版基地、国家汽车及零部件产业基地、国家科技兴贸创新基地、国家级高新技术创业服务中心、国家光电产品检测重点实验室、中国国际人才市场扬州市场、国家生态工业示范园区、国家循环经济试点单位、国家循环经济教育示范基地等十多个“国字号”品牌。

开发区将在市委、市政府的坚强领导下，在社会各界的关心支持下，按照习近平总书记“四个全面”的工作要求，解放思想，务实苦干，开拓创新，努力打造成全市转型升级、创新发展的先导区和示范区，全力建设全国一流的国家级开发区。

芯片点测

电池片生产线

智能电网

园区码头

化学工业园区概况

General Situation of Chemical Industry Park

2003年10月，扬州、仪征两级党委、政府围绕江苏省纵深推进沿江开发、加快打造宁扬沿江化工产业带的战略部署，市县联动，合作开发，规划建设了扬州化工园区，2006年5月，国家发改委正式发布公告，批准设立省级扬州化工园区。

扬州化工园区滨江而建，位于三桥（南京长江二桥、南京长江四桥、润扬长江大桥）、三市（南京、扬州、镇江）和两圈（上海经济圈、南京都市圈）之间。园区位于仪征市西南侧，东至仪征胥浦河，南至长江黄金水道，西至南京六合区，北至宁通高速公路，行政管辖面积约60平方公里。

建园以来，区内各项配套功能不断完善，承载能力明显增强，先后建成热电联供、污水处理、固废处理、工业气体、公共管廊、消防安全、应急响应中心等一大批公用工程，为进区企业提供更经济、更安全、更可靠、更灵活、更有竞争力的公用工程产品与服务。

园区集聚了台湾远东集团、东联化学、大连化工、香港建滔集团、日本东丽、住友精化、大洋日酸、美国普莱克斯、英国博纳、韩国锦湖、新加坡凯发集团、珠海恒基达鑫、中石化仪征化纤、中石油昆仑天然气、中化国际、中国华电集团、中化扬农集团、辽宁奥克化学等一批境内外石化大企业，初步形成了以烯烃、芳烃为龙头，石油化工、精细化工、化工新材料、石化物流等产业集聚发展的态势。

园区先后被命名为“江苏省现代服务业集聚区”、“江苏省重点物流基地”、“江苏扬州新材料产业基地”、“江苏省化学纤维特色产业园区”、“江苏省知识产权试点园区”、“江苏省循环化改造示范试点园区”和“江苏省工业化和信息化融合试验区”等。重点规划建设的“海峡两岸（扬州）绿色石化产业合作区”已经相继获

远东联环氧乙烷装置

奥克化学环氧乙烷装置

得江苏省政府、国台办批准，并在2014年8月举行的第九届海峡两岸石油化工科技经贸交流大会上正式揭牌。在“中国化工园区综合评价”中，综合实力连续3年位列“中国化工园区20强”。

“十三五”期间，园区将按照“做大下游、挺进中游、突破上游”的发展路径，坚持“循环、链式、创新、绿色”的发展方式，通过优化功能布局，推动产业转型升级，强化生态建设，进一步做大做强乙烯产品链、丙烯产品链和芳烃产品链，大力发展绿色新能源化工、高端精细化工、化工新材料、石化物流等产业，将园区打造成为全国有影响力的合成纤维原料和合成纤维生产基地、高端精细化工和化工新材料生产基地、石化原料储存转运基地。

俯视化工园区

生态科技新城概况

General Situation of Ecological science and Technology Park

商务坊（高铁片区）效果图

三河六岸夜景效果图

扬州市生态科技新城，2013年11月成立，位于扬州城市新中心江广融合地带，北起凤凰岛、南至夹江、西至廖家沟、东至高水河一芒稻河沿岸，总面积约81平方公里。下辖杭集、泰安两个镇，21个行政村、2个居委会，常住人口约9.9万人。2014年实现地区生产总值109亿元，财政总收入5.5亿元，其中公共财政预算收入2.2亿元。

2011年底江都撤市设区以后，江广融合地带成为区划调整后“大扬州”的地理中心和生态中心，市委市政府高度重视这一区域的发展，将其作为今后一段时期扬州城市建设的主战场、主阵地，打造未来扬州的“城市生态中心、区域交通中心、商务行政中心、科教创新中心”，要求按照“生态优先、水绿交融，展示实力、体现水平，产城融合、工住平衡，宜居宜业、新城新人”的总体要求，精心做好规划设计，使之成为沿江地区融合发展的先行示范区、扬州现代化都市形象的新的集中展示区。目前区域主要有三个特色板块。

中部科技新城板块。主要指新万福路以南、宁通高速以北区域，重点发展软件信息服务业、科教创新产业、智慧服务业以及与高铁枢纽产业相关经济，打造核心科技产业板块。

核心区效果图

北部生态板块。北部被称为“七河八岛”区域，由七条河流及由其分割而成的八个岛屿组成，区域水质优良，湿地功能强大，被称为扬州的“绿肺”和城市后花园。北部泰安镇依托丰富的生态资源，全力打造“生态小镇、旅游小镇、温泉小镇、文化创意小镇、新型农业小镇与高端居住小镇”，在该区域实行“四控一禁”，适度发展生态农业、生态旅游、休闲度假等与生态保护相契合的产业。

南部杭集产业园片区。南部杭集镇综合经济实力位于全市乡镇之首，主导产业主要是牙刷及其延伸的酒店日用品、包装材料、卫生用品等。依托良好的经济基础，全力打造“产业园、新产业培育区新人才蓄水池、产城融合工住平衡典范与富民强镇转型升级典范”。

蜀冈–瘦西湖景区概况

General Situation of Shugang - Shouxihu Scenic Area

新景区调整方案示意图

蜀冈一瘦西湖风景名胜区于1988年被国务院公布为第二批国家重点风景名胜区，原规划面积12.23平方公里，是一个以古城文化为基础,以重要历史文化遗迹和瘦西湖古典园林群为特色,与扬州古城紧密相依的国家级重点风景名胜区，是扬州文化、生态以及旅游资源的核心聚集地。

根据不同的景观特征，蜀冈一瘦西湖风景名胜区分为瘦西湖风景区、蜀冈风景区、唐子城风景区、笔架山风景区、绿杨村风景区。瘦西湖风景区巧妙地利用河流、丘壑自然风貌，亭廊楼阁依势而筑，傍水而建，形成集锦式的“湖上古典园林”群落。史有著名二十四景，现存卷石洞天、西园曲水、长堤春柳、徐园、小金山、莲花桥、白塔、二十四桥、静香书屋等，是全国“湖上园林”的杰出代表。 蜀冈风景区由东峰、中峰、西峰组成，东峰、中峰以宗教文化著称，千年古刹大明寺、观音禅寺香烟缭绕，平山堂、谷林堂、欧阳祠、鉴真纪念堂令人凭风怀古，西峰自然风光秀丽，生态环境优良。 唐子城风景区以唐古城文化著称，唐代城池清晰可辨，现有古城墙、古护城河、唐西华门、唐南华门、下马桥、唐十字街遗址、隋宫、铁佛寺等著名历史遗存。 笔架山风景区植被丰富，山色葱翠，更有茶园、古树名木、花木盆景等植物点缀其间；区内还有充裕的可用于理疗及沐浴的优质温泉水资源，宋夹城护城河为湿地造景、水上游览提供了有利条件。绿杨村风景区与老城区毗邻，内有史公祠、梅花岭、天宁寺、重宁寺、御码头、冶春、绿杨村等众多的文物古迹和风景园林，并有较为齐全的旅游服务设施，形成城市与风景园林相互因借、融为一体的完美格局。

2006年以来，市委、市政府高度重视景区发展建设，按照“诗画瘦西湖”发展理念，依托瘦西湖的历史文化背景，全面实施了瘦西湖综合保护工程。新建了万花园、傍花村、宋夹城考古遗址公园、瘦西湖温泉度假村等一批重大历史人文景点和旅游设施项目，石壁流淙、锦泉花屿、四相簪花、醉月飞琼、等清二十四景基本得到恢复，二道河、瘦西湖、小运河、保障湖水上游览全面贯通，景区游览面积从1500亩扩大到5平方公里，综合展现出了扬州历代文化叠加的精深内涵和独特风格，形成了以文化为灵魂，生态水系为纽带，园林人文景观为特色，唐城、宋城、大明寺等历史遗存为节点的天然秀美国画长卷。“两堤花柳全依水，一路楼台直到山”的胜境进一步彰显。景区先后获得了全国文明风景旅游区、国家文化旅游示范区、国家5A级景区、江苏最美的地方等一系列荣誉称号。大学生“船娘”，中国扬州“万花会”等特色服务和节庆品牌全面打响，年接待游客量突破500多万人次，列全国百强景区前列，已成为全国重要旅游目的地之一。

宋夹城体育公园

为进一步立体展现瘦西湖的文化资源、文化遗址和人文景观，2012年，市委、市政府明确了要把瘦西湖打造成为能够代表中国园林最高水平、能够提供国际标准服务、能够得到国内外游客普遍赞誉的“世界级公园”目标,并对景区进行了扩容。目前景区代管面积33.6平方公里，下辖平山乡、城北乡及瘦西湖街道、梅岭街道，总人口约16万人。 未来几年，景区将按照打造“世界级公园”的目标，着力推进瘦西湖核心区提升、唐子城暨隋阮陵墓区保护与利用、瘦西湖旅游大道等一批重大文化旅游设施项目建设，加快把蜀冈—瘦西湖风景名胜区建设成为融文化展示、历史溯源、生态观光、休闲度假为一体的扬州城市历史文化新空间。